21 世纪通识教育系列教材

文献检索与论文写作

主编
武祥龙
副主编
邓旭东
田　野
陈　强
卢婷利

中国人民大学出版社
·北京·

出版说明

随着信息时代的来临、经济全球化的深入与文化软实力竞争的加剧，重视大学生人文素养与创新能力的培养，提升大学生的综合素质，已成为各国教育改革与发展关注的重点和热点。人们越来越意识到：高等教育不仅要培养大学生良好的专业素质，更重要的是使得他们在走向社会之后拥有长足的自我拓展能力。只有以宽口径、厚基础、复合型为人才培养目标，才能更好地提高我国高等教育的质量，培育出适应现代社会需求的具备公民意识、社会责任感与创新精神的优秀人才。

从中外大学通识教育的实践来看，通识教育是一项系统工程，而课程体系建设始终是推进通识教育的核心任务，教材建设则又是其中的重要环节。为满足广大高校师生对高质量通识教育教材的需求，中国人民大学出版社组织多学科、多领域的专家学者，在广泛调研与深入研讨的基础上，组织编写了这套“21 世纪通识教育系列教材”，为推动高等学校通识教育教材建设进行了探索。

本套教材分为人文、政法和经管三大板块，定位为非专业统开课教材，突出“通识”的特色，强调内容阐释的“基础”和“宽度”，力求突破单纯的“专业视域”或“知识视域”，引导学生调整知识结构，拓宽文化视野，以达成人才培养效果上的“宽度”，从而实现高等教育培养复合型人才的目标。

本套教材中的每一本均由该学科领域有影响力的专家学者领衔编撰。通识教材的“基础”与“宽度”，需要特别重视教材纲目与内容的适用性、可拓展性和灵活性。唯有在该领域具有丰富教学经验及精深学术水准的名家，方能“取精用弘，由博返约”，编撰出体现“通识”特色的高水平教材。

本套教材形式与内容和谐统一，教材内容基础适用，语言简洁生动，并辅以典型、有趣的案例、图表，轻松活泼的栏目和插图等，图文并茂，引人入胜，照顾到青年学生群体的阅读习惯。

作为出版者，我们特别希望通过加强通识教育教材建设，推进高校课程体系的融会贯通，提高学生跨学科、跨文化的理解能力，为学生未来的职业生涯与人生发展奠定良好的知识和能力基础。这套通识教育系列教材只是开始，期望更多的专家学者共襄此事，推进通识教育教学的改革与发展。

中国人民大学出版社

前言

文献检索与论文写作是学术研究中不可或缺的技能。它们不仅是获取和整理知识的基础，更是推动知识传承与创新的重要手段。当今信息爆炸的时代，对文献检索与论文写作提出了新的挑战和更高的要求。基于此，我们耗时两年完成了这部关于文献检索与论文写作的书稿，旨在为读者提供一本实用性强、易于理解的教材，帮助大家在学术道路上稳步前行。

本书共 12 章，内容涵盖文献检索的基础理论、各类数据库的使用方法、特种文献检索技巧、网络学术文献检索、循证医学文献检索、文献信息的管理和分析、论文写作，以及人工智能在文献检索与论文写作中的应用。每一章都结合了丰富的实际案例，旨在帮助读者更好地理解和掌握所学知识。

第 1 章为绪论，详细介绍了文献检索的定义、类型、发展历史，以及文献数据库基本概念。

第 2 章至第 6 章，分别介绍了图书馆资源、文摘型数据库、引文索引数据库、中文全文数据库和外文全文数据库的使用方法。这些章不仅提供了具体的检索技巧，更强调了学术规范的重要性。

第 7 章介绍特种文献检索，聚焦于专利、标准文献、科技报告等特种文献。这些文献在科研与实际应用中具有举足轻重的地位，它们是推动技术进步、产业升级的关键力量。掌握特种文献的检索技巧，能够帮助研究者更好地将学术成果转化为实际生产力，为解决社会面临的各种问题提供智力支持。

第 8 章“网络学术文献检索”，紧跟时代潮流，介绍了互联网上丰富的学术资源。互联网的出现，打破了知识传播的时空限制，让知识的获取变得更加便捷高效。本章不仅介绍了如何在网络海洋中精准定位学术资源，更强调了信息素养的重要性。

第 9 章“循证医学文献检索”，主要针对医学领域的研究者。循证医学强调在医学研究和临床实践中，基于充分的科学证据进行决策，以确保医疗实践的科学性与有效性。本章介绍了循证医学的相关概念，帮助医学研究者高效获取和利用高质量的循证医学资源，以支持其研究和实践。

第 10 章关注文献信息的管理和分析，这看似是一项简单的工具操作，实则蕴含着对学术研究严谨态度的培养。文献管理软件不仅能帮助我们高效地整理、分类和存储文献，更能让我们在繁杂的研究过程中保持条理清晰、有条不紊。

第 11 章聚焦于论文写作本身，详细介绍了学术论文、综述论文、学位论文等的框架结构、写作步骤与方法、格式要求等。从选题策略，到结构安排、语言表达，为读者提供全面、系统的论文写作指导，帮助其掌握不同类型的学术写作方法，提升论文撰写的规范性和科学性。

第 12 章“人工智能在文献检索与论文写作中的应用”，是本书紧跟时代前沿的亮点章节。本章详细介绍了人工智能技术在文献检索和论文写作中的具体应用，展示了人工智能如何帮助我们更高效地完成学术研究。人工智能是工具，人类的智慧与创造力才是学术研究的核心。我们要善于利用人工智能技术，但更要坚守人类的智慧与道德底线，让科技为人类服务。

为了给读者朋友带来更加直观、深入的学习体验，我们特意为每章制作了小视频，购买正版图书的读者扫描各章末二维码，即可获得这些资源。

在撰写过程中，我们注重将课程思政理念融入其中。文献检索与论文写作不仅是技能的培养，更是思想品德的塑造。学术研究应肩负起对社会、对人类的责任，每一位研究者都应将个人追求与国家发展、社会需求紧密结合，以高度的责任感和使命感投身于学术探索之中。

我们期待这本书能够成为读者在学术道路上的良师益友。无论是本科生、研究生，还是科研工作者，都可获得指导与启发。愿每一位读者在学术的海洋中，以文献检索为罗盘，以论文写作为灯塔，勇敢前行，探索未知，为人类知识的海洋增添属于自己的那片波澜。

信息时代，一切都在快速变化和发展之中。也许在读者阅读本书时，部分数据库或网站已经发生了更新或变化。希望读者能够运用本书所介绍的基本原理和技能，去拓展一个又一个新的未知领域。

最后，要感谢所有编者的辛勤付出，感谢中国人民大学出版社编辑团队的大力支持与专业协作。感谢同事们的鼓励与帮助，感谢学生们的反馈与启发。没有你们，这本书不可能问世。愿这本书能够陪伴每一位读者在学术道路上跨越困难，收获知识，书写属于自己的精彩篇章。

编者

目 录

第 4 章
引文索引数据库 / 87

第 5 章
中文全文数据库 / 122

第 6 章
外文全文数据库 / 160

第1章 绪　论

第1节　文献检索概述

随着科学研究的深入、科技的进步，人类每天发表大量文章，产生海量信息，这些信息汇聚成知识的海洋。人们仅仅凭借大脑的记忆，根本无法掌握如此繁多的信息，只有掌握获取信息的工具，才能有效获取和利用信息。文献检索可以培养读者的信息意识，帮助读者从文献中获取知识和信息。

一、相关概念

1. 信息

信息（information）有多种定义，从不同的角度说明信息的某些特征。通常认为，信息是物质存在的一种方式、形态或运动状态，是事物的一种普遍属性。信息是客观事物之间相互联系和相互作用的表征，反映了客观事物运动状态和变化的实质内容。信息一般指数据、消息中包含的意义。信息是数据的含义，数据是信息的载体。信息是人们认识世界、改造世界的宝贵资源，信息的增长速度和利用程度成为衡量现代社会科技和文明进步水平的重要标志之一。

2. 知识

知识（knowledge）是对信息的认知和理解，属于信息的一部分。知识是人类通过对信息的感知、获取、选择、处理、加工等一系列思维过程，形成的对客观事物的本质和规律的认识。因此，知识是人类在认识和改造客观世界的实践中所获得的认识和经验的总和，人类的知识是在社会实践中逐渐形成的，能够反映现实。知识包括经验知识和理论知识，经验知识是知识的初级形态，科学、系统的理论知识则是知识的高级形态。

3. 文献

信息是有含义的数据，知识是对信息的理解与认识，而文献（document，literature）则是知识的载体。“文献”一词的最基本含义是记录人类历史的各种数据资料。人们通常还认为文献是指具有历史价值的文章和图书，或者与某个学科有关的重要图书资料。现代学者认为，文献是对记录人类知识和信息的所有载体的统称。文献由文献内容、信息符号、载体材料、记录方式等四个要素构成。

人类社会和科学技术的所有领域都会产生信息，人们在接收到大量信息后，通过一系列思维过程将其重新组合，使信息系统化、科学化而形成知识。知识是人类大脑加工提炼信息的结果，是对信息的深化和积累。被记录到载体上的知识形成文献。文献记录了知识信息，也是传递知识信息的媒介。因此，文献的本质是信息，文献也可以称为“文献信息”。信息、知识和文献的逻辑关系可以用图1-1来表示，信息凝练后得到知识，被记录下来的知识形成文献。可见，从涵盖范围上，信息大于知识，知识大于文献。

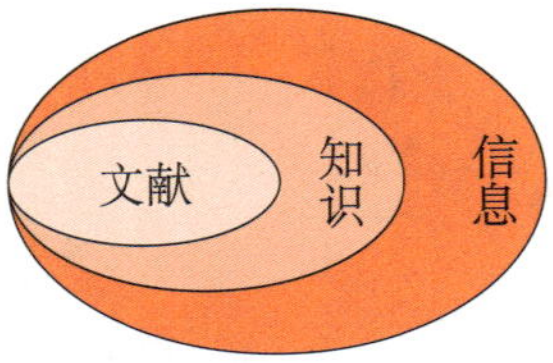

图1-1 信息、知识和文献逻辑关系图

4. 情报

情报（intelligence）有政治和军事上的内涵，通常用来指代机密性较强的关于特定情况的消息和报告。情报也指在一定领域内有价值的信息，例如：军事情报、经济情报、商业情报。情报是经过人们特别筛选、研究和加工之后的信息，是人们为实现一定的目标所进行的知识创造。它本身是一种具体的信息存在，蕴含于信息当中。情报也是某些学科的专业术语，例如：情报学、图书馆学、档案学等多用“情报”一词表示信息，而计算机学科或者管理学科则更倾向于直接用“信息”这个词语。

二、文献的类型

按照不同的划分方法，文献可以分成许多种类型。通常按照文献载体形式、文献出版形式、文献加工层次等标准进行分类。

1. 根据文献载体形式分类

（1）纸质文献。

以纸张为载体，采用印刷（包括胶印、油印、影印、复印等）、书写、抄写等记录方法而形成的一种文献类型。纸质文献包括报纸、期刊、图书等出版物，会议记录、备忘录、合同条约等档案资料，以及日记、信件、笔记、自传、家谱等个人文献。纸质文献的优点体现在：符合人们的阅读习惯、便于保存、具有权威性、有利于知识产权保护。纸质文献的缺点有：文献信息量有限、不便于大量复制、耗费纸质资源、不便于信息检索、携带不方便。目前，许多纸质文献正在逐步被电子文献取代。

（2）微缩型文献。

主要是指以感光材料为载体、以微缩照相为记录手段的一种文献类型，例如：微缩胶片、微缩卡片。与纸质文献相比，具有体积小、存储信息密度高，便于收藏、保存与传递等优点；缺点主要是必须借助微缩阅读机，使用不方便。目前此类文献已经不常见。

（3）电子文献。

也称“数字文献”，是伴随着计算机和互联网的广泛应用而诞生的一种文献类型。电子文献是以数字代码方式将图、文、声音、影像等信息存储在磁光电介质上，通过计算机或具有类似功能的设备阅读使用的传播媒体。正式出版的电子文献包括电子期刊、电子图书、电子报纸等；非出版物电子文献包括会议资料、行政报告、内部电子期刊、电子邮件信函等。

电子文献具有许多优点，主要包括：1）具有多媒体信息存储和传递功能。既可以是静态文字信息，也可以是多媒体信息。2）具有通用性，容易复制传播。在网络环境下，电子文献可以被多人同时访问，互不干扰，不受时间和地域限制，人们足不出户就可以快速便捷地获取文献。获得权限后，很容易将网上的数据下载或者复制，保存到本地磁盘，也可以直接打印成纸质文献。3）检索方便。电子文献通常具有全文数据库的结构和有关的检索软件，读者可以从篇名、关键词、作者、作者单位等检索字段入手，通过计算机自动检索系统筛选出所需要的内容，检索效率非常高。4）传播速度快、传播范围广泛。电子文献通过互联网进行高速度、远距离的传输。世界上任何一个地方的联网用户只需要几秒钟就可以获得所查询的文献资料。互联网的范围有多大，文献传递的范围就有多大。5）信息储存量大。电子文献体积小，存储容量大。

（4）视听型文献。

也称“声像型文献”，是以感光材料或磁性材料为记录载体，将声音和视频图像记录下来的一种多媒体文献类型。包括录音带、电影胶卷、录像带、幻灯片、唱片等。该类文献因为运用录音、录像和摄影等技术直接记录声音与图像，例如微生物的繁殖生长情况、罕见的自然现象、物理化学过程等，可以真实地、动态地再现，给人以直观的感觉。视听型文献对科学研究和信息传播具有独特作用。近几年，一些电子期刊论文网站上常附带视频资料作为补充材料，充分展示实验现象。其优点是存储信息密度高、生动形象、直观、表达力强，缺点是不易检索和更新。

（5）人物文献。

一种非常有价值的文献类型，记录对象可以是某个领域内的专家、某个历史事件的经历者，通常需要采用音频、视频、采访笔记或者调查问卷等方式进行记录。正如朱熹对“文献”的注解，“文，典籍也；献，贤也”，文献可以理解为典籍和贤人，所以，应该重视重要人物提供的重要信息。

2. 根据文献出版形式分类

根据文献出版形式，文献可以划分为图书、连续出版物、特种文献。连续出版物主要指期刊、报纸、年度出版物等。特种文献包括会议文献、专利文献、标准文献、学位论文、研究报告、政府出版物、产品资料、档案资料、短期印刷品等。

（1）图书。

图书是指主要以印刷方式复制的、以纸介质为载体的，可以重印的非连续出版物。图书通常是装订成册的书籍。联合国教科文组织对图书的定义是：凡由出版社或者出版商出版的不包括封面和封底在内 49 页以上的印刷品，具有特定的书名和著者名，编有国际标准书号，有定价并取得版权保护的出版物。

图书是最重要也是历史最悠久的文献类型。可以从多种角度对图书进行分类，例如：按功能划分为教科书、专著、工具书等；按知识内容划分为政治图书、经济图书、文学图书、艺术图书、科技图书等；按学科划分为社会科学图书和自然科学图书等；按出版语言划分为中文图书和外文图书等。

公开出版的图书都有国际标准书号（international standard book number，ISBN），它是为识别图书而专门设计的国际标准编号。ISBN 的管理机构是国际 ISBN 中心，图书、小册子、缩微出版物、盲文印刷品等出版物采用 ISBN 编码系统。最初，ISBN 由 10 位数字组成，2007 年 1 月 1 日起，采用 13 位数字组成的新版 ISBN 分为 5 段，包括 EAN 前缀、组区号（国家、地区、语言的代码）、出版者号、出版序号和校验码，各段之间用半字线连接。EAN 前缀为“978”或“979”，由国际物品编码协会分配。图书的 ISBN 可以作为一个检索字段，为读者增加了一种新的检索途径。例如：王细荣等主编的《文献信息检索与论文写作》（第七版）的 ISBN 是 978－7－313－23612－8，其中，978 是第一段，代表商品编码；7 是第二段，代表中国；313 是第三段，代表上海交通大学出版社；23612 是第四段，是出版序号；8 是第五段，是校验码，可以用来检查 ISBN 编号是否正确。

（2）期刊。

期刊也称为杂志，是指有固定名称、定期出版的连续出版物，如周刊、半月刊、月刊、季刊、半年刊等，通常包含一系列文章或论文，内容覆盖特定的学科、领域或主题。期刊的优点是出版速度快、出版周期短、数量大、内容非常丰富，能够及时报道社会或者科技的最新发展。正规出版的期刊有国际标准连续出版物号（international standard serial number，ISSN），也称国际标准期刊号。国际标准期刊号可以准确、快捷地识别期刊的名称及出版单位等。世界上多数国家使用该系统，ISSN 成为标准期刊的显著标志。位于法国巴黎的国际连续出版物记录中心负责分配 ISSN。ISSN 由 8 位数字组成，分成前 4 位和后 4 位，共两段数字，中间用半字线相连。如：ISSN 1234－5679，其中前 7 位为单纯的数字序号，无特殊含义，最后一位是计算机校验位，在前缀 ISSN 与数字之间空一个字符。为便于管理，在部分国家或地区，期刊出版物拥有国际标准期刊号，同时拥有本国或当地的期刊号。在中国出版的期刊配有国内统一刊号（CN），在 ISSN 中国国家中心网站（https://www.nlc.cn/web/yejiefuwu/newtsgj/newissn/index.shtml）可以查询中国连续出版物的 ISSN 和 CN。网站页面如图 1－2 所示。

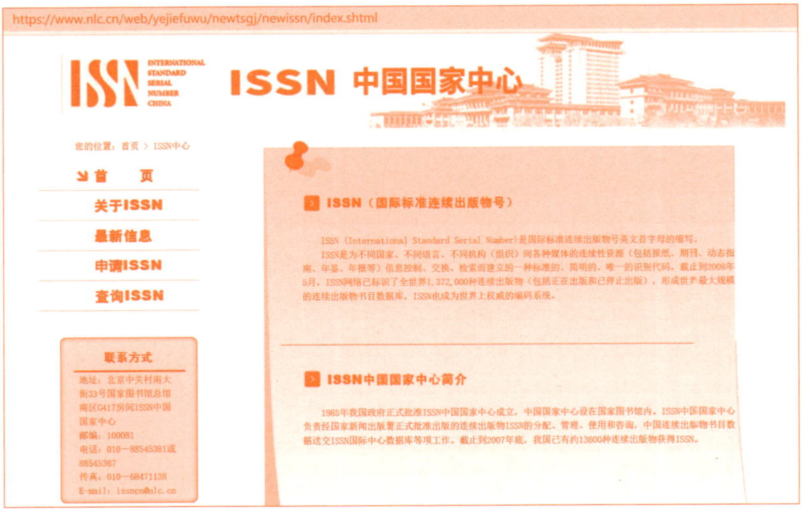

图 1－2　ISSN 中国国家中心网站

(3) 报纸。

报纸是一种以国内外社会、政治、经济、文化等新闻为主要内容的散页的定期出版物，具有报道及时、文字通俗、内容广泛的特点。报纸是面向大众宣传推广的重要载体，能够反映和引导社会舆论。目前，国内比较有影响力的报纸有《人民日报》《光明日报》《参考消息》《环球时报》《羊城晚报》《经济日报》《中国青年报》《新京报》等。我国出版的报纸都有国内统一刊号，例如，《人民日报》统一刊号为 CN11－0065。在新媒体出现之前，报纸曾经是人们获取信息的主要渠道，在车站、码头、报刊亭随处都有报纸销售，新媒体的出现对报纸造成巨大冲击。

在新媒体环境下报纸的缺点凸显：1) 与新媒体相比，报纸传播速度较慢、时效性变差。现在市场上新闻周报已经很少，对于日报而言，一条新闻最快第二天才可以见报，而对于新媒体来说，新闻推送后，读者立刻就可以在新媒体上阅读。2) 报纸缺乏互动。报纸通常是单方面地传递新闻信息，缺少读者发表观点的渠道。而新媒体则可以允许读者留言或者点赞，互动性很好。3) 报纸不容易获取而且需要付费。报纸发行一般通过邮局，分发速度存在地域差别，分发速度较慢时，"日报"可能变成"周报"。相比之下，读者更愿意从易于获取且多为免费的新媒体上获取信息。4) 报纸不易进行信息检索。因为报纸信息量大，无目录、无连续页码，不借助检索工具很难查找曾经出版的文章或信息。在"互联网+"环境下，传统报纸需要充分运用新媒体，实现与新媒体的融合发展。一些知名报纸发行方纷纷推出手机客户端、微信公众号、微博等新媒体。

(4) 年度出版物。

"年度出版物"是 2019 年公布的图书馆 • 情报与文献学名词之一。年度出版物是指每年固定出版一次的出版物，如年鉴、年度报告、年报、年刊、按年出版的手册、指南等。以期刊形式出版的，需要有 ISSN，中国境内出版的还需要有 CN。

(5) 会议文献。

会议文献是在各种学术交流会议上发表的论文或者报告。一般没有固定的出版形式，通常为会议论文集或者会议论文摘要，会议文献通常内容新颖，专业性和学术性较强，可以反映当前的学科进展和发展态势，是获取最新科研信息的重要来源。会议文献常常作为专刊、特辑或增刊依托学术期刊正式公开发表，有些则在专门刊载会议论文摘要的期刊上公开发表。

会议文献可分为会前、会中和会后等三种形式。1) 会前文献包含征稿启事、会议各轮次通知、会议日程表、会前论文摘要等。通常正式开会前会印制好会议论文摘要集，方便参会代表交流学习，但是内容完备性和准确性略差。2) 会中文献主要有开幕词、大会主旨报告、各分会报告、会议决议和闭幕词等。3) 会后文献包括会议论文全文集、会议记录、学术讨论会报告、会议专刊等。会议论文全文集和会议专刊是重要的文献资料，但是有些会议没有公开发表这些资料，只能从会前论文摘要中查询。

(6) 专利文献。

专利文献是在专利的申请、审查、批准过程中所产生的各种有关文件资料，通常指专利说明书、专利权利要求书，也包括专利法律文件和专利检索工具。专利文献具有新颖、系统、详尽、实用性强、出版迅速、格式规范、分类和检索方法特殊、文字严谨等特点。需要进行专利检索的情景主要包括：1）从事新课题研究之前进行专利文献检索，可以判断是否有侵权的风险，避免盲目研究。2）开发新产品前检索。确定产品是否已经有专利报道，避免重复研究开发，能够缩短研究时间和节省研究经费。3）申请专利前检索。通过专利检索能够清晰判断该发明是否具有创造性和新颖性，从而决定是否申请专利。4）产品出口前检索。企业向国外出口新产品时，需要进行专利文献检索，据此判断出口产品是否侵权。

（7）标准文献。

根据《标准化工作指南》（GB/T 20000.1—2014），标准（standard）是指通过标准化活动，按照规定的程序，经协商一致制定，为各种活动或其结果提供规则、指南或特性，供共同使用和重复使用的文件。该定义中“规定的程序”是指制定标准的机构颁布的标准制定程序。标准应当以科学、技术和经验的综合成果为基础。标准化可在全球、区域或国家层次上，在一个国家的某个地区内，在政府部门、行业协会或企业层次上，以至企业内车间和业务室等各个不同层次上进行。标准可划分为国际标准、区域标准、国家标准、行业标准、地方标准、企业标准等。由于国际标准、区域标准、国家标准可以公开获得，并在必要时通过修正或修订保持与最新技术水平同步，因此它们被视为公认的技术规则。根据 2018 年 1 月 1 日起施行的《中华人民共和国标准化法》，标准（含标准样品）是指农业、工业、服务业以及社会事业等领域需要统一的技术要求，包括国家标准、行业标准、地方标准和团体标准、企业标准。国家标准分为强制性标准、推荐性标准，强制性标准必须执行。行业标准、地方标准是推荐性标准，国家鼓励采用推荐性标准。标准文献既具有一般科技文献的作用，又具有法律效力，它属于特种文献。

（8）学位论文。

学位论文是高等院校或者研究机构的学生在导师指导下，为获得某种学位而撰写的关于科学研究、科学实验成果的书面报告。学位论文分为学士论文、硕士论文、博士论文三个级别，分别对应本科、硕士研究生和博士研究生阶段。硕士论文和博士论文等高层次论文具有一定的独创性、专业性，论述详细、分析透彻，有较高的参考价值。学位论文是重要的文献。学位论文一般不在刊物上完整公开发表，可以通过收录学位论文的数据库、学位授予单位获得。学位论文内容可以包括作者本人已经公开发表的研究内容和即将发表的研究内容。在科学研究、论文撰写、追踪学科前沿发展等过程中，都可以参考学位论文。

（9）研究报告。

研究报告是针对特定课题或决策需求，通过系统调查、实证分析与综合论证形成的专业性文献。其核心功能在于对研究对象进行科学评估，提供可行性论证及实施建议，为决策机构或委托单位提供参考依据。根据应用范畴可分为广义与狭义两类：广义研究报告包含可行性研究报告、专题调研报告、实践总结报告、文献分析报告等；狭义研究报告特指科研机构或研究者提交的课题研究成果报告，着重呈现技术路径与学术发现。相较于期刊论文，研究报告更侧重解决实际问题，具有更强的时效性、针对性和可操作性，是兼具理论价值与实践意义的重要文献形式。

（10）政府出版物。

政府出版物又称“官方出版物”，是各国政府部门及其所属的专门机构出版的具有官方性质的文献资料，因此，政府出版物具有权威性和正式性的特点。通常包括科技性文献（如技术政策、研究报告、科普资料等）和行政性文献（如法令、条约、统计资料等）两大类。政府出版物是了解国家的科技、经济、政治、军事等方面的政策和事件的重要信息来源，参考价值很大。

（11）产品资料。

产品资料是厂商进行产品宣传和推广时使用的资料，包括产品目录、产品说明书和产品样本等。其中，产品目录是一种列出公司或组织所提供产品或服务的详细清单的文档。它通常用于商业环境，帮助潜在或现有客户了解可供选择的产品范围。产品说明书是一种随产品提供给用户的重要文档，它详细描述了产品的功能、用途、使用方法、维护保养、注意事项等信息。产品说明书通常以文本的方式对某种产品进行详细的描述，使用户认识和了解该产品。真实性、科学性、条理性、通俗性和实用性是产品说明书的主要特点。产品说明书撰写的基本要求是实事求是，不可夸大产品性能和作用。产品说明书的结构通常包括标题、正文和落款三个部分。其中正文是产品说明书的核心部分。产品样本是指展示产品实物或其代表性部分的实物样品，用于展示产品的实际外观、质感、尺寸、颜色和功能等特性。产品样本可以是完整的产品，也可以是部分组件或缩小比例的模型。可以直接向生产厂家索取产品资料，也可以通过搜索引擎检索，还可以参考“全球产品样本数据库”。

（12）档案资料。

《中华人民共和国档案法》中，档案是指过去和现在的机关、团体、企业事业单位和其他组织以及个人从事经济、政治、文化、社会、生态文明、军事、外事、科技等方面活动直接形成的对国家和社会具有保存价值的各种文字、图表、声像等不同形式的历史记录。冯惠玲《档案学概论》（第二版）对档案的定义是“组织或个人在以往的社会实践活动中直接形成的清晰的、确定的、具有完整记录作用的固化信息”。档案一般是内部使用，不公开出版发行，许多档案在一定时间内具有保密性，通常限定使用范围，因此在参考文献和检索工具中很少引用。

（13）短期印刷品。

短期印刷品是印刷后只在短期内使用或有效的印刷材料，主要是宣传册、传单、价格表等印刷品。这类印刷品的特点是使用周期短，通常不需要长期保存。虽然短期印刷品不是学术性文献，但也是研究人员进行调查研究（比如调研某产品市场行情）时重要的信息来源。

3. 根据文献加工层次分类

按照加工层次的不同，可以把文献分为一次文献、二次文献、三次文献和零次文献等四个等级。

（1）一次文献。

一次文献也称为原始文献，是以作者本人的科研工作成果或者生产经验为依据而创作的具有一定新见解和发明创造性的原始文献，包括期刊研究论文、研究报告、会议论文、学位论文、专利文献、专著等。一次文献具有学术性、实用性和创新性，其所记载的信息和知识具体、详尽、新颖，具有很高的参考价值。在所有类型文献中一次文献是数量最大、种类最多的，分布在各种图书、特种文献、连续出版物之中，但是，缺乏系统索引，查阅不方便。

(2) 二次文献。

二次文献又称为检索性文献，是对大量的无序的一次文献，按照题名、作者、文献来源等外部特征进行著录，或将论文内容概括成内容简介、内容提要或论文摘要，并按照一定的学科或专业进行排序和分类，从而形成的文献形式，例如文摘、题录、索引等。知名的文摘型数据库包括美国化学文摘社 SciFinder、Web of Science、工程索引（Engineering Index，EI）等。

二次文献是对一次文献进行加工整理后的产物，特点包括：1）浓缩性。二次文献是对一次文献内容的浓缩，是文献调研的重要参考工具，是为适应一次文献的急剧增加而出现的。2）汇集性。二次文献经过情报工作人员的加工，把有关内容集合在一起，能够非常全面地反映某个专业、学科或者专题在一定时间范围内的文献线索。3）系统性。二次文献是经过加工和汇聚的，能够系统地反映某个学科、专业或者领域的最新研究成果。二次文献的目的是提供一次文献内容摘要，其重要作用就是提供密集的文献信息，帮助研究人员提高检索效率，使研究人员花费较少的时间和精力，获得较多、较全面的科研信息。

(3) 三次文献。

三次文献是利用二次文献提供的检索线索，系统地检索出围绕某个专题的大量一次文献，对原始文献的内容进行归纳、分析、综合、研究和评述而撰写出来的文献。三次文献可分为：1）参考工具书，例如百科全书、数据手册、词典；2）综述研究类文献，例如综述、评述等。

(4) 零次文献。

零次文献是一种特殊形式的信息源，主要包括两个方面：1）形成一次文献之前的知识信息，未经记录，尚未形成文字材料，是口头交谈的有用信息。2）未经正式发表的原始记录或者没有正式出版的各种资料，例如实验记录、考察记录、笔记、手稿、原始统计数字、书信、技术档案等。零次文献的主要特点是内容新颖，但不成熟，未经公开交流。零次文献一般通过学术报告、参观展览、口头交谈等途径获取，因此，通常难以获得，不能作为参考文献直接引用。

三、文献检索的定义

狭义的文献检索（document retrieval）是指利用特定的检索工具或数据库，通过一定的检索方法和技术，从大量文献或信息资源中查找、获取与特定信息需求相关的文献资料的过程。这个过程主要关注于检索行为本身，即如何高效、准确地从现有的文献集合中检索出用户所需的信息。

广义的文献检索包括文献的存储（storage）和检索（retrieval）两个主要过程。文献存储是将大量无序的文献资料按照一定的规律集中起来，可以根据文献内部特征和外部特征，经过整理、分类、标引、撰写摘要等处理，使其更加系统化和有序化，同时按计算机检索的技术要求构建一个具有检索功能的数据库、检索系统或者检索平台，实现对文献资料的检索和利用。

广义的文献检索过程如图1-3所示：(1) 文献的存储。将全部文献信息按照题录、摘要、全文等形式组成高度有序的信息集合，即数据库；对文献内容进行分析与编码，按照数据库技术要求生成文献识别标志和信息记录。(2) 检索者根据需求确定检索词和表达式，检索工具或者检索系统满足用户检索需求，输出检索结果。

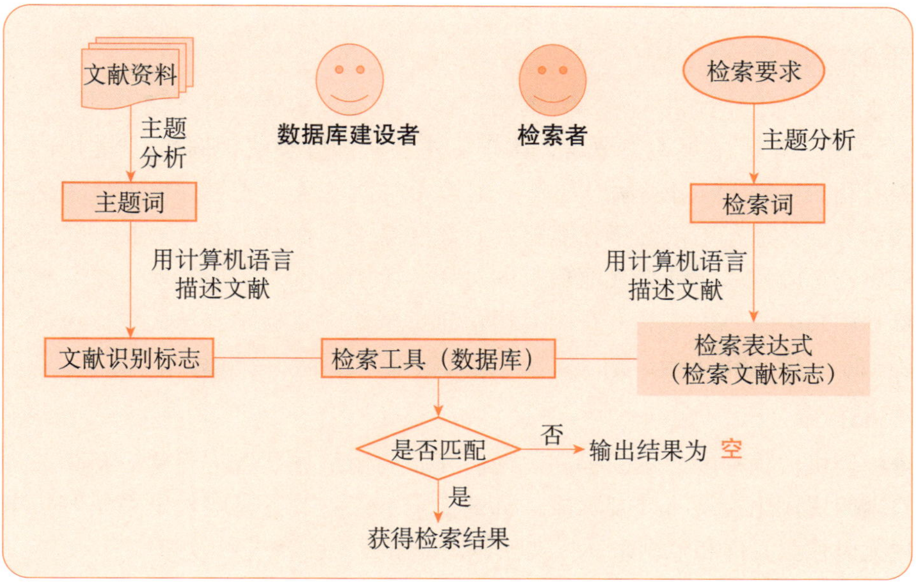

图1-3 广义的文献检索过程

本书重点讲解的“文献检索”是指运用商业化的数据库，利用数据库检索工具或检索系统，找出满足读者要求的特定文献资料。

四、信息检索的类型

从检索获取的信息性质来看，有三种类型的信息检索，即文献检索、数据检索和事实检索。

(1) 文献检索（document retrieval）。

此处特指文献原文或原文线索检索，是指从一个文献集合中找到包含所需信息内容的特定文献，属于以文献为检索对象的信息检索类型。文献检索输出的结果是满足用户信息需求的一篇文献原文或者文献原文的线索。

(2) 数据检索（data retrieval）。

数据检索是指以特定数据为检索对象和检索目标的信息检索类型。特定数据包括数据、图表、某种物质组成成分、理化特性、表征图谱、市场行情、设备型号与规格等。数据检索是一种确定性检索。

(3) 事实检索（fact retrieval）。

事实检索是指在信息检索领域中，针对用户提出的具体问题，从信息资源中查找并提供确切、客观的事实信息的过程。这种检索的目的是为用户提供直接、明确的答案，而不是提供包含这些信息的文献或文档。其检索内容包括事物的基本概念、基本情况，以及时间、地点、相关事实与过程等。

五、文献检索发展历史

从文献检索发展历史来看，文献检索按照信息加工的方式和设备划分为手工检索、机械检索、计算机检索等类型。

1. 手工检索

起源于为读者用户提供参考与咨询的工作，手工检索使参考咨询工具从“书目”变为“索引”，并催生了情报检索语言，出现了主题法和分类法，例如，“美国国会图书馆主题词表”和“杜威十进分类法”都是手工检索时期的重要成果。手工检索是一种非常传统的检索方法，是指不依赖于计算机和自动化系统，而是由个人直接通过阅读、浏览和查找纸质资料或实体文献来获取信息的过程。手工检索不需要特殊设备，根据检索需求，直接利用有关的检索工具，查阅有用信息。虽然手工检索方法简单、灵活，但手工检索需要翻阅大量文献资料，费时费力，而且很难进行全面的检索。

2. 机械检索

随着社会机械化程度的不断提高，人们开始利用机械装置进行文献检索。机械检索是手工检索向现代化检索的过渡阶段。机械检索系统主要有光电检索系统和机电检索系统，利用光电检测元件和电刷来查找文献。该检索方式已经成为历史。

3. 计算机检索

计算机检索是伴随着计算机技术发展而形成的检索技术，经历了三个发展阶段——脱机检索、联机检索、网络化联机检索。计算机检索系统推动了情报检索语言的发展，促使分类表和主题词表朝着机器阅读和机器编写方向发展，促进了分类法和主题法的统一。

（1）脱机检索阶段。

美国海军兵器中心于 1954 年采用 IBM－701 型计算机组建了世界上第一个科技文献检索系统，该系统实现单元词组配检索，但是检索逻辑只能采用“与”运算，得到的检索结果是文献号，需要根据文献号再去查找原文献。1958 年，美国通用电气公司改进了该系统，输出结果中增加了文献名、作者和文献摘要等内容。1964 年，美国化学文摘社建立了文献处理自动化系统，使大部分编制文摘工作通过计算机实现自动化，此后又实现了计算机检索。1964 年，美国国立医学图书馆建立了医学文献类的计算机数据库，即医学文献分析与检索系统，实现了多种途径检索文献，还可以进行“或”“与”“非”等几种逻辑运算。

脱机检索阶段，用户与机器脱钩，不能直接参与检索，不能与计算机对话，通常以批处理方式进行检索。光盘检索也属于脱机检索的一种。当时还发展了“定题检索服务”，也称为“最新资料报道服务”，即把事先编制好的检索式放在机器中，在收到最新文献后执行检索，并将检索结果定期送到用户手中，该方法对长期跟踪某个研究方向非常有用。然而，脱机检索的缺点在于处理时间长，人机不能对话，且受地理位置的限制。

（2）联机检索阶段。

20 世纪 60 年代中期到 70 年代初期，计算机分时技术、通信技术、计算机网络、检索软件等得到迅速发展，用户通过检索终端设备与检索系统中心计算机进行对话，实现了远距离数据库检索，即联机信息检索。当时的联机检索系统有美国的 DIALOG 系统、ORBIT 系统（书目情报分时联机检索系统）、BRS 系统（书目检索服务系统）和欧洲的 ESA-IRS 系统（欧洲航天局信息检索系统）等。联机检索是科技信息工作、计算机、通讯技术相互结合的产物，它反映了 20 世纪 70 年代计算机检索的水平。

美国 DIALOG 系统始建于 1963 年，是世界上最大的国际联机情报检索系统。总部设在美国加利福尼亚州的帕洛阿尔托。1966 年 DIALOG 系统正式开展文献检索，1972 年作为国际联机情报检索系统正式对外服务。DIALOG 系统拥有近 600 个联机数据库，其内容涉及 40 多个语种和占世界发行总量 60%的 6 万多种期刊。DIALOG 系统拥有许多代表性和常用的数据库，例如知名的数据库：美国化学文摘（CA）、英国科学文摘（Inspec）、医学文献数据库 MEDLINE、数学文献数据库 MathSciNet、生物学文摘（BA）、美国政府科技报告数据库（NTIS）等。

美国 ORBIT 系统是世界大型联机情报检索系统之一，ORBIT 是 Online Retrieval of Bibliographic Information Time-Shared 的首字母缩写，翻译为“书目情报分时联机检索”，由美国系统开发公司（System Development Company）运营，1965 年起在美国国内开展联机情报检索。1974 年，ORBIT 系统通过卫星通信网络，为美国、加拿大、欧洲和亚洲的用户提供服务，正式成为国际联机情报检索系统。

美国 BRS 系统指的是书目检索服务（Bibliographic Retrieval Service）系统，它是一个综合性联机情报服务系统。BRS 系统成立于 1976 年，最初是在纽约州立大学生物医学交流网的基础上发展起来的，到 1988 年底，BRS 中央计算机存储有 150 多个数据库，共 8 000 多万件记录，包括期刊论文、专利、标准、政府报告、学位论文和产品目录等文献资料。用户可以通过通信网络，使用兼容的终端机或微机，从数据库中检索到有关医药保健、生物科学、工程技术、商业经济、社会科学和人文科学等领域的当前和历史的情报。BRS 系统早先运营的文摘型数据库仅提供文献题录（篇名、著作、出处等）和摘要，后来，数值型和全文数据库日渐增多。

欧洲航天局情报检索服务中心负责运营的欧洲航天局信息检索系统（European Space Agency information retrieval system，ESA-IRS）是欧洲最大的联机情报检索系统，建成于 1973 年。该系统借鉴了其他检索系统的优点，检索功能非常强大，交互界面简单，操作方便。ESA-IRS 系统拥有 120 多个数据库，多数为文献数据库，内容涉及航空航天、宇宙学、天文学、天体物理、环境与污染、自然科学、工程技术、医学、商业等领域。

（3）网络化联机检索阶段。

从 20 世纪 70 年代初到现在，由于互联网、通信卫星都可以传输信息检索数据，每个文献系统的计算机成为网络上的节点，每个节点连接多个检索终端，各节点之间以通信线路相互连接，提供文献检索服务的电子计算机组成一个庞大的网络。网络上的任何一台有访问权限的终端计算机都可联网检索全部数据库，逐步发展成为网络检索系统。

网络检索系统是目前最常用的文献检索方式，是利用电子计算机和数据库存储、检索文献信息资料的系统。其组成包括计算机、数据库、管理软件和通信网络检索终端，数据库是其核心。拥有使用权限的高校、研究所或者个人用户可以利用网络终端（电脑、平板、手机等），通过网络检索系统直接访问数据库，完成文献检索。

第 2 节　文献检索方法与评价

一、文献检索语言、途径、技术

1. 文献检索语言

文献检索语言是为满足文献信息的加工处理、存储和检索的共同需要而编制的专门语言，是用来描述信息源特征和进行检索的人工语言。文献检索语言可以用于概括文献信息的内容和检索课题的内容。在信息存储加工的过程中，用文献检索语言来描述文献的内容和外部特征，从而形成检索标识，而在读者进行检索的过程中，用文献检索语言来描述检索需求，从而形成需求标识，当需求标识与检索标识部分匹配或者完全匹配时，其检索结果即为命中文献。

表达文献外部特征的检索语言主要是指文献的篇名（题目）、作者姓名、期刊名、文献类型、发表时间、报告号、专利号等。表达文献内部特征的检索语言主要是指所论述的主题、观点、见解和结论等，包括关键词、主题词、分类号、文章核心内容等。

下面以分类检索语言和主题检索语言为例进行详细介绍。

（1）分类检索语言。

分类检索语言是将表示各种知识领域或者学科的类目按照知识分类原理进行系统排列，并用代表类目的数字、字母符号、数字与字母组合作为文献主题标识的一类情报检索语言，也称分类法。它采用分类号和类目来表示文献主题内容，由分类号和类目组成分类表，以此作为对文献进行分类、存储和检索的依据。按照分类方式的不同，分类检索语言包括体系分类语言、组配分类语言和混合分类语言。

体系分类语言广泛用于图书分类和检索，是最常用的分类语言。体系分类语言是一种直接体现知识分类登记概念的标识体系。它以文献内容的学科性质为对象，以科学分类为基础，运用概念的划分与概括的逻辑方法，形成一个概念的层级体系，根据知识门类的逻辑次序，按照从总到分、从一般到具体、从低级到高级、从简单到复杂的原则进行概念的总分，层层划分，逐层展开。体系分类语言的优点主要是以学科为中心，符合人们认识事物的习惯，具有系统性，使用字母和数字作为检索标识，容易推广。缺点是各级类目是预先固定的，不能反映学科之间的交叉关系，而且以字母或数字作为检索标识容易出现错误。

组配分类语言通过对科技术语进行组配的方式来描述文献内容。这些科技术语按其学科性质分为若干组，称为“组面”。组面内各个术语都配有相应的号码。标引文献时，根据文献内容选择相应的“组面”和有关术语，把这些术语的号码组配起来，构成表达这一文献内容的分类号。例如，印度阮冈纳赞的《冒号分类法》（Colon Classification，CC）就是这种分类语言的代表。

混合分类语言是体系分类语言和组配分类语言的组合，根据不同侧重程度，又分为组配体系分类语言和体系组配分类语言。例如，《国际十进分类法》（Universal Decimal Classification，UDC）就是一种混合分类语言。

分类法是体系分类语言应用于文献分类的具体形式。世界上著名的图书分类法包括

《国际十进分类法》(UDC)、《美国国会图书馆图书分类法》(LCC)、《杜威十进分类法》(DDC),非图书情报学专业的读者仅做一般了解即可。我国图书情报系统主要采用《中国图书馆分类法》(简称《中图法》),也有图书馆采用《中国科学院图书馆图书分类法》,简称《科图法》。

《中国图书馆分类法》在第四版之前的名称为《中国图书馆图书分类法》,2010 年出版第五版,它是我国编制出版的一部具有代表性的大型综合性分类法,是目前国内图书馆使用最广泛的分类法体系。《中图法》将知识门类划分成 5 个基本部类:1)马克思主义、列宁主义、毛泽东思想、邓小平理论;2)哲学、宗教;3)社会科学;4)自然科学;5)综合性图书。社会科学部类下展开 9 大类,自然科学部类下展开 10 大类,加上没有展开的第 1)、2)和 5)基本部类,共计 22 个基本大类,每个大类前面冠一个字母进行表示。在社会科学和自然科学各大类之前,分别列出"社会科学总论"和"自然科学总论",根据图书资料特点,按照从一般到具体、从总到分编制原则分类,组成了社会科学和自然科学的完整体系。《中图法》的 22 个大类的类目为:

A 马克思主义、列宁主义、毛泽东思想、邓小平理论
B 哲学、宗教
C 社会科学总论
D 政治、法律
E 军事
F 经济
G 文化、科学、教育、体育
H 语言、文字
I 文学
J 艺术
K 历史、地理
N 自然科学总论
O 数理科学和化学
P 天文学、地球科学
Q 生物科学
R 医药、卫生
S 农业科学
T 工业技术
U 交通运输
V 航空、航天
X 环境科学、安全科学
Z 综合性图书

《中图法》的类目编号采用字母和数字相结合的混合号码制,每个大类用一个字母标识,以字母的顺序表示大类的序列,在字母后面加数字表示大类下的类目划分。《中图法》包括专用和通用类目,共计 5 万多个类目。

例如,R 代表"医药、卫生"大类,其大类下又细分若干小类,小类还可以往下继续细分。

R1 预防医学、卫生学
R2 中国医学
R3 基础医学
R4 临床医学
R5 内科学
R6 外科学
R71 妇产科学
R72 儿科学
R73 肿瘤学
R74 神经病学与精神病学
R75 皮肤病学与性病学
R76 耳鼻咽喉科学
R77 眼科学
R78 口腔科学
R79 外国民族医学
R8 特种医学
R9 药学

《中图法》具体分类方式可以直接登录网站 https://www.clcindex.com/进行在线查询，可以逐级展开，直至最底层，通常有 4～6 层。例如，“O 数理科学和化学/O3 力学/O34 固体力学/O342 结构力学”，共有 4 层，具体而言，O 是数理科学和化学大类，O3 为力学小类，力学再往下细分包含 O34 固体力学，固体力学再往下分包含 O342 结构力学，结构力学是这个分类的最底层。又如，“R 医药、卫生/R4 临床医学/R45 治疗学/R453 药物疗法、化学疗法/R453.1 磺胺类药物疗法”，共有 5 层；“F 经济/F4 工业经济/F41 世界工业经济/F416 工业部门经济/F416.2 能源工业、动力工业 /F416.22 石油、天然气工业”，共有 6 层。

（2）主题检索语言。

主题检索语言是以名词术语为基本词汇，使用自然语言字符，用一组名词术语作为检索标识的检索语言。主题检索语言直接反映文献的内部特征与科学概念。按照规范化的程度，主题检索语言可以分为规范性和非规范性两类。规范性主题检索语言就是主题词检索语言；非规范性主题检索语言主要指自由词或者关键词检索语言。

主题词又称为叙词，是在标引和检索中用来表达文献主题内容的人工语言，是用于描述主题事物或者内容的概念化和规范化的词语。主题词需要在主题词表中选取。例如，美国《医学主题词表》（Medical Subject Headings，MeSH），是美国国立医学图书馆编制的权威性主题词表，它是一部规范化的可扩充的动态性叙词表，汇集了 18 000 多个医学主题词。MeSH 是生物医学标引和检索生物医学文献数据库的重要依据和指导工具，在世界范围内得到广泛应用，对提高查全率和查准率具有十分重要的意义。美国国立医学图书馆根据 MeSH 编制了《医学索引》（Index Medicus，IM），并建立了联机检索系统 MEDLINE 数据库。中国医学科学院医学信息研究所等机构将 MeSH 翻译成中文，并在中国生物医学文献数据库中提供 MeSH 词表的中英文电子版，方便中文医学类文献的主题标引和检索。

关键词是直接从文献的篇名、正文和摘要中提取的能够表达文献主题内容、包含实质意义的词语。将文献中的主要关键词作为检索标识，并排列组成查找文献使用的语言即为关键词检索语言。由于关键词检索语言不需要标准化，因此，只要具有检索意义的词语都可以作为关键词检索语言。

2. 文献检索途径

文献检索途径是针对有序储存文献的某一特征，使用检索语言进行文献查询的方法。常用的检索途径有主题途径、题名途径、作者途径、作者地址、刊名途径、分类途径、序号途径。

主题途径指通过文献的主题内容进行检索的途径，是一种主要的检索途径。用户需要根据课题内容提炼出主题概念，并确定好对应的主题词或关键词。使用主题词检索能对相关的同义词、近义词及缩写词同时进行检索，文献检索的查全率比较高。关键词是作者写论文时选用的自然词语，不受主题词表的限制。

题名途径以文献的篇名、书名作为检索入口。

作者途径以文献的作者姓名作为检索入口。

作者地址以作者单位地址作为检索入口。

刊名途径以期刊名称作为检索入口。

分类途径根据文献所属学科专业类别，以学科分类号为检索入口，按分类号和类目进行文献检索。

序号途径通过文献特定的序号来检索文献。例如，期刊的 ISSN 号、图书的 ISBN 号、索书号、专利号、标准号、报告号、合同号、论文 DOI、作者 ORCID 等。

下面详解介绍论文 DOI 检索和作者 ORCID 检索。

（1）论文 DOI 检索。

DOI 的全称是 digital object identifier，是指数字资源唯一标识符，是云计算背景下的大数据样本存储和应用技术，是针对数字资源的全球唯一永久标识符，具有对论文、图书、视频等资源进行永久命名标识、动态解析链接的特性。因特网的万维网服务程序上用于指定信息位置的表示方法是统一资源定位系统（uniform resource locator，URL），DOI 是从 URL 发展而来，被称为“下一代 URL”。它与 URL 的最大区别就是实现了对资源实体的永久性标识。

DOI 系统于 1997 年发布，并由国际 DOI 基金会（International DOI Foundation，IDF）负责管理。2010 年 11 月，DOI 系统正式成为 ISO 国际标准。中国科学技术信息研究所和中国知网分别于 2007 年和 2013 年获得国际 DOI 基金会的授权，成为 DOI 注册代理机构，在中国开展 DOI 注册和推广服务。

DOI 的编码方案规定，一个 DOI 编码由前缀和后缀两部分组成，中间用“/”分割。对前缀与后缀的字符长度没有任何限制，因此理论上，DOI 编码体系的容量是无限的。

DOI 前缀包括两部分，一部分是目录代码，所有 DOI 的目录都是“10.”，即所有 DOI 代码都以“10.”开头。另一部分是登记机构代码，任何需要登记 DOI 的组织或单位都可以向 IDF 申请登记机构代码。登记机构代码的分配非常灵活，例如，一个出版商可以为其所有的信息资源只申请一个前缀，也可以为其数字图书、期刊、音像制品等信息资源分别申请前缀。

DOI 后缀是在特定前缀下唯一的后缀，由登记机构分配并确保其唯一性。后缀可以是任何字母数字码，其编码方案完全由登记机构（出版商）自己规定。后缀可以是一个机器码，或者是一个已有的规范码，如 ISBN 或 ISSN。

例如，10.1016/j.solener.2017.03.037 就是一个完整的 DOI 编码示例。

通过 DOI 检索文献的方法有：1）直接在 www.doi.org（见图 1-4）、www.chinadoi.cn（见图 1-5）或者 www.chndoi.org（见图 1-6）等 DOI 解析网站，输入 DOI 编码，点击相关解析按键，可以查询到该 DOI 对应的电子文献。2）将 URL 地址“https://doi.org/”加到已知的 DOI 前面就可以得到该文献在 DOI 系统中的 URL，输入浏览器网址栏中，可以直接链接到论文网页，如果有访问权限就可以下载全文。例如：在某文章的 DOI“10.1016/j.solener.2017.03.037”前面增加 https://doi.org/得到该文章的 URL 为 https://doi.org/10.1016/j.solener.2017.03.037，输入浏览器中，可以直接链接到该文章网页。

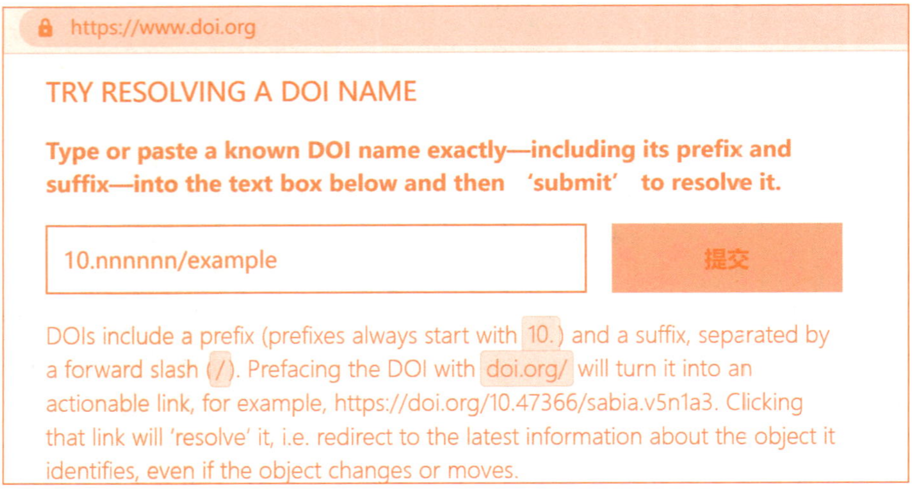

图 1-4　DOI 解析网站 www.doi.org

图 1-5　中国科学技术信息研究所 DOI 解析网站 www.chinadoi.cn

目前，DOI 已经成为科技论文必备的唯一编号，类似于身份证。DOI 使全球的数字出版行业跨越了出版商、检索系统、出版语言，形成庞大的数字资源身份标识体系。

（2）作者 ORCID 检索。

ORCID（open researcher and contributor ID）是开放研究者与贡献者标识，即作者识别码。个人可以免费注册，ORCID 是免费的全球唯一的 16 位身份识别码，可以理解为研究者的学术身份证。它允许研究人员将自己的 ORCID 与他们所有的研究活动相关联，包括关联该作者发表的论文、出版的图书、数据集，也可以关联作者与研究机构的隶属

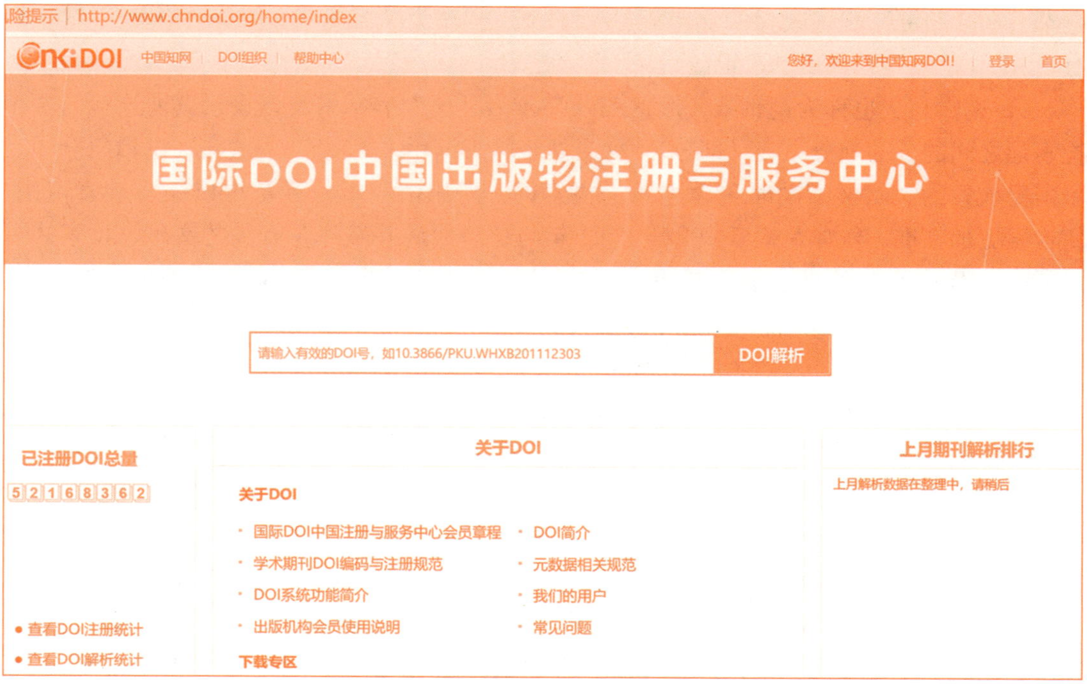

图1-6 中国知网 DOI 解析网站 www.chndoi.org

关系、基金项目等。

ORCID 的优点主要在于能够轻松区分不同研究人员的工作，避免因研究人员同名造成混淆。ORCID 还有助于在大学、院系、研究所层面上对其研究成果进行跟踪和统计。许多资助机构在其资助提交系统中嵌入了 ORCID 标识，以便于成果的跟踪和统计。ORCID 的支持者涵盖主要的科技出版商，包括 Elsevier、Wiley、Nature、Thomson Reuters 等。采用 ORCID 检索可以极大提高检索准确率。例如，在 Web of Science 数据库中选择作者识别号 Author Identifiers 字段，输入作者的 ORCID 号之后，可以准确检索到该作者在数据库中的全部记录。

3. 文献检索技术

文献检索技术是用户信息需求与数据库中文献信息集合之间的匹配比较技术。用户根据需求编写文献检索式，检索系统（联网计算机）根据文献检索式在文献信息集合中进行匹配。文献检索式的编写特别重要，能否检索到结果或者检索结果质量如何主要取决于此。所以利用计算机进行文献检索的实质是正确利用逻辑运算和各种检索技术准确地编写检索式。用计算机进行信息检索最基本的逻辑运算包括布尔逻辑检索、截词检索、限定检索等。高级的检索技术包括加权检索、视觉检索、模糊检索、自然语言检索、概念检索等。目前已经实现基本逻辑运算和高级检索的并存和结合，检索方式更多样，检索系统更加友好和智能，检索效率和查准率也进一步提高。

（1）布尔逻辑检索。

逻辑检索是计算机检索中最常用和最基本的一种检索方法。布尔逻辑检索是运用布尔逻辑运算符将多个不同的检索词进行逻辑组配，限定文献的命中条件和组配次序，凡是符合逻辑组配所规定条件的文献就是命中文献，作为结果输出。布尔逻辑运算符主要有 AND（逻辑与）、OR（逻辑或）、NOT（逻辑非），可以用“*”、“+”、“-”表示。

1）逻辑与。也称为逻辑乘，用“AND”或者“*”表示，可以表示其所连接的两个检索词之间的公共部分（交叉部分）。如果两个检索词用“AND”或“*”逻辑组合，表示需要检索的文献必须同时包含这两个检索词。所以，逻辑与运算可以缩小检索范围，使检索更加精准。例如，检索 2022—2024 年与“糖尿病并发症”有关的文献，检索式可以写成“糖尿病 AND 并发症”或者“糖尿病*并发症”，并限定文献发表时间在 2022 年至 2024 年之间。也就是在数据库高级检索中设置了 2 个检索字段，而且它们之间是逻辑与的关系。

2）逻辑或。又称为逻辑加，用“OR”或者“+”表示，将两个并列关系的检索词联系起来。如果两个检索词用“OR”或者“+”相连，则表示需要检索的文献只要包含这两个检索词中任意一个就可以被检索出来。用逻辑或运算可以扩大检索范围。例如，“前列腺炎 OR 前列腺癌”或者“前列腺炎+前列腺癌”，检索输出的文献有关于前列腺炎的文献，也有关于前列腺癌的文献，还有同时涉及前列腺炎和前列腺癌的文献。

3）逻辑非。用“NOT”或“-”表示，常用来连接具有排除关系的检索词，可以排除不需要的文献，也可以排除影响检索结果的概念。这种逻辑组合可以缩小检索范围。检索包含关键词 A 而不包含关键词 B 的文献，检索式可以表示为“A NOT B”或者“A-B”。例如，查找除了丙肝以外的肝炎有关文献，文献检索式可以表示为“肝炎 NOT 丙肝”。

（2）截词检索。

在检索词的合适位置进行截断称为截词，截词检索就是利用截断的检索词进行检索，即利用检索词的词干或不完整的词形进行检索，也称通配符检索、词干检索或字符屏蔽检索。检索中保留词语中相同部分，用相应的截词符号代替可变化部分。截词检索隐含着布尔逻辑检索的逻辑或运算，因此，使用截词检索可扩大检索范围，避免漏检。采用截词检索既要灵活又要谨慎，截词部位要适当，若截太短（输入字符少于 3 个），可能会检索到大量无关文献，影响查准率。按照截词部位不同，可将截词划分为右截词（截去词尾部，词前方一致）、左截词（截去词前部，词后方一致）、中间截词（截去词的中间部分，词两边一致）和复合截词（同时采用两种以上的截断方式）。截词方式包括有限截词和无限截词。有限截词指允许截去有限个字符，截断符常用“?”表示。如果截断符在词语中间，通常一个“?”代表 1 个字符，也可连续使用多个“?”，表示多个字符；如果截断符在词尾，有 n 个“?”则表示个数少于或等于 n 个字符。无限截词又称任意截词或开放式截词，指允许截去的字符数量不限，截词符常用“*”表示，代表任意数量的字符或一个字符串。

1）右截词。截去词的右侧，也就是截去词尾部，词前方一致，又称为前方一致检索。例如，用“comput*”可检索出包含 computer、computing、computers、computering、computeriation 等关键词的记录。再如，当只知道作者姓王，而忘记具体名字，则可以在检索作者字段中输入“王*”，则可以搜到姓王的作者的文献，当然还需要配合其他检索字段一起搜索。

2）左截词。截去某个词的前部，词后方一致，也称为后方一致检索。例如，输入“* magnetic”能够检索出含有 magnetic、electromagnetic、paramagnetic、thermomagnetic 等词的记录。再例如，读者需要查找有关化学方面的资料，其检索式可以写成“*化学”，则表示有机化学、无机化学、分析化学、物理化学等方面的都可以检索。当然这种检索方式放大了检索范围，不利于精确查找。

3）中间截词。截去某个词的中间部分，词两边一致，也称为两边一致检索。例如，用于英、美拼写不同的词和单复数拼写不同的词，“wom?n”可以表示 woman 或 women。再例如，进行中文作者检索时，只记得第一个字“武”，最后一个字“龙”，忘记作者名字中间的字，则可以采用检索式“武?龙”进行搜索，查找第一个字和第三个字分别为武和龙的所有作者。

4）复合截词。同时采用两种或者两种以上的截断方式。例如“?chemi?”，可以检索出含有 chemical、chemist、chemistry、electrochemistry、physicochemical 等词的记录。

不过，不同的数据库、不同的检索系统所使用的截词符并不完全相同，所支持的截词符类型也有差异，具体要参考数据库的使用说明。例如，中国生物医学文献数据库用“?”作为单字的通配符，“%”作为任意通配符。

（3）限定检索。

限定检索也称为限制检索或者检索限定，是检索系统提供的缩小或者约束检索结果的检索方法，包括字段限定检索、范围限定检索和英文短语限定检索。

1）字段限定检索。字段限定检索是指限定在数据库记录中的一个或几个字段范围内查找检索词的一种检索方法。在数据库检索系统中，设置的可用来检索的字段通常分为表示文献内部特征的字段和表示文献外部特征的字段。具体而言，表示文献内部特征的字段主要包括题名、关键词、主题词等。表示文献外部特征的字段主要包括作者、文献类型、语言种类、出版年、卷、期、起止页码、专利号、论文 DOI 等。每个字段都用 2 个字母表示字段标识符，常用的有标题 TI、作者 AU、摘要 AB、语种 LA、刊名 JN、出版时间 PY、文献类型 DT 等。这些 2 个字母的字段通常是相应英文单词的前 2 个字母，或者短语中每个单词的首字母，例如：标题的英文单词是 title，所以选用 TI 为标题字段标识；作者的英文单词是 author，所以选用 AU 为作者字段标识；刊名的英文单词是 journal name，选取每个单词的首字母，用 JN 表示期刊名称字段标识；PY 是 publication year 的缩写，用来作为出版时间的字段标识。不同的数据库检索系统可能有不同的字段标识符号，其基本原理是相同的。

在多数检索系统中，会默认在篇名、摘要、关键词、全文等四个基本字段中检索，通常字段限定范围的大小顺序是：全文＞摘要＞关键词＞篇名。

2）范围限定检索。计算机检索系统还提供范围限定检索功能，用对应的数字进行限定检索，比如出版年、作者单位邮政编码范围等。有些提供病例搜索的数据库，还常常用病例年龄进行范围限定搜索。

3）英文短语限定检索。在使用英文短语作为检索词检索时，需要将一个英文词组或者短语用英文引号、半角引号或者括号进行限定，使它作为一个完整的检索词进行严格匹配，这样才能检索出与引号或括号内完全相同的词组和词语。英文短语检索可以提高检索的准确度和精确度。例如用“liver cancer”进行检索，检索系统会把这两个单词作为一个完整词组进行精确检索，而如果不用引号或者括号进行限定，则检索系统会分别检索 liver 和 cancer 两个单词。冠词和连词等虚词不在检索范围之内，系统检索时会自动忽略，例如：a，an，also，and，any，as，at，by，for，so，not 等。

（4）加权检索。

加权检索是一种根据不同权值对检索词进行排序的检索方法。每个检索词赋予不同的权值，根据权值的大小决定检索结果的排序。通常，权值是根据词性、重要性、出现频率等因素设置的。加权检索的目的是增强搜索的准确率，提高排序结果的可信程度。

（5）视觉检索。

视觉检索也称为视觉搜索，是一种通过观察和解读视觉图像进行搜索的方式，计算机可以通过图像识别、内容分析和语义理解等技术来识别图像中的对象、场景、颜色等特征，并将这些信息与用户查询进行匹配，从而提供最符合要求的搜索结果。视觉检索已经成为人工智能的一个重要研究方向。

（6）模糊检索。

模糊检索是与精确检索相对应的一个概念，模糊检索就是检索系统自动按照用户输入关键词的同义词进行检索，可以得到较多的检索结果。模糊检索又称为同义词检索。用户在检索页面中，选中“模糊检索”复选框，输入同义词中任意一个，就可以进行模糊检索。

（7）自然语言检索。

自然语言检索是用人们日常使用的语言中的字、词、句表达提问，并完成信息检索的过程。自然语言也是人工智能领域的重要研究方向，例如 ChatGPT 是人工智能技术驱动的自然语言处理工具，它能够基于在预训练阶段所见的模式和统计规律来生成回答，还能根据聊天的上下文进行互动，像人类一样来聊天交流。再例如，文心一言也是自然语言处理工具，能够与人对话互动、回答问题、协助创作，高效便捷地帮助人们获取信息、知识和灵感。

（8）概念检索。

概念检索是通过对被检索项信息进行语义层面上的自然语言处理，提取各种概念信息形成知识库，并根据对用户查询的理解，检索知识库中相关信息以确定检索结果的一种检索方法。

二、文献检索的常规步骤和方法

文献检索是实践性很强的科研活动，它要求用户善于思考，并在经常性文献检索实践中掌握文献检索的规律，从而快速、准确地获取所需要的文献资料。

1. 文献检索的策略

根据不同检索目的，检索策略也有所不同：（1）开展新课题研究。可以首先检索文摘型数据库，找到与课题有关的文摘，广泛阅读文摘，做好读书笔记。发现与课题关系非常密切、参考价值大的文摘，再去下载全文，阅读全文。可以先阅读综述论文，快速了解研究脉络，再读具体研究论文，进行深入了解。（2）跟踪课题研究前沿。可以定期检索文摘型数据库，同时限定时间，比如最近 2 年、最近 1 年、最近 6 个月等，大量阅读最新发表研究论文，迅速掌握研究热点和前沿。(3) 查找某一个具体文献内容。可以采用高级检索，设定 2 至 3 个检索字段，设置“逻辑与”，限定检索条件，尽可能精准地查找文献。

2. 了解和选择数据库

首先，熟悉所在学校或者单位图书馆，掌握可供使用的数据库。在此基础上，一般从以下几个方面了解和选择数据库：(1) 数据库服务形式，例如是否联机检索，是校内、境内、境外站点，还是镜像站点；(2) 数据库涵盖学科范围；(3) 数据库文献类型，比如文摘型、全文型、索引型等；(4) 数据库收录量；(5) 数据库的出版语言、更新频率；(6) 数据库访问方式，是否需要注册用户名，是否限定访问 IP；(7) 收录年限、收录对象。

3. 文献检索的步骤

(1) 分析研究课题，明确文献检索需求，列出检索时所用的主题词、关键词和限定条件（出版年、学科领域、文章类型等）。

(2) 选择合适的检索工具或者数据库，了解检索系统基本情况，包括数据库的收录范围、收录类型（全文库或者文摘库），数据库检索系统的检索功能、检索途径、检索结果输出方式等。

(3) 确定检索途径（主题、题名、作者、作者地址、刊名等）、检索方式（初级检索、高级检索、专业检索、分类检索等），选定检索方法（直接法、追溯法、综合法等）。

(4) 进行检索操作，浏览检索结果，分析检索结果。

(5) 根据检索结果情况，及时调整检索策略，在结果中进行二次检索，或者重新检索。

4. 常见的数据库检索方式

(1) 初级检索。

初级检索也称基础检索，它是最简单、最常用的检索方法，通过使用关键词直接在数据库中查找文献或数据，或者说只使用一种检索途径进行文献检索。通常在数据库首页仅提供一个检索框，供读者输入检索词，界面简洁，操作简单，便于快速检索。

(2) 高级检索。

高级检索是指采用多字段逻辑组合、限定检索、控制检索结果输出范围等方法进行的更加精准的检索，能够使检索更有针对性，更加高效便捷。高级检索可以根据需要增减检索框，将主题词、关键词、作者或者其他检索途径进行逻辑组配，并选择合适的逻辑运算，还可以限定文献类型、时间范围等。

(3) 专业检索。

专业检索是指使用运算符和检索词构造检索式进行检索，常用于图书情报专业人员查新、信息分析等工作。专业检索的一般流程是：1) 确定检索字段；2) 构造一般检索式，或借助字段间逻辑运算符和检索值限定运算符构造复杂的检索式。专业检索表达式的一般式为：〈字段代码〉〈匹配运算符〉〈检索值〉。

(4) 分类检索。

分类检索也可以理解为分类浏览，数据库一般会将已有文献按照某种分类方式进行存储并列出分类目录表，读者可以按照数据库的分类目录表，逐级点开目录，查找需要的文献资料。例如期刊分类导航，已经按照期刊名字排序，读者可以找到对应期刊，期刊又按照年、卷、期进行划分，读者可以按照年、卷、期进行浏览。

(5) 二次检索。

所谓二次检索是指在检索结果中再进一步进行检索，可以使检索结果范围进一步缩小，检索结果更准确。

5. 常用文献检索方法

(1) 直接法。

直接法是直接利用检索工具或者检索系统进行文献检索的方法，是文献检索中最常用的方法，包括：顺查法、倒查法和抽查法等三种。

1) 顺查法。顺查法是以检索课题的起始年代为起点，按照时间先后顺序，由远及近地利用检索系统进行文献信息检索的方法。

2) 倒查法。倒查法是由新到旧，由近及远，利用检索系统逆着时间顺序进行文献检索的方法。该方法的重点是从近期出版的文献开始，查到满足要求的文献为止。使用该方法可以快速获取最新文献资料，了解最新研究成果、最新科研前沿。该方法工作量小，但容易漏掉之前的研究。追踪前沿研究时常用此方法。

3) 抽查法。抽查法是针对检索课题的特点，选择课题文献信息可能出现的时间段，进行重点检索的方法。适用于检索某一个研究领域鼎盛时期的文献，特别是当某个课题发展脉络清晰时，可以用此方法。也可以用于检索某个作者或者某个机构在某一个研究领域的文献。该方法要求检索目标明确。

(2) 追溯法。

利用文献后面所列举的参考文献，逐一追查被引用的文献，然后再看这些文献又引用了哪些文献，如此一环一环追查下去，可以了解文献之间的引用关系。目前很多数据库直接提供文献之间引证关系图，结构清晰，查看方便。Web of Science 也支持按照“被引用”关系进行检索。追溯法在寻找实验方案、操作方法时经常使用，比如，读者找到一篇文献，其中实验步骤的描述非常简略，作者已经注明该实验方法是按照某个文献的实验步骤进行的，这种情况下就需要寻找该参考文献，从而找到最详细的实验步骤。

(3) 综合法。

也称为分段法或循环法，即将直接法与追溯法交替使用，既利用检索工具检索新文献，又利用文后参考文献追溯引用文献。综合法可以做到取长补短，相互配合，获得满意的检索结果。

6. 获取文献全文的方法

获取文献的全文是检索的主要目的之一，可以通过以下途径获取全文。

(1) 通过数据库获取全文。

全文型数据库可以直接下载全文 PDF 版或者网页浏览版。文摘型数据库通常只收录题目、摘要、期刊信息等，不能直接下载全文，但是有些文摘型数据库提供下载全文的链接（全文库或免费下载网址），如果读者所在单位已经购买了全文库使用权限，则可以直接下载全文。例如，Web of Science 提供“出版商处的全文”链接，PubMed 也可以直接链接到全文数据库。

（2）通过图书馆资源查找全文。

通常大学或者研究机构的图书馆有丰富的图书资源，读者可以直接在图书馆查找文献全文。

（3）利用文献传递或者馆际互借获取原文。

例如，百链云图书馆可以直接提供本单位拥有使用权限数据库的全文链接，也可以显示“图书馆文献传递”，点击该链接，只需要提供读者邮箱，等待2～3个工作日，便可以接收到文献全文。

（4）通过搜索引擎获取全文。

直接利用百度学术、谷歌学术或者其他类似网站搜索并下载所需要文献全文。

（5）查找开放获取资源。

如果需要查找的论文属于开放获取（open access）资源，只要能够查到全文链接，就可以直接免费下载全文。

（6）联系作者本人。

根据作者、作者单位、通信地址和电子邮件地址，可以直接联系作者，说明使用目的，直接索取全文。

（7）向出版商直接购买。

检索到文献链接后，如果有下载权限，则可以直接下载；如果没有使用权限，通常会显示购买价格，读者可以直接付费购买全文。

（8）求助原文。

在小木虫、丁香网等科技论坛网站上设置有“文献求助”专栏，读者可以在此处求助原文，通常会得到热心同行的帮助。

三、文献检索效果的评价

文献检索效果是指文献系统检索的有效程度，它是衡量检索系统的一个非常最重要的指标，反映检索系统的能力。查全率R（recall ratio）和查准率P（precision ratio）是衡量检索系统检索效果的两个核心参数，也是评价检索效果的主要因素。

1. 查全率

查全率也称为命中率、召回率，查全率＝（检索得到的相关文献量÷检索系统中相关文献总量）×100％。例如，利用某个数据库检索文献资料，假设该数据库中相关文献总量为100篇，共检索出82篇，那么该检索系统的查全率等于82％。查全率是衡量某个检索系统从文献集合中检出相关文献成功度的一个指标，查全率的绝对值很难计算，只能根据数据库内容、数量来估算。

2. 查准率

查准率也称为相关率或者检索精度，查准率＝（检出的相关文献量÷检出文献总量）×100％。例如，某次检索课题时，检索出的文献的总篇数是100篇，经过阅读确定其中与该课题相关的只有35篇，另外65篇文献与该课题无关，那么这次检索的查准率就等于35％。查准率是衡量某个检索系统的信号噪声比的一种指标，反映某个检索系统运行过程中筛选有关文献的能力。

3. 查全率与查准率的关系

对于一个检索系统而言，查全率和查准率是两个相互矛盾的指标，不能两全其美。查全率一般为 60%～70%，查准率为 40%～50%，当查全率超过 70%时，若想再提高查全率就必然降低查准率。通常在开题前的全面文献检索、科技查新中，追求查全率；在检索目标文献非常清晰的情况下，追求查准率。

4. 影响查全率的因素

从文献存储角度看，导致查全率不高的因素主要是：(1) 数据库本身收录文献信息不全面；(2) 词表结构不完整；(3) 索引词汇不准确，缺乏专指性；(4) 索引词之间逻辑关系模糊或者错误；(5) 对文献的标引或者标注不详细；(6) 文献标引前后不一致；(7) 标引工作人员遗漏了原文的重要概念或标引词不恰当等。

从信息检索的角度看，导致查全率不高的因素主要是：(1) 检索策略过于简单；(2) 选取检索词不准确，逻辑组配不正确；(3) 检索途径和检索方法偏少；(4) 检索人员业务不熟练或者缺乏检索耐心；(5) 检索系统不具备截词功能，检索时不能全面地描述检索要求等。

5. 影响查准率的因素

查准率主要是从检索者角度而言的，导致查准率不高的因素主要包括：(1) 选取检索词和逻辑组配错误；(2) 检索时采用的检索词专指度不够，不能精确描述所查找的文献；(3) 检索面宽于检索要求；(4) 使用截词检索时，截词部位不恰当；(5) 检索中使用逻辑运算不恰当等。

第 3 节　知识的海洋——文献数据库

一、文献数据库的有关概念

20 世纪 60 年代初，各种文献信息爆炸式增长，各出版社陆续采用先进的计算机技术编辑文献。工作人员将文献信息进行分类、整理、加工，并输入计算机中，再利用计算机进行编辑和排版，经过打印输出后，印刷发行了各种索引和文摘期刊。保留在计算机中的机器可读的文献信息（电子版），逐步发展成为文献数据库。文献数据库是指计算机可读的、有组织的相关文献信息的集合。文献数据库起源于二次文献编辑出版过程中的计算机化。文献信息在文献数据库中不是以传统的文字形式存在，而是采用二进制编码的方式表示，按照一定的数据结构，有组织、有规律地存储在计算机中，确保计算机能够识别和处理这些文献信息。文献数据库通过互联网向付费用户提供信息检索服务，逐步发展成为商业化的数据库。例如，中文数据库有中国知网、万方数据库、维普数据库等，外文数据库有爱思唯尔、美国化学学会数据库、施普林格等。

文献数据库的电子版内容与其传统的文献信息是相对应的。一本图书或一篇期刊文章的内容和形式特征经过数据库工作人员的著录后就形成了一条记录，记录是文献信息的基本单位，也是构成文献数据库的最基本单位。一条记录由篇名、作者和主题等著录项目组成，在文献数据库中，篇名、作者和主题等著录项目又被称为字段。一个字段还可以划分为若干个不同的子字段。因此，文献数据库是由一系列连续的记录、字段和子字段组成，并构成了一个分级树型结构。

二、文献数据库的结构

文献数据库通常由若干文档信息组成，每个文档又由若干条记录组成，每条记录包含若干个字段。

1. 字段

每个字段描述文献的某一特征（例如：题目、著者、摘要等），即数据项，并有唯一的供计算机识别的字段标识符。例如，中国知网的专业检索式中，字段设置为：SU＝主题，TKA＝篇关摘，TI＝题名，KY＝关键词，AB＝摘要，FT＝全文，AU＝作者，FI＝第一责任人，RP＝通讯作者，AF＝机构，JN＝文献来源，RF＝参考文献，YE＝年，FU＝基金，CLC＝分类号，SN＝ISSN，CN＝国内统一刊号，IB＝ISBN，CF＝被引频次。不同的数据库可能采用不同的标识符来代表不同的字段。

2. 记录

数据库中字段组合起来就构成一条记录，是构成数据库的基本单元，每一条记录都在描述原始文献的内部特征和外部特征。数据库的一条记录通常描述一篇文献信息的题目、作者、主题词、摘要等特征。

3. 文档

可以将“文档”理解为检索系统中的子数据库。文档是数据库中某个专题或者学科文献记录的有序集合。数据库中海量的记录常被划分为若干文档。文档中一条记录就是一篇文献，该文献的题目、作者、摘要、刊名、主题词等属于文献的特征，也是一条记录的字段。数据库可以由多个文档构成，按照编排结构和功能可以分为顺排文档和倒排文档两大类，一个数据库至少包括一个顺排文档和一个倒排文档。顺排文档是将数据库的全部记录按照记录号由小到大依次排列而成的文献集合，也就是按照自然顺序存储数据记录的文档。顺排文档的组织方式为线型结构，逻辑顺序与物理顺序一致，它构成了数据库的主体内容。倒排文档是将从顺排文档中抽取出来的文献特征标识作为信息存储单元，按照某种顺序排列这些文献特征信息，并且在其后注明对应文献在顺排文档中的记录号。使用倒排文档可以大大提高检索的效率。

三、文献数据库的类型

文献数据库类型划分的标准很多，按照存储内容的性质，文献数据库可以划分为以下几种类型。

1. 文摘型数据库

由于系统检索的对象是文献目录、题录、文章摘要等二次文献，所以文摘型数据库（bibliographic database）又称为二次文献数据库，也称为书目型数据库。它主要为检索者提供文献出处和文献摘要，其检索结果是获取全文的重要线索，而不是原始文献的全文。文摘型数据库是科研人员检索文献时常用的工具。常见的文摘型数据库有：PubMed、Scopus 文摘数据库、SciFinder、中国学术期刊文摘、英国科学文摘等。

2. 全文型数据库

全文型数据库（full text database）是存储文献全文或主要原始文献的数据库，为检索者提供文献全文阅读和全文下载服务。全文型数据库可以全文字段检索。阅读全文型数据库时，可以选择 PDF 格式或 HTML 格式。在中国知网数据库下载的中国博士、硕士论文通常是 CAJ 格式，需要在电脑上安装 CAJ 全文浏览器才能阅读（CAJ 是中国学术期刊英文翻译 China Academic Journals 的缩写）。

3. 数值型数据库

数值型数据库（numeric database）主要提供数值型信息，例如图谱数据、实验数据、统计数据、测量数据、物质的化学成分、临床数据等。常见的与化合物结构和谱图相关的数值型数据库有：PubChem、中科院上海有机化学研究所专业化学数据库、中科院长春应用化学研究所应用化学数据库、化合物图谱数据库查询系统、日本 Spectral Database for Organic Compounds、微谱数据库（核磁共振碳谱数据库）。此外，剑桥晶体结构数据库（Cambridge Structural Database，CSD）是基于 X 光和中子衍射实验唯一的小分子及金属有机分子晶体的结构数据库，收录了全世界范围内有机、金属有机化合物的晶体结构。科研人员可以将晶体结构数据免费寄存在该网站，而获得晶体的 CCDC（Cambridge Crystallographic Data Centre）号，也可以免费获取其他人分享的晶体数据。

4. 事实型数据库

事实型数据库（fact database）也称为指南型数据库或者指示型数据库，是用于存储有关人物、机构、课题研究动态等一般事实性资料信息的数据库。例如：医师数据查询库（Physician Data Query，PDQ），为医生们提供有关癌症治疗和临床试验最新研究进展的内容，包括肿瘤的分类、治疗方案等。

5. 超文本型数据库

超文本型数据库（hypertext database）是存储声音、图像和文字等多种信息的数据库。例如：美国的蛋白质数据银行（Protein Data Bank，PDB），可用于检索和查看蛋白质大分子的三维结构。

四、文献数据库的选择

文献数据库数量众多，单位图书馆选择购买数据库或者个人选择使用哪个数据库进行查询时需要考虑的因素很多，一般可以参考以下原则：

1. 满足检索目的和需求

文献数据库的选择主要取决于检索目的和检索需求。结合本单位研究领域、学科布局等，优先订购能够满足科研需求的数据库，同时兼顾数据库类型，例如，文摘型和全文型，中文和外文等。

个人使用中需要根据查全和查准进行选择：

（1）基于查全目的。

进行文献检索时，通常是围绕某个主题进行全面检索，需要对已经发表的文献进行全面系统的检索，防止漏检。应该选择该学科领域可信度高、收集文献比较全面的数据库，比如，工程类文献可以查询工程索引（EI），查询化学有关文献可以选择 SciFinder。必要时可以综合使用多个检索工具或数据库，也可以采用百链云图书馆、读秀学术搜索、超星资源发现系统等一站式跨库检索系统，有助于达到检索目的，满足检索需求。

（2）基于查准目的。

如果想精确查找某个专题中的具体知识，比如实验方法、实验数据、图谱数据、临床病例数据等，则直接选择专门的数值型数据库和事实型数据库。查找期刊影响因子，可以选择期刊引证报告（Journal Citation Reports，JCR）；查看热点论文、顶级论文、高被引论文，则需要查询基本科学指标（Essential Science Indicators，ESI）数据库。

2. 覆盖范围全面

数据库的覆盖范围指数据库的内容和规模，包括数据库类型（如文摘型、全文型、事实型、数值型）、收录学科范围、文献质量、文献来源（如期刊论文、会议论文、专利文献、科技报告）、时间范围等众多方面。

3. 检索成本合理

检索成本包括数据库的使用费用、检索结果的输出费用等。在满足检索需求的前提下，选择成本较低、收费合理的方式。通常高校、科研机构承担数据库使用费用，高校图书馆的采购人员需要综合考虑数据库采购成本，本单位的用户则在授权 IP 内免费使用。

个人用户要充分利用免费的网络检索工具。免费的专利文献查询网站有国家知识产权局专利检索及分析系统、美国专利全文数据库、欧洲专利检索系统；免费文摘型数据库有 PubMed 等；可以免费下载全文文献的数据库或者网站资源，例如开放获取期刊、重要的机构仓储数据库、机构知识库；还可以采用网络搜索引擎检索全文，例如百度学术、谷歌学术。

4. 检索平台的友好性

检索平台的友好性是指界面设计美观、大方，可操作性强，便于人机交流。检索平台的友好性还体现在能够很好地理解用户需求，提供标准化、风格统一的检索模式，提供多角度、多维度的检索方式，操作简便流畅，结果准确，减少迷失度和页面噪声干扰，帮助用户快速定位文献。

五、文献数据库的评价

文献数据库之间存在较大差异，有各自收录范围、检索规则、适用对象。评价数据库需要考虑的因素有很多，主要包括：（1）收录内容的准确性。收录到数据库中的信息必须与实际情况完全相同。（2）收录的深度和广度。数据库在围绕主题的前提下，收录的内容深度和广度合适，不能存在严重的缺漏。（3）来源权威可靠性。文献数据库的信息来源应该是权威的、可靠的。（4）更新速度和规律。文献数据库中的信息要根据客观情况的变化及时更新，比如，每周更新、每月更新等，以保持数据库的生命力。(5) 检索功能。文献数据库应该提供高效能的检索途径和检索方法，检索系统操作界面友好、导航清晰。(6) 系统稳定性。文献数据库的软件硬件以及网络通信应该稳定可靠，能为用户提供持续服务。

习题

1. 简述信息、知识、情报、文献的概念及其相互关系。
2. 文献检索的一般步骤有哪些?
3. 常见的文献数据库类型有哪些?

学习资源

第 2 章 › 图书馆资源

第 1 节　图书馆里有什么

图书馆是搜集、整理、收藏图书资料，供人们阅览、参考的专门机构。图书馆是社会知识、信息、文化的记忆和扩散装置。图书馆有保存人类文化遗产、开发信息资源、参与社会教育等职能。

19 世纪初，德国图书馆学家施雷廷格认为，图书馆的作用是将收集的相当数量的图书加以整理，根据求知者的各种要求，不费时间地提供他们利用。我国著名图书馆学家、图书馆学教育家黄宗忠先生对图书馆的定义是：图书馆是通过人工或计算机、网络对实体或虚拟的信息、知识进行收集、积聚、组织、整理、存储、选择、控制、转化、传播并建立检索点，供读者检索、利用的信息空间或物理场所或虚实结合的复合体。

教育部颁布的《普通高等学校图书馆规程》中指出：高等学校图书馆是学校的文献信息资源中心，是为人才培养和科学研究服务的学术性机构，是学校信息化建设的重要组成部分，是校园文化和社会文化建设的重要基地。图书馆的建设和发展应与学校的建设和发展相适应，其水平是学校总体水平的重要标志。图书馆的主要职能是教育职能和信息服务职能。图书馆应充分发挥在学校人才培养、科学研究、社会服务和文化传承创新中的作用。

《普通高等学校图书馆规程》还明确：高等学校图书馆在文献信息资源建设中应统筹纸质资源、数字资源和其他载体资源；保持重要文献、特色资源的完整性与连续性；注重收藏本校以及与本校有关的各类型载体的教学、科研资料与成果；寻访和接受社会捐赠；形成具有本校特色的文献信息资源体系。

以西北工业大学图书馆为例，截至 2023 年底，图书馆累计纸质馆藏文献总量达 394 万余册，特藏有姜长英航空史料约 5 000 册，历届学位论文 5 万余册。中外文电子图书 205 万余种，中外文电子期刊约 6.1 万种，国内外学位论文 1 316 万余篇。2023 年西北工业大学图书馆共拥有数据库 173 种，490 个子数据库：中文数据库 70 种，256 个子数据库；中外文视频数据库 10 种，子数据库 57 个（中文 5 种，30 个子数据库；外文 5 种，27 个子数据库）；外文数据库 93 种，177 个子数据库。图书馆现有馆舍总面积约 46 000 平方米，包括友谊校区图书馆和长安校区图书馆，其中长安校区图书馆已经成为一个“藏、借、阅、研”四位一体的综合性研究型现代大学图书馆，面积 32 000 平方米，阅览座位 4 000 席。

由此可见，图书馆应当拥有一定数量的纸质资源、数字资源、其他载体资源，来满足读者需求，同时提供读者能够进行检索和利用图书资源的物理空间。图书馆的功能不断变化，除了传统书库和阅览室，也产生了信息共享空间、研修室、学习共享空间、创客空间等，图书馆的资源和服务逐渐呈现多元化趋势。

一、图书馆的纸质资源

纸质资源是指以纸张为传播信息载体的印刷型文献，是图书馆收藏的主要文献类型。纸质资源具有稳定性和可靠性。随着图书馆的发展和读者需求逐渐积累起来大量的馆藏纸质资源，这些资源是读者阅读和进行科学研究时的重要文献资料。图书馆纸质资源非常丰富，包括图书、期刊、报纸、学位论文等多种类型。

1. 纸质图书

图书的类型主要包括教科书、专著、丛书、工具书。

（1）教科书。

教科书是供学生和科研工作者进行专业学习的主要文献，是综合归纳和系统阐述某学科现有知识和成果的教学用书，具有全面、系统、准确的特征。教科书也称为课本或教材，通常按照课程标准要求进行编写，在编排结构上层次分明，根据知识体系循序渐进地安排内容，促使学生逐步、系统地接受和掌握知识。按照教科书的使用对象，可以分为小学教科书、中学教科书和高等学校教科书 3 大类。高等学校教科书内容专业、知识系统、理论高深、逻辑清晰，具有非常高的学术参考价值，是图书馆非常重视收藏的图书类型。

（2）专著。

专著是以一个专题为中心的科学著作，是对某个研究问题或者某个学科专门主题进行全面、系统论述的图书。根据论文的长短，学术论文可以分为单篇学术论文、系列学术论文和学术专著 3 种，通常认为，超过 4 万字的论文，可以称为学术专著。一般来说，专著内容丰富、知识系统、逻辑清晰、观点成熟、阐述准确、学术价值较高。

（3）丛书。

按照一定目的和原则，将相关的图书汇编成一套书，并加上一个总书名，形成丛书。一套丛书一般有相同的版式、书型、装帧等。例如，“未来 10 年中国学科发展战略”丛书包括《未来 10 年中国学科发展战略 · 信息科学》《未来 10 年中国学科发展战略 · 空间科学》《未来 10 年中国学科发展战略 · 工程科学》《未来 10 年中国学科发展战略 · 材料科学》《未来 10 年中国学科发展战略 · 脑与认知科学》《未来 10 年中国学科发展战略 · 能源科学》等一系列具体学科发展战略，共计 21 本。再例如，《四库全书》是中国古代最大的丛书，共 9.97 亿字，分为经、史、子、集 4 部，故名《四库全书》。

（4）工具书。

工具书是供查找和检索信息与知识用的图书，系统地汇集某方面的资料，按照特定方法加以编排，需要时可以进行查找和参考。例如：词典、百科全书、年鉴、手册、指南、标准、传记资料等。根据工具书的基本性质和使用功能，可以划分为检索性工具书和参考性工具书。

2. 期刊与报纸

（1）期刊。

期刊分类方式较多，可以按照学科分类，具体可以参考《中国图书馆分类法：期刊分类表》；期刊按照内容可以分为：一般期刊、学术期刊、行业期刊和检索期刊。期刊还可以分为核心期刊和非核心期刊。目前，在国内共有 7 大核心期刊遴选体系，它们是：1）北京大学图书馆“中文核心期刊”；2）南京大学“中文社会科学引文索引（CSSCI）来源期刊”；3）中国科学技术信息研究所“中国科技论文统计源期刊”（又称“中国科技核心期刊”）；4）中国社会科学院文献信息中心“中国人文社会科学核心期刊”；5）中国科学院文献情报中心“中国科学引文数据库（CSCD）来源期刊”；6）中国人文社会科学学报学会“中国人文社科学报核心期刊”；7）万方数据股份有限公司的“中国核心期刊遴选数据库”。

（2）报纸。

报纸有统一的名称，定期连续出版，是大众传媒的主要载体，具有重要的信息宣传和舆论引导功能。报纸通常由报社编辑、出版和发行。报纸出版周期短，时效性强，曾经是人们获取信息的主要渠道，目前部分报纸已被新媒体取代。

3. 其他纸质资源（特种文献）

特种文献是指出版发行和获取途径都比较特殊的一些科技文献，特种文献一般包括会议文献、科技报告、专利文献、学位论文、标准文献、科技档案、政府出版物等。特种文献特色鲜明、内容广泛、数量庞大、参考价值高，是非常重要的信息源。详细内容可参考本书第一章。

二、图书馆的电子资源

电子资源是以二进制代码把文字、图像、声音、动画等多种形式的信息存储在计算机存储介质上，可以通过计算机及其外部设备呈现出来的信息资源。电子资源包括通过互联网络联机存取的数据库，单独发行的光盘、硬盘等。电子资源是信息技术快速发展的产物，如电子图书、电子期刊等，电子资源已经成为人们收集信息、存储信息、利用信息的主要来源和方式。与纸质资源相比，电子资源内容丰富、信息容量大、存储形式多样化、资源数字化、出版更新快、交流程度高、查找方便、使用方便。电子资源日益受到读者的青睐，也逐渐成为图书馆的主要资源。

1. 电子图书

电子图书也称为数字图书、e-book，是纸质图书的数字化出版形式，是利用计算机存储介质记载图书信息的一种新型记载方式。电子图书可以分为两类：第一类是对印刷版图书进行拍照或者扫描加工而成，不可以进行电子化排版和编辑，仅仅是将印刷版图书影像化，便于电子化阅读；第二类是直接利用数字技术编辑出版，可在网络上发行，也可以是纸质图书的电子版。

与传统纸质图书相比较，电子图书的优点在于：1）制作方便、不需印刷、制作费用低；2）存储密度高，节省大量空间；3）下载传输方便，版面字体大小、颜色可调，方便阅读，还可以利用语音软件进行朗诵；4）可以长期保存，没有变旧和损坏的危险。电子图书同样存在缺点：1）容易被非法复制，侵害原作者利益；2）长期使用电子屏幕阅读，影响视力。电子图书由读者所在单位从数据库供应商处采购后便可以阅读，有些受技术保护的电子书无法转移给第二个人阅读。著名图书数据库有：超星汇雅电子图书、畅想之星电子图书、Wiley-Blackwell 在线图书数据库、文泉学堂、Springer 电子图书等。

2. 电子期刊

电子期刊，也称在线期刊或数字期刊，是通过电子方式出版发行的期刊。广义上，任何以电子形式存在的期刊都可以称为电子期刊，包括在联机网络上出版和发行的期刊、以光盘形式发行的期刊、纸质期刊的电子版本。狭义上，电子期刊是以纯粹的电子媒体形式出版的，而且仅能以电子媒体获得的期刊，是以网络通信技术为载体，经过信息技术人员加工处理，运用现代网络检索手段，以满足读者信息需求的出版物。狭义上的电子期刊从投稿、编辑出版、发行、订购、阅读到读者意见反馈的全过程都是在网络环境中以电子形式进行的，任何阶段都不需要用纸印刷，它与传统的纸质期刊有本质的区别。目前图书馆收藏的期刊大多数为通过互联网出版和发行的网络电子期刊，也包括一些纸质期刊的电子版。电子期刊发展迅速，基于 H5 页面技术，可全面支持商业智能数据分析识别、基于位置的服务、3D、重力感应等交互式阅读体验。

3. 其他重要的数据库资源

除了电子图书和电子期刊这两种重要的电子资源外，图书馆还提供了多种与科研工作密切相关的其他电子资源。它们以数字化形式存储在专门的数据库中，例如：参考数据库、专利库、事实数据库、考试题库、多媒体数据库等。其中，常见的多媒体数据库有：中国探索教育视频资源库、万方视频知识服务系统、艺术教育多媒体资源服务平台、JoVE 实验视频期刊库、新东方多媒体学习库等。各式各样的数据库共同构成图书馆丰富的电子资源。

三、图书馆的空间资源

1975 年国际图联大会评价图书馆的四大基本功能是：保护文化遗产、开展社会教育、传递科技情报、开发智力资源。随着网络技术的发展，图书馆的服务功能发生了巨大的变化，从原来借还书和阅览服务逐渐拓展到综合性服务。相应地，图书馆物理空间价值也发生了转变，并被进一步发掘拓展成为集学习、信息共享、创新、休闲等功能于一体的综合性空间资源。

1. 图书馆空间资源概况

图书馆空间主要用来收藏图书资料，根据空间功能划分为外借书库、样本书库、阅览室等。图书馆的核心服务包括借还书和提供阅读场所，过去，读者需要借书、看书和查阅资料只能来图书馆，因此图书馆空间利用率相对较高。随着网络技术和信息技术的发展，产生了越来越多的电子资源、数字图书馆和虚拟图书馆，读者可以远程获取这些资源和服务，所以，传统图书馆藏书、借阅功能逐渐减弱，图书馆空间利用率也逐渐降低。

大学图书馆服务的主要群体是大学生，信息时代下的大学生高度依赖网络，注重个人体验、交流和小组讨论。图书馆空间功能发生了较大的变化，图书馆逐渐成为具有个性化、智能化和交互性的学习空间。新建图书馆通常设有多种功能区域，满足读者对空间功能的个性化需求。据调查，图书馆中使用率较高的区域包括：团体信息空间、个人学习空间、协作空间、会议室、馆藏展示区，以及具有休闲社交功能的咖啡厅等。

2. 图书馆空间资源功能

（1）学习共享空间。以学生为中心的学习理论带动了教学改革和人才培养模式的变化，该理论认为学习是主动获取更多知识的过程，在获取知识的过程中，学习者需要借助一定的情景，通过学习者之间的交流、讨论、成果分享，实现知识体系的构建。传统的教室已经不能满足这种学习需求。图书馆集网络技术、空间和信息资源等多种元素于一体，可以为学习小组提供学习共享空间。学习共享空间汇聚多种多样的学习方式，用户可以到图书馆进行传统自习、查阅资料等，也可以使用学习共享空间的网络设备，进行在线学习、观看教学视频、获取图书馆馆藏信息、远程访问数据库资源。例如，西北工业大学图书馆为满足读者开展交流与研讨活动对空间环境的需求，面向全校师生提供了安静的、独立的研讨空间，室内配有桌椅、电源、无线网络，房间配备触摸屏电脑一体机、液晶电视、投影仪，通过预约就可以利用这些设施开展小组讨论、小型学术研讨会等。

（2）信息共享空间。信息共享空间是一个经过特别设计的一站式服务中心和协同学习环境，读者可以充分利用信息共享空间的互联网、计算机软硬件设施和知识库（包含纸质、数字化和多媒体等信息资源），开展学习、讨论和研究等活动。信息共享空间的中心任务是提供集成的空间、资源和服务。空间大小合适、布局合理、设施完善的实体场所是构成信息共享空间的物理条件，资源是信息共享空间为用户提供的信息资源、设备技术资源等。信息共享空间为读者提供丰富的服务，例如，综合咨询服务、信息检索服务、一站式服务等。其中，一站式服务是指用户能够在一个平台上获取各种内容、各种形式的资源，享受各种范围和层次的服务，从而快捷地获取问题的答案，提高用户信息素养并促进学术交流。信息共享空间节省了读者用户的时间和精力，提高了图书馆信息服务的质量。

（3）创客空间。图书馆创客空间为读者提供计算机、3D 扫描仪、3D 打印机以及其他材料和工具，以便于读者将创意付诸实践。创客空间使图书馆成为学习和技术中心，可以让读者建立合作关系。

（4）休闲空间。休闲空间已经成为现代图书馆必备的组成部分，为读者提供舒适的环境，读者可以在轻松愉悦的环境下汲取知识。休闲空间通常是阅览室的一部分，提供沙发、茶几和饮品服务，有浓郁的文化氛围，具有一定的社交功能。读者可以品茗读书，交流读书心得，融书香茶香于一体。

第 2 节　图书资源管理

图书文献是图书馆馆藏的主要组成部分。许多大型图书馆有上百万本图书和不计其数的电子资源，如何管理这些图书资源，如何在浩瀚的书海中快速找到需要的图书，是图书馆服务人员和读者共同关注的问题。对于读者而言，掌握纸质图书排列存放的方法和电子书目的检索方法就显得非常重要。

一、纸质图书期刊管理

进入书库或者阅览室，读者会发现一排排整齐的书架，每一层上排满图书或者期刊。图书排列方法有许多种，最常见的排列方法有分类排架法、刊名排架法、代号排架法、固定排架法。普通图书大多数采用分类排架法，按照图书归属的学科分别排列，而期刊通常按分类或刊名顺序排列。经过图书馆工作人员加工后，每种图书获得一个索书号（索书号不重复），工作人员按索书号将图书从上至下、从左至右排列在书架上，每排书架之间索书号呈“S”形排列。

1. 纸质图书

图书通常根据《中国图书馆分类法》按照学科类别进行分类，经加工获得索书号和图书条码或二维码，工作人员按照索书号进行排架。索书号是图书馆赋予每一种图书的具有特定结构和含义的一个识别号码，是一种图书的唯一识别标识，也是藏书排架和查找图书的重要依据。每本图书的条码或者二维码用于读者借还书时对图书进行信息化管理。

索书号一般由分类号和书次号组成。其中，分类号是根据图书的学科主题内容按照某种分类法赋予图书的识别符号。《中国图书馆分类法》，将学科分成 5 个部类、22 个大类，前面章节已经详细论述。图书的书次号没有统一的使用标准，通常使用作者名顺序索书号、书名顺序索书号、年代顺序索书号、图书编目次序索书号。每种图书馆的索书号可能不相同，但是，至少包括分类号和书次号两部分。为了区分一种图书的不同版本、不同分册或者不同译本，还常增加辅助区分号，其形式为=1、=2、=3 或者（1）、（2）、（3）。索书号通常标记在每本图书的书脊靠下部位。先按照分类号的字母数字排列，当分类号相同时，再按照书次号排列，如果分类号和书次号相同，再根据辅助区分号排列。

例如：《医学文献信息检索（第 2 版）》，罗爱静主编，索书号是 G252.7/LAJ=2。其中 G 是大类字母，代表文化、科学、教育、体育；252.7 为类目，代表文献检索；LAJ 代表作者罗爱静名字拼音的首字母；=2 为辅助分区号，通常是图书版本。

再如：《林海雪原》，曲波著，索书号 I247.5/QB。其中，I 代表文学大类；I2 表示中国文学，I24 表示中国小说，I247 表示中国小说中的当代作品，I247.5 表示中国当代新体长篇、中篇小说；Q 表示“曲”的汉语拼音的第一个字母，B 表示“波”的汉语拼音的第一个字母。索书号 I247.5/QB 表示的含义是“曲波写的中国当代新体长篇、中篇小说”。

2. 纸质期刊

图书馆的纸质期刊一般分为现刊和过刊。现刊是当年出版的放置在现刊书架上的期刊，或者上一年度出版但仍放在现刊书架上，尚未装订成合订本的期刊，通常放在阅览室供读者取阅。过刊就是过期的杂志，通常与现刊相对应，工作人员将整年度出版的期刊合订成册，存放在过刊期刊库中，供读者查阅。

过刊和现刊排架方式有许多种，现在图书馆普遍采用的期刊排架方式如下：先按照期刊的语言种类排架，同种语言的期刊一般按照刊名字母顺序排架。中文期刊按照名字汉语拼音的首字母排序，英文期刊按照刊名的英文单词首字母排序，刊名中的介词、冠词不参与排序。在过刊期刊库中，先遵守上述规则，同种期刊再按照期刊出版的年、卷、期排架。

二、馆藏目录的查询

图书馆馆藏目录是为了让读者快速地查阅到所需图书而设置的索引表，是查询图书文献收藏情况的重要检索工具。馆藏目录从图书的题名、责任者或者著者、主题、分类等方面指引检索文献的途径，并标识文献所在书库和在书架上的排列位置。馆藏目录通常设置在目录室、借书处和阅览室入口处。馆藏目录可以分为满足读者一般检索需要的公开目录和满足读者特殊需要的参考目录或内部目录，馆藏目录也是图书馆员从事文献采购、保管典藏、参考咨询等工作的必备工具。

馆藏目录按照目录反映的藏书范围区分为总目录、部门目录、特藏目录、联合目录，其中，能反映图书馆全部馆藏或者某类文献全部馆藏的目录称为总目录，能反映局部藏书的目录称为部门目录。按照目录的语言文字区分为中文目录、外文目录。按目录反映的文献类型区分为图书目录、期刊目录、报纸目录、视听资料目录、工具书目录。按照目录的载体分为卡片式目录、活页目录、书本式目录，但是这些目录都逐渐被联机公共目录检索系统（online public access catalogue，OPAC）所取代。

联机公共目录检索系统是依托互联网提供图书馆书目信息服务的馆藏联合目录和书目检索系统。联机公共目录检索系统是图书馆自动化集成系统的重要组成部分，也是用户查找图书馆目录的重要信息化工具。基于网页的联机公共目录检索系统可以使读者足不出户、快速便捷地查询图书馆馆藏信息，了解图书收藏地点、图书使用状态，充分体现了以用户为中心的图书馆信息服务理念。

1. 联机公共目录检索系统的功能

（1）查询图书馆藏信息。

通过联机公共目录检索系统提供的检索途径可以查找图书馆馆藏图书和期刊的目录信息和馆藏信息，包括图书复本数量、图书是否在馆、是否可以借阅、已经借出图书的应归还日期、馆藏书库地址、图书的索书号等。

（2）查询读者有关信息。

读者可以查询自己在图书馆中的信息，包括可借阅图书数量、借阅历史、已借图书、预约图书的详细信息，还可以向图书馆推荐采购图书信息。

（3）在线借阅功能。

读者可以在线预约借阅图书、取消预约借阅图书、续借图书等。

（4）个性化信息服务。

联机公共目录检索系统可以向读者提供符合读者实际情况的个性化信息服务，包括检索历史记录、图书目录收藏、超期图书提醒等，还可以通过邮件、手机客户端、手机短信等方式将信息推送给读者。

（5）其他功能。

联机公共目录检索系统还可以让读者进行评论、查看图书评价等，方便读者了解阅读热点和最受欢迎的图书。

2. 联机公共目录检索系统的使用

各联机公共目录检索系统的功能虽然不是完全相同的，但通常都具有简单检索、高级检索、分类检索、多字段联合检索等检索功能。我们以“西北工业大学图书馆书目检索系统”为例来介绍联机公共目录检索系统的使用方法。系统首页如图 2－1 所示。

图 2－1 西北工业大学图书馆书目检索系统

西北工业大学图书馆书目检索系统包括书目检索、分类浏览、新书通报、期刊导航、读者荐购、学科参考、信息发布、我的图书馆等 8 个板块，其核心是书目检索，提供图书馆馆藏图书书目检索，可以获取图书所在书库、索书号和复本数等信息。下面详细介绍几个重要板块的使用方法。

（1）书目检索。

书目检索板块提供快捷检索、简单检索、多字段检索、高级检索等几种检索方式。快捷检索界面只有一行检索框，检索者可以在题名、责任者、主题词、ISBN、分类号、索书号、出版社等七个字段中，选择任意一个字段进行检索，也可以不限定具体字段，直接默认“任意词”，即在任意字段下进行检索。点击“任意词”右侧的黑三角形就可以打开选择字段界面，选择字段后，在检索框中输入检索词，点击右侧检索按键（放大镜形状）即可进行检索，如图 2－2 所示。每个字段都有其含义，题名是指图书的名字，责任者是指主编或者作者，主题词即图书主题词，ISBN 是国际标准书号，分类号是图书按照《中图法》的分类编号，索书号是图书在本图书馆的特征识别编号，出版社指图书的出版单位。

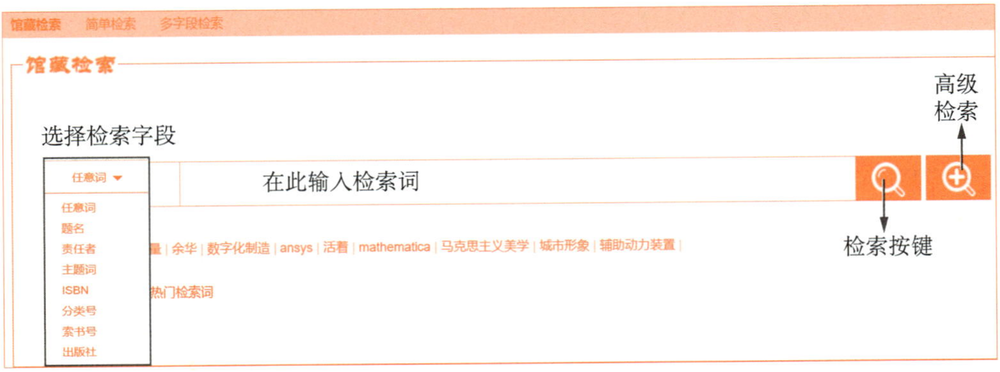

图 2－2 书目检索快捷检索界面

在书目检索界面下，点击图 2-2 中检索框最右侧放大镜中“+”号，则表示增加检索字段，即进入高级检索界面，如图 2-3 所示。

图 2-3 书目检索高级检索界面

高级检索界面下可以增加检索框数量，选择逻辑符号“AND”或者“OR”进行逻辑组合，还可以在“扩展与限制条件”中设置更精确的扩展和限制条件。对文献类型、语种、排序、出版年份、校区、馆藏地等进行详细的限定，可以使检索结果更加精准，如图 2-4 所示。

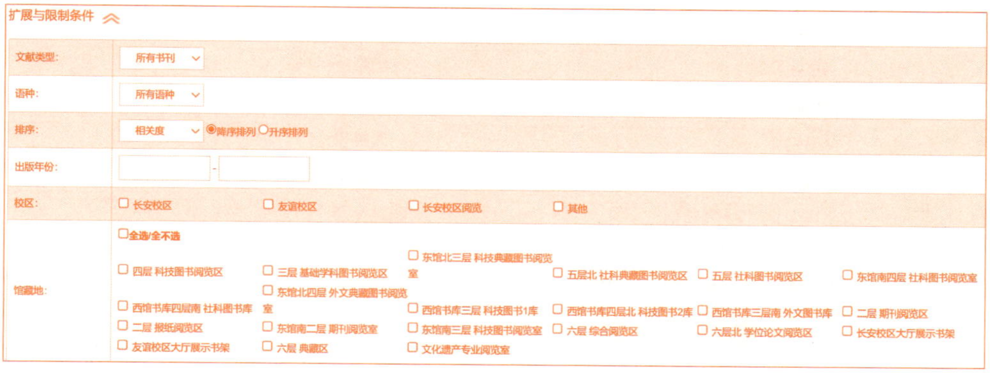

图 2-4 书目检索高级检索时扩展与限制条件

点击“简单检索”，进入馆藏书目简单检索界面，如图 2-5 所示。

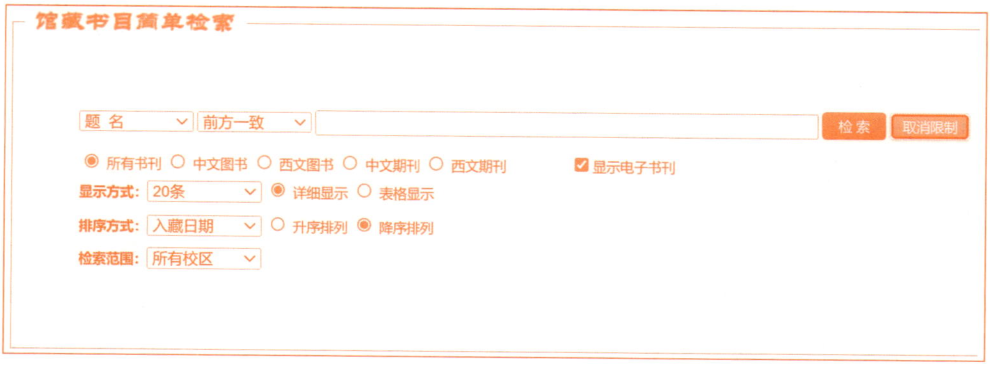

图 2-5 馆藏书目简单检索界面

简单检索界面提供了如下检索途径：题名、责任者、主题词、ISBN/ISSN、订购号、分类号、索书号、出版社、丛书名、题名拼音、责任者拼音，检索者可以根据情况进行选择。该界面下提供三种匹配方式：前方一致、完全匹配、任意匹配。优选“前方一致”作为匹配方式，其含义是只要检索词内容与被检索项前面部分内容一致，包含这个检索词的信息就可以被检索出来。例如，检索“干细胞”，则包含“干细胞治疗”或“干细胞技术”的信息都可以被检索出来。完全匹配则是检索词内容与被检索内容完全相同才可以被检索出来，例如检索“西游记”，只有严格是“西游记”的检索词对应信息才能被检索出来。任意匹配是检索词内容与被检索项内容只要有一个或者几个字符相同就可以被检索出来。可以选择检索馆藏图书的种类，例如，所有书刊、中文图书、西文图书、中文期刊、西文期刊。可以对检索结果进行限定，例如，检索结果的详细显示或者表格显示、检索结果列表显示数量、检索结果排序方式、图书所在书库。

点击“多字段检索”进入多字段检索界面，如图 2-6 所示，检索者可以同时输入题名、责任者、丛书名、主题词、出版社、ISBN/ISSN、索书号，并限定文献类型、语种类别、结果显示形式和数量。进行多字段检索，可以更加精准地查找需要借阅的图书或者期刊书目。

图 2-6 馆藏书目多字段检索界面

无论采用哪种检索方式，我们都可以得到检索结果列表，如图 2-7 所示，可以看到检索得到的总结果数量、检索结果分类统计，还可以看到每条结果的概述、图书索书号、馆藏复本数、可借复本数等信息。在检索框中左侧选择检索字段，再次输入检索关键词，点击“在结果中检索”，则进行二次检索，即在上一次检索结果中再次检索，使检索结果范围进一步精准，命中结果数量变少，方便读者找到需要借阅的图书信息。

点击某一条结果，可以进入该图书详细书目信息，图 2-8 清晰地列出了题名/责任者、出版发行项、ISBN 及定价、载体形态项、并列正题名、个人责任者、学科主题、中图法分类号、提要文摘附注等信息。读者根据这些信息，可以快速了解图书基本情况。如图 2-9 所示，馆藏信息详细展示了图书的索书号、每一本图书的条码号、馆藏地点、书刊状态、还书位置等。读者还可以查看预约申请、委托申请、参考书架、图书评论、相关借阅、相关收藏等选项卡，办理不同的业务。

图 2-7　馆藏书目检索结果列表

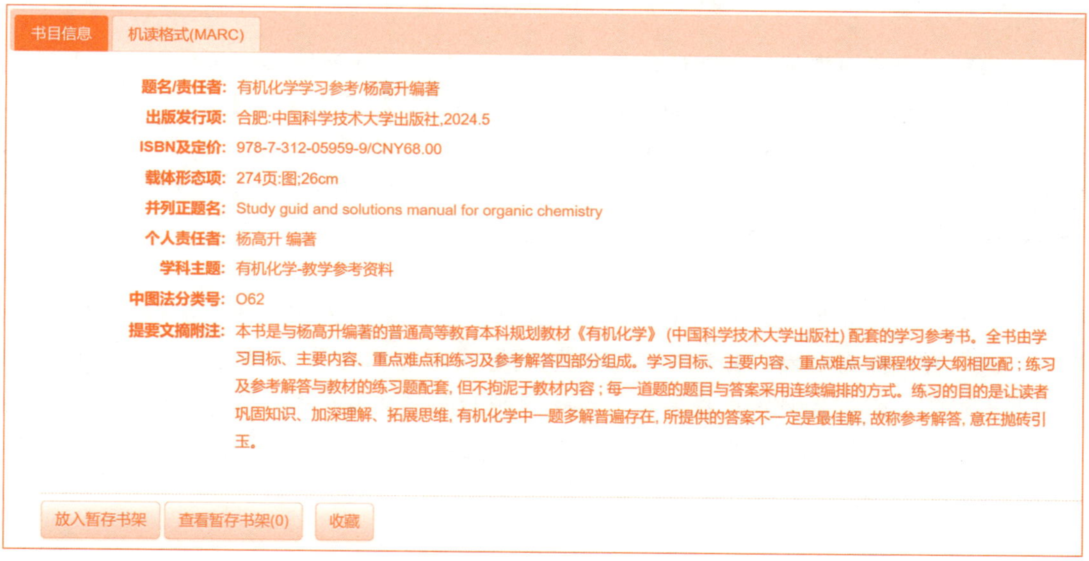

图 2-8　馆藏图书的详细书目信息

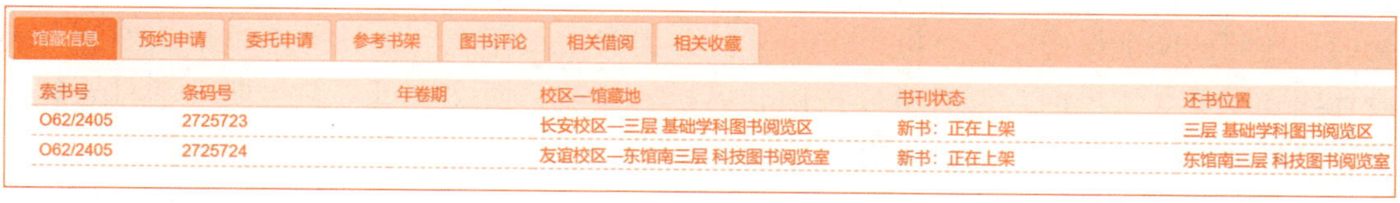

图 2-9　图书的馆藏信息

（2）分类浏览。

图书馆按照《中图法》将图书进行分类，如图 2-10 所示，界面左侧显示的分类目录采用逐级显示的方式，检索者可以点击“+”逐层展开分类目录，点击“-”收起目录，当点击某个目录名时，在界面右侧显示该类目下的所有馆藏图书书目信息列表，读者可以分类浏览，直至找到自己需要的书目信息。

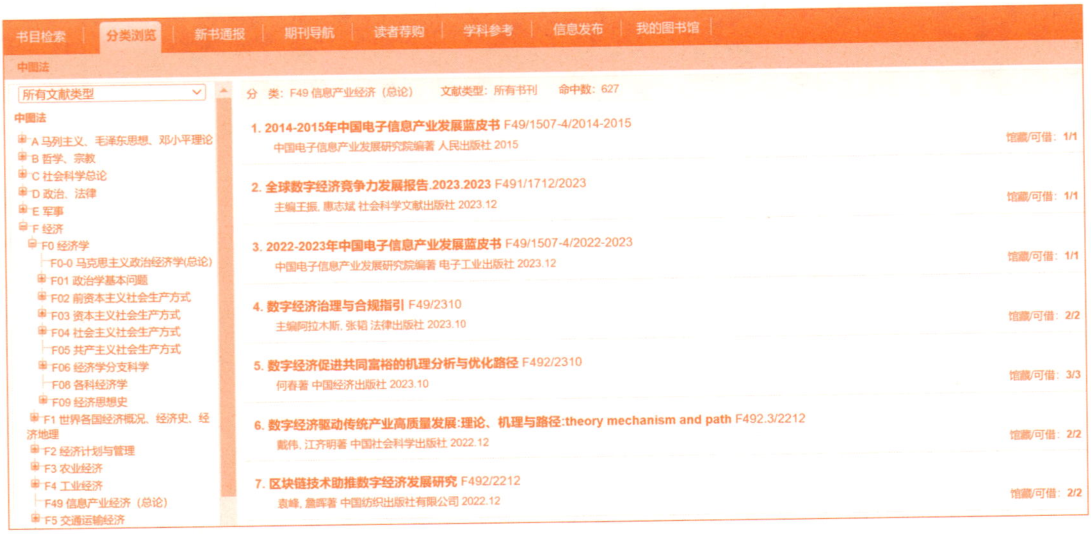

图 2-10 馆藏书目分类浏览界面

为实现更快速的浏览，在进行分类浏览之前，可以在界面中选择文献类型，文献类型包括：中文图书、西文图书、日文图书、俄文图书、西文电子图书、西文电子期刊、中文期刊、西文期刊、日文期刊、俄文期刊、中文报纸、中文电子图书、中文电子期刊、中文古籍、乐谱手稿、印刷乐谱、计算机文档、测绘资料、音乐录音、录像资料、手稿、书法绘画、学位论文、金石拓片等。

（3）新书通报。

与分类浏览界面类似，图书馆按照《中图法》将新采购入库的图书进行分类，制作图书目录，方便读者查看最新图书信息。使用方式可以参考分类浏览，不同之处在于，浏览新书目录之前需要设置选择条件，包括限制时间、文献类型、限制校区等三个限定条件。可以按照文献类型、图书资料所在校区，分门别类地浏览最近半月、最近一月、最近三月、最近半年等时间范围内入藏的新书目录信息。

（4）期刊导航。

如图 2-11 所示，期刊导航的本质属于分类浏览，由于期刊数量庞大，涵盖学科内容广泛，完全参考《中图法》分类存在困难，因此，通常中文期刊按照刊名拼音排序、西文期刊按照西文字母排序，还可以按照学科分类和出版年度分类。图书馆根据期刊分类设计期刊浏览导航界面，读者可以按照刊名拼音导航、西文字母导航、期刊学科导航和年度订购期刊等几种方式浏览查找所需要的期刊目录信息。

（5）读者荐购。

图书馆为更好服务于教学、科研，最大限度满足全校师生对文献的需求，文献建设采购部提供图书推荐购买服务，图书馆注册用户（教师、学生）有权限通过“读者荐购”界面推荐图书，如图 2-12 所示。推荐的图书应当遵守的原则包括：符合党和国家的路线方针政策，具有正面引导意义；符合学校立德树人的培养目标，符合社会主义核心价值观，弘扬中华优秀传统文化；属于学校专业相关的教材、参考书、学术研究型图书等。

	刊名	ISSN	出版社	出版年	索书号
1	互联网世界	1007-9009	《互联网世界》杂志社	1998-	TP/H2
2	互联网周刊	1007-9769	科学出版社	1998-	TP/H3
3	互联网天地	1672-5077	人民邮电出版社	2004-	TP/H4
4	化学与生物工程	1672-5425	《化学与生物工程》编辑部	2003-	TQ/H42
5	化学与粘合	1001-0017	该刊编委会	1982～	TQ/H30
6	化学世界	0367-6358	上海市化学化工学会	1946～	O6/H5
7	化学传感器	1008-2298	江苏电分析仪器厂该刊发行组[发行]	1980～	TP/H1, TP/H1
8	化学分析计量	1008-6145	[化学分析计量]杂志社	1992-	O6/H2
9	化学反应工程与工艺	1001-7631	浙江大学	1985～	TQ/H31
10	化学学报	0567-7351	中国科学院	1952～	O6/H8
11	化学工业与工程	1004-9533	天津大学<<化学工业与工程>>编辑部	1984--	TQ/H25
12	化学工业与工程技术	1006-7906	《化学工业与工程技术》编辑部	1995-2014	TQ/H44
13	化学工程	0367-5815	化学工业部第六设计院完成室	1972～	TQ/H21
14	化学工程师	1002-1124	黑龙江省化工研究所	1988～	TQ/H22
15	化学工程译丛			1964-	TQ/H23
16	化学推进剂				TQ/H28
17	化学教学	CN	华东师范大学出版社	1979～	O6/H3

图 2-11　期刊导航界面

图 2-12　读者荐购界面

读者可以详细填写推荐图书的题名、责任者、出版社、出版年、语种、图书 ISBN 号，可以简要论述推荐理由。为更好方便读者推荐，可以通过“新书目录推荐”查看征订目录，直接点击新书目录进行推荐。读者推荐后，图书馆工作人员依据采购原则、年度采购计划、文献购置经费条件等多种因素，综合考虑是否接受读者的荐购。

（6）学科参考。

学科参考板块提供课程参考书、公共书架、学科导航三个功能区。其中学科导航界面下，可以选择学科，查看这个学科下的热门书籍。

（7）信息发布。

该板块主要是发布借书、还书有关的信息，读者可以查看预约到馆的图书列表、委托到馆的图书列表，还可以查看超期未还图书和超期欠款。

（8）我的图书馆。

这个板块是读者信息界面，包括读者证件信息、当前借阅、借阅历史、荐购历史、预约信息、委托信息、我的书架、书刊遗失、读者挂失、账目清单、违章缴款等功能区域。该板块还有借阅图书分析与回顾功能，可以详细给出每年借阅图书数量、图书种类、图书学科分布等。

第3节　如何用好图书馆

大学图书馆是图书馆的主要类型之一，与高校教学和科研密切相关。大学图书馆成为教学和科研服务的重要机构，也是同学们学习的重要场所。图书馆服务就是开发利用图书馆资源的工作，主要包括文献借阅、阅览、馆际互借、文献传递、参考咨询、读者教育和培训、复印装订等。具有相应资质的图书馆还可以提供科技查新、论文查收和查引等服务。如何利用好图书馆是每个同学应该思考的问题，读者需要全面了解和充分利用图书馆提供的服务。

一、图书馆提供的读者服务

1. 文献借阅服务

文献借阅服务也称文献外借服务，是图书馆最基本的读者服务内容。文献借阅是指图书馆允许读者办理借书手续后将馆藏图书带出馆外，在规定的时间内享受自由阅读和使用的权利，并且承担图书资料的保管义务。图书馆通常将有复本的普通书刊提供给读者外借，对孤本文献或按规定不允许外借的重要文献，则采用复印、影印、拍照等方式向读者提供服务。外借服务包括个人外借服务、集体外借服务、预约借书等方式。

2. 阅览服务

阅览服务是图书馆传统服务方式之一，是图书馆利用图书阅览室空间和设施向读者提供的在图书馆内阅读和使用图书资料的一种服务。阅览室是提供阅览服务的主要场所，阅览室根据文献类型、文献学科性质、读者对象和服务方式等可以划分多种不同功能的服务单元，例如期刊阅览室、中文图书阅览室、电子阅览室等。报纸、参考工具书、古籍善本特藏或者保留本、检索刊物、机读文献、微缩品、音像文献等，通常存放在阅览室、参考研究室和视听室，仅向读者提供阅览服务，而不能外借。

3. 馆际互借服务

馆际互借是基于图书馆之间资源共享而提供的一种读者服务方式，是指一个图书馆的读者向另一个图书馆申请借阅或者复印本馆没有收藏的文献资源。对于本馆没有收藏的文献，本馆读者可以根据图书馆之间的互借制度、协议和收费标准，向其他图书馆借入；反之，在其他图书馆读者向本馆提出馆际互借需求时，借出本馆所收藏的文献，满足读者文献需求。馆际互借可以分为返还式文献借阅和非返还式文献借阅。返还式就是借阅完毕后必须返还给借出馆，而非返还式则是通过复制文献的方法，获得原始资料的副本，副本不需要归还。非返还式通常可以通过文献传递服务来进行。馆际互借可以实现图书馆之间的优势互补，弥补本地图书馆资源不足，更好地满足读者需求。

4. 文献传递服务

文献传递服务是指图书馆采用一定的方式，帮助读者从其他图书馆获取本馆所没有购买或者没有收藏的文献。文献传递服务实现了文献资源共享，有助于更加高效地利用文献资源。图书馆可提供期刊论文、会议论文、学位论文、科技报告、图书、标准、专利等图书资料的文献传递服务。国内高校图书馆通常是中国高等教育文献保障管理系统（CALIS）成员馆，可通过 CALIS 系统从国内外各高校图书馆获取文献。国家图书馆、中国国防科技信息中心、国家科技图书文献中心（NSTL）等机构也可以提供文献传递服务。其中，国家科技图书文献中心面向注册用户提供各类型文献全文的委托复印服务。

文献传递的方式主要有：（1）电子邮件，即将文献直接作为电子邮件的附件发给读者，这是目前最常用的文献传递方式。（2）馆际互借系统传递，即直接利用馆际互借系统开展文献传递服务。（3）邮寄方式，主要用于馆际互借图书、委托复印全文等，采用特快专递方式邮寄纸质图书资料。（4）传真，在不能使用电子邮件而又急需文献时可以采用传真的方式发送文献资料，传真费用高，目前已经不常用。

5. 参考咨询服务

参考咨询服务是图书馆咨询服务工作人员借助数据库、工具书、文献检索经验，解答读者在利用图书馆和文献检索方面的问题。其类型可以划分为：简单咨询、数据事实咨询、专题咨询、方法咨询。简单咨询通常是解答读者在使用图书馆过程中遇到的简单问题，例如开馆时间、办证手续、借还书流程、服务项目等。数据事实咨询主要是针对特定的科学数据、分类号、人物和机构、事件等，需要借助工具书和搜索引擎来解答。专题咨询则针对特定课题或者研究方向的研究现状、研究成果、背景资料和文献引用情况，其服务形式通常是文献代检代查、定制题目检索服务，依托图书馆成立、经有关部门认定的文献查新机构可以提供此类服务。方法咨询是解决读者在进行文献检索时遇到的技术方法问题，例如数据库的选择、数据库的使用方法、检索过程中检索式编制方法等。

参考咨询服务可以分为电话咨询、邮件咨询、网上咨询和现场咨询等方式。读者还可以在图书馆网站上查看图书馆介绍，查看常见问题与解答。

6. 读者教育和培训服务

图书馆开展读者教育和培训是提高读者信息素养的重要环节。大学图书馆通常开展新生入馆教育、举办培训班、组织培训讲座、开设文献检索课，利用多种形式宣传图书馆资源和服务，通过教育和培训，帮助读者了解图书馆馆藏信息和图书馆的服务内容，掌握文献检索的方法，培养获取文献信息的能力。

7. 复印装订服务

文献复印是图书馆提供文献服务的内容之一。因为部分文献不外借，所以允许读者复印需要查阅的资料，图书馆通常提供复印机供读者有偿使用。大学图书馆通常还提供毕业论文装订服务，方便毕业生同学打印和装订论文。

二、科技查新

具备查新资质的图书馆通常设有经过主管部门批准的查新中心，向读者用户提供查新服务。科技查新是由科技查新机构按照《科技查新技术规范》(GB/T 32003—2015)，对需要查证的科技内容进行全面的文献调研，检索是否属于新技术或新成果，并做出所查证的科技内容是否具有新颖性的结论，提供查新报告。

1. 科技查新机构

科技查新机构是指具有科技查新业务资质，能够向委托人提供科技查新服务的信息咨询机构。科技部管理指导全国的查新机构；省、自治区、直辖市科学技术行政部门管理本地区的查新机构；国务院有关部门、直属机构、直属事业单位管理本部门的查新机构，对所辖行业的查新机构在业务上给予指导，其中，教育部科技查新机构是指经教育部批准，具有科技查新业务资质，能够向委托人提供科技查新服务的高校信息咨询机构。

申请认定查新机构有详细的资质要求，具体文件可以参考《科技查新机构管理办法》和《科技查新技术规范》。获得科技查新业务资质的信息咨询机构，由认定机关颁发科技查新业务资质证书、批准刻制科技查新专用章，在全国性报刊上公告。

2. 科技查新使用情景

科技查新是文献调研和情报调研相结合的情报研究工作，科技查新在科研项目创新方面有两个重要作用。第一，在立项阶段，可以充分了解国内外研究动态，明确课题立项依据，保障课题的科学性和可行性。第二，在成果申报和鉴定阶段，科技查新可以帮助科技管理部门判断申报课题在国内外是否有相似或者相同的研究，了解本成果的研究水平。需要进行科技查新的情况主要包括：(1) 科研项目立项前进行查新；(2) 研究、开发、转化和技术转移过程中进行查新；(3) 为了申报国家级或省（部）级科学技术奖励而进行的科技查新；(4) 国家及地方有关规定要求的科技查新。

3. 科技查新的基本术语

科技查新主要涉及的基本术语可以参考国标《科技查新技术规范》，几个重要的术语有：查新范围、科学技术要点、查新点和新颖性。

(1) 查新范围：查新的专业范围、地域范围和时间范围。

每个查新机构工作站结合本机构拥有的文献资源，有比较明确的查新专业范围。比如，西北工业大学教育部科技查新工作站重点开展航空、航天、航海、材料、机械、电子信息、自动化、计算机及相关学科专业的科技查新工作，受理本校及西安市内周边单位相关专业的科研项目的查新。

(2) 科学技术要点：查新项目主要技术内容，包括所述科学技术领域、研究目的、技术方案和技术效果。

1）科学技术领域是指查新项目技术方案所述或者直接应用的科学技术领域。2）研究目的是指查新项目要解决的关键技术问题。3）技术方案是指查新项目为达到研究目的而采取的技术手段，通常包括采用的技术路线和方法，产品的结构、配方、工艺、技术参数等若干技术特征。4）技术效果是指查新项目技术方案所获得的结果，包括技术指标、功能、功效、适用范围、推广程度等。科学技术要点必须包含查新项目查新点。

（3）查新点：需要查证的查新项目的科学技术要点，能够体现查新项目新颖性和技术进步的技术特征点。

每个查新点应该非常清楚、准确，突出某一个技术特征或技术主题。

（4）新颖性：查新委托日期或者指定日期之前，查新项目的查新点没有在国内或者国外公开出版物上发表过。

4. 科技查新流程

通常科技查新流程为：查新委托→查新受理→检索准备→选择检索工具→确定检索方法和途径→查找→完成查新报告→提交查新报告→文件归档。具体查新细节，可以参考查新机构网站上“查新须知”或者“查新要求”。

（1）委托人需要提供的资料。

查新委托人需要提供完整、准确的资料，主要包括：1）查新项目的科学技术资料及其技术性能报告；2）课题组成员发表的论文和专利；3）检索词、中英文对照关键词、分类号、分子式、化合物的 CAS 号（美国化学文摘号）等；4）与查新项目密切相关的国内外参考文件。

（2）查新时需要明确的问题。

进行科技查新时，委托人需要特别明确的问题包括：1）明确查新目的，是立项查新还是成果查新。2）明确查新点与查新要求。委托人可以先进行文献调研，根据文献自我判断科技工作的创新点，有没有类似研究，是否具有新颖性。3）明确查新项目的科学技术要点，包括技术特征、技术参数、应用范围等。

（3）科技查新报告。

科技查新报告是查新机构向查新委托人或者有关部门提供的关于查新结论的书面报告。查新报告有统一格式规范，并且盖有查新机构专用印章。

三、论文查收和查引

1. 论文查收

论文查收指的是对论文进行收录检索，查看论文被权威数据库收录的情况。通常检索的数据库有：科学引文索引（Science Citation Index，SCI）、工程索引（EI）、中文社会科学引文索引（CSSCI）、中国科学引文数据库（CSCD，已并入 Web of Science）等。

2. 论文查引

论文查引是以公认的权威数据库作为检索工具，检索某一篇论文被其他论文引用的情况。论文引用次数可以作为评价论文科研水平的重要指标。

3. 如何进行查收查引

查询委托人可以直接利用现有数据库进行检索，检索和查看论文被 SCI、EI、CSSCI

和 CSCD 收录的情况，以及被其他论文引用次数。如果需要获取被收录证明，则需要委托查新工作站进行查询，由查新工作站提供盖有公章的检索报告或收录证明。

检索报告内容包括查证机构、检索人、查证日期、查证作者、作者单位、检索时段、查证方式、检索工具、收录篇数、引用次数等。

每个查新工作站办理查收查引的流程、收费标准等信息请参考其官方网站。下面以西北工业大学科技查新工作站流程为例，介绍查收查引流程。

（1）在线预约申请。

图书馆查收查引工作采取预检索方式，用户需登录西北工业大学图书馆“信息服务管理系统”在线填写预约申请，申请时提供查证作者的中/英文姓名、作者单位的中/英文名称、发表论文的详细清单（包括中/英文篇名、期刊名称及会议名称、年卷期、页码等）、联系方式、所需查证的数据库名称及查询年限等信息，如图 2－13 和图 2－14 所示。如果在论文详细清单中能够提供论文在索引数据库中的收录号，将会极大方便查新工作站人员的检索，加快完成检索报告的进度。

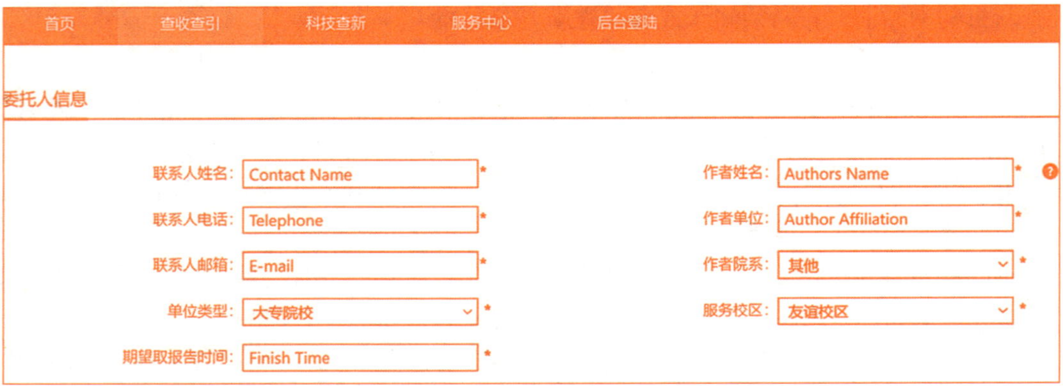

图 2－13　查收查引委托人信息填写界面

图 2－14　查收查引目的和委托内容填写

（2）领取检索证明。

委托人提交检索申请后，需要 1～2 个工作日的处理时间才可以完成文献检索和开具检索证明，申请预约系统会自动发送邮件至联系人邮箱，通知委托人前来缴费和领取检索证明。

习题

1. 图书馆有哪些主要资源与服务？
2. 科技查新的类型有哪些？科技查新的主要流程是什么？
3. 论文查收和查引有什么区别？

学习资源

第 3 章 › 文摘型数据库

文摘型数据库是一种由文献的摘要、题名及作者等题录信息所构成的数据库。它以单篇文献为一条信息记录，著录和标引期刊论文、会议论文、技术报告、专利等文献外部特征（题名、作者、来源）和文献的内部特征（摘要、关键词），通过文摘型数据库的信息可以了解原始文献全文的核心内容。

文摘型数据库的主要特点包括：（1）收录文献数量大、范围广，原文献语言类型多，文献种类齐全；（2）检索功能完备，为查找文献全文提供非常重要的线索。

文摘型数据库通常是文献调研的起点，它在科研选题、课题查新、学位论文选题、开题报告、科研评价等环节都具有重要作用。通过检索文摘型数据库可以快速、准确、全面掌握某研究领域或者某个专题文献状况、最新研究成果和发展趋势；获取本单位图书馆未收藏的权威文献文摘信息，获得更多准确的检索结果。文摘型数据库还可以帮助读者掌握本学科领域的核心出版期刊。

在选择文摘型数据库时，通常优先使用收录范围广泛、覆盖专业全面、检索系统质量较高、内容更新及时的文摘型数据库，带有全文信息链接的文摘型数据库特别受读者欢迎。

著名的文摘型数据库有 Scopus 文摘数据库、工程索引（EI）数据库、美国化学文摘库 SciFinder、生物医学文摘库 Pubmed 等。一些文摘型数据库还包括引文索引，例如 Web of Science、中文社会科学引文索引（CSSCI）、中国科学引文数据库（CSCD，已并入 Web of Science）等，我们将在下一章详细介绍这类数据库。

第 1 节　Scopus 文摘数据库

Scopus 文摘数据库（以下简称“Scopus”）是知名出版商爱思唯尔（Elsevier）推出的期刊文摘和引文数据库，收录文摘数量大、内容质量高，为研究人员提供强大的文摘检索和引文分析工具。

一、Scopus 概述

Scopus 涵盖了科技、医学和社会科学等方面的 2 万多种期刊发表的论文摘要，还包括丛书、会议录、专利和网页等内容摘要。与单一数据库相比较，Scopus 收录的内容更加全面，学科更加广泛。库内文摘信息最早可以追溯到 1788 年，文献引用信息可以追溯到 1996 年。

截至 2025 年 1 月，Scopus 拥有 9 400 万条记录，其中 1788—1995 年有 660 万条。收录范围包括：（1）5 000 多家国际出版商的 25 100 种期刊，其中有 23 452 种同行评议期刊；（2）5 500 种金色开放获取访问期刊；（3）3 750 种在编期刊（读者可先于正式发表 1～4 个月获取）；（4）75 000 多本图书、超过 680 万篇会议论文、超过 500 套丛书系列；（5）4 400 万篇专利信息；（6）100％全覆盖 MEDLINE。Scopus 覆盖 150 多个国家的超过 40 多种语言的刊物，含 500 余种同行评议的中文期刊，远多于其他国际同行。

Scopus 包括 7 万多个归属机构和 1 600 多万名学者的信息，为每位收录学者提供独立的 Scopus Author ID；支持一键生成作者的文献产出分析、引文报告，并可以灵活地选取去除自引、去除图书引用等功能。检索者可快速获取研究人员或者科研机构科研成果情况，发掘潜在合作对象。

多个全球重要的大学排名（例如 QS、THE、软科中国大学排名等）以 Scopus 的数据为基准评估学科产出及学科发展。

Scopus 的主要功能包括：

（1）涵盖自然科学、社会科学、生命科学和医学全领域，为读者提供最为全面的文献检索，提供全文链接，若读者有全文库使用权限，则支持一键下载全文。

（2）帮助读者跟踪前沿学科最新发展方向，发现新的学科研究方向；帮助读者了解学科领域内期刊的国际影响力、期刊质量、将来可能的投稿方向和目标期刊。

（3）涵盖美国专利商标局、日本特许厅、欧洲专利局、英国知识产权局、世界知识产权组织等机构的专利信息，支持交叉跨库检索专利。

（4）Scopus 的机构库涵盖了高校、科研机构、政府机构、企业研发部门等，可以支持机构检索和分析功能。针对每个机构，Scopus 可以统计该机构的发表论文总数、总被引次数、各研究领域发文情况、该机构的作者、期刊源和专利信息等。Scopus 统计分析数据可以帮助研究机构制定本机构学科的发展策略，发现和培养本机构有潜力的人才。

（5）Scopus 的作者库支持作者检索和分析功能。针对每位作者，Scopus 可以统计该作者总发表论文数量和总被引次数、作者 H 指数，也可以提供引文概览，还可以一键生成作者的个人文献分析图表。

二、Scopus 的使用

1. 数据库的登录

Scopus 的官方网站为 https://www.scopus.com，网站首页如图 3-1 所示。非订购用户登录网站后可以下载和查看的数据库内容包括：范围指南、Scopus 来源出版物列表、书籍标题列表、已终止发行的来源出版物列表。非订购用户还可以查看期刊排名和度量标准，查看、认领作者个人论文（需要有 ORCID）。个人可以在 Scopus 上创建账户，免费访问 Scopus Preview 和其他 Elsevier 产品。

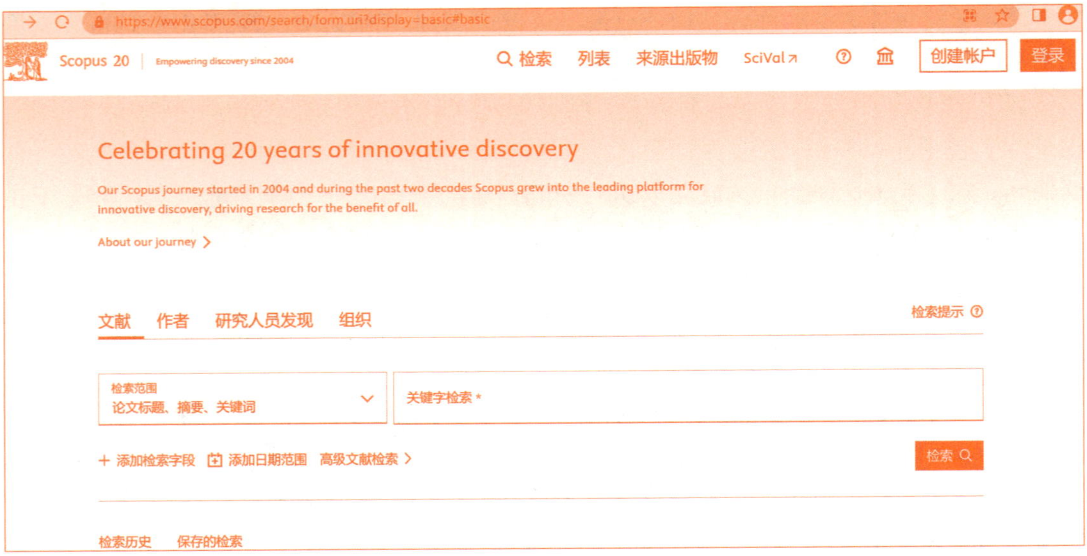

图 3-1 Scopus 官方网站首页

订购 Scopus 的用户能够获得更多的访问权限，可以在指定的局域网（IP 范围）内直接登录使用数据库。可以通过以下三种方式远程使用 Scopus：(1) 使用 VPN 登录。为了满足读者在局域网外部访问和使用图书馆的数字文献资源，读者所在单位通常会开放 VPN 服务，读者成功登录 VPN 后，可以直接访问 Scopus。(2) 通过 CARSI 机构账号访问。爱思唯尔已加入中国教育和科研计算机网（CERNET）联邦认证与资源共享基础设施 CARSI，加入 CARSI 的 CERNET 会员机构的用户可以使用账号直接登录 Scopus，不受 IP 地址限制；对于同时支持多种远程访问方式的高校，建议以 CARSI 作为优先推荐方式。(3) 机构域名邮箱远程访问。如果读者所在单位已经完成机构域名邮箱访问设置，则读者可以使用机构域名邮箱来注册并远程访问 Scopus。

2. 数据库的检索

Scopus 具有强大的检索功能，其特点主要有：检索界面直观易用；可以进行宽泛的检索，也可以利用限定工具缩小范围，进行精确检索；检索结果列表式展示，易于读者浏览参考文献，帮助读者通过引文发现有价值的信息。

Scopus 的检索功能主要包括：(1) 基本检索、高级检索和快速检索等三种检索方式；(2) 集成了科研网络信息，包括超过 4 亿个学术网页和多种精选资源；(3) 通过限定选项，对检索结果进行限定，实现精准检索，也可以对结果进行二次检索；(4) 可以保存、编辑检索历史，方便下次直接利用检索历史检索；(5) 具备直接浏览期刊功能；(6) 提供全文链接，直接跳转至文献全文界面；(7) 检索提示和引文提示，当读者关注的文献在 Scopus 中被引用时，就会通知读者；(8) 可以将检索结果输出、打印或者通过邮件发送。

Scopus 的检索规则主要有：(1) 支持逻辑运算，逻辑符号为 AND、OR、NOT。(2) 支持截词符检索。“*”为任意数量截词符，例如，输入“pharmac*”可以检索出 pharmacology、pharmacy、pharmaceutics 等词；截词符号“?”只能替代一个字母，例如，输入

“wom?n”进行检索，可以检索到 woman、women 等单词。(3) 进行词组检索时，需要将整个词组用英文双引号括起来，例如“inhibitors and antibacterial agents”，会按照整个词组 inhibitors and antibacterial agents 进行检索，否则系统会检索 inhibitors、antibacterial、agents 三个词。

(1) 基本检索。

基本检索界面如图 3-2 所示。

图 3-2 Scopus 基本检索界面

1) 读者可以从“文献”、“作者”、“研究人员发现”和“组织”四个子库中选择一个，进入对应数据库进行文献检索、作者检索、发现相关研究人员和组织机构检索。

2) 文献检索时，可以选择检索范围，即检索字段，Scopus 提供论文标题、摘要、关键词、来源出版物、作者、第一作者、归属机构、归属机构城市、归属机构国家、基金资助信息、语言、期刊 ISSN、文章 DOI、参考文献、化学名称、CAS 号、作者 ORCID 号等 20 多种检索字段。

3) 在“关键字检索”栏目中输入检索词。

4) 选择多个检索字段之间的逻辑运算符。

5) 采用“添加检索字段”和“添加日期范围”等方式进一步限定检索范围。

(2) 高级检索。

Scopus 的高级检索需用逻辑运算符编辑和输入专业检索式，主要逻辑运算符有 AND、OR、AND NOT、PRE/n、W/n 等，如图 3-3 所示。下面通过举例来详细说明这些逻辑运算。

1) AND 表示“和”运算。示例：输入“arthritis AND rheumatism”将会查找同时包含 arthritis 和 rheumatism 两个检索词的文献。

2) OR 表示“或”运算。示例：输入“arthritis OR rheumatism”将会查找包含 arthritis 或 rheumatism 的文献。

3) AND NOT 表示排除特定检索词。当使用多个布尔运算连接符时，AND NOT 所限定的词必须位于检索式字符串的最后面或用括号括起来。

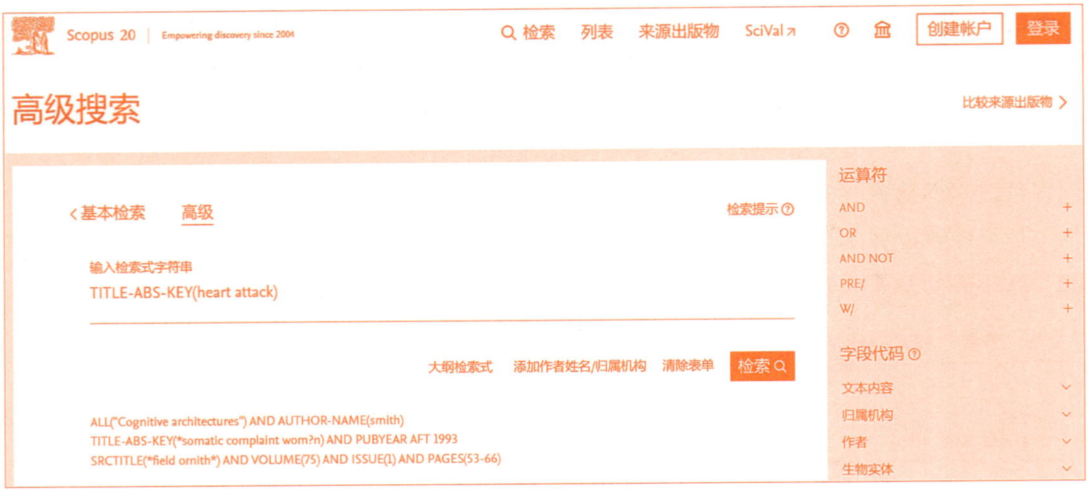

图 3-3 Scopus 高级检索界面

示例①：输入“liver OR hepatitis AND NOT tumor”将会查找包含 liver 或 hepatitis 但不含 tumor 的文献。

示例②：输入“liver AND NOT（hepatitis AND tumor）”将会查找包含 liver 但不含 hepatitis 和 tumor 的文献。

示例③：输入“liver AND hepatitis AND NOT tumor”可以理解为包含 liver 和 hepatitis 但不含 tumor。

4）PRE/n 表示“先于”。即检索式中的第一个检索词必须先于第二个检索词 n 个或少于 n 个单词。n 可以是 0 到 255 之间的数字。示例：“hepatitis PRE/3 tumor”将会查找相应字段内容中 hepatitis 先于 tumor 3 个或不到 3 个单词的文献。

5）W/n 表示“之内”。此时，检索式中的两个检索词必须在 n 个单词范围内。n 可以是 0 到 255 之间的数字。任意一个检索词都可以先出现。示例：“pain W/15 morphine”将会查找相应字段内容中 pain 和 morphine 相距不超过 15 个单词的文献。

Scopus 的高级检索需要用字段代码编写检索式。常见的字段代码列举如下：所有字段（ALL），文献标题（TITLE），文献标题、摘要（TITLE-ABS），归属机构（AFFIL），归属机构城市（AFFILCITY），归属国家或地区（AFFILCOUNTRY），作者（AUTH-NAME），作者名字首字母（AUTHFIRST），作者 ID（AU-ID），来源出版物名称（SRCTITLE），化学物质（CHEM），化学名称（CHEMNAME），会议信息（CONF），会议地点（CONFLOC），文献类型（DOCTYPE），文献标识符（EID），语言（LANGUAGE），索引词（INDEXTERMS），关键字（KEY），制造商（MANUFACTURER）。

更多字段代码可以在检索界面查看和选择使用，也可以在数据库网站上查看“所有可用字段代码列表”。

熟练掌握上述逻辑运算符和字段代码后，才可以写出检索式，举例如下：

示例①：ALL（"rheumatic arthritis"）AND AUTHOR-NAME（smith）

检索含义是：检索在所有字段中包含“rheumatic arthritis”并且在作者字段中包含“smith”的文献。

示例②：TITLE-ABS-KEY（＊somatic complaint wom?n）AND PUBYEAR AFT 2022

检索含义是：检索“文献标题、摘要、关键字”字段中包含“＊somatic complaint wom?n”，并且在 2022 年之后发表的文献。这个检索式使用了＊号截词符和?截词符。

示例③：SRCTITLE（＊field ornith＊）AND VOLUME（75）AND ISSUE（1）AND PAGES（53－66）

检索含义是：检索来源出版物名称中包含“＊field ornith＊”，并且位于第 75 卷、第 1 期，页码范围为 53－66 的文献。该检索式使用了＊号截词符。

Scopus 的高级检索功能特别适合于数据库专业人士，对于一般数据库使用者有一定难度。

（3）检索结果。

以“rheumatic arthritis”为例，进行文献的基本检索，选择检索字段为“文献标题、摘要、关键字”，其他不限定，得到检索结果。检索结果界面如图 3－4 所示。

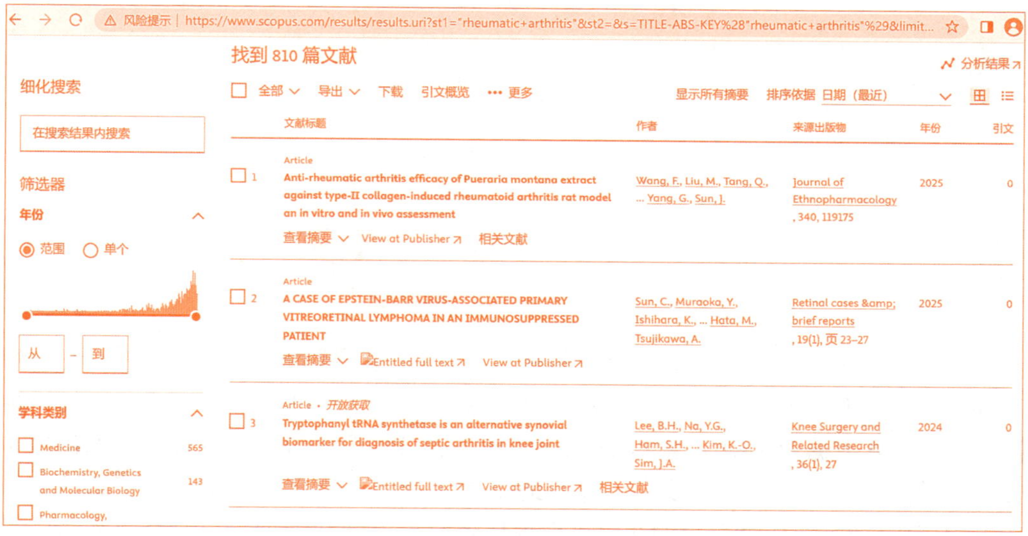

图 3－4　Scopus 检索结果界面

针对文献检索结果，用户可以进行的操作有：1）对检索式进行编辑和保存、创建通知等操作（限注册用户），系统会记录检索历史。2）在“在搜索结果内搜索”栏目添加额外的检索词，可勾选有关选项，缩小检索范围，进一步精简检索结果。3）对检索结果按照不同方式排序，排序方式可以是日期（降序）、日期（升序）、施引文献（最多数量）、施引文献（最少数量）、相关性、第一作者（A-Z）、第一作者（Z-A）、来源出版物名称（A-Z）等。4）对所有结果或者选定的检索结果进行批量导出、下载、查看引文概览、查看施引文献、查看参考文献、创建题录等处理。特别提醒，导出文献时必须选中“摘要”选项，否则导出的仅仅是题录格式，无法看到论文摘要。5）点击分析搜索结果，如按照出版年份、作者、来源出版物、归属机构、国家或地区、学科类别等标准统计汇总检索结果。

批量导出文献信息的具体操作是：选中需要导出的文献，点击“导出”，选择导出文件类型，文件类型有 CSV、RIS、BibTex、纯文本，以及参考文献管理器可以阅读的 Mendeley、Refworks、Zotero、EndNote、SciVal 等平台格式。一般推荐用户采用纯文本导出，可以将内容复制、粘贴到 Word 文档，便于阅读和整理笔记。以导出纯文本格式为例，进入导出文献设置界面，如图 3-5 所示。

图 3-5　Scopus 导出文献设置界面

在检索结果界面右上角点击“分析结果”，可将检索得到的所有文献进行归类分析，点击每一个选项卡都可扩展和查看额外数据。检索结果分析可以帮助用户全面清晰地了解检索结果及其数据变化中所蕴含的有价值的信息：1）按年份划分的文献，列出每年发表文章数量，并绘制变化趋势线，可以帮助用户清晰看出论文数量变化，了解该领域研究产出的变化。2）按作者划分的文献，根据作者发表论文数量列出该领域著作者，可以帮助用户看到该领域中相对活跃的作者，寻找潜在的研究合作者，招聘人才时也可以作为学术评价参考。3）按照归属机构划分的文献，分别列出每个研究机构在该领域论文的数量，可以帮助用户了解研究机构在该领域的科研产出和研究实力。4）按学科类别划分的文献，可以帮助用户了解该关键词下检索到的文章属于哪些学科，为学科建设和学科评估提供数据参考。5）按照类型划分的文献，可以清晰描绘出检索得到的文献类型，比如文章、研究简报、书的章节、短评、综述等。对检索结果的数据分析情况如图 3-6 所示。

（4）单篇文献详细内容。

点击文献列表中某一篇文献的题目，则进入单篇文献的详情界面，如图 3-7 所示，界面展示文献题目、作者、作者单位、文献类型、来源期刊 ISSN、文章 DOI 号、参考文献、被引用文献、资助基金等详细信息或者网页链接。用户可以进行的操作包括：1）对论文摘要进行下载、打印、保存到 PDF、添加到列表等操作；2）点击作者姓名，可以进入该作者的详情界面，查看作者信息、作者研究成果、H 指数等详细信息；3）通过链接，查看本论文在出版商处的全文；4）查看本论文的参考文献和施引文献，点击链接直接进入有关文献的详情界面；5）查看论文度量标准，包括领域加权的引用影响，Scopus

中的引用情况、浏览次数、PlumX 度量指标，可以通过这些详细指标来评估该文章的学术影响力；6）可以查看化学物质名称、CAS 号、化学分子式和化学结构，这些数据引用自知名化学数据库 Reaxys。

图 3-6　Scopus 中的文献数据分析（部分示例）

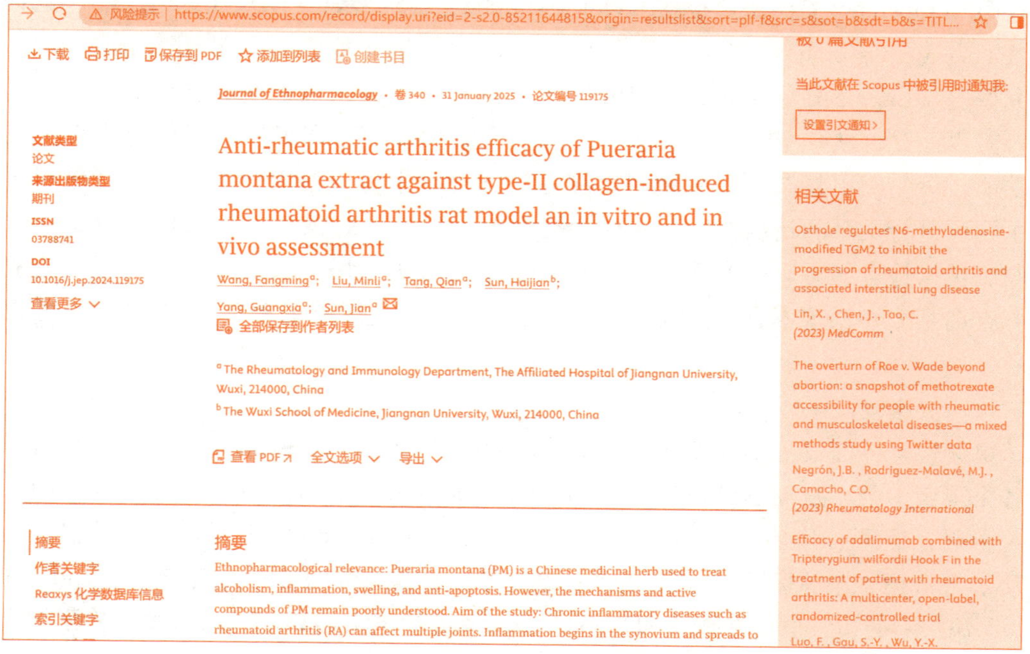

图 3-7　Scopus 单篇文献的详情界面

第 2 节　工程索引数据库

一、工程索引数据库概述

通常所说的工程索引（EI）是 The Engineering Index 的简称。工程索引数据库是世界上著名的工程技术类综合性大型文摘型数据库。工程索引数据库最初由美国工程信息公司（Engineering Information Inc.）于 1884 年创建，1999 年被爱思唯尔收购。

Engineering Village 是一个强大的工程领域文献和专利检索平台，提供 14 个工程文献和专利数据库的访问权限，如 EI Compendex、Inspec、GEOBASE、GeoRef、美国专利、欧盟专利等。本章所述工程索引主要是利用 EI Compendex 进行检索，相关介绍围绕 EI Compendex 展开。

EI Compendex 是著名的工程领域二次文献数据库，侧重提供应用科学和工程领域的文摘索引信息。数据库涵盖应用科学和工程领域的各学科，包括：核技术、生物工程、交通运输、化学和工艺工程、照明和光学技术、农业工程和食品技术、计算机和数据处理、应用物理、电子和通信、控制工程、土木工程、机械工程、材料工程、石油、宇航、汽车工程。数据库每周更新，网上可以查阅到 1970 年至今的文献。单位购买后，本单位局域网内 IP 均可以访问。

二、EI Compendex 的使用

1. 检索方法

EI Compendex 提供快速检索（Quick search）、高级检索（Expert search）、主题词检索（Thesaurus search）、作者检索（Author）、归属机构检索（Affiliation name）、工程研究概况（Engineering research profile）等检索方法。快速检索能够进行直接快速地检索，其界面允许从一个下拉式菜单中选择要检索的各项。高级检索提供更强大而灵活的功能，可使用更复杂的布尔逻辑。在主题词检索中可以检索标准主题词，然后再利用主题词进行文献的精确检索。在作者检索中可以准确查找某个作者的研究成果。利用归属机构检索，可以查询某个单位或者研究机构在工程领域的文献。工程研究概况则可查询某个单位整体研究情况及其分类统计，优点在于分类统计和结果的可视化展示。

（1）快速检索。

快速检索界面设置了很多下拉式菜单，如图 3－8 所示，检索者点击菜单后可以选择各个限定参数，从而达到快速检索和筛选检索结果的目的。检索者可以选择的字段有：主题、摘要、作者、作者单位、标题、标准编号、EI 分类码、会议信息、期刊 ISSN、出版商、来源标题、国家/地区、基金号码、基金资助者等。点击“＋Add search field”添加新的检索框，选择 AND、NOT、OR 进行逻辑运算，可以对每个检索词进行组配检索。

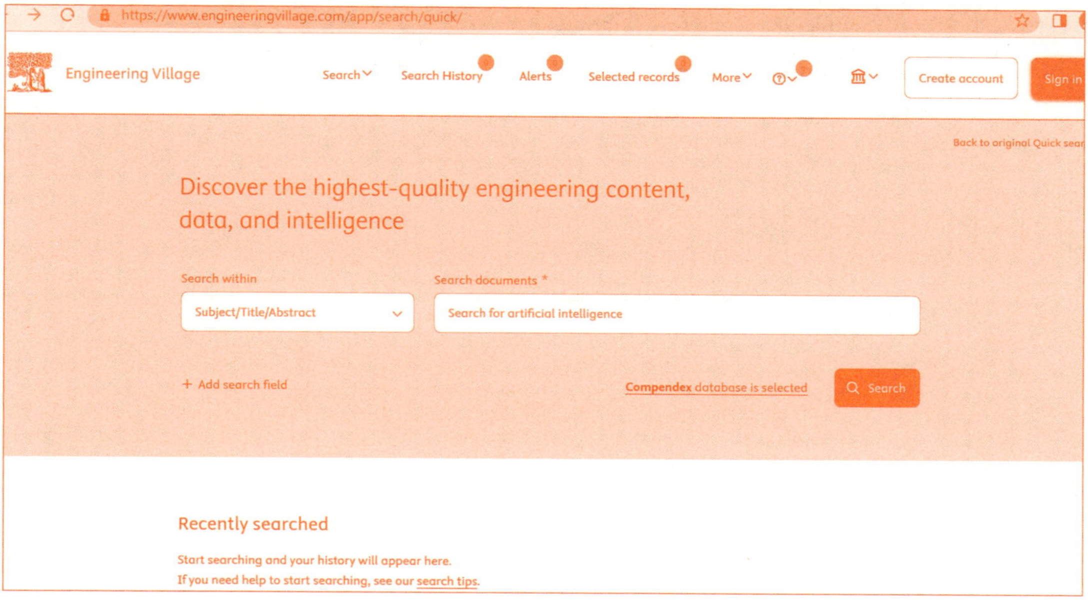

图 3-8　EI Compendex 快速检索界面

在选择和使用检索字段时，需要注意使用的具体要求。下面选取几个字段进行介绍：

1）作者。EI 引用的作者姓名为原文中所使用的名字，格式为“姓，名”。不包括 Sir，Mister，Ph. D 等头衔，可以在浏览索引（Browse index）中选择作者（Author），浏览和查看作者名字的格式。

2）作者单位。2001 年以前，EI Compendex 数据库只提供第一作者的单位，从 2001 年开始，给出通讯作者的单位。

3）出版商。可以选择出版商（Publisher）作为检索字段，搜索某一个出版商所出版的期刊。出版商名称可能有不同的形式，检索时尽量要全。可以参考浏览索引（Browse index）框中的出版商索引（Publisher index）进行查找。

4）来源标题，即期刊名称或者出版物名称。根据期刊、专著或会议论文集的名称进行检索时，用花括号 {} 或引号把出版物名括起来，作为一个整体进行检索。如果期刊变更过刊名，建议使用浏览索引（Browse index）中的来源标题（Source title）查找出版物名称。

5）标题。检索时需要用花括号 {} 或引号将标题括起来，作为一个整体进行检索，例如：{Unified diode model for circuit simulation} 或者“near earth asteroid rendezvous mission”。如果不用括号，则会对标题中的实词分别进行检索。

（2）高级检索。

高级检索为检索用户提供了更强大和灵活的功能，与快速检索相比，检索者可使用更复杂的布尔逻辑运算。该检索方式包含更多的检索选项。检索时需要编辑检索式，非常适合于数据库专业人员。

高级检索界面如图 3-9 所示，高级检索的检索规则简要说明如下：

1）选择某一特定检索项，要使用“wn”，例如，{artificial intelligence} wn ALL AND

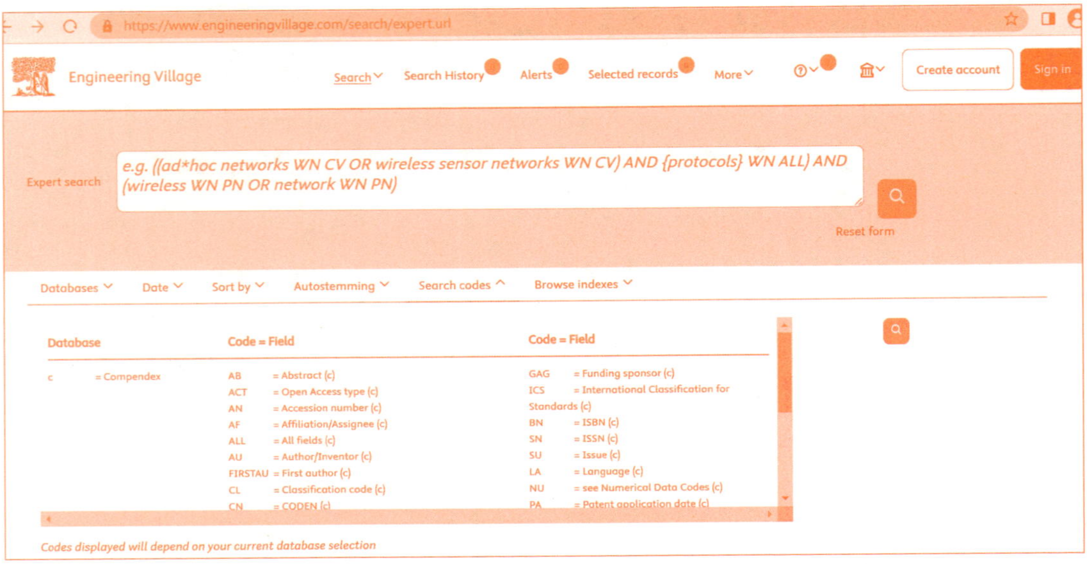

图 3-9　EI Compendex 高级检索界面

{unmanned} wn TI，其检索含义是：在所有字段中检索“artificial intelligence”（人工智能），并且在题目中检索“unmanned”。

再例如，(unmanned wn TI AND aircraft wn TI) OR Sakamoto，K＊ wn AU，其检索含义是：在题目字段中检索“unmanned”和“aircraft”，或者作者为“Sakamoto，K＊”的文献记录。

2）使用截词符（＊）来替代单个或多个字母。例如：comput＊ 可以表示 computer、computers、computerize、computerization。

3）使用通配符（?）来替代单个字母。例如：wom?n 代表 woman 或 women。

4）使用 $ 来进行词干检索。例如：输入 $management 可以检索 manage、manager、managed、managers、management、managing。

5）要精确检索一个短语，必须用花括号 {} 或引号将此短语括起来。例如：{international space station}，“China's space station”或者 {Journal of Microwave Power and Electromagnetic Energy} wn ST“near field scanning”wn CV。

（3）主题词检索。

在首页最上面功能栏目中点击“Search”，选择“Thesaurus search”则进入主题词检索界面。检索界面中可以选择的三种方式是 Vocabulary search（词汇搜索）、Exact term（精确词汇）、Browse（浏览），如图 3-10 所示。三种方式的操作界面基本相同，但是给出系统标准主题词的方式有所区别。

1）Vocabulary search（词汇搜索）。输入 computer 可以检索出 689 个包含 computer 的标准主题词，例如 Brain computer interface、Computer aided diagnosis、Color computer graphics 等。检索者选出合适的标准主题词，该标准主题词会自动填充至检索框，检索者再设置这些主题词之间的逻辑关系（AND 或 OR），点击搜索图标进行文摘检索，如图 3-11 所示。

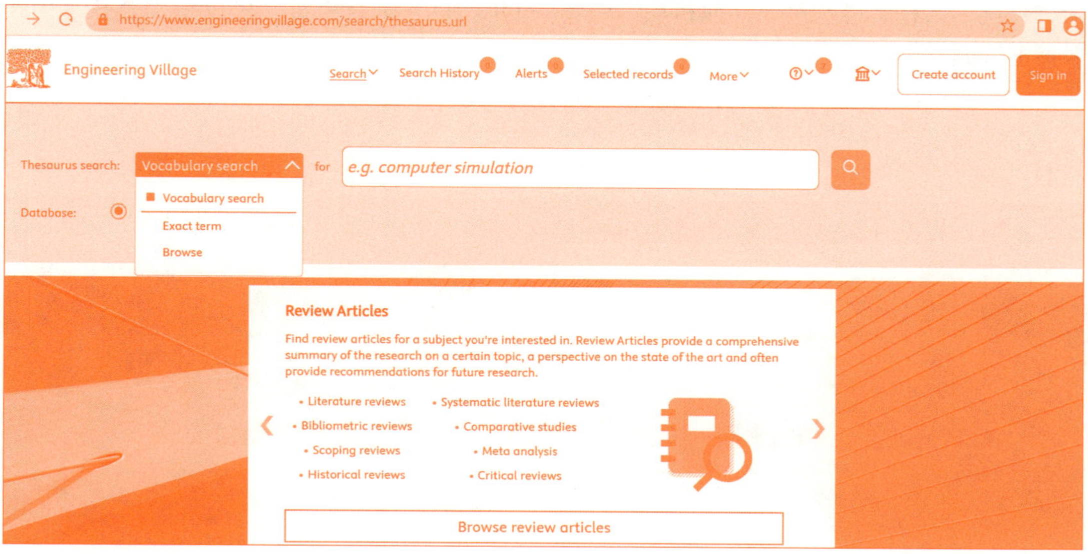

图 3-10　EI Compendex 主题词检索界面

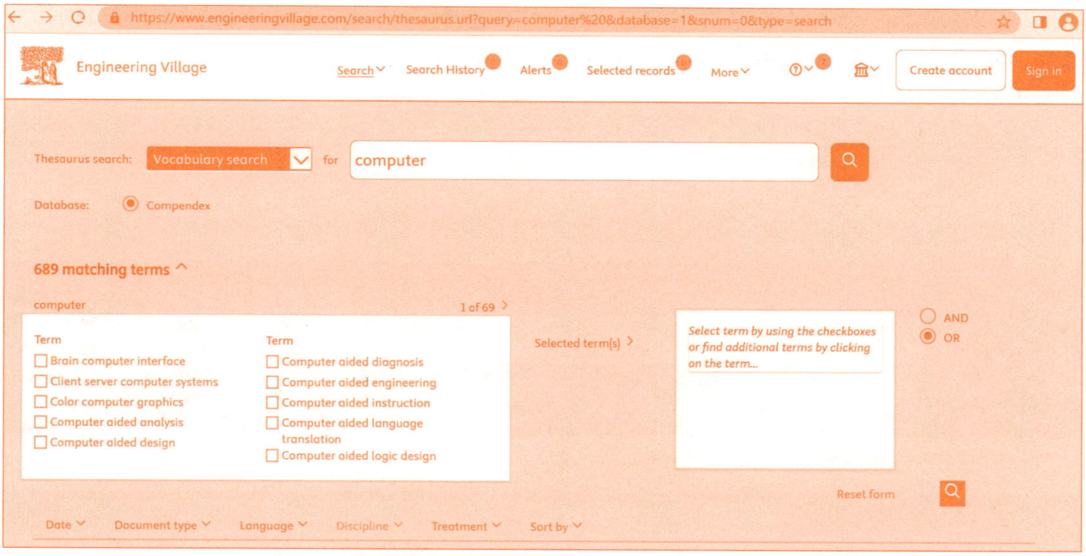

图 3-11　EI Compendex 词汇搜索界面

2）Exact term（精确词汇）。检索者可以直接输入精确的主题词进行检索。如果输入的是非标准的关键词，则系统会提供与关键词对应的标准主题词供检索者选择。检索者选择的标准主题词会自动填充至检索框，检索者再选择这些主题词之间的逻辑关系（AND 或 OR），点击搜索图标进行文摘检索。

3）Browse（浏览）。检索者输入非标准的关键词，则系统会提供与之对应的标准主题词供检索者逐项进行浏览，然后选择标准主题词进行检索。

（4）作者检索。

点击功能栏目中的“Search”，选择“Author”则进入作者检索界面，如图 3-12 所示。直接输入作者姓和名、归属机构、作者的 ORCID 号进行检索，可以精确查找某个作者被 EI 库收录的论文信息。

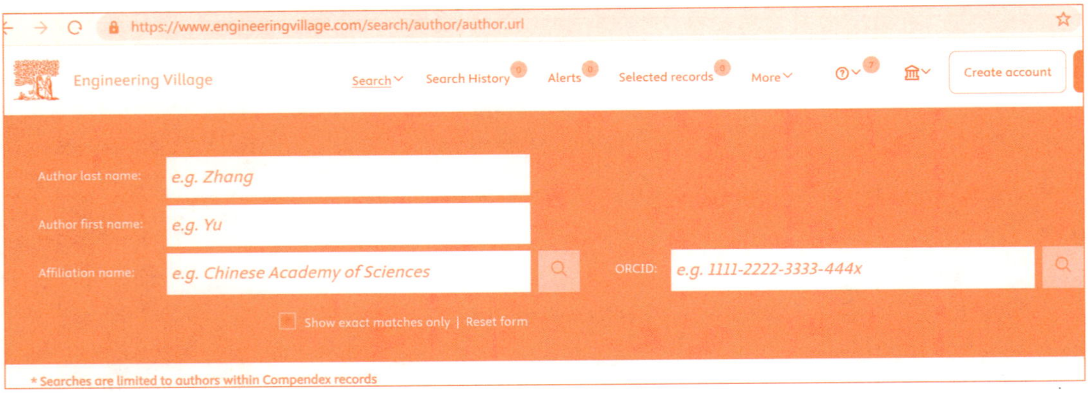

图 3-12　EI Compendex 作者检索界面

（5）归属机构检索。

归属机构检索是通过成果归属机构（研究机构或单位）的名称进行检索的一种方式，如图 3-13 所示，点击功能栏目中的“Search”，选择“Affiliation”则进入归属机构检索界面。输入研究机构或者单位名称，可以检索该机构被 EI 收录的所有成果信息（论文、专著等）。

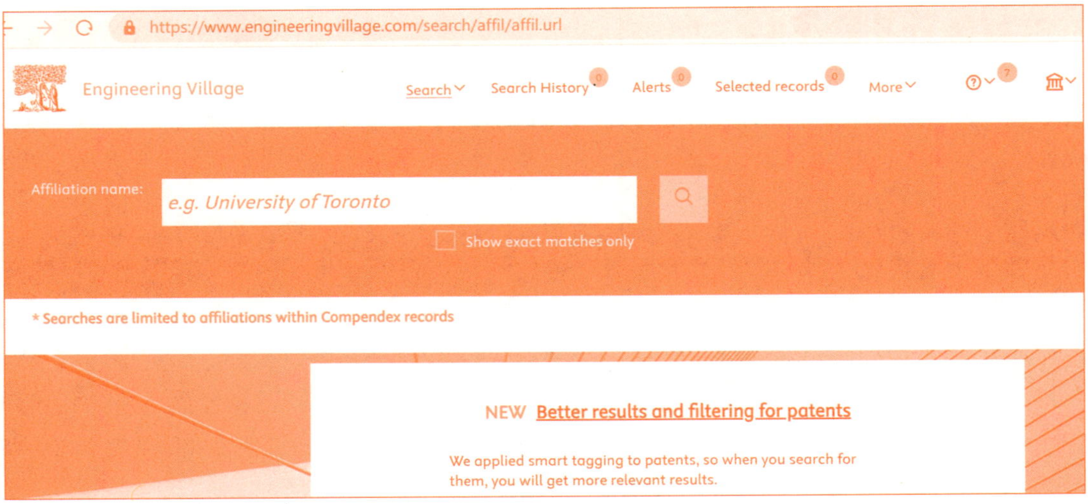

图 3-13　EI Compendex 归属机构检索界面

（6）工程研究概况。

点击功能栏目中的“Search”，选择“Engineering research profile”则进入工程研究概况界面，如图 3-14 所示。在“Search & add”栏中输入机构名称，可以查看该机构工程研究概况，数据库自动将结果以柱状图、饼图、折线图等形式呈现。主要呈现内容包括 Top authors（顶级作者）、Research focus（研究焦点）、Funding sponsorship（研究基金）、Publishing trend（出版趋势）、Subject area（主题范围）、Source titles（来源标题）

等 6 个方面。工程研究概况可以全方位地呈现某机构在工程领域的研究情况，检索者可以快速了解与该机构工程研究有关的基本情况。

图 3 - 14　EI Compendex 工程研究概况检索界面

2. 检索结果和分析

EI Compendex 数据库的文献检索结果以列表形式呈现，检索者可以对检索结果进一步精炼（Refine），按照类别对结果进行限定（Limit to）和排除（Exclude），对结果列表排序。以检索 Artificial Intelligence 为例，其检索结果如图 3 - 15 所示。

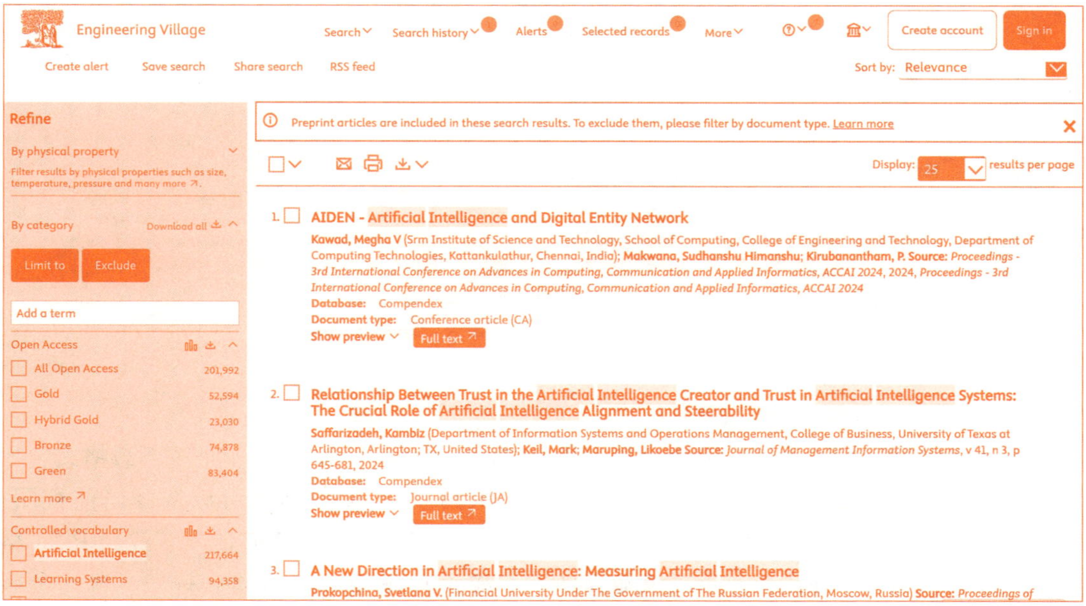

图 3 - 15　EI Compendex 检索结果界面

检索者可以通过物理性质对结果再次进行筛选，数据库自动提供检索结果中涉及的物理性质参考指标，主要有尺寸、压力、温度、吸收剂量、频率、时间等；用户可以选择并且输入数值范围和物理量单位，然后进行精炼。该功能可以帮助检索者实现某个物理性质的数值检索。

系统自动将结果进行分类，检索者可以根据分类进行限定或者排除，主要分类依据有：Open access（开放版权）、Document type（文件类型）、Author（作者）、Author affiliation（作者单位）、Controlled vocabulary（受控词汇）、Classification code（分类编码）、Country/Region（国家/地区）、Language（语言）、Year（年）、Source title（来源题目）、Publisher（出版商）、Funding sponsor（基金资助）、Status（状态）。

3. 检索结果查看

可以批量查看结果列表，也可以查看单篇文献的详情（见图 3 - 6），包括题目、作者、作者单位、摘要、收录号、出版商、ISSN、DOI、控制词、分类码、基金信息、补充信息、参考文献等，结果列表界面还显示推荐其他相似文献。EI Compendex 不提供全文下载，仅仅提供全文链接，读者可以点击全文链接跳转到相应的全文库。

图 3 - 16　EI Compendex 检索结果查看界面

4. 检索结果输出

读者可以将检索结果批量下载、导出或者打印，如图 3 - 17 所示。可选下载格式包括 EndNote、BibTex、Text、CSV、Excel、PDF、RTF 等，输出结果可以选择当前视图、引用、摘要、详细记录等。特别提示，单次下载不要超过 1 000 条记录。下载的 RTF 格式文件可以用 Word 打开，方便编辑和整理；下载的 PDF 文件具有格式规范、排版整齐的特点。将检索结果打印或通过邮箱发送，按照提示操作即可。

图 3-17　EI Compendex 检索结果下载界面

第 3 节　美国化学文摘库 SciFinder

SciFinder 由美国化学会（American Chemical Society，ACS）旗下的美国化学文摘社（Chemical Abstracts Service，CAS）出品，是一个提供化学及相关学科文献、物质和化学反应信息的研发应用平台。SciFinder 是化学、化工、材料等领域研究人员必备参考工具之一。

一、SciFinder 概述

《美国化学文摘》创刊于 1907 年，由美国化学会出版，是应用广泛、非常重要的化学、化工及相关学科的检索工具。以此为基础，1995 年美国化学会推出了 SciFinder 联机检索数据库，2009 年推出了基于网页形式的 SciFinder Web 数据库一站式搜索平台。2023 年美国化学文摘社推出 CAS SciFinder Discovery Platform（Academic），它是化学及相关学科智能研究平台，提供全球化学及相关学科研究信息和分析工具。该平台集成以下三个解决方案：（1）新一代的 SciFinder 平台 CAS SciFinder；（2）分析方法解决方案 CAS Analytical Methods；（3）配方（制剂）解决方案 CAS Formulus。三种解决方案所使用的数据库是相通的，本部分重点介绍 CAS SciFinder（简称“SciFinder”）的使用。

SciFinder 涵盖了化学及相关领域如生物、医药、工程、农学等多学科、跨学科的科技信息。SciFinder 收录的文献类型包括期刊、专利、会议论文、学位论文、图书、技术报告、评论和网络资源等，内容丰富全面，用户可以通过主题、化学结构式、分子式和反应式等多种检索方式进行查询。

SciFinder 数据库包含以下子数据库信息：CAplus（文献数据库）、CAS REGISTRY（物质信息数据库）、CASREACT（化学反应数据库）、MARPAT（马库什结构专利信息数据库）、CHEMLIST（管控化学品信息数据库）、CHEMCATS（化学品商业信息数据库）、MEDLINE（美国国立医学图书馆数据库）等。使用的时候不需要选择具体子数据库。下面主要介绍前三种子数据库，帮助读者加深了解。

1. 文献数据库 CAplus

CAplus 将来自 180 个国家或地区的 50 多种不同语言的出版物整理和翻译成英文题目及摘要，涵盖 5 万种期刊及 64 个专利发行机构的专利，包括全球 98%以上的化学化工相关科技类信息。收录国际期刊、书籍、会议记录和论文，最早可追溯至 1907 年。该数据库的特点包括：(1) 一站式检索平台，可检索的详细信息包括标准化的概念关键词、物质、反应以及更多被科学家标引并连接到 CAS 中的其他相关数据的内容。(2) 提供全文链接，可以浏览 ScienceDirect、SCI、Wiley、Springer 等全文数据库中的文献信息。(3) 更新速度非常快，文摘资料每日更新，知名专利机构的专利在公开后的两天之内会被收录入库。

2. 物质信息数据库 CAS REGISTRY

CAS REGISTRY 是化学物质信息的“黄金标准”，是目前世界上知名的物质信息检索平台，是准确化学名称、结构和 CAS 登记号的权威来源。CAS REGISTRY 收录了 1.95 亿个有机、无机物质的结构信息、CAS 注册号、分子式、物质名称、理化性质、物化性质、结构性质、谱图数据，收集了约 80 亿个实验和预测属性数据点和光谱，还包括约 7 000 万种蛋白质和核酸序列，每天更新 12 000 个物质。

化学文摘社为每一种在文献中出现的物质分配一个 CAS 编号，即 CAS 注册号，它是物质特定的唯一标识符。CAS 注册号由三段数字通过连字符“-”组合起来，第一部分有 2～7 位数字，中间部分有 2 位数字，结尾部分有 1 位数字作为校验码。

例如：甲苯 108-88-3，水 7732-18-5，乙酸 367-64-6。

3. 化学反应数据库 CASREACT

CASREACT 具有强大的反应筛选功能，是检索化学反应的重要工具，收录超过 1.4 亿条单步反应和多步反应的实验条件、实验步骤、反应产率等数据。这些数据来自期刊、专利、毕业论文或者其他来源。CASREACT 与相关出版物、物质特性、供应商等进行关联，可按照结构、反应角色、官能团、反应位置、原子映射等进行检索，数据信息每日更新，让读者及时了解最新发现。

SciFinder 可以帮助检索者实现以下目的：

(1) 发现创新机会。

检索者可以使用功能强大的检索引擎，探索大量最新文献和专利信息，了解科学前沿，产生创新思维。

(2) 探索小/大分子、生物序列或材料线索。

检索者可以利用先进的可视化、筛选和分析工具查看小分子和大分子物质结构、生物序列、有关材料的研究线索。

(3) 设计高效的合成策略和实验计划。

检索者可以直接从文献中提取与化学合成相关的信息，寻找实用的合成方法和反应路径，识别合成方法中新的突破机会。

(4) 合成新化合物。

检索者可以利用 CAS 反应数据库信息，发现适合于新的、已知目标化合物的逆合成路线，了解目标化合物合成方法的多样性和逆合成路线的文献证据。

（5）测试并验证创新能力。

检索者可以检索和筛选从已发表文献中提取的数十万种分析方法，寻找适合于自己科研工作的最佳选择。

综上所述，SciFinder 信息量丰富，检索功能强大，是化学、化工、材料等领域科研工作者的必备工具。

二、SciFinder 的使用

1. 注册

读者在使用 SciFinder 之前须用学校或所在机构域名邮箱地址注册账号，在授权 IP 范围内，用真实姓名进行注册。注册后系统将自动发送一个链接到读者所填写的 Email 邮箱中，激活此链接即可完成注册。

SciFinder 账号注册地址：https://scifinder. cas. org/registration/index. html。

用户名输入规则：包含 5～15 个字符，可以包含字母或字母组合、数字，以及连接线、下划线、句点、@等特殊字符。密码输入规则：至少包含 9 个字符，且必须包含以下 4 种字符：大写字母、小写字母、数字、符号（如@、＃、%、&）。

特别提醒：本人注册，本人使用，本校使用，以学术为目的，注意保护知识产权，合理使用数据库，不得过量下载信息。数据库的使用成本很高，通常单位购买 1～2 个并发用户，检索完后点击 Sign Out 及时退出。

如果进入系统后 20 分钟没有操作，系统将自动断开用户与服务器的连接。SciFinder 经常更新，读者可以留意图书馆或美国化学文摘社主页的相关消息。

2. 登录

注册完成后，输入登录网址 https://www. cas. org/cas-solutions-login，可以看到登录界面，如图 3－18 所示，提供了 CAS SciFinder、CAS Formulus®、CAS Analytical Methods™等检索平台的链接；点击 CAS SciFinder 下方的登录按钮完成登录。

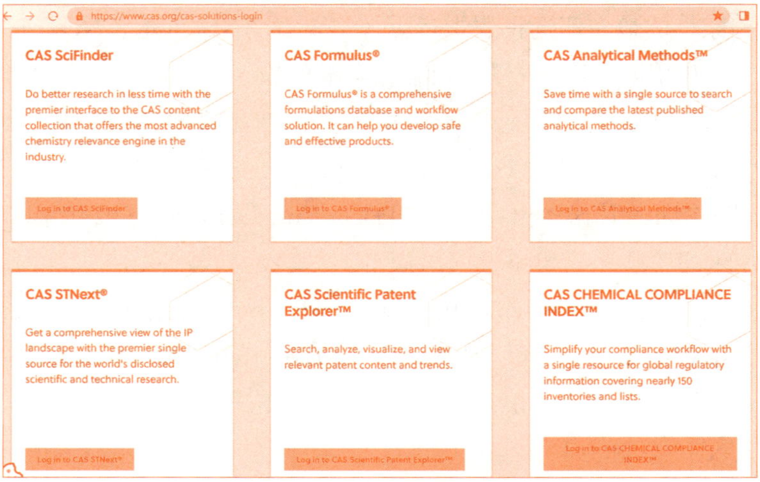

图 3－18 SciFinder 数据库的登录界面

3. 文献检索

检索首页如图 3－19 所示，呈现用户注册名、一个快速检索框、检索历史。检索框上面列出可以供选择的检索入口，Substances 选项可以进行物质检索，Reactions 选项可以检索化学反应，References 选项专门检索论文文献，Suppliers 选项可以检索化学试剂供应商，All 代表可以检索上述各种类型。

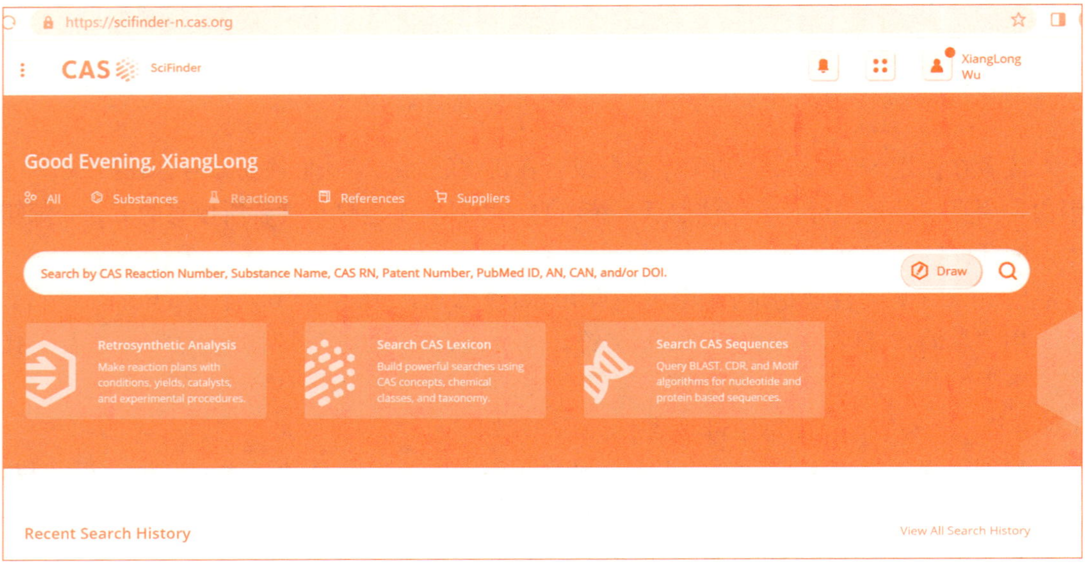

图 3－19　SciFinder 数据库检索首页

进行文献检索时，可以点击“References”，然后在检索框中输入关键词、物质名称、CAS 注册号、专利号、PubMed ID、文章 DOI 等；也可以点击检索框右侧的“Draw”，直接画出化学结构，然后进行快捷检索。

如图 3－20 所示，在文献检索界面点击“Add Advanced Search Field”可以增加检索框，扩展检索范围，点击检索框右侧的“×”号可以删除检索框；当增加 2 个及以上检索框时，需要在检索框的最左侧选择逻辑运算，主要有 AND、OR、NOT 三种。点击检索框中“Select”右侧的黑三角，可以选择本检索框的检索字段，主要有 Authors（作者）、Publication Name（出版名）、Organization（组织者）、Title（题目）、Abstract/Keywords（摘要/关键词）、Concept（概念）、Substances（物质）、Bioactivity Data（生物活性数据）、Publication Years（出版年）、Document Identifier（文献标识符）、Patent Identifier（专利标识符）、Publisher（出版商）。其中，Authors 字段又细分为 Author Name（作者名）和 ORCID ID（作者 ID）；Substances 字段细分为 CAS Registry Number（CAS 注册号）和 Chemical Name（化学名称）；Bioactivity Data 字段细分为 Target（靶标）、Ligand（配体）、Disease（疾病）。Patent Identifier 字段细分为 Patent Number（专利号）和 IPC Code（国际专利分类号）。

全部输入和设置完毕后，点击搜索图标（放大镜），就可以进行检索。

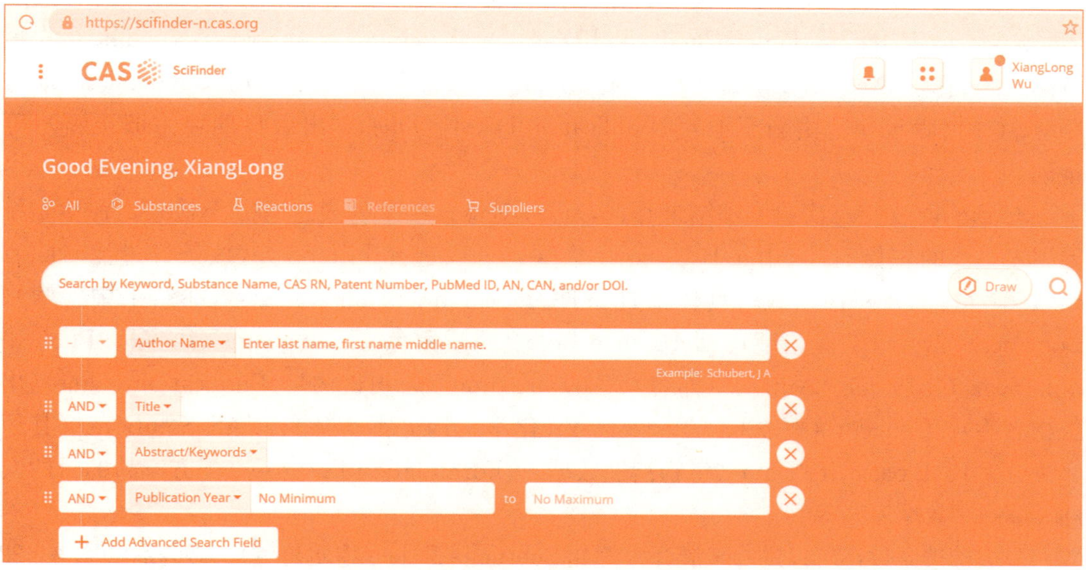

图 3-20　SciFinder 文献检索界面

（1）文献检索举例和检索结果。

以“Riluzole”（利鲁唑）为主题词进行快捷检索。点击“References”，检索框中输入“Riluzole”，点击搜索图标即可以完成检索。特别提示：检索英文词组时，要求用引号将词组括起来，作为一个整体检索。检索结果界面如图 3-21 所示。

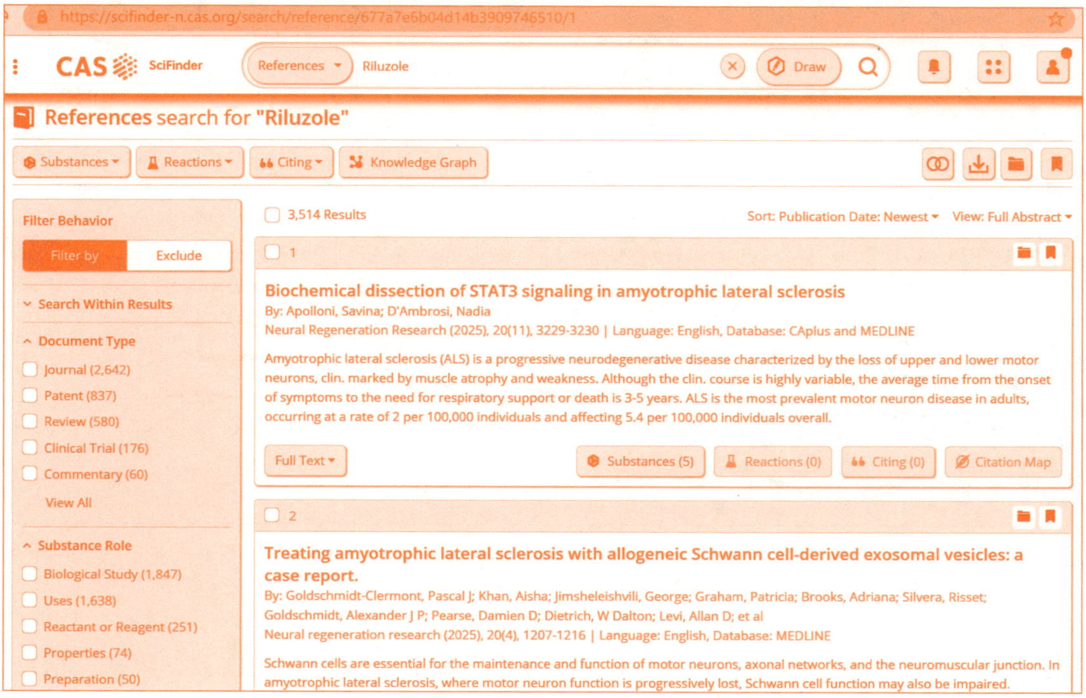

图 3-21　SciFinder 文献检索结果界面

点击“Sort”选项，可以设置检索结果列表的排列方式，可将检索结果列表按照 Relevance（相关性）、Times Cited（引用次数）、Accession Number：Ascending（收藏号码：升序）、Accession Number：Descending（收藏号码：降序）、Publication Date：Newest（出版日期：由新至旧）、Publication Date：Oldest（出版日期：由旧至新）等排列。

SciFinder 支持二次检索和结果筛选，可以对检索结果列表进行分类检索。在检索结果列表界面的左侧有“Filter Behavior”模块，可以选择 Filter by（按条件过滤）或者 Exclude（排除）两种模式；具体筛选条件有 Search Within Results（在结果中检索）、Document Type（文件类型）、Substance Role（物质角色）、Language（语言）、Publication Year（出版年）、Author（作者）、Organization（公司机构）、Publication Name（出版物名称）、Concept（概念）、CA Section（化学文摘分类切片）、CAS Solutions（其他解决方案）、Bioactivity Data（生物活性数据）、Formulation Purpose（配方产品的目的）、Database（数据库）等。

分类筛选条件还可以进一步展开。例如 Substance Role（物质角色），展开后如图 3-22 所示，可以看到 Biological Study（生物学研究）、Analyte（分析物）、Pharmacological Activity（药物活性）、Reactant or Reagent（反应物或试剂）、Therapeutic Use（治疗用途）等选项。

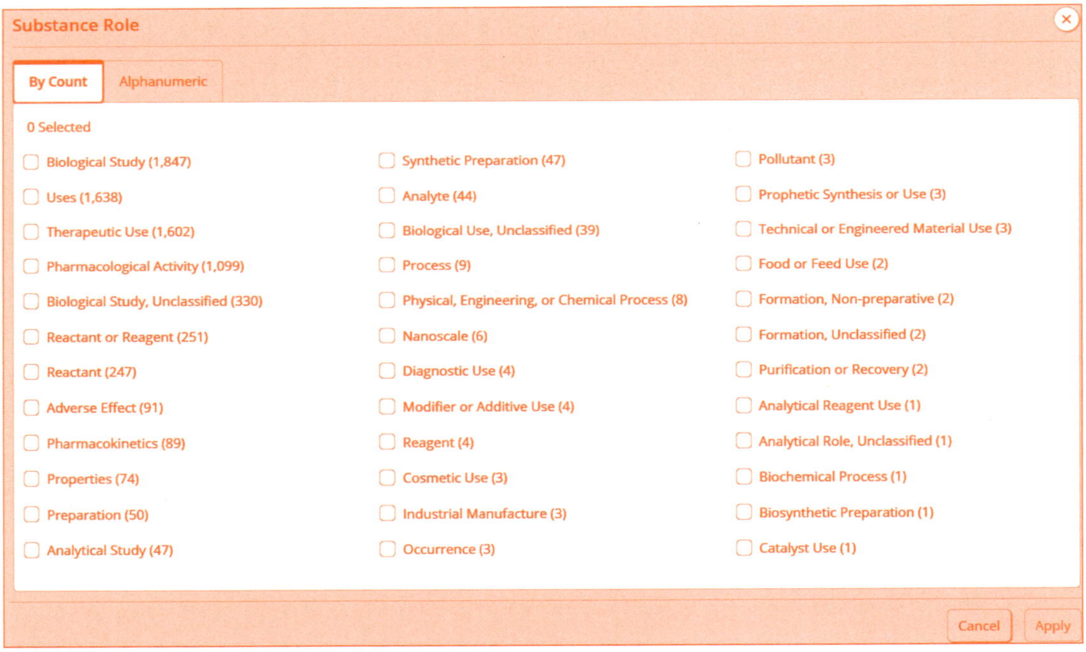

图 3-22 SciFinder 物质角色筛选

点击某一条文献的标题，则直接进入单篇文献详情界面，如图 3-23 所示，具体包括：文献题目、作者、摘要、关键词、期刊信息、文章 DOI、引用次数、数据库信息、全文链接、文献中重要的概念、文献中的引文信息、文献中涉及的物质结构、化学反应式等。如果是专利记录，则在详细信息界面可以查看专利题目、发明人、单位、摘要、专利号、专利申请日期、公开日期、收藏号、专利语言等。

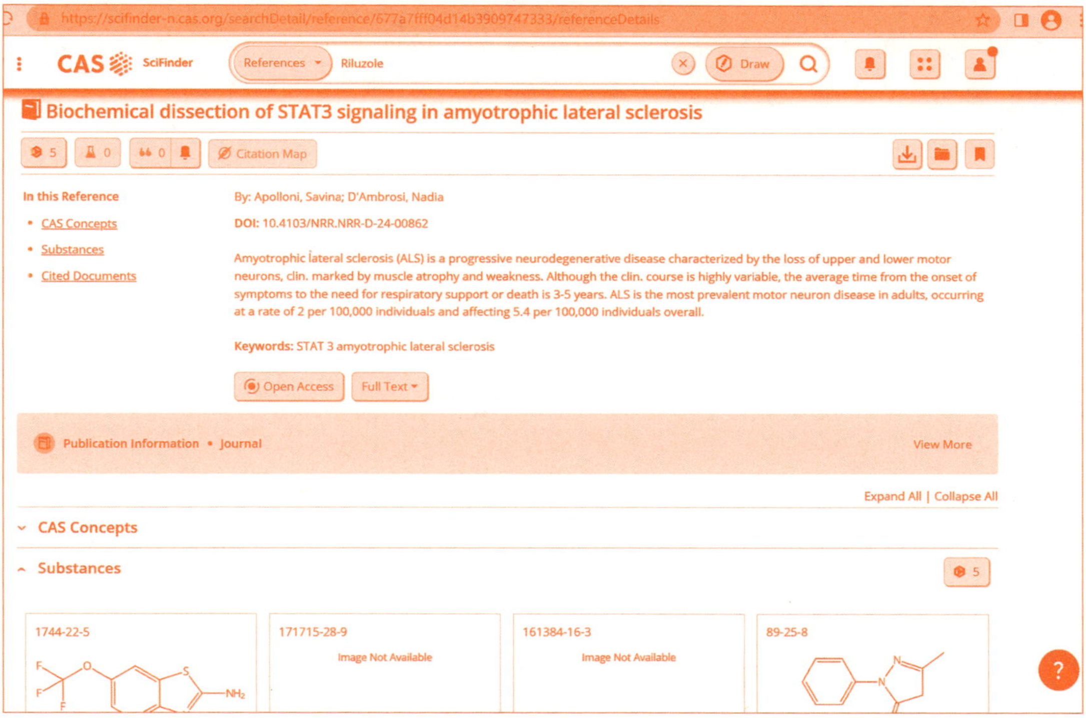

图 3-23　SciFinder 单篇文献详情界面

（2）在检索结果中获取更多信息。

获得文献检索结果列表后，可以针对单篇文献或者多篇文献，获取文献中报道的物质（Substances）、所涉及的化学反应（Reactions）、引用情况（Citing）、知识图谱（Knowledge Graph）并查看全文。

1）从文献中获取物质结构信息。在文献检索结果界面，勾选感兴趣的文献，然后点击“Substances”。如果没有选择文献，SciFinder 会获取结果列表中所有文献报道的物质，通过文献选择框中下拉菜单的选项，选择或取消选择文献。在“Substances”对话框中，点击单选按钮获取所有文献或部分选中文献中报道的物质。获取的物质结构信息包括物质的 CAS 号、结构式、分子式、名称。结果界面还提供与该结构对应的参考文献、化学反应、供应商链接。结果显示如图 3-24 所示。

2）从文献中获取涉及的化学反应。可以从文献量不超过 1 000 篇的文献结果集中获取文献中报道的化学反应，在文献检索结果界面，勾选感兴趣的文献，点击“Reactions”，得到有关化学反应的检索结果。该结果由化学反应组成，包括反应中每个物质的供应商链接、反应条件、反应产率、该反应来自哪篇论文，如图 3-25 所示。

3）从检索结果中获取引文。可以获取当前结果集中的一篇或多篇文献被引用的情况。选中一篇或者多篇文献前面的复选框，点击“Citing”就可以获得这些文献的引用文献列表。可以根据论文之间的引证关系，跟踪研究脉络。

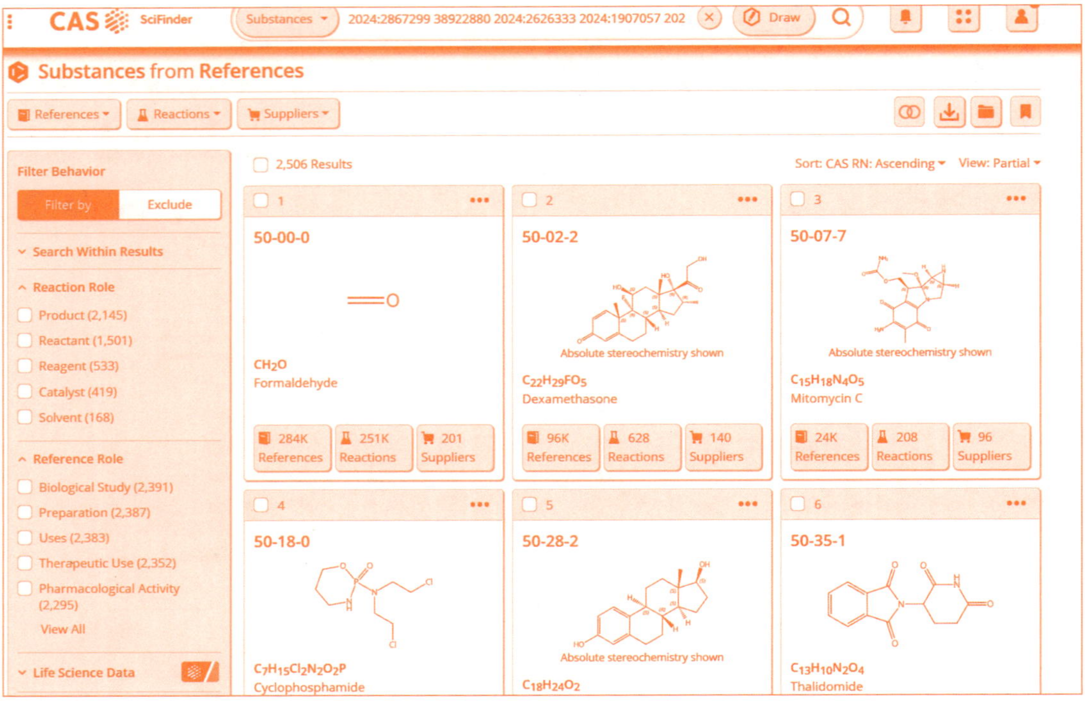

图 3-24　获取文献中所报道的物质结构信息

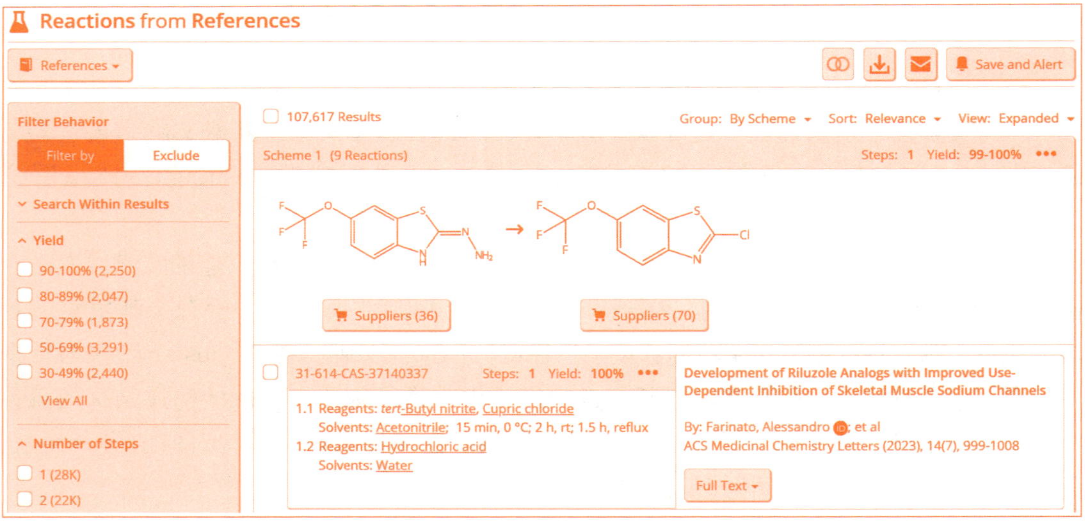

图 3-25　获取文献中所报道的化学反应信息

4）从结果列表中获取知识图谱。点击“Knowledge Graph”，系统会自动生成结果列表中主要研究内容之间的联系，用不同大小的圆圈和圆圈之间的连线表示，如图 3-26 所示。可以查看物质、概念、作者、作者单位等之间的相互联系；生成图谱的过程比较慢，通常需要几分钟的时间。

5）获取和查看单篇文献的全文。SciFinder 是文摘数据库，不提供全文，但是提供全文链接，点击“Full Text”后，可以选择通过“DOI”或者“View all Sources”查找全

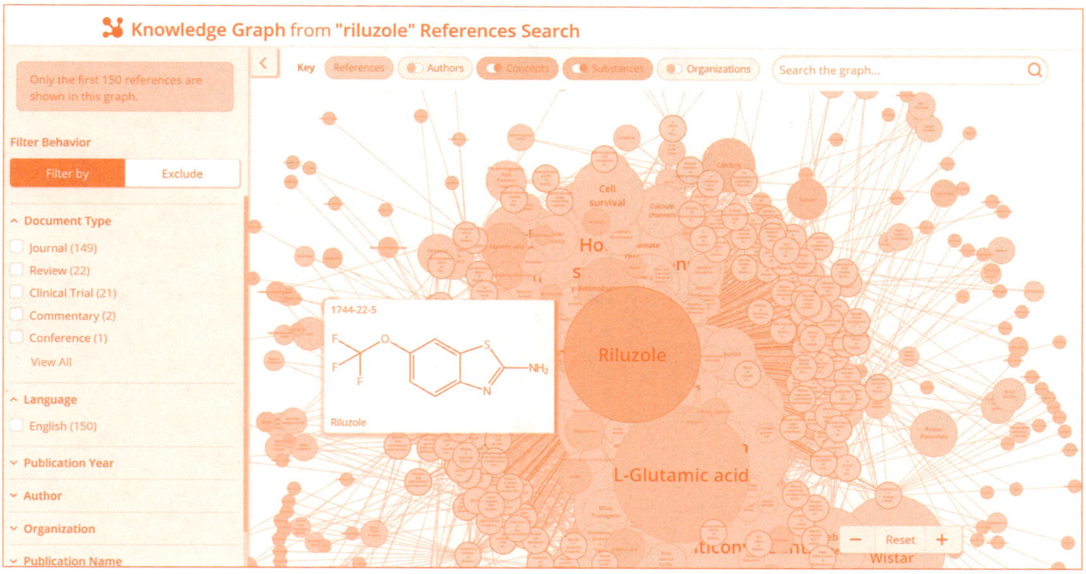

图 3-26　知识图谱

文资源，自动连接至全文所在的数据库，如果图书馆订购了该数据库或者该全文本身就是免费资源，则可以免费下载全文。如果是专利，并且图书馆购买了 PatentPak 使用权限，则可以点击 PatentPak 链接，浏览一篇专利或者同族专利的 PDF 全文。

（3）检索结果保存。

读者获取所需的文献后，可以将结果保存或者导出。检索结果可以被保存在 SciFinder 服务器上，再次登录 SciFinder 时，可以查看、获取保存的检索结果。可以导出引文管理软件可读的格式文件，也可以导出检索结果的 PDF、RTF 等直接阅读格式文件。SciFinder 还支持将检索结果打印出来。

1）将检索结果保存在 SciFinder 服务器上。点击“Save and Alert”（保存和提醒），选择“Save”，弹出对话框，输入文件名，根据提示选择一些要求的选项，点击“OK”，即可完成保存。

2）将检索结果下载保存。在文献检索结果界面，勾选出需要保存的文献，点击下载保存按键（向下箭头），在弹出的对话框中（见图 3-27），可以再次选择导出 All Results（所有结果），或导出 Selected Results（选中的部分结果），或设定 Range（指定范围）。

在 File Type 下方的对话框中选择导出文件的类型，选择的文件类型将决定导出的文献详情信息。引文管理软件可读的文件格式主要有 Citation Export Format（*.ris），Quoted Format（*.txt），Tagged Format（*.txt）。可以离线阅读的文件格式有 Portable Document Format（*.pdf），Rich Text Format（*.rtf）。其中，rtf 格式是类似于 Word 的格式，可以进行编辑排版。

在 Display 下方，选择保存内容的格式，有 Result Summary（结果摘要）和 Result Details（详细结果）两种模式，建议保存为摘要模式，便于阅读。

在 File Name 中输入下载保存的文件名称，在 Include 中选择要保存的内容；通常都选择保存 Task History（检索历史）和 Abstract（摘要），其他的根据需要进行选择。

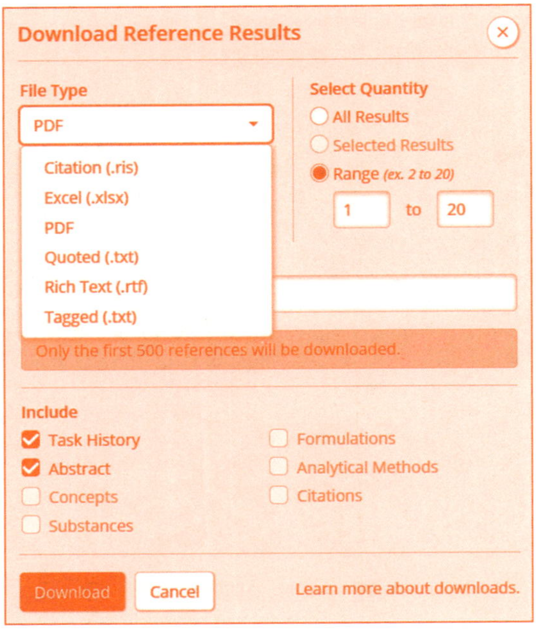

图 3-27 SciFinder 检索结果的保存界面

4. 物质检索方法

（1）物质检索通用方法。

进行物质检索时，可以点击“Substances”，然后在检索框中输入 Substance Name（物质名称）、CAS 注册号、专利号、PubMed ID、文章 DOI 等；也可以点击检索框右侧的“Draw”，直接画出化学结构，然后进行快捷检索。

如图 3-28 所示，点击“Add Advanced Search Field”可以增加检索框，扩展检索范围，点击检索框右侧的“×”号可以删除检索框；当增加两个及以上检索框时，需要在检索框的最左侧选择逻辑运算，主要有 AND、OR、NOT 三种。点击检索框中“Select”右侧的黑三角，可以选择本检索框的检索字段，主要有 Molecular Formula（分子式）、CAS Registry Number（CAS 注册号）、Chemical Identifier（化学标识符）、Document Identifier（文件标识符）、Patent Identifier（专利标识符）、Experimental Spectra（实验图谱）、Bioactivity Data（生物数据）、Biological（生物相关）、Chemical Properties（化学性质）、Density（密度）、Electrical（电学相关）、Magnetic（磁性相关）等。其中，Experimental Spectra 字段又细分为氢核磁共振谱、碳核磁共振谱、磷谱、氟谱。其他字段也都有相应细分选项。全部输入和设置完毕后，点击搜索图标（放大镜），就可以进行检索。

（2）化学结构式绘制与分子式检索。

1）化学结构式绘制。点击检索框右侧的“Draw”可以打开化学结构画图板，如图 3-29 所示，在编辑区绘制化学结构。具有 Chemdraw 使用基础的人，很容易掌握该画图板的使用。各种常见结构和化学键都集成在绘图区左右两侧的工具面板上，直接选择使用，待结构画完整后，点击“OK”，可以将绘制好的结构传输到检索界面，再点击搜索图标即可完成检索。

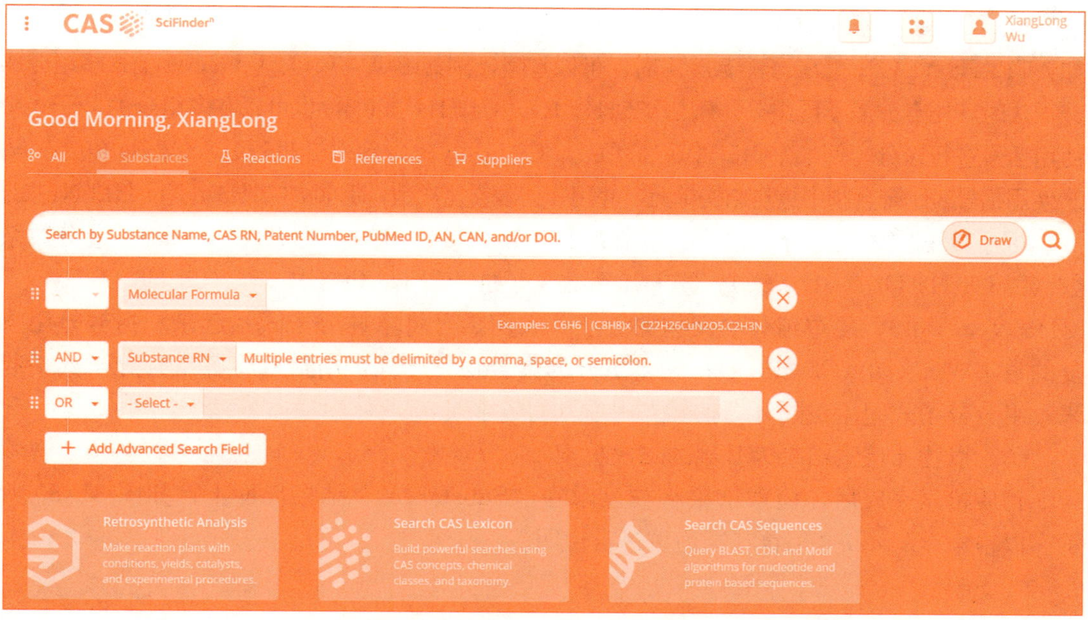

图 3-28　SciFinder 物质检索界面

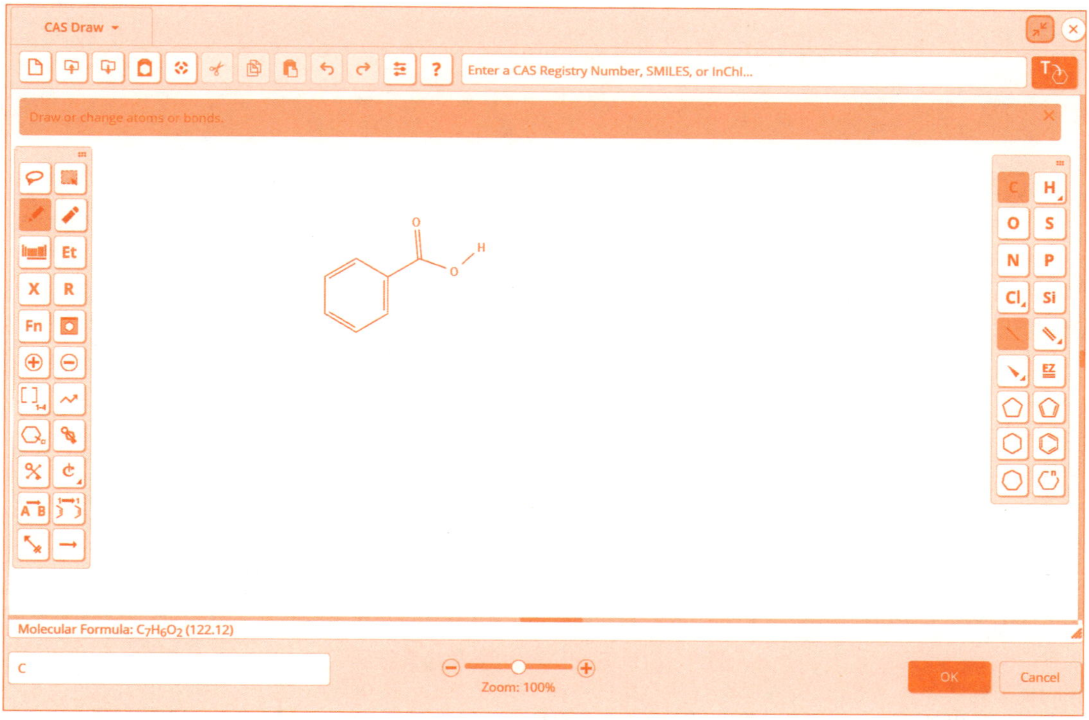

图 3-29　化学结构画图板

2）分子式检索。该检索方式获得的检索结果是与输入分子式中元素符号和原子数完全匹配的物质。检索框中间，点击“Select”，选择“Molecular Formula”，输入要查询的分子式，点击“Search”，即可以检索。

输入分子式的注意事项和技巧：①输入多字符的元素，只需要把首字母大写，例如

Cu，Si；②元素符号和数字中间不空格，而不同元素之间要空格，数字不用设置为下标，例如：C12 H8 N2 O2；③原子个数为1时，可以省略，例如S O3、C O、C O2；④输入多组分的分子式时，用点分隔不同组分，例如C2 H4 O2 . C4 H11 N O3，也可以在多组分的分子式中使用括号进行区分，例如（C15 H10 N2 O2 . C6 H14 O3 . 3（C3 H6 O . C2 H4 O）x）x；⑤使用括号表示聚合物中重复结构单元，并用n代表重复次数，例如（C2 H3)n C14 H13 N4 O2。

可用以下方式表示分子式：①整数系数（如C2 H4 O2 . 3 H2 O . Na）；②分数系数（如C2 H4 O2 . 1/2 Ca）；③未知系数x（如（C8 H8 O3 S）x .（C8 H8 O3 S）x . x H3 N . x K）；④单组分均聚物的分子式，用括号将单体分子式括起来，括号外用重复的数字或x（如（C2 H3)x）；⑤多组分的聚合物分子式，用括号将各组分分子式括起来，组分分子式间用点隔开，括号外用重复的数字或x。

（3）以物质检索结果为基础的二次检索。

物质检索完成后，检索结果将被显示在“Substances”结果界面上，如图3-30所示。以检索Riluzole（利鲁唑）为例进行说明。

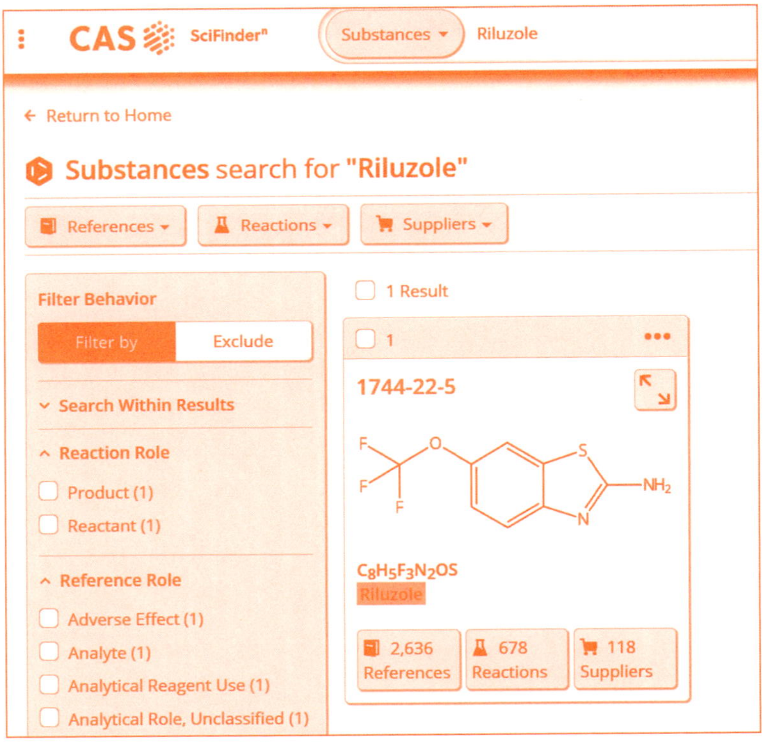

图3-30　SciFinder物质检索结果

结果界面显示利鲁唑的化学结构，并给出分子式为$C_8H_5F_3N_2OS$、CAS号为1744-22-5、物质名称为Riluzole，在分子结构下面显示2 636 References，678 Reactions，118 Suppliers，表示与利鲁唑有关的参考文献2 636个，有关化学反应678个，有118个试剂供应商销售利鲁唑，点击这些链接可以查看相应的文献、化学反应或试剂供应商。

（4）检索结果查看、分析和精炼。

可以对物质检索结果排序、查看物质详情、分析检索结果集、保留或者删除所选物质、利用检索条件限定结果。具体操作与文献检索结果类似，不再赘述，读者可以通过实践操作掌握具体细节。

（5）检索结果保存、导出和打印。

物质检索结果可以保存在服务器，下次登录后直接使用，也可以导出到本地计算机，方便离线查看。读者还可以将检索结果打印为 PDF。具体操作同文献结果保存、导出和打印，请参考有关描述。

5. 化学反应检索方法

（1）化学反应检索常规方法。

进行化学反应检索时，在 SciFinder 首页点击“Reactions”，然后在检索框中输入 CAS Reaction Number（CAS 反应号）、Substance Name（物质名称）、Patent Number（专利号）、PubMed ID、文章 DOI 等；也可以点击检索框右侧的“Draw”，直接画化学结构，然后进行检索。图 3 - 31 展示的是利鲁唑有关化学反应的检索结果。

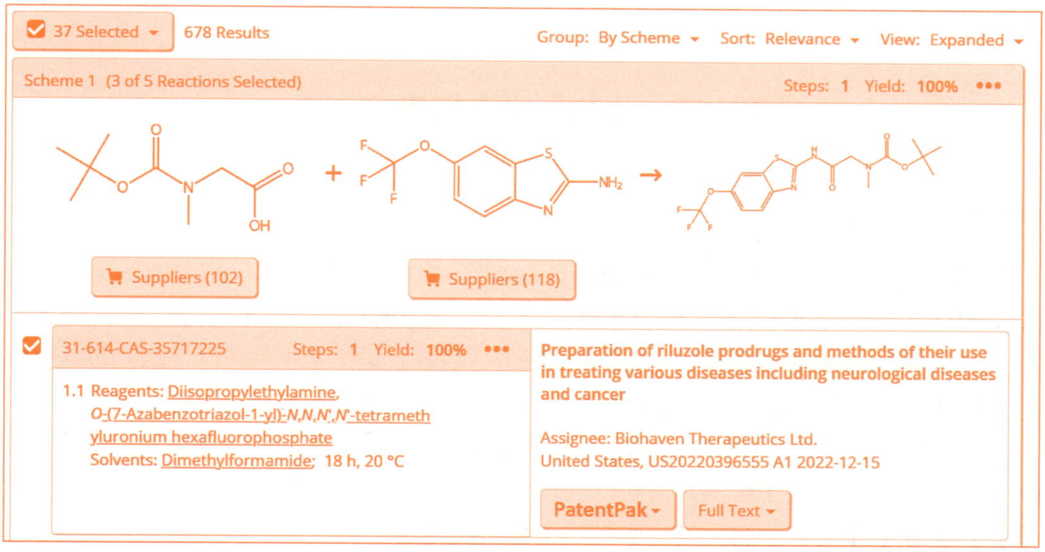

图 3 - 31　SciFinder 检索化学反应结果页面

（2）检索结果。

点击“Group”选项，可以设置化学反应检索结果的分组汇聚模式，将结果按照 By Scheme（按照反应路线）、By Document（按照文档）、By Transformation（按照化学结构之间的转化）等三种方式分别进行汇聚分组。

点击“Sort”选项，可以设置检索结果列表的排列方式，将检索结果按照 Relevance（相关性）、Publication Date：Newest（出版日期：由新至旧）、Publication Date：Oldest（出版日期：由旧至新）、Yield（反应产率）、Number of Steps：Ascending（反应步数：升序）、Number of Steps：Descending（反应步数：降序）排列。

SciFinder 支持二次检索和结果筛选，可以帮助读者对检索结果列表进行分类检索。在检索结果界面的左侧有“Filter Behavior”模块，可以选择 Filter by（按条件过滤）或者 Exclude（排除）两种模式；具体筛选条件有 Search Within Results（在结果中检索）、

Substance Role（物质角色）、Yield（反应产率）、Number of Steps（反应步数）、Non-Participating Functional Groups（不参与反应的官能团）、Reaction Mapping（反应映像图）、Reaction Scale（反应规模）、Experimental Protocols（实验技术）、Reaction Type（反应类型）、Stereochemistry（立体化学）、Reagent（反应试剂）、Catalyst（反应催化剂）、Solvent（反应溶剂）等。

还可以通过文献的信息进行筛选，主要有 Document Type（文件类型）、Language（语言）、Publication Year（出版年）、Author（作者）、Organization（公司机构）、Publication Name（出版物名称）等。

（3）检索结果保存。

读者获取所需的化学反应后，可以将结果保存或者导出。保存后，检索结果将会被保存在 SciFinder 服务器上，再次登录使用 SciFinder 时，可以查看、获取保存的检索结果。可以导出引文管理软件可读的格式文件，也可以导出检索结果的 PDF、RTF 等直接阅读格式文件。

第 4 节　生物医学文摘库 PubMed

一、PubMed 概述

PubMed（https://pubmed.ncbi.nlm.nih.gov/）是一个免费搜索生物医学论文摘要的文摘型数据库。它由美国国立医学图书馆（NLM）下属的国家生物技术信息中心（NCBI）开发，是基于 Web 的一套信息检索系统。PubMed 主要收录医学和生命科学文献，包括生物医学、健康领域，涉及生命科学、行为科学、化学科学和生物工程等相关学科。

PubMed 包含 3 000 万份以上的生物医学文献引文和摘要。PubMed 数据库不提供期刊全文，但提供全文电子版网站链接（文献发表期刊网站或 PubMed Central 等），读者可以通过链接获取全文，这为文献检索带来了极大的便利。

1. 收录范围

PubMed 医学文献检索服务系统数据来源主要有 MEDLINE，OLDMEDLINE，In Process Citations，Publisher-Supplied Citations 等。

（1）MEDLINE。

MEDLINE 数据库收录 1966 年以来的医学、牙科学、护理学、健康保健等领域的文献数据，是 NLM 最早的文献数据库。数据库文献涉及 30 多个语种，90%以上采用英文，其余非英语文献中，70%～80%有著者撰写的英文摘要。每条 MEDLINE 记录均有一个单独地址，称为 MEDLINE UID，即 MUID。MEDLINE 中的记录以周为单位更新加入 PubMed 中，此时，这些记录具有另一个在 PubMed 中的单独地址，标记为 PubMed-indexed for MEDLINE，即 PMID。

（2）OLDMEDLINE。

OLDMEDLINE 收录了 1950—1965 年间美国医学索引中包含的生物医学文献。该库不包含摘要和医学主题词（MeSH）字段，记录的标记为［PubMed-OLDMEDLINE for Pre1966］。

（3）In Process Citations。

文献完整的收录条目在被 MEDLINE 创建之前，暂时存储在 In Process Citations 数据库，它收录由 MEDLINE 来源期刊出版商提供的尚未经过规范化处理的数据，该库中的记录只具有基本的引文信息和文摘。In Process Citations 数据库以天为单位更新收录信息，然后经过标引 MeSH、补充文献类型和其他数据等，以周为单位更新到 MEDLINE 中，同时，相应的记录从 In Process Citations 库中删除。

（4）Publisher-Supplied Citations。

PubMed 中的一些文献电子信息直接由出版者提供，每条记录标有［PubMed-as supplied by publisher］。这些记录以天为单位收录进 In Process Citations 数据库，并将原有标记改为［PubMed-in process］。出版者利用电子信息途径提供的文献分两类：一类是文献所在期刊不在 MEDLINE 收录范围；另一类是期刊本身是 MEDLINE 的收录期刊，但其中某些文献不在 MEDLINE 的收录范围，或 MEDLINE 不是从该期刊的创刊年开始收录，则这些文献仅有 PMID，而没有 MUID。

2. 检索语法

PubMed 具有自动转换匹配功能（automatic term mapping，ATM），它是 PubMed 提供的一种智能化检索功能，它允许用户输入自然语言关键词，系统自动将这些关键词转换为标准的医学主题词（MeSH）或其他规范用词，以提高检索的准确性和效率。具体而言，对于输入检索框中的检索词，PubMed 将按照 MeSH 转换表（MeSH Translation Table）、期刊刊名转换表（Journal Translation Table）、短语表（Phrase List）、作者索引（Author Index）等顺序进行对照、匹配和转换，然后再进行检索。

PubMed 检索语法包括 AND、OR 和 NOT 三种布尔逻辑，其运算顺序为从左至右，但可使用圆括号来改变其运算顺序。例如，输入 Tacrolimus AND（adverse effect OR renal transplant），优先运算圆括号中的检索式。允许在检索词后附加字段标识以限定检索字段，如输入 liver cancer［TIAB］，则会在标题和摘要中搜索 liver cancer。搜索字段包括：标题 Title［TI］，标题和摘要 Title/Abstract［TIAB］，刊名 Journal［JN］，作者 Author［AU］。其检索表达式的格式为：检索词［字段标识］＋布尔逻辑运算符＋检索词［字段标识］。其中字段标识要带方括号，布尔逻辑运算符要用大写字母。

要检索以特定词根开头的所有术语，可以在单词后加截词符“*”，进行截词检索。即把检索词相同的词根部分截断，将“词根＋截词符”一起输入检索框，系统对词根片段进行比对，凡是包含以这些词根开头的单词的文献就会被检索出来。例如，检索 transfect、transfected、transfection、transfecting 这几个词只需要输入 transfect* 即可。截词检索扩大了检索范围，因此可提高文献查全率。PubMed 数据库只支持右截词，可替代 0～n 个字符，但是只限于单词使用，对词组无效。使用截词功能时 PubMed 会自动关闭自动转换匹配功能。此外，PubMed 一次最多可检索 600 个词形变异词，其排列顺序是按照英文字母的音序。若词形变异词超过 600 个，则排序在 600 位次后的词形变异词无法检索，此时需要通过延长词根来保证检索的准确性及全面性。

PubMed 也提供短语检索功能，需要用双引号将短语括起来。若需检索包含截词符的短语，可以使用以下三种格式：（1）将短语用双引号引起来，如“liver cancer *”；（2）使用字段限定检索，如 liver cancer * [TIAB]；（3）使用连字符，如 liver-cancer *。短语检索功能也会关闭 PubMed 的自动转换匹配功能，且不再进行 MeSH 词的扩展检索。

二、PubMed 的使用

1. 登录方式

登录方式有两种。第一种是在浏览器输入 PubMed 网址 https://pubmed.ncbi.nlm.nih.gov/，就可进入 PubMed 数据库主页，如图 3-32 所示。第二种登录方式是登录 NCBI 主站，其网址是 https://www.ncbi.nlm.nih.gov/，再选择数据库为 PubMed，如图 3-33 所示。

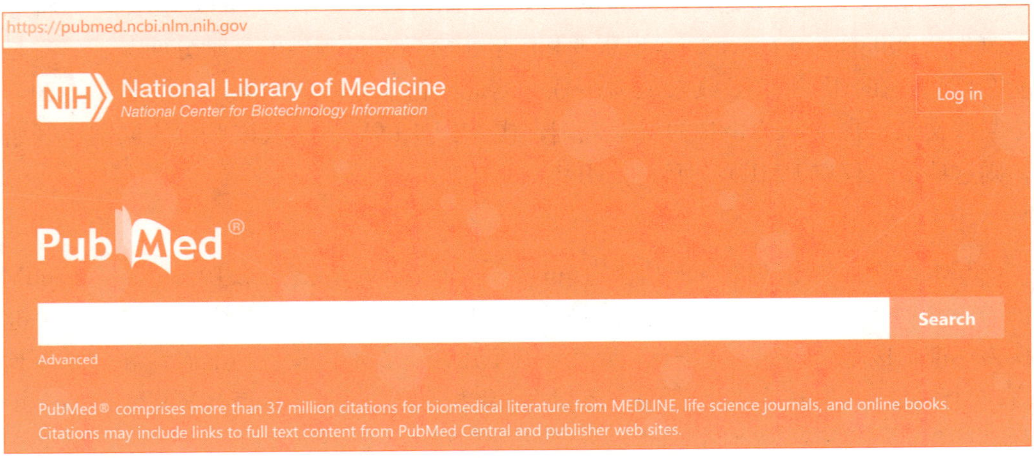

图 3-32　PubMed 数据库主页

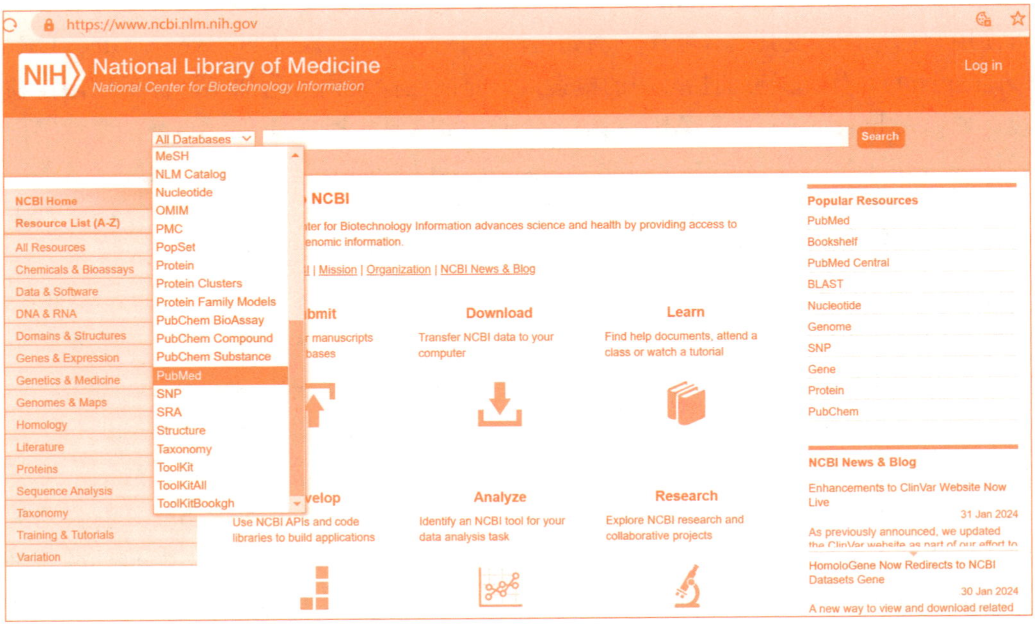

图 3-33　NCBI 主站点首页

2. 基本检索

如果直接登录 PubMed 主页，则在搜索框中输入所要查询内容，然后单击“Search”按钮或按回车键，PubMed 将会自动开始检索，并将检索到的相关结果列在屏幕上。

如果通过 NCBI 主站点进行检索，则首先选择需要查询的数据库，然后，在检索框中输入检索词，点击“Search”按钮或者按回车键，PubMed 使用其自动转换匹配功能进行检索，并将检索结果显示在网页上。

以检索“肝癌和肝炎的关系”相关文献为例，对检索过程进行解析。图 3 - 33 中数据库下拉菜单显示系统提供的所有数据库，可根据检索需要进行选择，本例中，需要选择的数据库为 PubMed。在检索框中输入关键词“liver cancer”（肝癌）和“Hepatitis”（肝炎），然后点击“Search”按钮，系统即启动自动转换匹配功能，将检索词与规范主题词表 MeSH 进行匹配后，以 MeSH 词表中的主题词 Liver Neoplasms 和 Hepatitis 用“AND”组合在一起，对数据库中包含此 MeSH 词的记录进行检索后，自动将检索结果以默认方式排列在结果显示区（见图 3 - 34）。

系统默认检索结果排序模式（Sort by）按相关度大小（Best match）顺序排列，可以按照 Most recent（最新发表时间）、Publication date（出版日期）、First author（第一作者）、Journal（期刊）等进行排序。还可通过 Display options 改变检索结果题录格式，缺省状态下显示为“Summary”简洁格式，如图 3 - 34 所示；可点击“Abstract”选择文摘格式，也可以选择显示为 PubMed 或者 PMID 格式。

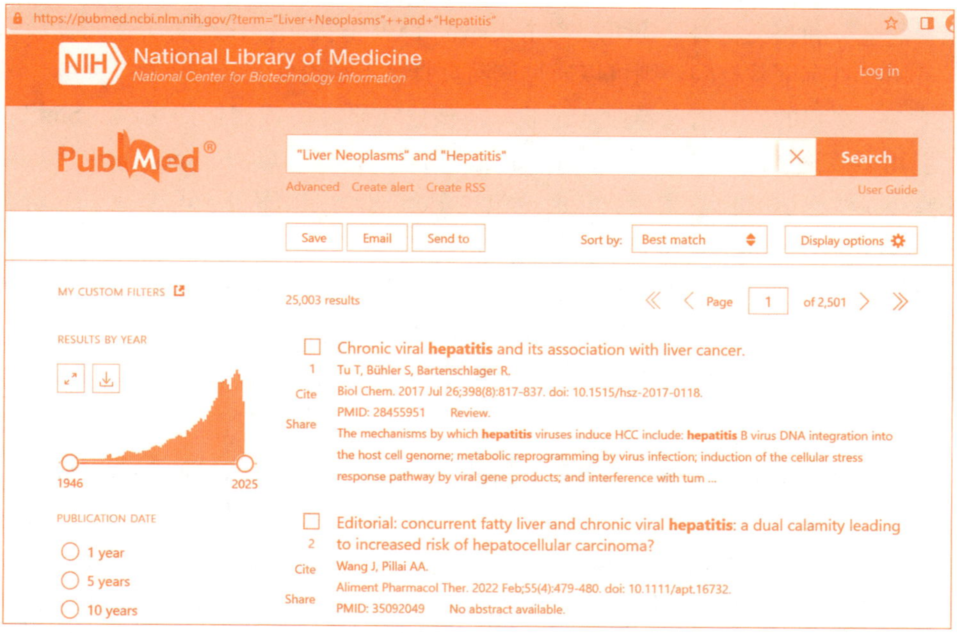

图 3 - 34 以 Liver Neoplasms 和 Hepatitis 为检索词的检索结果

若需浏览某篇文献的题录信息，直接点击该文献的篇名即可，结果如图 3 - 35 所示。

如需获取全文，点击文献题录右上方的“FULL TEXT LINKS”（全文链接）图标，即可打开论文所在期刊网站中该论文的相应网页。如果链接图标中标记有“Free article”

图 3-35　检索到的某篇文献的题录信息显示界面

字样，则可以免费获取全文；如果显示“Free PMC article”图标，则说明该论文被 PMC 以电子副本的形式存储，可以免费获取。PMC 是美国国立卫生院研究提供的一项服务，收录存档合作期刊发表的生物医学文献，并以通用的格式存储，用户可以使用 PMC 迅速获取免费的全文和相关材料。还可以点击文献的 DOI 链接，打开论文所在网页获取文献信息，若用户具有下载权限，则可以通过该网页直接下载论文。

此外，在文献的题录信息界面上还显示与该论文研究内容相似的文献（Similar articles)、引用了该论文的文献（Cited by）和论文的参考文献（References）链接，可通过点击这些链接快速访问相应文献。界面也包含 PubMed 数据库对该论文标引的所有主题词（MeSH)，以及其他有用信息的链接，点击“LinkOut”链接即可进入相关网站，实现外部资源的访问。PubMed 提供从其检索结果到期刊全文、生物学数据、序列中心等的链接。用户也可通过界面提供的 PAGE NAVIGATION 功能（位于界面的右下区域)，点击相应部分的链接，快速定位到界面中的相应位置，从而提高浏览效率。

3. 高级检索

在 PubMed 主页上点击位于检索框下面的“Advanced”按钮，即可进入 PubMed Advanced Search Builder 高级检索界面，如图 3-36 所示。高级检索界面下可进行多种检索条件的限定，界面上方为 Add terms to the query box（检索词输入框)，点击框中的下拉菜单，可以选择 Author（作者)、Journal（刊名)、Title（标题）等多项检索字段；选定检索字段后，输入检索词，再点击右侧的 ADD（添加）按钮，应用布尔逻辑组合检索词，即可在 Query box（查询框）中输入多个限定检索词并进行逻辑组配检索；点击“Search”按钮，系统以默认排列方式将结果返回在屏幕上。下面以检索“2015 年 1 月 1 日以来发表在 *Nature* 杂志上关于糖尿病（diabetes）的英文文献”为例对检索过程进行解析。

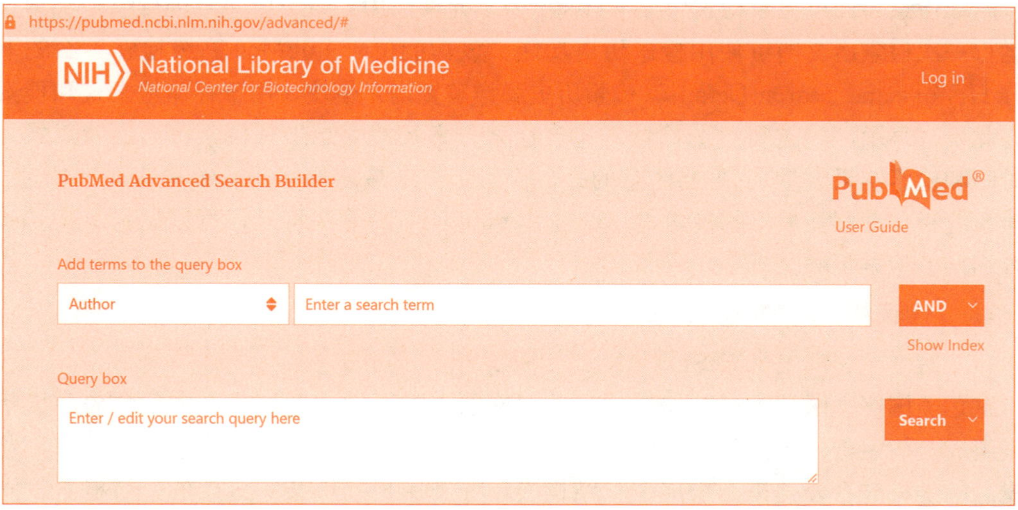

图 3-36 PubMed 数据库高级检索界面

在检索框中输入 diabetes，下拉菜单中选择“All Fields”后，点击“ADD”按钮将检索词加入 Query box 中；下拉菜单中选择“Journal”后，在检索框中输入 Nature，点击“Add with AND”将“Nature”加入 Query box 中并且与上一个检索字段的逻辑关系是“AND”；下拉菜单中选择“Date-Publication”后，在检索框中输入“2015/01/01”，截止日期为 present，同样选择“Add with AND”，此时可见 Query box 中显示的检索式；检查无误后，点击“Search”按钮，开始检索。系统自动将检索结果以默认方式排列在结果显示界面，如图 3-37 所示。

图 3-37 PubMed 数据库高级检索结果

高级检索界面可显示检索历史（History），允许使用检索历史序号进行组配检索。至少运行一次检索后，即可使用检索历史功能。该功能位于 PubMed 高级检索界面的下半部分 History and Search Details（检索历史和详解查询）模块，用于存储检索式和检索结果。此模块显示已经进行过的检索，包含检索方案及检索结果（检索序号、检索式、检索时间和检索结果数量）。需要注意的是，检索历史中最多保留 100 个检索式，超过 100 个时系统将自动删除最早的检索式。点击 Details 项下的箭头符号，可以显示 PubMed 转换查询词的检索策略。

4. 主题词检索（MeSH Database）

（1）医学主题词表（MeSH，Medical Subject Heading）。

这是美国国立医学图书馆编制的国际权威的生物医学主题词表，由字顺表和树状结构表组成。按字母顺序排列主题词（25 000 余个）以及入口词等构成字顺表；将主题词按概念的学科体系分类排列构成树状结构表，便于用户了解某一概念的上位概念、同位概念和下位概念，从而明晰其在学科体系中的位置。如从下面的“成骨细胞”一词的树状结构可见其不同等级的主题词按等级的错行排列。

Anatomy Categories（解剖学类别）
- Cells（细胞）
  - Connective Tissue Cells（结缔组织细胞）
    - Osteoblasts（成骨细胞）
      - Osteocytes（骨细胞）

此外，MeSH 中还有 76 个副主题词用于对主题词进行修饰和限定，如治疗、毒性、诊断等，它们与主题词组配使用，能在检索时提高专指性，从而提高文献检索的查准率。

（2）功能优势。

PubMed 应用 MeSH 对其收录期刊文献进行规范化组织，即对文献进行主题分析并赋予其规范化的主题检索语言，该过程称为主题标引。文献被主题标引后形成了主题词字段。MeSH Database 为检索者提供从检索需求的主题入手查找所需文献的专门途径。可以针对主题词字段进行主题词检索或主题词与副主题词组配检索。该功能的优势在于：不论研究人员对其研究主题概念采用了何种形式的检索用词，均可在系统的指引下找到相应的 MeSH，若无匹配的 MeSH，系统会给出提示性的建议用词；在 MeSH Database 检索提问框内输入检索词后，系统将显示所检索主题词的定义及其树状结构表，并提供可供组配的副主题词，还提供是否只针对主要主题词进行检索以及是否进行扩展检索等功能。因此，MeSH Database 不仅能够解决由于概念的不同表达形式所造成的查全率降低的问题，而且能够通过主题词与副主题词的组配，达到更高的查准率。

（3）检索过程。

MeSH Database 的一般检索过程包括以下几个步骤：1）进入 NCBI 主站点（https://www.ncbi.nlm.nih.gov/），在主页检索框左侧选择 MeSH（见图 3－38），点击“Search”按钮后进入检索界面；2）在搜索框中输入主题概念，点击“Search”按钮执行主题词查询；3）在主题词注释列表中寻找与检索需求相符的主题词，点击该词；4）根据检索需求，在副主题词列表中选择与主题词匹配的副主题词；5）选择逻辑运算符（AND、OR

或 NOT)，点击“Add to search builder”按钮，将所选副主题词添加至检索框（Search box)；6）检查检索框中的检索式，确认无误后点击“Search PubMed”按钮执行检索；7）系统给出检索结果。

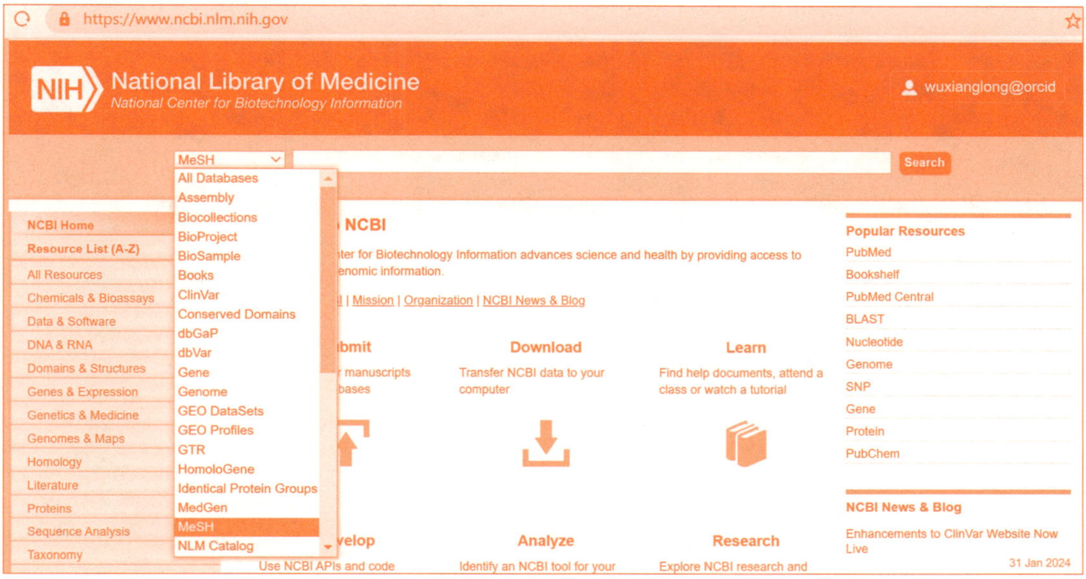

图 3-38　选择打开 MeSH Database

下面以检索“FK506 副作用和肾移植”相关文献为例，对检索过程进行解析。

1）课题分析。检索课题的前提和关键是课题分析，从而准确选择主题词和副主题词。首先需确认待检索课题是单一主题还是多主题，在某一主题上是否局限于某一侧面，以提炼正确的主题词和副主题词，并进行恰当的组配。其次，分析主-主、主-副、副-副主题词之间组配的逻辑关系，以形成适当的检索式。“FK506 副作用和肾移植”例中，应为单一主题（FK506）及其两个侧面，即副主题词（副作用、肾移植）的研究，概念间的逻辑关系为 AND。

2）主题词检索。在界面检索框中输入 FK506，点击“Search”。此时，系统会显示主题词轮排表（见图 3-39），检索人员可根据各主题词释义选择恰当的主题词。主题词轮排表又称轮排索引，是将叙词按其词素的字顺轮流排列到检索入口，使含有相同词素的词集中在一起。

本例中，FK506 又名他克莫司（Tacrolimus），是从链霉菌属（streptomyces tsukubaensis）中分离出的发酵产物，其化学结构属于 23 元大环内酯类抗生素，是一种强力的免疫抑制剂。因此，应选择排序第一的主题词“Tacrolimus”。选取主题词后，进入副主题词选择界面（见图 3-40）。

在副主题词列表中，选中“adverse effects”（副作用），以及逻辑运算符下拉菜单中的“AND”，点击“Add to search builder”按钮发送至检索式保存框；再选中另一副主题词“therapeutic use”（治疗用途）（由于副主题词列表中未出现“肾移植”，因此选择与“肾移植”最接近的研究领域），重复上述操作。此时，检索框中会出现检索式：("Tacrolimus/adverse effects" [Mesh]) AND ("Tacrolimus/therapeutic use" [Mesh])。检查无误后，点击“Search PubMed”，系统返回检索结果列表，与其他检索结果列表相似，如图 3-41 所示。

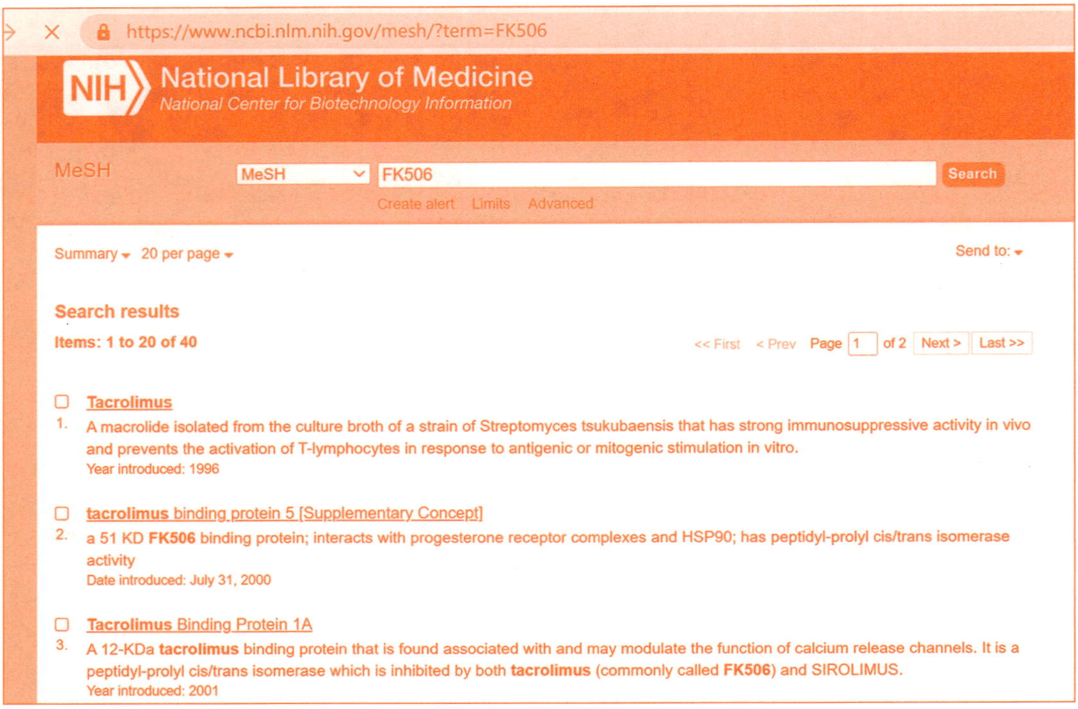

图 3-39　MeSH Database 主题词轮排表界面

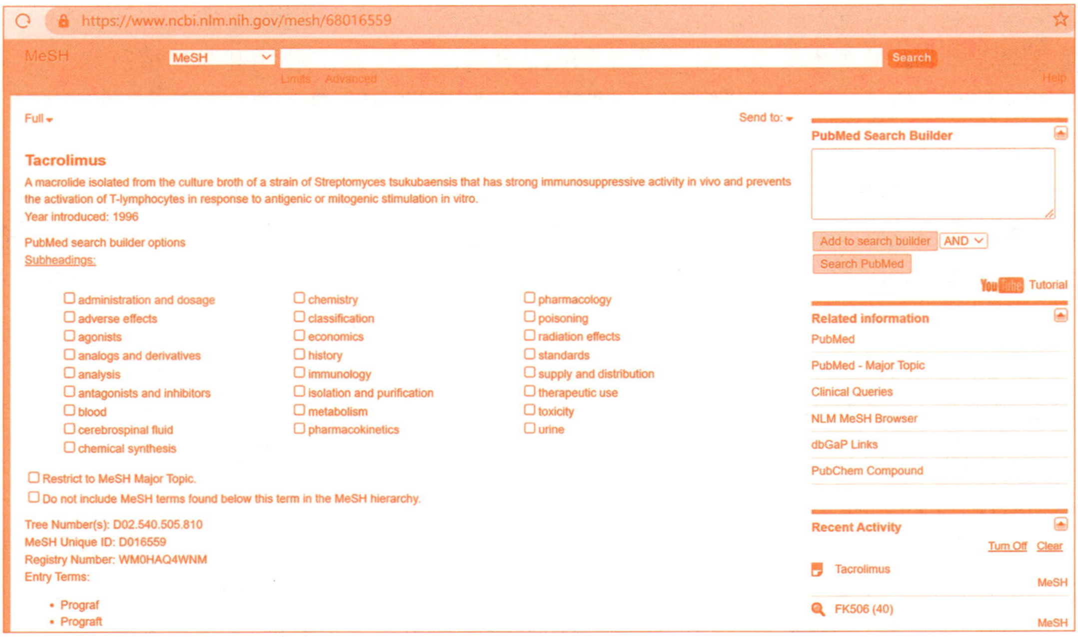

图 3-40　MeSH Database 副主题词选择界面

图 3-41 MeSH 主题词检索结果页面

副主题词选择界面中还包含其他信息，比如：加权检索、不扩展检索、该物质的详细信息、药理学作用信息等。

3）检索策略的调整。利用 MeSH Database 检索文献，并非每次都能获得数量适当的检索结果。例如，本例中共检索获得 3 505 篇相关文献，数量过于庞大。因此，需要对检索结果进一步限定，如对出版时间、文献类型、原文语种等，这些限定可通过 filters（筛选条件）来完成。通过基本检索或高级检索界面获得的检索结果，也可通过 filters 进行筛选。可选的 filters 包括文献获取情况、文献类别（综述、临床研究、书目等）、出版时间等。此外，也可以通过选中副主题词选择界面下方的加权检索“Restrict to MeSH Major Topic”或不扩展检索“Do not include MeSH terms found below this term in the MeSH hierachy”调整检索策略。加权检索能够使主题词在文献论述中的权重加大，即被检主题词或其副主题词的组配是文献重点中的重点，只有检索词是文献的主要主题词时才能被检索到，从而使检出文献的相关性更大。缺点是容易漏检，若强调检索的查全率，则不推荐选择加权检索。不扩展检索表示不检索该主题概念的下位词。

5. 检索结果输出

无论采用上述哪种检索方式，一旦得到满意的检索结果，检索者就可根据需求输出检索结果，共有三种方式可选，分别为 Save、Email 和 Send to。在检索结果的文献题录中，选中相应文献，点击“Save”按钮可将检索结果导出至 TXT 文档中，并保存于电脑上。用户也可以选择导出本页上所有检索结果（All results on this page），或全部检索结果（All results）。并通过“Email”按钮将导出的检索结果发送至指定邮箱中。这两种输出方式均可通过 Format 下拉菜单改变检索结果输出的格式。点击“Send to”并选择“Clipboard”

可将选中的结果保存到剪切板中，最多可以保存500条记录，最长保存8小时。

小专栏

检索技巧

从海量信息中高效率地获取和利用所需文献，是所有研究者需要掌握的技能。PubMed提供了大量生物医学信息，应用科学的检索方法才能有效地利用好数据库中的资源。在实际检索过程中，可注意检索技巧的运用，从而提高文献的查全率和查准率。

（1）兼顾同义异形词的选择。例如兼顾英语常用缩略语与其全称，在检索时可用OR连接后同时检索。除存在全称、简称、缩写等形式外，生物医学词汇也有很多意义相同但表达方式不同的词汇，如果只使用了其中部分单词作为检索词，会造成文献的漏检。特别地，对于中医药词汇来说，要注意其音译外来的因素。中医药词汇主要存在汉语拼音、英文及拉丁文三种写法，此外还存在一词多译的现象（比如：莪术，Rhizoma Curcumae，Zedoariae Rhizoma，Zedoary Rhizome，Radices Zedoariae，Ezhu），因此在检索时要注意兼顾。同时使用检索词的全称、简称、缩写、同义异形词可以提高文献的查全率。

（2）查找上位词时勿忘下位词。上位词相较于下位词，其概念外延更广，内容更宽泛；下位词较上位词的概念内涵更窄，内容更专指。上位词包括下位词，下位词从属于上位词。在检索实践过程中，要切实根据检索的目的来决定是否需要检索相应的上、下位词。为了保证查准率，检索上位词时可按需要扩展下位词。

习题

1. 什么是文摘型数据库？常见的文摘型数据库有哪些？

2. 任意选择一个文摘型数据库，从以下关键词中任意选择1个，进行实践训练，熟悉数据库的使用，摘录5条检索结果，作为本题答案。

供选择的关键词：肝脏移植、有机电池材料、人工智能、物联网、5G、脑机接口。

3. 利用PubMed检索工具查找关于肺结核病防治知识的相关文献，并参考相关文献资料设计一份调查问卷。

4. 查找“磁共振成像在肺肿瘤诊断中的应用”，按照出版日期排序，并以“Summary”格式输出近3年检索结果。

学习资源

第 4 章 › 引文索引数据库

文摘型数据库中有一类数据库，具有普通文摘型数据库的特点，同时包含引文索引，可以查询文章引用与被引用的信息，例如 Web of Science、中文社会科学引文索引（CSSCI）、中国科学引文数据库（CSCD，已并入 Web of Science）等。还有一些可以查询期刊影响因子的数据库产品，例如中科院期刊分区表、科睿唯安的 JCR 报告等。此外，基于 SCI 衍生出的 ESI 基本科学指标数据库，可用于评价期刊、科研论文、科研工作者和科研单位。

第 1 节　引文索引与期刊影响因子

一、引文索引概述

为帮助律师和法学家查阅法律判例及其引用情况，1873 年美国出版商谢泼德（Frank Shepard）编制出版的检索工具《谢泼德引文》（Shepard's Citations）是较早的引文索引。20 世纪 50 年代，美国情报学家加菲尔德（Eugene Garfield）从《谢泼德引文》中受到启发，研制出计算机辅助编制的引文索引。从此，引文索引发展成为一种全新的文献信息查询、分析和评价工具。

1. 引文索引的概念

引文索引是根据文献之间的引证关系按照一定的规则组织起来的一种检索系统，是反映文献之间引用和被引用关系的一种新型的索引工具。引文索引以期刊、专著、技术报告等文献资料后面所附带的参考文献（也称为引文）的作者、题目、出处等信息为核心内容，按照引证与被引证的关系编制而成。根据引文索引，可以把作者姓名（被引作者或引文作者）当作检索入口，查找该作者历年发表的论文被引用情况，比如，这些论文被哪些作者（施引作者或引用作者）选作参考文献，这些论文被后续发表的哪些文章（来源文章）列为参考文献（引用），并查出这些来源文献的题录、施引作者名字、作者单位等信息。

目前，国外最著名的引文系统是科睿唯安编辑出版的三大学科引文索引，即科学引文索引（Science Citation Index，SCI）、社会科学引文索引（Social Science Citation Index，SSCI）和艺术与人文引文索引（Arts & Humanities Citation Index，A&HCI）。国内的引文索引系统有中国科学引文数据库（Chinese Science Citation Database，CSCD）、

CNKI中国引文数据库、武书连的科学引文数据库（Science Citation Database，SCD）、中文社会科学引文索引（Chinese Social Science Citation Index，CSSCI）等。

2. 引文索引的编制原理

A论文首先发表，在其后发表的B论文引用了A论文，即B论文以A论文为“参考文献”，A论文是B论文的“参考文献”或“被引文献”，简称“引文”（citation），A论文作者被称为“引文作者”（cited author）。称B论文为“引用文献”或“来源文献”；称B论文的作者为“引用作者”（citing author），刊载来源文献的期刊或者专著丛书等称为来源出版物（source publications）。如果B论文引用了A论文，而C论文也引用了A论文，则B论文与C论文的主题应该是相同或者相近的，这时称B论文和C论文互为“相关文献”或“相关记录”（related records），它们引用的相同的参考文献A论文被称为B论文和C论文的“共享参考文献”（shared reference）。显然，两篇论文所引用的相同参考文献越多，说明两篇论文间的相关性越密切。

引文索引中的每一篇论文都有被引用的详细资料，即将一篇论文的参考文献、相关文献、共享参考文献都显示给读者。由于这些文献可能讨论的是一个主题，因此，引文索引大多数是从主题相关的角度来编排索引和检索系统的。引文索引是从文献是否被他人引用和引用率的角度来考虑其收录的期刊范围的。

3. 引文索引的作用

文献之间的引用和被引用关系充分体现了文献之间的学术联系，文献之间的相关性、纵向上的继承性、横向上的对应性，从而在引文和来源文献之间形成一种引用链接。随着时间的推移，来源文献也可能被另外的论文所引用，而成为其他来源文献的引文，从而完成下一时段的引用链接。久而久之，引用和被引用就构成一个引用关系网络。引文索引就是向读者展示某段时间内的这种引用链接关系。因此，引文索引的主要作用体现在：（1）引文数据库既具有一般数据库功能（提供摘要、作者、作者单位等信息），又可以提供文献之间的相互引用关系。（2）引文数据库可以协助科研管理和研究预测。通过文献间的引用和被引用关系，读者可以了解某一学术问题或学术观点的起源、发展、研究进展和发展趋势。（3）通过引文数据库可以分析评价论文质量、期刊水平、作者学术影响力。引文数据库中的引用次数、期刊影响因子等可以作为评价科学文献、学术期刊、专著和科研工作者学术水平的参考指标。通常，高水平的学术期刊的被引次数多，影响因子高。引文索引提供的引证数据有助于评价科技期刊的质量，确定某个学科的核心期刊。（4）引文数据库可以整合文献资源，列出本图书馆已经购买的引文原文的全文链接，对于本馆未购买的全文文献提供文献传递服务等。

4. 常见的引文索引数据库

SCI、SSCI和A&HCI可以通过Web of Science平台进行检索，SCI、SSCI和A&HCI收录的期刊都是经过严格遴选，而且是动态变化的，可以在Web of Science核心合集期刊列表中查看。中国科学引文数据库（CSCD）是我国第一个引文数据库，收录我国数学、物理、化学、天文学、生物学、农林科学、医药卫生、地学、工程技术、管理科学和环境科学等领域的中英文核心期刊和优秀期刊，现在作为独立的子数据库并入 Web of Science 检索平台。中文社会科学引文索引（CSSCI）由南京大学中国社会科学评价研究中心研发，是我国人文社会科学领域论文收录和被引用情况的检索工具。科学引文数据库是武书连领衔的团队研发的我国第一个涵盖自然科学、工程与技术、医药科学、农林科学、社会科学、人文科学等各个学科的大型引文数据库。中国生物医学期刊引文数据库（Chinese Medical Citation Index，CMCI）由解放军医学图书馆研发，是我国生物医学领域重要的引文数据库，收录 1994 年以来 1 800 余种期刊的文章，成为医学文献检索、科研立项、成果鉴定、期刊评价、学术绩效分析的必备检索工具之一。

此外，常见引文索引数据库还有 CNKI 中国引文数据库、中国科技论文与引文分析数据库、中文科技期刊数据库（引文版）等。

二、影响因子

影响因子（Impact Factor，IF）是期刊引证报告（Journal Citation Reports，JCR）中表征期刊影响力大小的一项定量指标，反映某种期刊的刊载文章在特定年份或时期被引用的频率。影响因子是一个相对统计量，其计算方法是：某期刊前两年发表的论文被引用总次数除以该期刊在这两年内发表的论文总数。

文献之间的引用关系有自引和他引。引用文献和被引用文献只要有一个作者相同，就认为是自引。文献被除了该文献的作者（包括所有作者）以外的其他人引用，则称为他引。

为了评价不同领域的期刊，将期刊按照其发表论文的学科领域，划分成不同类别，称为分区，包括大类分区和小类分区两种。大类分区指的是中科院文献情报中心将 JCR 公布的期刊分成 21 个大类，在每一类期刊中基于期刊的 3 年平均影响因子，将各大类的期刊分别进行排序，前 5%的期刊为 1 区（最高区），6%～20%为 2 区，21%～50%为 3 区，其余为 4 区。小类分区是指科睿唯安期刊引用报告（JCR）将现有期刊划分到 176 个学科领域，再将 176 个学科领域中每个领域内的期刊按照影响因子划分成四个档次，即四个区，用 Q1、Q2、Q3、Q4 表示。前 25%的期刊被划分为 Q1 分区，25%～50%的期刊为 Q2 分区，50%～75%的期刊为 Q3 分区，其余期刊为 Q4 分区。相比于中科院的大类分区，科睿唯安小类分区更细致、更具体。在中科院分区表中也可以查看科睿唯安的小类分区。

第 2 节　中国科学院文献情报中心期刊分区表

《中国科学院文献情报中心期刊分区表》（以下简称《期刊分区表》）是中国科学院文献情报中心的科学研究成果。《期刊分区表》自 2004 年开始发布，延续至今；2019 年推出升级版，实现基础版、升级版并存过渡，2022 年起只发布升级版。《期刊分区表》数据每年底发布，需要使用期刊分区数据的单位需注册并提交数据使用申请表。

一、《期刊分区表》概述

《期刊分区表》旨在评估国际学术期刊的学术影响力，可为学术投稿提供参考，为科研管理部门的宏观判断提供支撑。

2019 年，分区表团队在长期研究积累和实践经验的基础上，提出了升级版方案，旨在解决期刊学科体系划分与学科发展以及融合趋势的不相容问题。由于学科交叉在当代科研活动中的趋势愈加显著，学科体系构建容易引发争议。为了打破学科体系给期刊评价带来的限制，升级版方案首先构建了论文层级的主题体系，然后分别计算每篇论文在所属主题的影响力，最后汇总各期刊每篇论文分值，得到“期刊超越指数”，作为分区依据。

《期刊分区表》升级版的优势在于：一是论文层级的主题体系既能体现学科交叉特点，又可以精准揭示期刊载文的多学科性；二是采用“期刊超越指数”替代影响因子指标，解决了影响因子数学性质缺陷对评价结果的干扰。整体而言，升级版突破了期刊评价中学科体系构建、评价指标选择等瓶颈问题，能够更为全面地揭示学术期刊的影响力，为科研评价“去四唯”提供解决思路。相关研究成果经过国际同行的认可，已经发表在科学计量学领域国际重要期刊。

2023 年《期刊分区表》包括自然科学期刊（SCIE）、社会科学期刊（SSCI）、艺术与人文科学期刊（A&HCI）和 ESCI 收录的中国期刊。通过期刊引用关系生成学科结构，参考国务院学位委员会、教育部印发的《学位授予和人才培养学科目录》的学科内涵和外延，设置 21 个大类：数学、物理与天体物理、化学、材料科学、地球科学、生物学、农林科学、环境科学与生态学、医学、计算机科学、工程技术、社会学、经济学、历史学、心理学、管理学、文学、教育学、哲学、艺术学、综合性期刊。

《期刊分区表》的功能包括：（1）对自科版和社科版期刊引证报告中全部期刊进行分区；（2）提供大、小类两种学科分类体系的分区数据；（3）提供分区数据检索、浏览等功能。

《期刊分区表》的网址为 http://www.fenqubiao.com/，网页界面如图 4-1 所示。每个订购单位有一个用户名和密码，在单位或者校园 IP 范围内可以直接登录，内部 IP 登录之后，扫描该界面下的微信公众号并绑定，可以不再受 IP 的限制，随时查询期刊分区。

登录后，系统提供基础版（2005—2021）和升级版（2019 年至今）供选择。

二、《期刊分区表》的使用

升级版《期刊分区表》已经被集成到“期刊分区表在线平台”。对于已订购的单位，用户使用账号、密码登录在线平台，然后通过基础版菜单栏“升级版”进入升级版的查询平台，也可以直接登录升级版网站，其网址为 http://advanced.fenqubiao.com/，登录后界面如图 4-2 所示。

在该界面顶部的检索框内输入期刊名称或期刊 ISSN 即可进行检索，得到期刊分区等具体信息。

图 4-1 《中国科学院文献情报中心期刊分区表》网页主界面

图 4-2 《中国科学院文献情报中心期刊分区表》升级版检索界面

图 4-2 显示了地球科学、物理与天体物理、数学、农林科学、材料科学、计算机科学、环境科学与生态学等 21 个大类学科，点击某一个大类学科名，则直接进入该学科领

域下期刊及期刊分区列表。点击图 4－2 中的“小类学科”，则进入小类学科列表，选择好小类学科后，点击进入，可以看到该小类学科下的期刊及其分区列表。

点击期刊名字，则进入关于该期刊的详情界面。如图 4－3 所示，可以看到期刊名称、年份、期刊的 ISSN、期刊类型、是否为 Open Access、是否被 SCIE 收录，还有按照大类和小类分区时该期刊所属分类和分区。

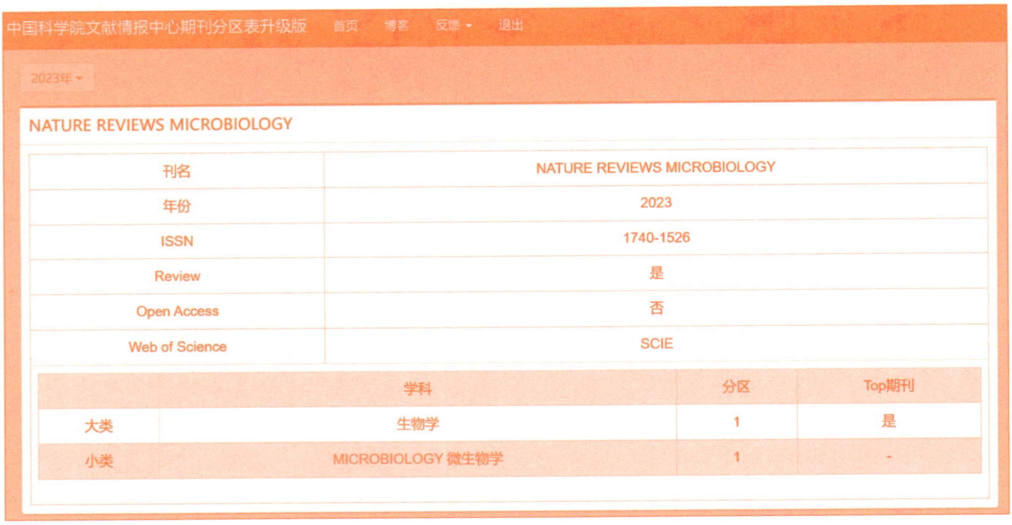

刊名	NATURE REVIEWS MICROBIOLOGY
年份	2023
ISSN	1740-1526
Review	是
Open Access	否
Web of Science	SCIE

	学科	分区	Top期刊
大类	生物学	1	是
小类	MICROBIOLOGY 微生物学	1	-

图 4－3　期刊信息的详情界面

第 3 节　JCR 期刊引证报告数据库

Journal Citation Reports（JCR）期刊引证报告是由美国科睿唯安公司出版，依据期刊相互引用情形编制的书目计量分析统计报告，是期刊评价、排名、分类及比较的量化工具，是一种多学科期刊评价工具。网络版的 JCR 期刊引证报告数据库（以下简称 JCR 数据库）提供基于引文数据统计信息的期刊评价资源。JCR 可以在期刊层面衡量某项研究的影响力，显示出引用和被引用期刊之间的相互关系。JCR 收录了全球范围内出版的 12 000 余种学术期刊，每年更新。

一、JCR 数据库概述

JCR 数据库提供了一个系统而客观的工具，基于 Web of Science 权威的引文数据，使用量化的统计信息公正严格地评价全球领先的学术期刊。JCR 数据库帮助读者根据对期刊和同类期刊的评价来衡量学术研究的影响力，并且显示引用和被引期刊之间的关系，其开放而中立的期刊评价与分析提供了一个能让用户把握期刊生命周期的分析环境。JCR 数据库包括自然科学（Science Edition）和社会科学（Social Sciences Edition）两个版本，覆盖 2 000 多家出版商的 12 000 多种期刊。JCR 数据库与 Web of Science 核心合集的数据相互连接，采用更加清晰、准确的可视化方式来呈现数据，用户可以更加轻松地创建、存储并导出报告。

JCR 数据库可提供的信息包括：(1) 期刊刊载论文数量，依递减次序排列比较其出版量多少；(2) 各期刊当年被引用次数；(3) 某一期刊当年刊载的论文在同一年即被引用的比率；(4) 期刊论文的平均被引用率，对于每一特定年度计算期刊的影响因子；(5) 计算每种期刊的引用文献和被引用文献的半衰期等反映期刊质量和影响的定量指标。

不同类型的人员通过使用 JCR 数据库可以实现不同的文献检索目标。例如：(1) 科研人员：找出最合适的、有影响力的期刊发表自己的文章。(2) 图书馆员：协助作出期刊存档决定，帮助科研人员推荐优秀期刊。(3) 科研管理人员：纵览整个机构所发表论文的期刊质量。(4) 出版商和编辑：确定期刊在市场上的影响力并评审编辑策略。(5) 情报分析人员：进行基于文献计量学的期刊研究。

JCR 数据库的网址为 https://jcr.clarivate.com/，网页主界面如图 4-4 所示。

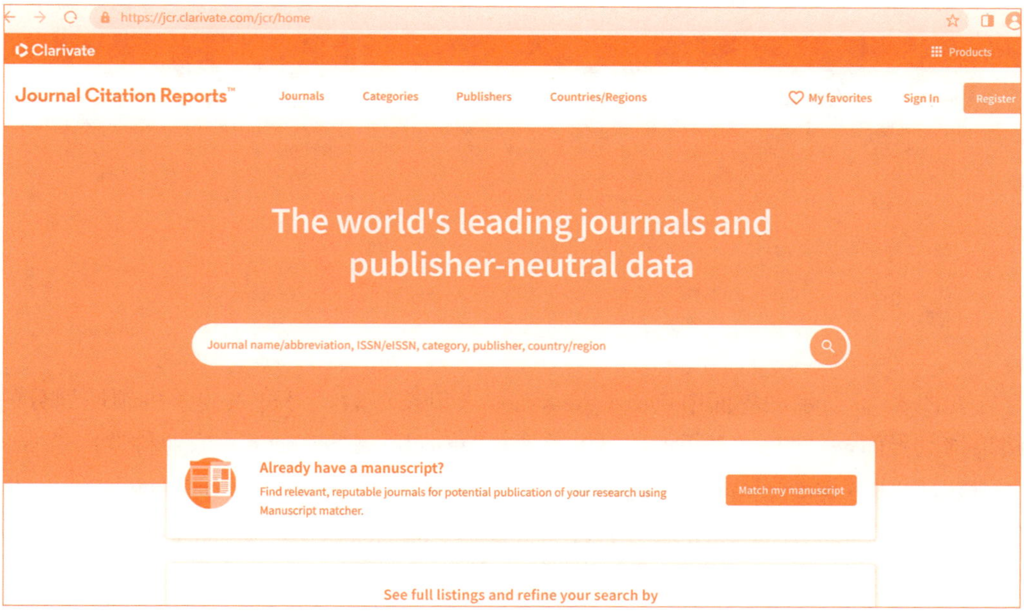

图 4-4 JCR 数据库网页主界面

二、JCR 数据库的使用

在图 4-4 界面上的搜索框内直接输入期刊名称、简称或 ISSN 即可检索期刊，也可以在界面下方的分类检索入口进行检索，主要入口有 Journals（期刊）、Categories（期刊分类）、Publishers（出版商）、Countries/Regions（出版国别和地区）等。

在如图 4-5 所示的界面中点击 Journals 入口按钮后，可看到所有期刊的 Journal name（期刊名称）、ISSN（期刊号）、eISSN（电子期刊号）、Category（期刊种类）、Total Citations（总引用量）、影响因子、期刊分区等信息，如图 4-6 所示。在此界面上部的搜索框中可以对期刊进行检索，检索结果可以按照总引用量、期刊影响因子等对期刊进行排序，并可通过点击界面右上角的“My favorites”按钮将感兴趣的期刊进行收藏（需注册 Clarivate 账户）。

图 4-5　JCR 数据库网页上的分类检索入口

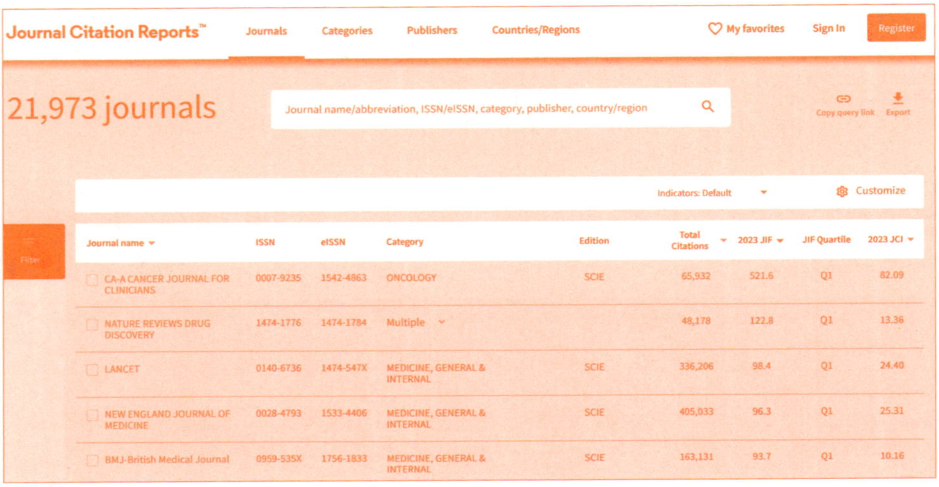

图 4-6　JCR 数据库浏览所有期刊时的界面

在如图 4-5 所示的界面中点击 Categories 入口按钮后，可进入按学科领域划分的期刊结果浏览界面，如图 4-7 所示，可以看到“Agricultural Sciences”（农业科学）、“Arts & Humanities，Interdisciplinary”（艺术和人文，跨学科）、“Biology&Biochemistry”（生物和生物化学）等。点击需要浏览的学科，可以看到每个学科领域下面包括的小类学科，点开这些小类学科，就可以看到期刊详细信息列表。

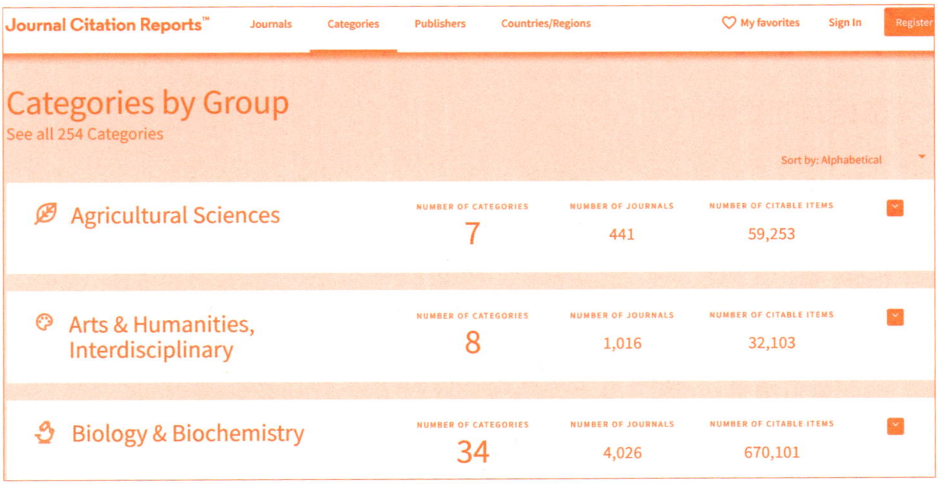

图 4-7　JCR 数据库分类浏览界面

第4节 ESI数据库

一、ESI基本科学指标概述

Essential Science Indicators（ESI）是一个基于Web of Science核心合集数据库的深度分析型研究工具，根据论文数、论文被引频次、论文篇均被引频次、高被引论文、热点论文和前沿论文等6大指标，排出居世界前1%的研究机构、科学家、研究论文，居世界前50%的国家/地区和居前0.1%的热点论文。该数据库划分成22个学科，数据每2个月更新一次。

ESI是基于SCI和SSCI权威数据建立的分析型数据库，它可以帮助科研人员实现以下目标：（1）分析机构、国家和期刊的论文产出和影响力；（2）按研究领域对国家、期刊、论文和机构进行排名；（3）发现自然科学和社会科学中的重大发展趋势；（4）确定具体研究领域中的研究成果和影响力；（5）评估潜在的合作机构，对比同行机构。

ESI设置的22个学科为：生物学与生物化学、化学、计算机科学、经济与商业、工程学、地球科学、材料科学、数学、综合交叉学科、物理学、社会科学总论、空间科学、农业科学、临床医学、分子生物学与遗传学、神经系统学与行为学、免疫学、精神病学与心理学、微生物学、环境科学与生态学、植物学与动物学、药理学和毒理学。

ESI的重要参考指标有：

（1）高被引论文（Highly Cited Papers）。

过去10年内发表的论文，被引频次在该学科相同发表年的论文中排名前1%。

（2）热点论文（Hot Papers）。

过去2年内发表的论文，近2个月的被引频次在该学科排名前0.1%。

（3）顶级论文（Top Papers）。

既是高被引论文又是热点论文的论文。

（4）论文篇均被引频次（Average Citations Per Paper）。

一个相对指标，消除了研究机构的规模对被引频次的影响，计算公式如下：篇均被引频次=总被引频次/总论文数。在检索结果中cites/paper（引用/论文数）列即为论文篇均被引频次。

（5）学科规范化的引文影响力（Category Normalized Citation Impact，CNCI）。

某一篇文献的CNCI是用其实际被引次数除以同文献类型、同出版年、同学科领域文献的平均被引次数得到的，一组文献的CNCI是该组中每篇文献CNCI的平均值。CNCI指标很好地消除了出版年、学科领域与文献类型差异造成的影响，可以实现跨学科论文学术影响力的比较，也可以将论文与全球平均水平进行对比。例如，某篇文章的CNCI>1，说明该论文的学术表现超过了全球平均水平，反之则说明该论文的学术表现低于全球平均水平。

（6）研究前沿（Research Fronts）。

研究前沿是一组高被引论文集合，是该学科通过聚类分析而定义的核心论文。

为了更好使用 ESI 数据库，读者还需要掌握几个重要的概念：

（1）学科基准值（Field Baselines）：即评价基准线，是指某一 ESI 学科论文的分年度期望被引次数。它是衡量研究绩效的基准，是理解引文统计的标尺。

（2）百分位（Percentiles）：每年发表的论文达到某个百分点基准应至少被引用的次数，用来衡量论文引用的活跃度。

（3）学科排名（Field Rankings）：提供近 10 年的论文总数、被引次数、篇均被引频次和高被引论文数。

（4）引用阈值（Citation Thresholds）：在某一个 ESI 学科中，将论文按照被引次数降序排列，确定其排名或百分比位于前列的最低被引次数。

（5）ESI 学科阈值（ESI Thresholds）：近 10 年，某一个 ESI 学科被引次数排在前 1%的作者和机构，或排在前 50%的国家或期刊的最低被引次数。

（6）高被引论文阈值（Highly Cited Thresholds）：近 10 年，某一个 ESI 学科被引次数排在前 1%的论文的最低被引次数。

（7）热点论文阈值（Hot Paper Thresholds）：某一个 ESI 学科中过去 2 年发表的论文在最近 2 个月被引次数排在前 0.1%的最低被引次数。

二、ESI 数据库的使用

ESI 数据库的官方网站为 https://esi.clarivate.com。单位购买使用权限，在单位局域网 IP 范围内，直接登录网址使用，不需要注册。

1. ESI 数据库功能区介绍

首页划分成筛选区、图示区、结果区等三个板块，具体如图 4－8 所示。

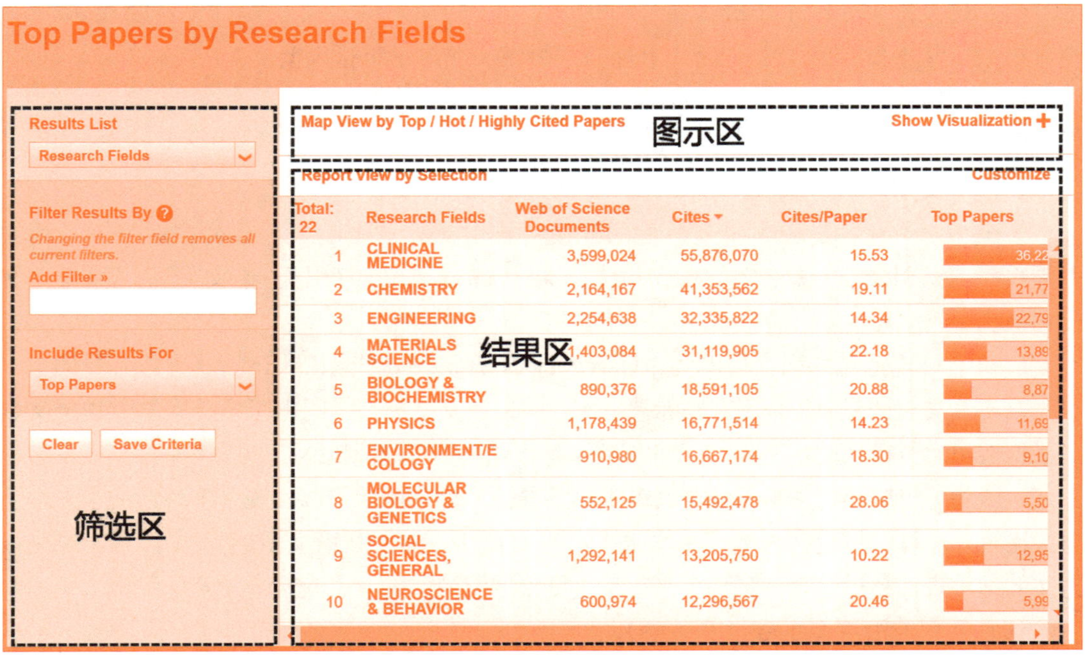

图 4－8 ESI 数据库首页

（1）筛选区。

在 Results List 下拉菜单中，可根据多个选项来筛选数据集，包括研究领域（Research Fields）、作者（Authors）、机构（Institiutions）、期刊（Journal）、国家/地区（Countries/Regions）、研究前沿（Research Fronts）。选择不同的文献类型，包括顶级论文（Top Papers）、高被引论文（Highly Cited Papers）、热点论文（Hot Papers）。Add Filter 可以选择增加筛选条件，也是从研究领域、作者、机构、期刊、国家/地区、研究前沿中选择，然后输入对应的检索词。

（2）图示区。

在图示区，可以查看数据的可视化结果，点击某个国家或者地区则高亮显示，Show/Hide Visualization 用来展示或隐藏可视化地图。

（3）结果区。

可以看到分析对象的详细指标表现，如 Web of Science 文档数、引用次数、引用/论文数比值、顶级论文、高被引论文、热点论文等。在筛选区 Include Results For 选择框中按钮选择顶级论文、高被引论文、热点论文中任意一个，分别查看其具体结果。可以点击“Customize”按钮自定义结果区中显示的详细数据参数，包括 Cites to Top Papers 和 Cites/Top Paper；设置所引用次数、论文数、单篇论文引用次数等阈值（Threshold），则只显示超过某个数值的结果。

2. 查找某科研机构进入全球前 1%的 ESI 的学科

以查询西北工业大学进入全球前 1%的 ESI 的学科数量为例，进入 Indicators 界面，如图 4 - 9 所示。

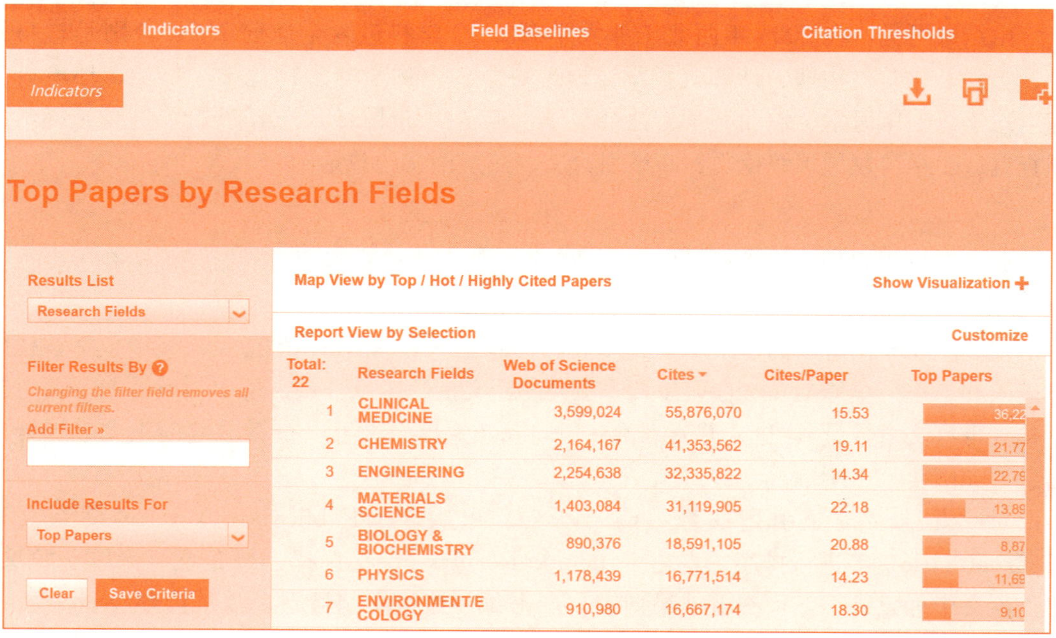

图 4 - 9 Indicators 界面

操作步骤：（1）点击 Indicators（指标）选项；（2）在 Results List 中选择 Research

Fields（研究领域），自动包含系统划分的 22 个研究领域或者学科门类；（3）增加筛选条件（Add Filter），选择 Institutions（机构）；（4）输入目标机构英文名称，例如“Northwestern Polytechnical University”，系统会自动提示机构英文全称；（5）结果如图 4－10 所示，在结果区，可以看到进入全球前 1%的学科，从左至右依次显示了研究领域、论文数、被引次数、篇均被引频次，以及高水平论文（或高被引论文、热点论文）的数量。

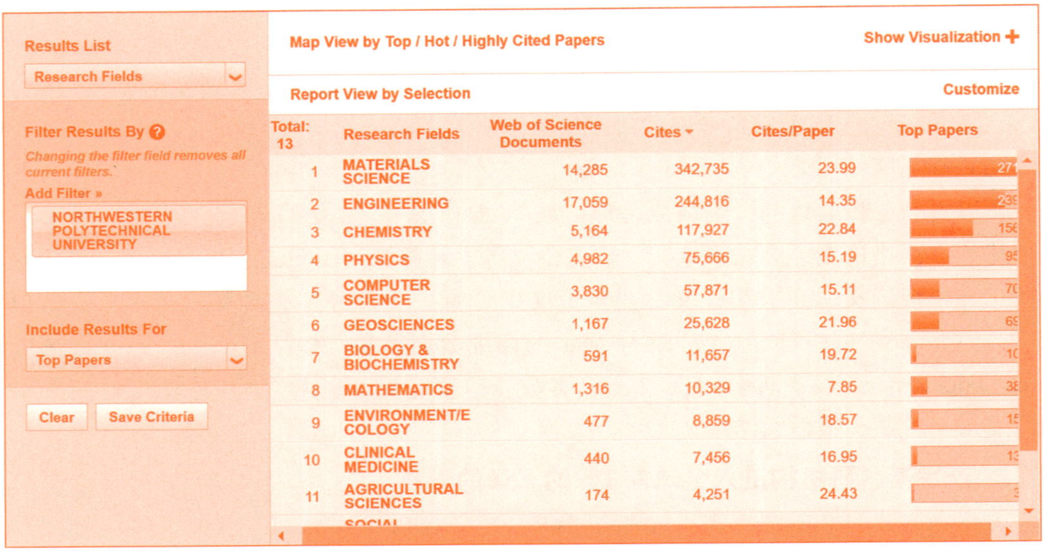

图 4－10 学科检索结果

由结果可见，在 2025 年西北工业大学有 12 个学科进入全球前 1%，分别是材料科学、工程、化学、物理、计算机科学、地球科学、生物学与生物化学、数学、环境科学与生态学、临床医学、农业科学、社会科学。点击“Include Results For”进行选择，可以查看每个学科领域顶级论文、高被引论文、热点论文的数量。

3. 获取某科研机构在各 ESI 学科的顶级论文、高被引论文和热点论文

如果某机构至少一门学科已经进入全球前 1%，则检索步骤与检索某机构有多少个前 1%ESI 学科类似。

在如图 4－10 所示的检索结果界面上，底部有一个 All Fields 选项，其中包括该机构已进入和未进入全球前 1%的所有 ESI 学科的论文指标信息。点击每个领域后面的蓝色进度条（带有文章数量），进入 Customize Documents 界面，可以查看对应的论文数据详细信息，如图 4－11 所示。

对检索结果按照引用次数（Citations）、出版年（Publication Year）、期刊名称（Journal Title）等进行排序。点击“Include Results For”选择顶级论文、高被引论文、热点论文中任意一个，可查看结果列表。点击每一篇论文题目则自动链接到 Web of Science 中，可以查看论文详细信息。点击引用次数查看该篇论文的被引用情况，可看到逐年被引趋势图，还可以将该趋势图导出下载。点击作者、期刊、学科分别获得相关信息，可以选择一次显示的结果记录数，例如 10 条、20 条或 50 条。

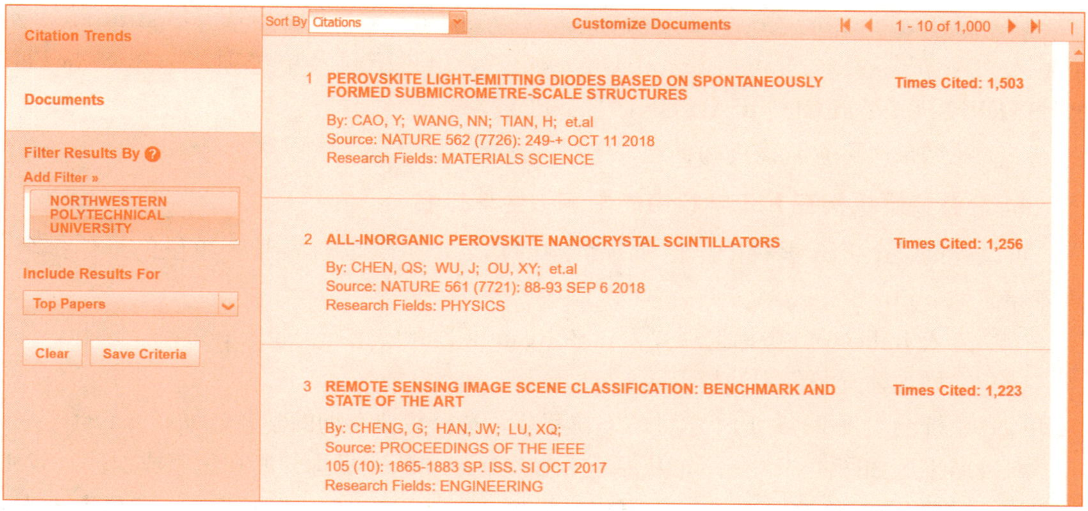

图 4-11　Customize Documents 界面

可以在 Customize Documents 自定义结果区中选择查看引用次数（Times Cited）、热点论文（Hot Paper）、研究前沿（Research Front）等指标，再选择查看具体内容，包括作者、地址、国家、研究机构、期刊来源、研究领域。如图 4-12 所示。

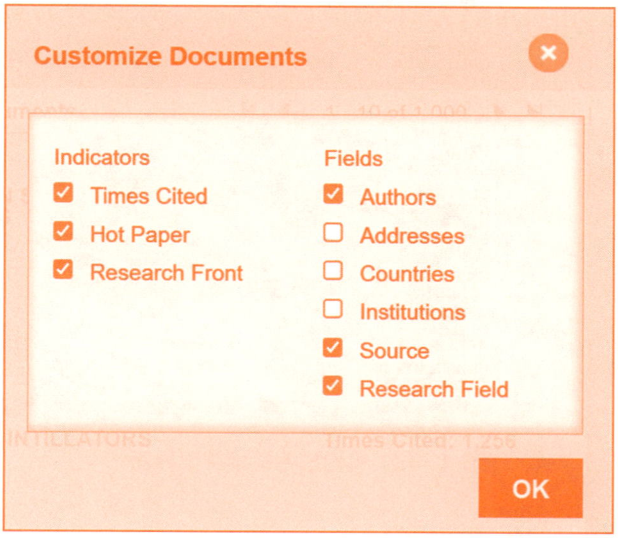

图 4-12　结果区数据参数

如果想要查看尚未进入前 1%的学科论文，或者某科研机构没有学科进入全球前 1%，但拥有高被引论文、热点论文或者顶级论文，也可以查询这些数据。以查询西北工业大学植物学与动物学高被引论文数据为例，具体操作如下：

（1）在指标选项界面 Results List 中选择 Research Fields；在 Include Results For 下拉菜单中选择 Highly Cited Papers。

（2）在结果区找到“PLANT & ANIMAL SCIENCE”，点击其右边的 Highly Cited Papers 选项下的蓝色数字条框。

（3）进入 Indicators-Documents 界面后，在左边的 Add Filter 中选择 Institution，然后输入“Northwestern Polytechnical University”，出现下拉菜单选项，选择 NORTH-WESTERN POLYTECHNICAL UNIVERSITY。

（4）在结果区可查看该机构在这一学科的高被引论文。

4. 查看科研机构在 ESI 学科中的影响力全球排名

可以查询某个 ESI 学科中全球所有机构的排名，也可以检索某个单位的具体排名。具体操作如下：

（1）进入 Indicators 指标选项界面，在 Results List 中选择 Institutions。

（2）在增加筛选条件中选择 Research Fields。

（3）系统会出现 22 个 ESI 学科的下拉菜单，选择想要查询的学科，如 Chemistry。

（4）结果区如图 4－13 所示，从左至右依次显示了研究机构、所在国家或地区、Web of Science 文档数、总被引次数、篇均被引频次、高被引论文（或顶级论文、热点论文）的数量（需要在 Include Results For 中选择）。

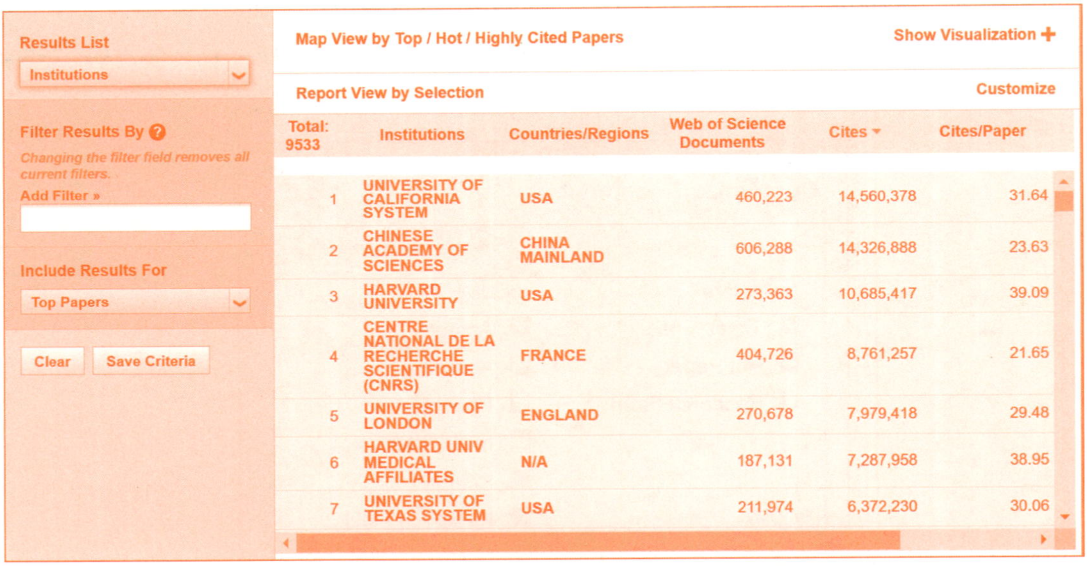

图 4－13　机构排名检索结果界面

5. 查找 ESI 各学科的研究前沿

具体操作如下：

（1）在指标选项界面，选择 Research Fronts。

（2）在增加筛选条件中选择学科，如 Chemistry。

（3）以 Top Papers 作为结果输出类型为例，如图 4－14 所示，在结果区从左至右依次显示研究前沿的数量（Total）、研究前沿的具体内容（Research Fronts）、顶级论文数（Top Papers）和平均出版年（Mean Year）。

（4）可以点击包含顶级论文数的蓝色条形图，来获取每一篇论文的详细信息；还可以点击顶级论文数或平均出版年指标旁边的倒三角标识，来对结果进行排序。

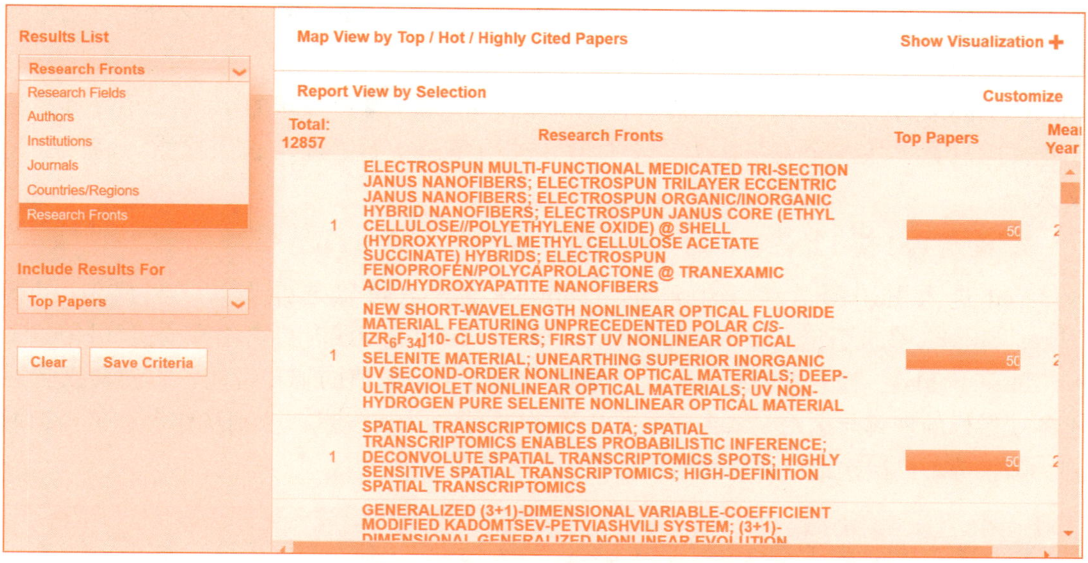

图 4-14　研究前沿检索结果界面

6. 确定 ESI 各学科的基准值

可以查看每个学科基准值（Field Baseline），即每个学科的全球平均水平。具体操作如下：

（1）点击进入学科基准值选项，可以分别选择篇均被引次数（Citation Rates）、百分位（Percentiles）或者学科排名（Field Rankings）。数据库同时提供学科基准值以及所选子项基准值的解释说明，方便检索者对于各项指标的理解与运用。

（2）如果选择 Citation Rates，在结果区的第一栏为 ESI 的 22 个学科，其余列分年度显示各学科论文的篇均被引用次数的全球平均水平。

在图 4-15 中可以看到 2018 年化学学科发表的论文截至检索时的篇均被引次数为 16.95，如果一篇发表在 2018 年的化学学科的论文被引次数大于等于 16.95，则该论文的被引表现大于等于全球平均水平。(以上数据是动态变化的，具体以实际查看时数据为准。)

RESEARCH FIELDS	2012	2013	2014	2015	2016	2017	2018	2019
ALL FIELDS	27.19	25.28	23.64	21.73	19.22	17.14	14.41	10.77
AGRICULTURAL SCIENCES	21.75	20.69	19.75	18.46	16.62	14.50	12.86	10.06
BIOLOGY & BIOCHEMISTRY	36.94	33.31	30.48	26.82	23.41	20.68	17.57	13.60
CHEMISTRY	30.01	27.70	26.75	25.05	22.01	19.96	16.95	13.12
CLINICAL MEDICINE	27.12	25.06	23.32	21.54	18.92	16.76	13.68	10.01
COMPUTER SCIENCE	16.39	16.09	16.26	15.84	14.27	14.08	12.07	9.66
ECONOMICS & BUSINESS	23.05	21.32	19.46	17.48	15.32	13.14	10.73	7.81

图 4-15　各学科基准值的全球平均水平

（3）如果选择 Percentiles，结果区中将展示每个学科领域、每年发表论文达到某个引用次数对应的全球百分位。

（4）如果选择 Field Rankings，则在结果区展示 22 个学科领域的 10 年被引率和高被引论文的总数，从左至右依次为论文总数、被引用总次数、篇均被引次数、高被引论文数。

7. 确定 ESI 前 1%各学科的引用阈值

点击进入引用阈值（Citation Thresholds）选项，可以选择 ESI 学科阈值（ESI Thresholds）、高被引论文阈值（Highly Cited Thresholds）或者热点论文阈值（Hot Paper Thresholds）。检索界面显示引用阈值以及所选子项阈值的解释说明，方便检索者对于各项指标的理解与运用。结果区以 ESI 的 22 个学科为出发点，分别从作者、机构、期刊、国家等不同层次给出被引阈值，如图 4-16 所示。

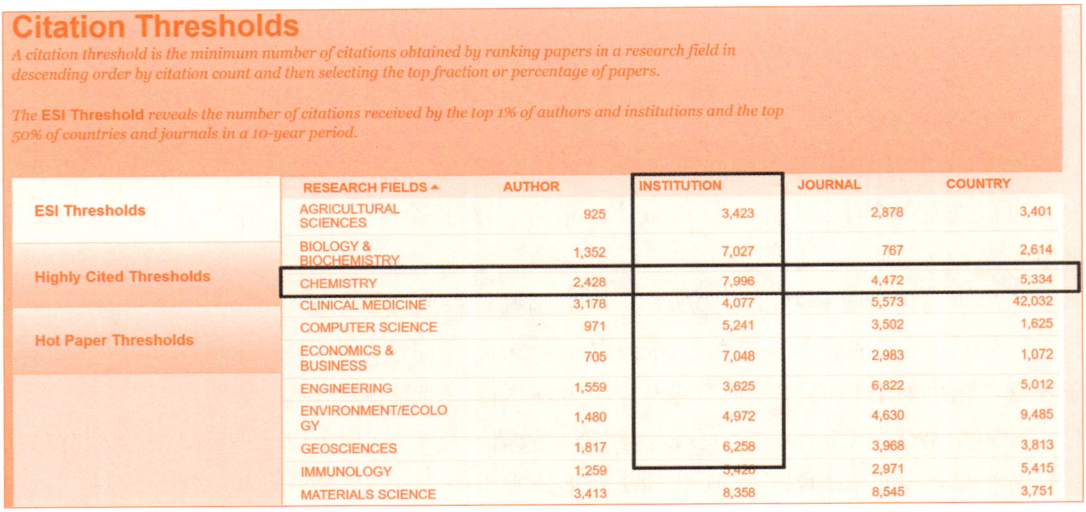

RESEARCH FIELDS	AUTHOR	INSTITUTION	JOURNAL	COUNTRY
AGRICULTURAL SCIENCES	925	3,423	2,878	3,401
BIOLOGY & BIOCHEMISTRY	1,352	7,027	767	2,614
CHEMISTRY	2,428	7,996	4,472	5,334
CLINICAL MEDICINE	3,178	4,077	5,573	42,032
COMPUTER SCIENCE	971	5,241	3,502	1,625
ECONOMICS & BUSINESS	705	7,048	2,983	1,072
ENGINEERING	1,559	3,625	6,822	5,012
ENVIRONMENT/ECOLOGY	1,480	4,972	4,630	9,485
GEOSCIENCES	1,817	6,258	3,968	3,813
IMMUNOLOGY	1,259	[illegible]	2,971	5,415
MATERIALS SCIENCE	3,413	8,358	8,545	3,751

图 4-16 各学科引用阈值检索结果

由图 4-16 中两个方框交叉处的数据可知，总被引次数进入全球前 1%的化学（Chemistry）学科的研究机构，其发表论文的最低总被引次数为 7 996 次。超过这个次数的研究机构，其化学学科进入全球前 1%，否则没有入围。

第 5 节 Web of Science 数据库

一、Web of Science 概述

Web of Science 数据库是科睿唯安的数据服务平台。Web of Science 平台将 Web of Science 核心合集与 Derwent Innovations Index、中国科学引文数据库、KCI Korean Journal Database、MEDLINE、Russian Science Citation Index、SciELO Citation Index 等多个区域性引文索引、专利数据、专业领域的索引以及研究数据引文索引连接起来，总计

涵盖超过 33 000 种学术期刊。

1. Web of Science 核心合集

Web of Science 核心合集是获取全球学术信息的重要数据库，收录了 18 000 多种世界权威的、高影响力的学术期刊，内容涵盖自然科学、工程技术、生物医学、社会科学、艺术与人文等领域，最早回溯至 1900 年。核心合集拥有严格的筛选机制，其依据文献计量学中的布拉德福定律，只收录各学科领域中的重要学术期刊。Web of Science 还收录了论文中所引用的参考文献，并按照被引作者、出处和出版年代编制成独特的引文索引，用户可以轻松回溯某一研究内容的起源与历史，或者追踪其最新进展，可以越查越广、越查越新、越查越深。

Web of Science 核心合集由以下几个重要文献数据库组成：

（1）Science Citation Index Expanded（SCIE，科学引文索引）。

涵盖 1900 年至今 170 多个学科的 8 850 多种主流期刊。该库是科学技术文献的索引工具，能够提供科学技术领域的研究成果。SCIE 体系不仅可以从文献引证的角度评估文章的学术价值，还可以迅速方便地组建研究课题的参考文献网络。记录包括论文与引文（参考文献），其引文记录所涉及的范围十分广泛，包括图书、期刊论文、会议论文、专利和其他各种类型的文献。该库是一个多学科的综合性的数据库，主要涉及以下领域：数学、物理、化学、生命科学与技术、医学、天文学、药理学、动植物学、计算机科学、环境、材料科学等。

（2）Social Sciences Citation Index（SSCI，社会科学引文索引）。

涵盖 1900 年至今 57 个社会科学学科的 3 200 多种期刊。该库是社会科学引文数据库，内容涉及社会科学各个领域，涵盖了人类学、商业、传播学、管理科学与工程、法学、会计学、工商管理、物流工程、犯罪学和刑罚学、经济学、教育、环境研究、艺术与建筑、家庭研究、地理学、老年医学和老年病学、卫生政策和服务、计划与发展、历史、工业关系与劳工问题、图书馆学和信息科学、语言与语言学、政治科学、心理学、精神病学、公共卫生、社会问题、社会工作、社会学、药物滥用、城市研究、妇女问题等学科领域。

（3）Arts & Humanities Citation Index（A&HCI，艺术与人文引文索引）。

A&HCI 是针对艺术和人文期刊文献的多学科索引。它覆盖了 1975 年至今超过 1 800 多种世界领先的艺术和人文期刊，同时还为从 6 000 多种主要自然科学和社会科学期刊中单独挑选的相关项目编制了索引。A&HCI 可以帮助培养科研人员和学生人文素养，同时可以为地学、考古、人类学、科技史等领域的科研人员提供丰富的学术信息。

（4）Conference Proceedings Citation Index（CPCI，会议论文引文索引）。

该多学科索引能从 180 000 多种会议论文集中获得最前沿、有影响力的研究成果。该库汇集了会议录资料，包括专著、丛书、预印本以及来源于期刊的会议论文，提供综合全面、多学科的会议论文资料。

（5）Book Citation Index（BkCI，图书引文索引）。

它是专门针对图书及专著的引文索引数据库，包括自然科学、社会科学与人文两个版本。BkCI 数据库提供内容包括：超过 100 000 种由编辑人员选择的图书；每年增加

10 000 种新书；全面的被引参考文献检索；图书记录和图书章节的相互链接；来自期刊、会议录和其他图书的准确引用次数；针对图书和图书章节的被引频次计数；来自图书和图书章节的完整书目；从图书和图书章节记录链接至全文。

通过 BkCI 数据库，科研工作者可以看出一本图书在引文网络中的位置；通过查找参考文献可追溯理论的起源，考证事实依据；通过施引文献可了解科学研究的最新演进与发展，并评估图书的引文影响力。对图书章节、图书和丛书信息进行的深入标引，能够帮助科研工作者轻松地浏览一本图书中所包含的各个章节，深入考察每一个图书章节的被引用情况。

（6）Current Chemical Reactions（化学反应库）。

该库收录了 1985 年至今来自期刊和专利文献的一步或多步新合成方法，可以用结构式、化合物和反应的详情和书目信息进行检索。

（7）Index Chemicus。

该库收录 1993 年至今世界上有影响的期刊报道的新颖有机化合物，支持文本和亚结构检索，用户可以通过结构式、化合物名称等多种方式进行检索。

（8）Emerging Sources Citation Index（ESCI，新兴来源引文索引）。

ESCI 包含 SCIE、SSCI 和 A&HCI 尚未涵盖的期刊中的论文记录，展示重要的新兴研究成果。收录的期刊符合编辑质量、时效性和影响力方面的最低标准，但是因为期刊相对较新，所以必须评估一定时间后才能将其正式编入 SCIE、SSCI 或 A&HCI 索引。可以通过 Master Journal List 平台查询期刊的相关情况。

以上子数据库各机构可以根据实际需要选择订购。

2. Derwent Innovations Index

Web of Science 平台将 Derwent World Patent Index（德温特世界专利索引）中超过 50 个专利发布机构索引的高附加值专利信息与 Derwent Patents Citation Index（德温特世界专利引文索引）中索引的专利引文信息进行组配，重新改写了专利标题和摘要，更加清晰易懂，突出了每项专利的新颖性、用途、权利要求和优点。读者可以检索专利标题和摘要，也可以使用德温特分类代码或者国际专利分类号进行精确检索。将来自多个专利授权机构的专利整合到一个专利家族，可以轻松而全面地展示每项发明及其之间的联系。读者可以查看专利引用信息，了解发明的影响力。

3. 中国科学引文数据库

中国科学引文数据库（Chinese Science Citation Database，CSCD）由中国科学院创建于 1989 年，收录我国数学、物理、化学、天文学、地学、生物学、农林科学、医药卫生、工程技术、环境科学和管理科学等领域出版的中英文科技核心期刊和优秀期刊千余种。

CSCD 在国内科技文献检索及文献计量评价等方面发挥了重要作用。为了更好地展示中国的学术研究成果，科睿唯安于 2007 年与中国科学院开展战略合作项目，将 CSCD 引入 Web of Science 平台，对于在中国出版的核心科学与工程期刊，提供期刊文献的题录信息和引用信息，读者可以用中文或英语进行检索。

4. KCI Korean Journal Database（KCI 韩国期刊数据库）

基于 Web of Science 平台的 KCI 韩国期刊数据库，使世界各地的研究人员能够从韩国的研究成果中发掘新的视角，从而获得全球相关领域更完整的研究发展全貌。

5. MEDLINE

MEDLINE 是由美国国立医学图书馆（National Library of Medicine，NLM）创建的国际性综合生物医学信息书目数据库。MEDLINE 的数据来源为三个印刷本索引，即《医学索引》（Index Medicus）、《牙科文献索引》（The Index to Dental Literature）和《国际护理索引》（The International Nursing Index），覆盖了生物医学和生命科学、生物工程、公共卫生、临床护理和动植物科学等领域的期刊、报纸、杂志和简报的记录。

6. Russian Science Citation Index（俄罗斯科学引文索引）

俄罗斯科学引文索引由科睿唯安与俄罗斯科学电子图书馆（Russia's Scientific Electronic Library）合作创建，涵盖了俄罗斯的顶级期刊文献。

7. SciELO Citation Index（SciELO 引文索引）

通过 SciELO 引文索引可以获得更广阔的研究视野，从拉丁美洲、西班牙、葡萄牙、加勒比海地区和南非的研究中获得新的发现，从而获取相关领域更完整的全球发展全貌。

二、Web of Science 的使用

下面以 Web of Science 核心合集为例介绍其使用方法，其他子库的使用方法类似。

1. 登录

单位购买 Web of Science 后，本单位局域网内可以直接登录使用。个人购买权限用户可以登录 https://www. webofscience. com/wos/woscc/basic-search 使用该数据库。

2. 文献检索操作

进入 Web of Science，可以选择进行文献检索或研究人员检索。文献检索主要是检索数据库收录的文摘、文摘之间的相互引用等；研究人员检索主要是针对某个作者在本数据库中的详细记录，包括发表论文、论文被引用次数、论文影响因子等。

（1）文献检索。

选择检索数据库为 Web of Science 核心合集，引文索引可以从 Science Citation Index Expanded（SCIE）、Social Sciences Citation Index（SSCI）、Arts & Humanities Citation Index（A&HCI）、Conference Proceedings Citation Index-Science（CPCI-S）、Current Chemical Reactions（CCR-EXPANDED）、Index Chemicus（IC）中选择，也可以全选。

有基本检索和高级检索两种检索方式。如图 4－17 所示，在基本检索中进行文献检索时，搜索字段包括：主题、标题、作者、出版物标题、出版年、所属机构、基金资助机构、出版商等。可以通过点击“＋Add row”增加检索字段栏，并且设置 AND、OR、NOT 等逻辑关系。可以通过点击“＋Add date range”限定搜索结果的时间段，进一步缩小搜索范围。检索词是词组的，需要把词组用双引号括起来。

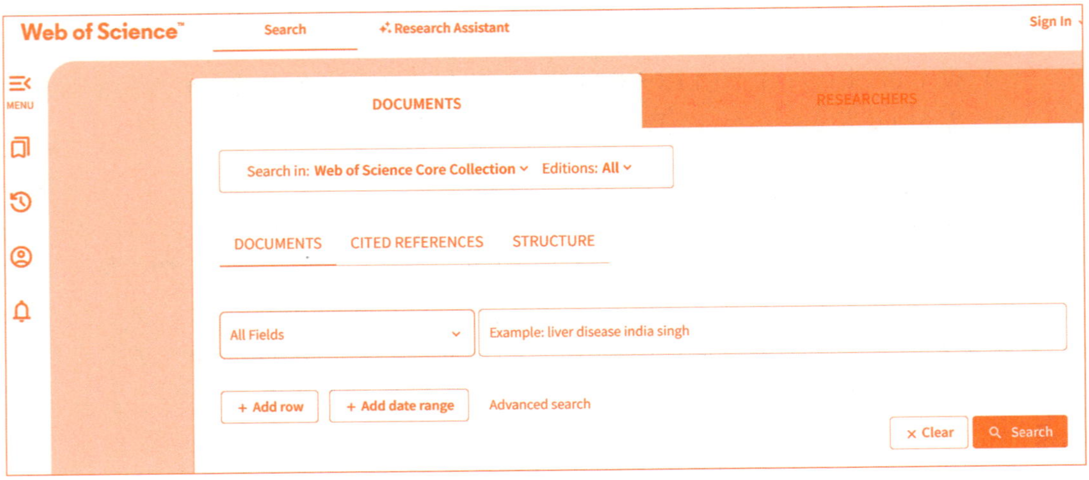

图 4-17 Web of Science 基本检索界面

点击“Advanced search”进入高级检索界面，如图 4-18 所示。需要检索者输入检索式，每个检索字段都有特定的字段标识，例如：TS＝主题、TI＝标题、AB＝摘要、AU＝作者、ED＝编者、PY＝出版年、CF＝会议、OG＝所属机构、ALL＝所有字段。支持的布尔运算有 AND、OR、NOT。也可以添加日期，限定检索结果的时间范围。高级检索有一定的检索难度，适合数据库工作人员进行专业检索。

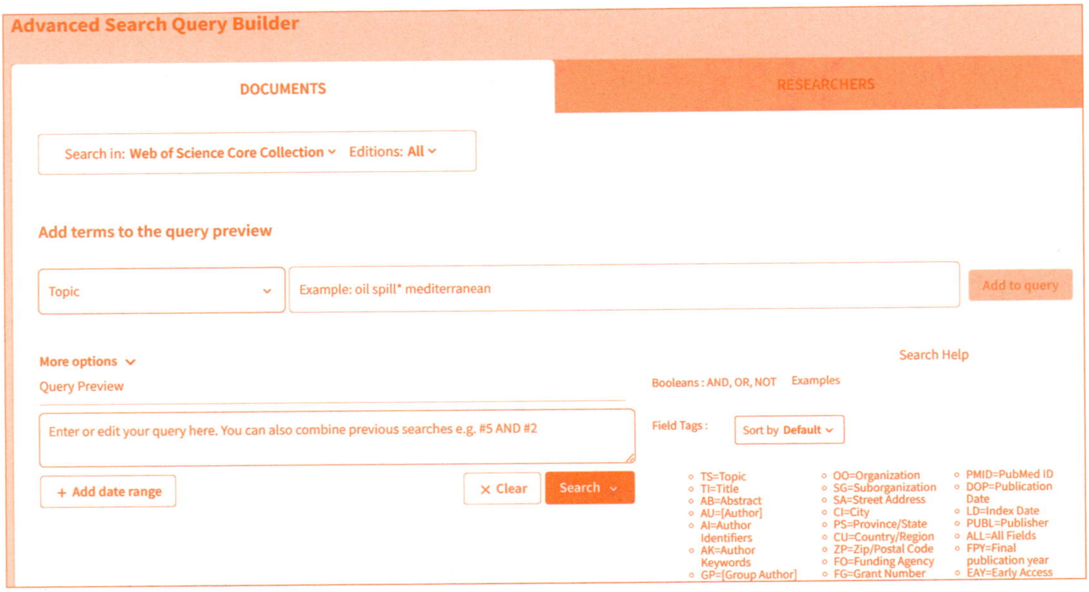

图 4-18 Web of Science 高级检索界面

检索文献之间的引用关系时，需要点击“CITED REFERENCES”，进入被引参考文献检索界面，如图 4-19 所示。可以检索一篇论文被多少其他论文引用、被引用次数等记录。主要检索字段包括：被引作者、被引 DOI、被引年份、被引卷、被引期、被引页、被引标题等。检索人员可以通过点击“＋Add row”增加检索栏目，并且从 AND、OR、NOT 等逻辑关系中选择恰当的运算符将检索字段进行组配，点击减号可以删除检索栏。

每个字段的输入格式都有示例，参考输入即可。可以通过点击“＋Add date range”限定检索结果的时间段，进一步缩小检索结果的范围。

图 4－19 Web of Science 被引参考文献界面

被引参考文献的详细检索可以使读者了解：某个研究方向的论文之间的引证关系和发展脉络；某篇文章是否被引用过及引用次数；某个研究领域中引用量最高的论文；从事有关研究的作者及其论文影响力。

Web of Science 支持化学结构检索，有“子结构”和“精确匹配”两种结构检索模式。具体而言，子结构就是检索包含这个化学结构的类似结构；精确匹配则需要化学结构完全一致才能被检出。检索界面有可以绘制化学结构的画板，如图 4－20 所示，提供丰富的绘制工具，包括化学键、元素符号、取代基团、结构片段等，可以直接选择苯环、五元环、六元环、三元环等化学结构，使用起来非常方便。可以将绘制的结构保存为 mol 文件，也可以直接打开 mol 文件调入化学结构式。所谓“mol 文件”是一种分子结构文件，可用于 Windows、Macintosh 和 Unix 环境下的化学数据库和绘画应用软件。通过化学结构画图软件 ChemDraw 绘制好结构，直接保存为 mol 文件，可以在该搜索界面直接打开，调入化学结构，然后进行结构检索。

除了直接绘制化学结构进行检索，还可以增加化合物数据和化学反应数据检索。化学结构检索字段包括化合物名称、化合物生物活性、分子量、特征描述等化合物数据，还包括气体环境、大气压、时间、温度、产率、反应关键词、化学反应备注等反应数据。

（2）研究人员检索。

研究人员检索能够查找特定研究人员（作者）发表的文章，可以利用作者 ORCID 号区分相同姓氏和名字首字母的作者，也可以通过研究人员归属机构和学科领域缩小检索

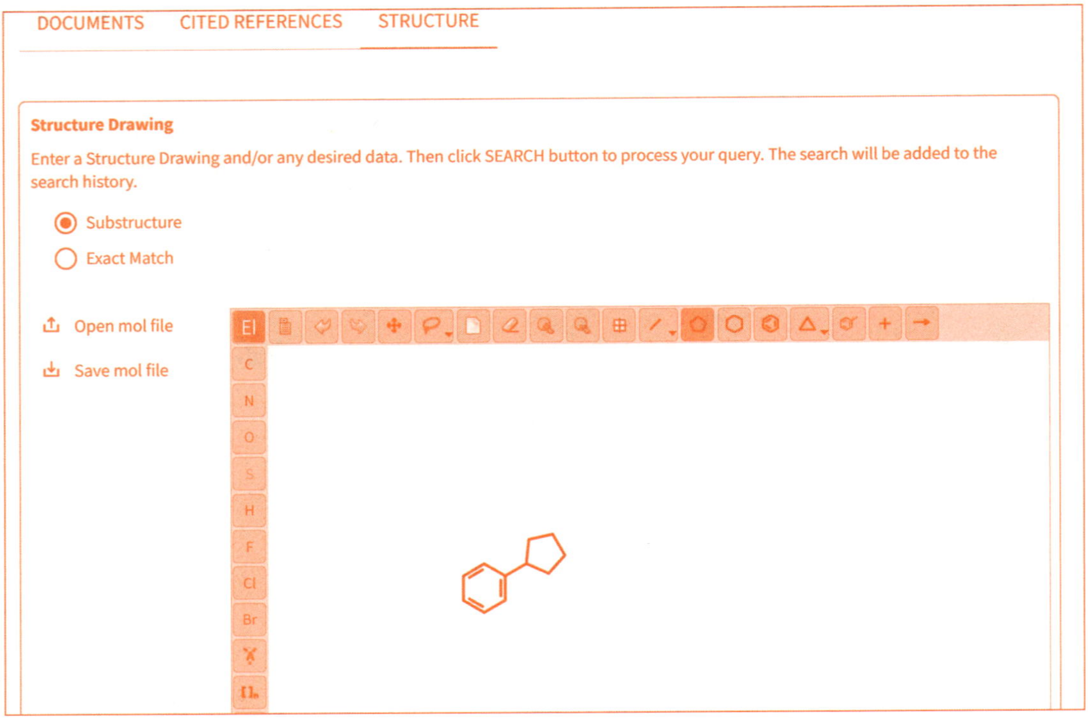

图 4-20 Web of Science 化学结构检索界面

范围。在如图 4-21 所示的研究人员检索界面可以直接输入姓氏、名字和中间名字的首字母，也可以添加姓名的不同拼写形式。研究人员的检索字段有姓名检索和作者标识符两种，其中作者标识符检索是使用作者的 Web of Science Researcher ID 或者 ORCID 号查看作者记录。Web of Science Researcher ID 格式示例为 A-1009-2008；ORCID 号是一个 16 位的数字串，例如 0000-0002-0420-3118。

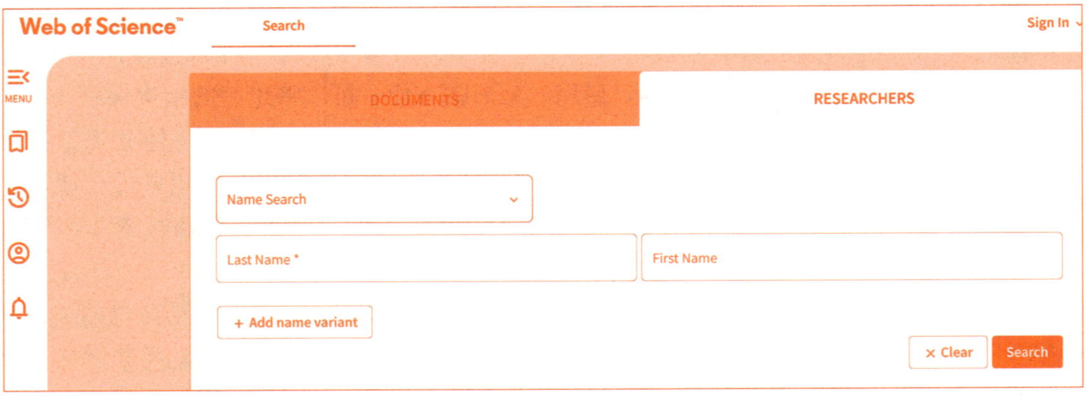

图 4-21 Web of Science 研究人员检索界面

（3）检索结果及分析。

以“ellagic acid”（鞣花酸）为例进行文献检索，选择 Web of Science 核心合集，得到 1 894 条检索结果。结果以列表形式展示，如图 4-22 所示。

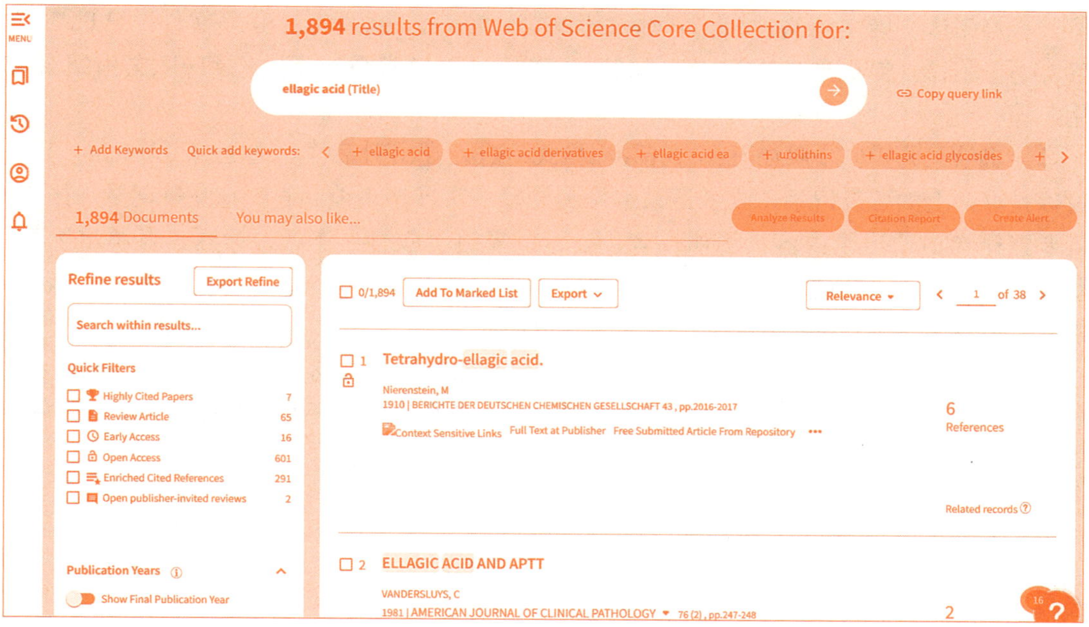

图 4-22 “ellagic acid”检索结果

检索者可以对结果进行许多操作，比如精炼、分类筛选、排序、批量导出、分析、查看等。

1）精炼检索结果。读者可以输入关键词，在结果中再次进行检索，即二次检索，这会进一步缩小结果范围，方便检索者锁定最相关、最有用的文献。例如，再次输入“Antitumor Activity”则会从检索到的包含“鞣花酸”的文献中再次检索包含“抗肿瘤活性”的文献。

2）检索结果的分类筛选。数据库自动将检索结果进行分类，检索者可以根据分类，直接快速查看某类型文献，得到最需要的文献。“快速过滤”的选项包括：高被引论文、综述论文、在线发表、开放获取、被引参考文献深度分析等。其他归类有：作者、出版年、文献类型、Web of Science 数据库类型、所属机构、出版物标题、出版商、基金资助机构、编者、团体作者、研究方向、国家/地区、语种、会议名称。每个具体类别根据文献结果进行详细统计，按照数量由多到少依次呈现。

3）检索结果的排序。检索结果以列表形式呈现，检索者可以选择排序方式，将结果按照一定顺序呈现。排序方式有：相关性、最近添加、引文类别、日期升序或降序、被引频次最高优先或最低优先、使用次数（所有时间）最多优先、会议标题升序或降序、第一作者升序或降序、出版物标题升序或降序等。

4）检索结果的批量导出。经过二次检索、分类筛选等操作，得到检索者最需要的若干篇文献，可以将题录、文摘等记录信息批量导出。建议每次批量导出的检索结果小于 200 条，大规模导出有恶意下载嫌疑。另外，大规模下载的文摘信息，阅读和处理都不方便。可以批量导出在文献管理软件上直接使用的文摘引用格式，也可以导出适合阅读的文摘文档。

文献管理软件格式包括：EndNote Online、RefWorks（使用自定义参考文献输出格式）、RIS（研究信息系统引文文件）、InCites（基于引文的综合性科研评估工具）。

直接阅读文摘文档格式包括：纯文本文件、Excel、制表符号分隔文件、HTML 文件、电子邮件（将结果发送至指定邮箱）、BibTex（通常情况下与 LaTeX 文档结合使用）等。

导出结果的操作步骤如下：选择导出格式后进入导出对话框，选定需要导出的记录，可以是页面上的所有记录，或者记录编号范围，一次导出不能超过 1 000 条记录。接着，需要选择导出的记录内容，例如作者、标题、来源出版物，作者、标题、来源出版物、摘要，完整记录，全记录与引用的参考文献等。建议读者选择作者、标题、来源出版物、摘要，内容足够丰富，而且不会产生太大的数据量。

以导出可读 HTML 格式为例展示导出界面，如图 4 - 23 所示。以 HTML 格式导出的是可读网页模式，如图 4 - 24 所示，可以直接用浏览器打开，也可以复制粘贴，保存到 Word 文档，格式整齐简洁，非常适合阅读和直接做读书笔记。

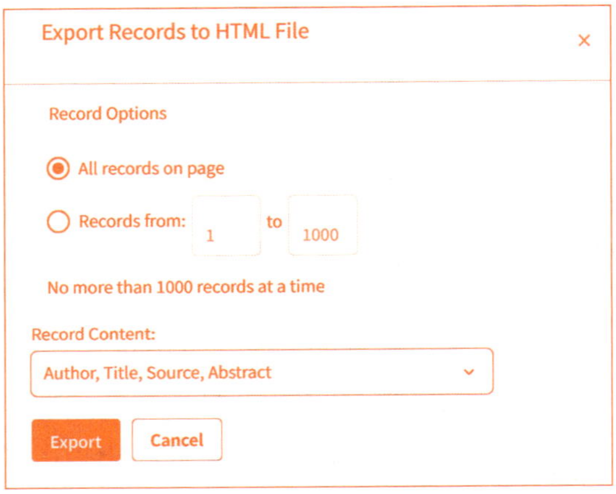

图 4 - 23　导出 HTML 文件对话框

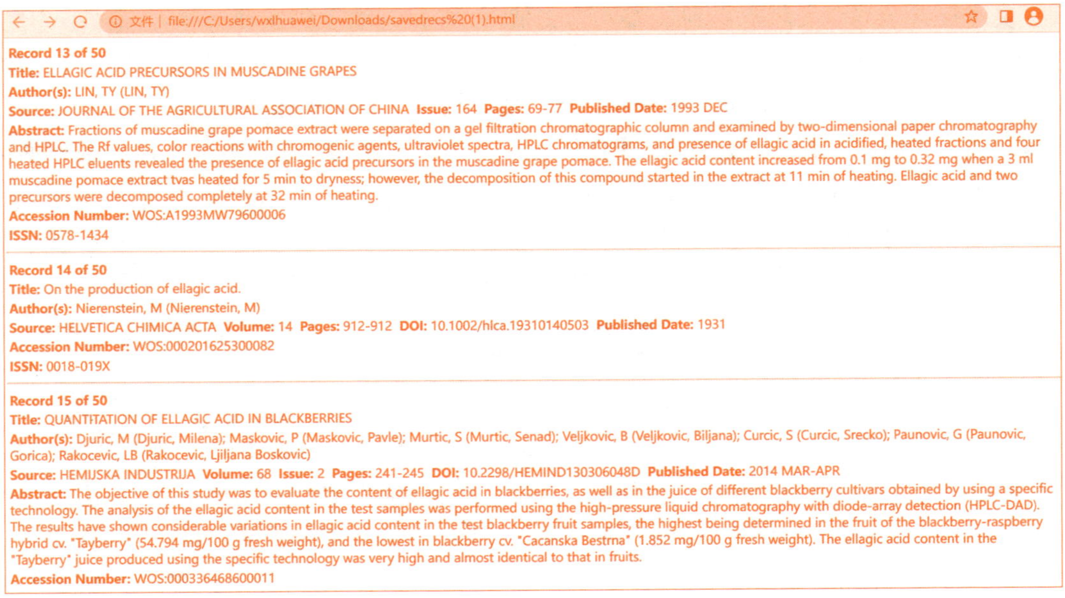

文件 | file:///C:/Users/wxlhuawei/Downloads/savedrecs%20(1).html

Record 13 of 50
Title: ELLAGIC ACID PRECURSORS IN MUSCADINE GRAPES
Author(s): LIN, TY (LIN, TY)
Source: JOURNAL OF THE AGRICULTURAL ASSOCIATION OF CHINA **Issue:** 164 **Pages:** 69-77 **Published Date:** 1993 DEC
Abstract: Fractions of muscadine grape pomace extract were separated on a gel filtration chromatographic column and examined by two-dimensional paper chromatography and HPLC. The Rf values, color reactions with chromogenic agents, ultraviolet spectra, HPLC chromatograms, and presence of ellagic acid in acidified, heated fractions and four heated HPLC eluents revealed the presence of ellagic acid precursors in the muscadine grape pomace. The ellagic acid content increased from 0.1 mg to 0.32 mg when a 3 ml muscadine pomace extract tvas heated for 5 min to dryness; however, the decomposition of this compound started in the extract at 11 min of heating. Ellagic acid and two precursors were decomposed completely at 32 min of heating.
Accession Number: WOS:A1993MW79600006
ISSN: 0578-1434

Record 14 of 50
Title: On the production of ellagic acid.
Author(s): Nierenstein, M (Nierenstein, M)
Source: HELVETICA CHIMICA ACTA **Volume:** 14 **Pages:** 912-912 **DOI:** 10.1002/hlca.19310140503 **Published Date:** 1931
Accession Number: WOS:000201625300082
ISSN: 0018-019X

Record 15 of 50
Title: QUANTITATION OF ELLAGIC ACID IN BLACKBERRIES
Author(s): Djuric, M (Djuric, Milena); Maskovic, P (Maskovic, Pavle); Murtic, S (Murtic, Senad); Veljkovic, B (Veljkovic, Biljana); Curcic, S (Curcic, Srecko); Paunovic, G (Paunovic, Gorica); Rakocevic, LB (Rakocevic, Ljiljana Boskovic)
Source: HEMIJSKA INDUSTRIJA **Volume:** 68 **Issue:** 2 **Pages:** 241-245 **DOI:** 10.2298/HEMIND130306048D **Published Date:** 2014 MAR-APR
Abstract: The objective of this study was to evaluate the content of ellagic acid in blackberries, as well as in the juice of different blackberry cultivars obtained by using a specific technology. The analysis of the ellagic acid content in the test samples was performed using the high-pressure liquid chromatography with diode-array detection (HPLC-DAD). The results have shown considerable variations in ellagic acid content in the test blackberry fruit samples, the highest being determined in the fruit of the blackberry-raspberry hybrid cv. "Tayberry" (54.794 mg/100 g fresh weight), and the lowest in blackberry cv. "Cacanska Bestrna" (1.852 mg/100 g fresh weight). The ellagic acid content in the "Tayberry" juice produced using the specific technology was very high and almost identical to that in fruits.
Accession Number: WOS:000336468600011

图 4 - 24　以 HTML 格式导出的文献记录

5）检索结果的分析。数据库将结果按照以下大类进行全面的分析：研究方向、研究领域、MeSH 主题词、MeSH 限定词、作者、出版物名称、国家/地区、所属机构、主要概念、开放获取等。系统根据分析情况，将分析结果以树状图和柱状图等可视化形式呈现，还提供分析结果的数据列表。

6）查看单篇检索结果。点击其中某条记录，可以进入单篇文献详细信息界面。可以看到文章标题、摘要、作者、作者单位、期刊名、年卷期、起止页码、文章类型、文章 DOI、文章 WOS 入藏号、被引频次、MeSH 主题词、期刊影响因子、期刊 ISSN 和 eISSN。

Web of Science 数据库不提供全文下载服务，但是提供全文链接，检索者可以点击“出版商处的全文”，直接跳转到全文介绍界面。如果检索者所在单位购买了全文所在数据库，则可以直接下载，否则可以通过文献传递、文献求助等其他方式查找全文。

专业术语

通讯作者（Corresponding Author）：通讯作者是文章的版权所有人，文章的责任者，其贡献等同于第一作者，责任大于第一作者，通常导师或者团队负责人为通讯作者。

WOS 入藏号（Accession Number）：文献被 Web of Science 收录时分配的唯一编号，用于在数据库中快速定位和检索文献。

DOI：Digital Object Identifer 的简写，是一篇文章的唯一永久性的标识号，由国际 DOI 基金会（International DOI Foundation）管理，与 Web of Science 无关。

第 6 节　中国科学引文数据库

一、中国科学引文数据库概述

中国科学引文数据库（Chinese Science Citation Database，CSCD）创建于 1989 年，收录我国数学、物理、化学、天文学、地学、生物学、农林科学、医药卫生、工程技术、环境科学和管理科学等领域出版的中英文科技核心期刊和优秀期刊千余种。中国科学引文数据库内容丰富、结构科学、数据准确。系统除具备一般的检索功能外，还提供引文索引。使用该功能，用户可迅速从数百万条引文中查询到某篇科技文献被引用的详细情况，还可以从一篇早期的重要文献或著者姓名入手，检索到一批近期发表的相关文献，对交叉学科和新学科的发展研究具有十分重要的参考价值。中国科学引文数据库还提供了数据链接机制，支持用户获取全文。

中国科学引文数据库具有建库历史悠久、专业性强、数据准确规范、检索方式多样、完整、方便等特点，深受用户好评，被誉为“中国的 SCI”。中国科学引文数据库是我国第一个引文数据库，曾获中国科学院科技进步二等奖。CSCD 1995 年出版了我国的第一本印刷本《中国科学引文索引》，1998 年出版了我国第一张中国科学引文数据库检索光盘，1999年出版了基于CSCD和SCI数据、利用文献计量学原理制作的《中国科学计量指标：论文与引文统计》，2003年推出了网络版，2005年出版了《中国科学计量指标：期刊引证报告》。2007年，中国科学引文数据库与科睿唯安合作，以Web of Science为平台，实现与Web of Science核心合集的跨库检索，成为Web of Science平台上第一个非英文语种的数据库。中国科学引文数据库已在我国科研院所、高等学校的课题查新、基金资助、项目评估、成果申报、人才选拔以及文献计量与评价研究等多方面作为权威文献检索工具获得广泛应用。

基于Web of Science平台的中国科学引文数据库可以帮助读者：检索高质量的信息（来自1 200多种在中国出版的科学与工程核心期刊）；通过跨库检索同时访问基于Web of Science平台的其他数据库产品和免费学术资源；多个角度分析检索结果；管理参考文献并提高写作效率；保存检索式，创建定题跟踪服务。

二、中国科学引文数据库的使用

1. 登录

可以输入网址 https://www.webofscience.com/wos 访问 Web of Science 平台，在 Web of Science 页面点击“所有数据库”右侧的下拉菜单，则可以看到所有可供检索的数据库，点击“中国科学引文数据库”链接即可进入，如图 4-25 所示。

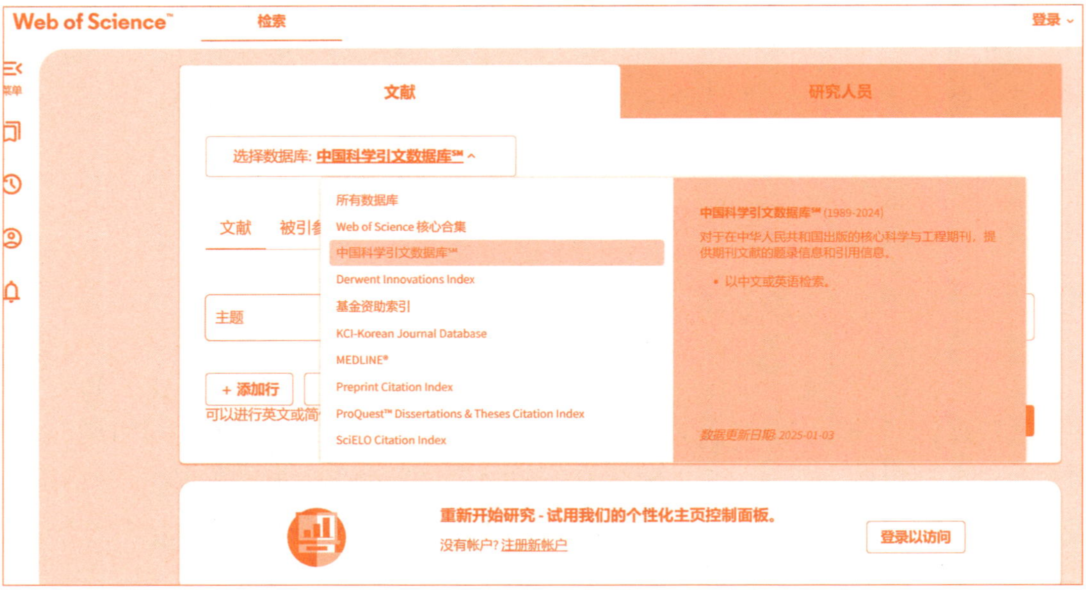

图 4-25　中国科学引文数据库登录页面

2. 检索

（1）普通检索。

包括检索特定的研究主题，检索某个作者发表的论文，检索某个机构发表的文献，检索特定期刊、特定年代发表的文献等。有两种主要的检索方式：文献检索和研究人员检索。

进入文献检索界面，如图 4－26 所示，可以选择检索字段，检索字段包括主题、标题、作者、出版物标题、出版年、摘要、入藏号、地址、作者标识符、作者关键词、文献类型、语种等。检索者通过点击“＋添加行”增加检索栏，并选择 AND、OR、NOT 等逻辑运算符，也可以点击减号删除检索栏。将检索词输入在检索栏中，进行检索。通过点击“＋添加日期范围”可以限定检索结果的时间段，缩小检索范围。中国科学引文数据库收录的中文论文较多，可以直接用简体中文或者英文进行检索。

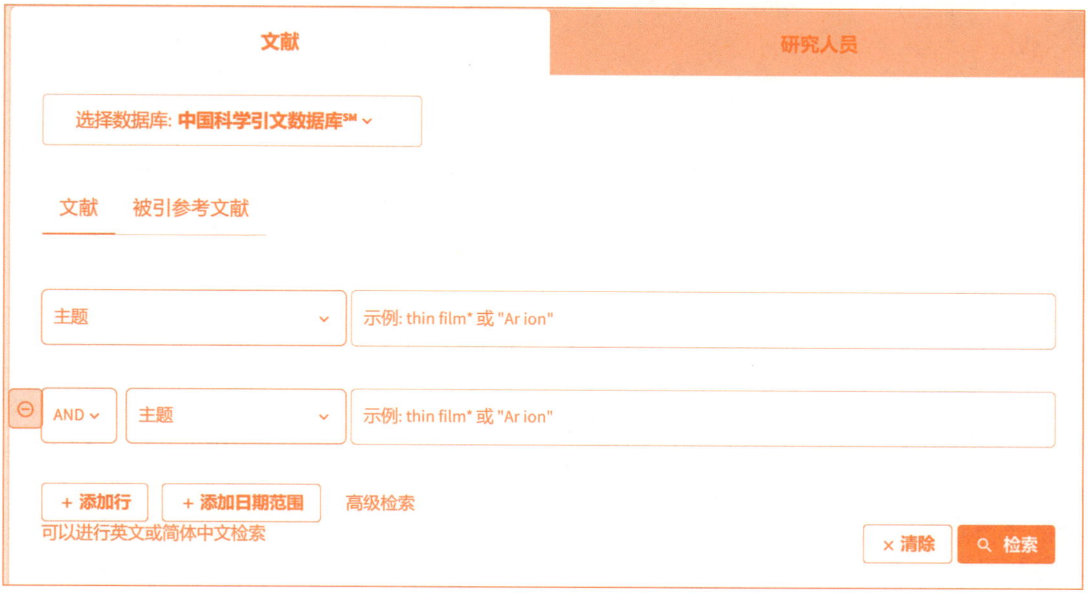

图 4－26　中国科学引文数据库文献检索界面

检索 2019—2022 年以来有关碳纳米管的研究论文，可以如此操作：1）选择检索字段（主题、标题、摘要均可以选）；2）在检索栏空白处输入“碳纳米管”（也可以输入“carbon nanotube”）；3）添加日期范围，选择文献发表时间段 2019—2022 年；4）点击检索按钮，进行检索。

（2）高级检索。

点击“高级检索”进入高级检索界面，如图 4－27 所示，需要检索者输入检索式，每个检索字段都有特定的字段标识，例如：TS＝主题、TI＝标题、AB＝摘要、DOP＝出版日期、SO＝出版物标题、AU＝作者、AI＝作者标识符、ED＝编者、PY＝出版年、CF＝会议、OG＝所属机构、SU＝研究方向、CU＝国家/地区、UT＝入藏号、AD＝地址、ZP＝邮编（邮政编码）、ALL＝所有字段。支持的布尔运算有 AND、OR、NOT。也可以添加日期，限定检索结果的时间范围。此处高级检索属于专业检索，有一定的检索难度，适用于数据库专业人士，一般读者不需要掌握。在基本检索中，通过增加检索栏和选择逻辑运算符也能实现高级检索。

（3）被引参考文献检索。

当只有一篇文献，或者一个专利号、一本专著、一篇会议论文时，如何了解该研究领域的最新进展？如何了解某位作者发表文献的被引用情况？

图 4-27 中国科学引文数据库高级检索界面

点击“被引参考文献”，进入被引参考文献检索界面，如图 4-28 所示，可以检索一篇论文被引用次数的详细记录。检索字段包括：被引作者、被引 DOI、被引年份、被引卷、被引期、被引页、被引标题等。检索人员可以通过点击“+添加行”增加检索栏目，并且从 AND、OR、NOT 等逻辑关系中选择恰当的运算符将检索字段进行组配，点击减号可以删除检索栏。每个字段的输入格式都有示例，参考输入即可。点击“+添加日期范围”可以限定检索结果的时间段，进一步缩小检索结果的范围。支持简体中文或者英文检索。

图 4-28 中国科学引文数据库被引参考文献检索界面

比如我们想了解作者武祥龙 2016 年在《合成化学》发表题为《2 -（N -环己胺）- 6 -三氟甲氧基苯并噻唑的合成及其晶体结构》的论文之后，该文章有关内容的最新进展，则可以进行如下操作：

1）输入被引作者信息：武祥龙。

2）输入被引论文名称：合成化学。

3）输入被引年份：2016。

4）点击“检索”按钮，查找检索结果列表。

5）从检索结果列表中选择并标记需要的文献记录。

6）可以对结果进行二次检索，比如选择语种、文献类型等。

7）点击“完成检索”，页面显示所有引用了该研究论文的文章列表，可以导出结果。

3. 检索结果

在文献检索界面输入“利鲁唑”，得到 50 条检索结果，如图 4 - 29 所示。可以对结果进行精炼，直接输入关键词在结果中再次检索，即二次检索。系统自动按照出版时间、研究方向、机构、作者、作者所属机构、文章类型等进行了分类，可以直接点击有关类别进行筛选。对检索结果列表可以按照日期升序或降序、被引频次由高到低或由低到高、会议标题升序或降序、第一作者升序或降序、出版物标题升序或降序等规则进行排序。

图 4 - 29　中国科学引文数据库检索结果界面

查询得到的文献题录、文摘等记录信息可以批量导出。可以批量导出在文献管理软件上直接使用的文摘引用格式，也可以导出适合阅读的文摘文档。文献管理软件格式有：EndNote Online、RefWorks、RIS、InCites。可阅读文摘文档格式有：纯文本文件、Excel 文件、制表符号分隔文件、HTML 文件、电子邮件、BibTex 等。导出结果操作在 Web of Science 核心合集数据库使用中已经详细讲解，不再赘述，再次提醒，要选择导出内容为“作者、标题、来源出版物、摘要”，才可以看到文章摘要。

点击某一篇文献题目，进入单篇文献界面，可以看到文献题目、作者、作者单位、刊名、年卷期、起止页码、DOI、文献类型、出版语言、基金资助情况、研究方向、入藏号（CSCD号）、期刊ISSN等。其中，入藏号（CSCD号）是文献记录在中国科学引文数据库的唯一编号，期刊ISSN是期刊识别标识，也是唯一编号，具体内容可以查看期刊部分介绍。

第7节　中文社会科学引文索引数据库

一、中文社会科学引文索引数据库概述

中文社会科学引文索引（Chinese Social Sciences Citation Index，CSSCI）是由南京大学中国社会科学研究评价中心开发的数据库，可以检索中文社会科学领域论文的收录和文献被引用的情况。该数据库是我国人文社会科学评价领域的标志性工程。

CSSCI遵循文献计量学规律，采取定量与定性评价相结合的方法，从全国2 700余种中文人文社会科学学术性期刊中精选出学术性强、编辑规范的期刊作为来源期刊，收录包括法学、管理学、经济学、历史学、政治学等在内的25大类的500多种学术期刊，收录自2008年至今的资料，来源文献200余万篇，引文文献近1 100万篇。被中文社会科学引文索引数据库收录的期刊每2年更新一次，质量较高的期刊可以入选。

南京大学中国社会科学研究评价中心根据中文社会科学引文索引指导委员会确定的选刊原则和方法遴选来源期刊，根据期刊的影响因子、被引总次数等数量指标与各学科专家意见确定来源期刊。每次更新时，根据期刊质量的情况，增加或者删除、调整有关期刊。确定来源期刊的具体原则包括：

（1）入选的刊物应能反映当前我国社会科学界各个学科的最新研究成果，且学术水平较高、影响较大、编辑出版较为规范。

（2）入选的刊物必须是正式公开出版发行，且具有ISSN或CN号。

（3）入选的刊物所刊载的学术文章应多数列有参考文献。

（4）凡属索引、文摘等二次文献类的刊物不予收入。

（5）译丛和以发表译文为主的刊物，暂不收入。

（6）通俗刊物，以发表文艺作品为主的个体文艺刊物，暂不收入。

参照美国《科学引文索引》（SCI）选用期刊占世界科技期刊总量的比例与《中国科学引文数据库》（CSCD）选用期刊占我国科技期刊总量的比例，结合我国社科期刊出版发行的情况，确定CSSCI的来源期刊数量占我国正式刊行的社科期刊总数的8%～15%。

根据中文社会科学引文索引来源期刊目录（2023—2024），中文社会科学引文索引来源期刊共有575种。

二、中文社会科学引文索引数据库的使用

利用CSSCI的“来源文献”检索，读者可以检索到包括普通论文、综述、评论、传

记资料、报告等类型的文章。利用 CSSCI 的“被引文献”检索，读者可以检索到论文（含学位论文）、专著、报纸等文献被引用情况。

1. 登录

CSSCI 官方网站为 http://cssci.nju.edu.cn/，读者所在单位购买该数据库使用权限后，在单位局域网 IP 范围内可以直接登录，不需要注册。如果在局域网外，则需要先登录本单位 VPN 才能访问。

2. 检索

中文社会科学引文索引可以进行“来源文献”和“被引文献”检索，根据检索目的选择合适的检索对象。无论是来源文献检索还是被引文献检索，都有“简单检索”和“高级检索”。在网站首页还可以利用“来源期刊导航”点击期刊类别，以浏览方式查看。

（1）简单检索。

进入网站后，直接呈现的就是简单检索，如图 4-30 所示，只有一个检索框，进行“来源文献”检索时可以选择的字段有：篇名（词）、作者、作者（第一作者）、关键词、期刊名称、作者机构、中图类号、基金细节、所有字段、英文篇名等。进行“被引文献”检索时可以选择的字段有：被引篇名（词）、被引作者、被引作者（排除自引）、被引期刊名称、被引文献细节。选定合适的字段，在检索框中输入检索词，点击“搜索”即可得到检索结果。

图 4-30 CSSCI 简单检索界面

（2）高级检索。

高级检索分为来源文献高级检索和被引文献高级检索。

1）来源文献高级检索。如图 4－31 所示，该界面提供了三个检索框，每个检索框可以通过“或、与”逻辑组配。检索框右侧是可以选择的字段，与简单检索字段相同。可以勾选“精确”，即进行精确匹配检索。设置作者字段时，如勾选“第一作者”，则进行第一作者检索。

图 4－31　CSSCI 来源文献高级检索界面

高级检索时，可对检索结果进行限定，限定条件包括：发文年代、年代卷期、文献类型、学科类别、学位分类、基金类别。可选择每页显示结果的数量，还可以按照年代、篇名、作者等信息，对结果进行升序或者降序排列。

具体而言，文献类型包括：论文、综述、评论、传记资料、报告、其他。

学科类别包括：管理学、马克思主义、哲学、宗教学、语言学、外国文学、中国文学、艺术学、历史学、考古学、经济学、政治学、法学、社会学、民族学、新闻与传播学、图书馆学、情报与文献学、教育学、体育学等。

学位分类主要有：军事思想及军事历史、战略学、战役学、战术学、军队指挥学、军制学、军队政治工作学、军事后勤学与军事装备学、管理科学与工程、工商管理、农林经济管理、公共管理、图书馆、情报与档案管理学、哲学、环境科学与工程、历史学、艺术学、理论经济学、应用经济学、法学、社会学、政治学、新闻学与传播学、语言学、教育学、心理学、统计学、体育学等。

基金类别主要有：国家自然科学基金、国家社会科学基金、国家级其他基金、教育部基金、其他部委级基金、中科院基金、社科院基金、省（市）级基金、其他基金。

2）被引文献高级检索。如图 4－32 所示，该界面提供了被引作者、被引文献篇名、被引文献期刊、被引文献细节、被引文献年代等五个检索框。可以勾选被引作者检索框右侧的“排除作者自引”和“精确”。可以勾选被引文献篇名、被引文献期刊检索框右侧的“精确”，对该字段进行精确检索。可以勾选被引年份，限定被引文献类型，选择逻辑“与”或者“或”进行组配。对检索结果可按照被引次数、篇名、被引作者、年代等进行升序或者降序排列。

被引文献类型包括：期刊论文、图书、报纸、会议文献、学位论文、信件、汇编、报告、标准、法规、电子文献、其他。

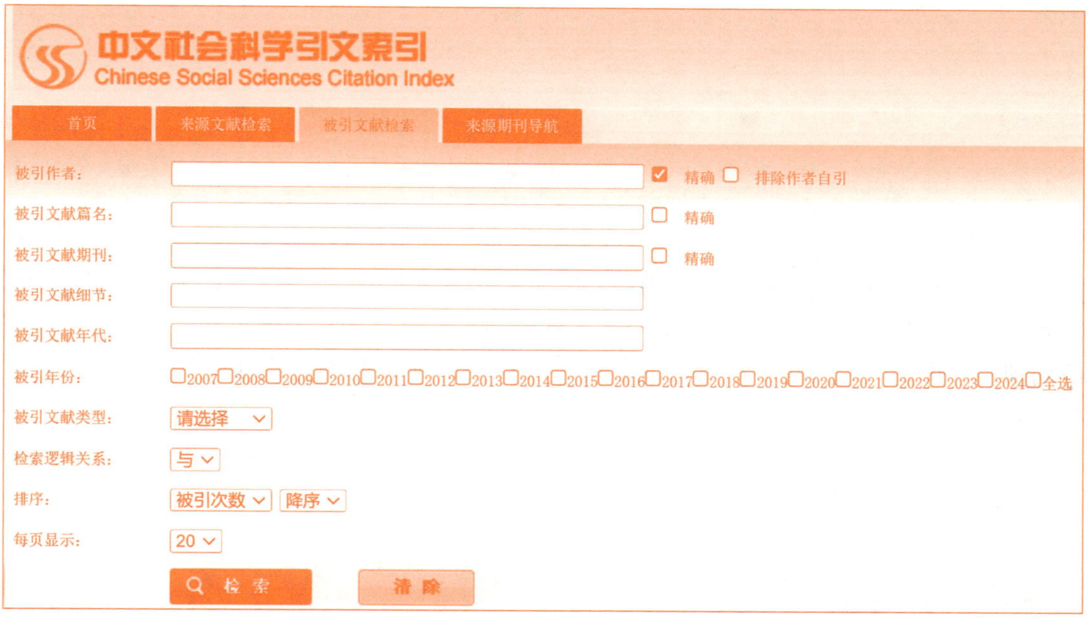

图 4－32　CSSCI 被引文献高级检索界面

（3）来源期刊导航。

可通过来源期刊导航浏览期刊，在首页选择“期刊导航”，可以查看来源期刊（2021—2022）或者扩展版来源期刊（2021—2022），点击期刊类别，可以进入期刊列表界面，点击期刊链接则进入期刊网站。

3. 检索结果列表

以检索关键词“双循环”为例，结果如图 4－33 所示，可以看到结果总数量，可以选择以列表或者视图方式呈现结果。在列表模式下，可查看论文作者、题目、来源期刊、年卷期页码、全文链接等信息。

结果界面左侧是“二次检索”框，支持二次检索。选择检索字段，点击“检索”，在结果中再次检索，进一步缩小结果范围。二次检索字段有：篇名、第一作者、来源作者、英文篇名、期刊名称、关键词、作者机构、中图分类号、基金细节。可以通过文献类型、学科、期刊、年代等对结果进行精炼。

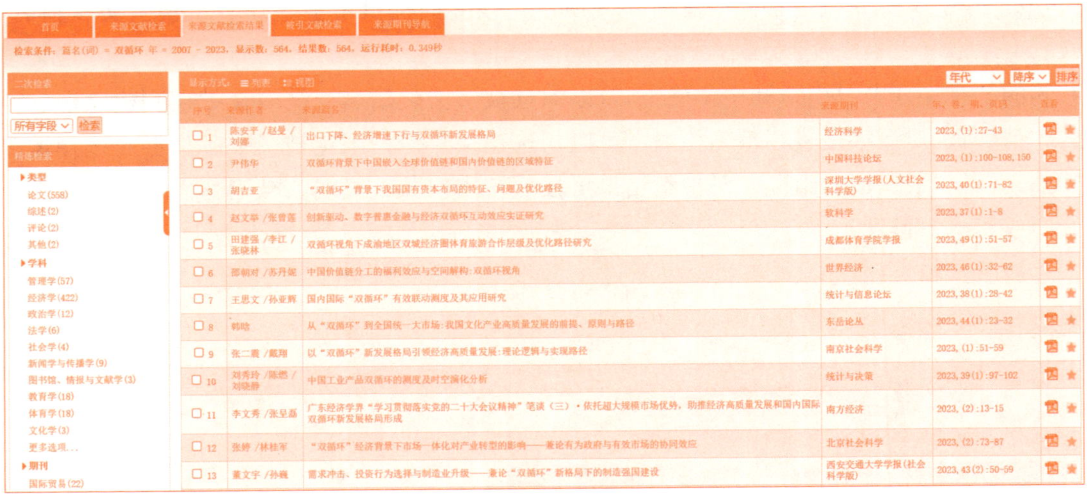

图 4-33　CSSCI 检索结果列表模式

4. 单篇检索结果

点击结果列表中的文章标题，则进入单篇文献结果界面，如图 4-34 所示，可以看到篇名、英文篇名（如有）、作者及机构、文献类型、学科类别、中图类号、基金项目、来源期刊、年代卷期、关键词、参考文献等，其中参考文献的题目是活链接，点击可以直接找到该参考文献。

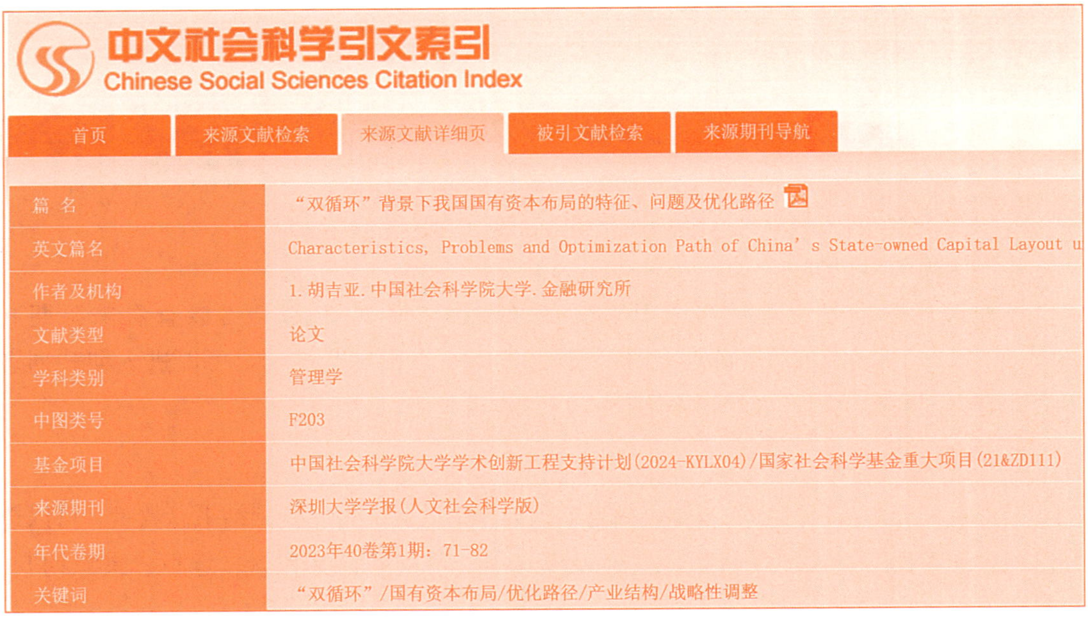

图 4-34　CSSCI 单篇文献结果界面

CSSCI 主要提供文献索引，看不到摘要和全文。点击篇名后的 PDF 图标则自动链接至百度学术，进入该文献的摘要界面，再点击全文链接，进入对应的数据库，如果有使用权限，则可以下载全文。

习题

1. ESI是基于SCI和SSCI数据建立的分析型数据库，它可以提供哪些有用的信息？

2. 请解释以下几个概念：影响因子、高被引论文、热点论文、顶级论文、高被引学者。

3. 利用ESI数据检索北京大学、清华大学、西安交通大学、西北工业大学和你所在大学分别有多少个全球前1%的ESI学科。

学习资源

第 5 章 › 中文全文数据库

收录原始文献全文的数据库称为全文数据库，全文数据库收录的原始文献包括期刊论文、图书、专利全文、会议论文、研究报告、政府出版物、商业信息、法律条文和案例、报纸电子版等。全文数据库有多种结构形式，常见的有两种。第一种结构是全文数据库由若干个文库组成，每个文库划分为若干个文档，文档由若干个信息载体构成，而信息载体又划分为若干个片段，每个片段就是文本中的自然段落，相当于字段，段落开头是字段标题。该结构是菜单式，一级菜单是文库目录，二级菜单则是文档目录，选定文库和文档后，就可以检索。第二种结构是全文数据库由若干个子数据库组成，子数据库直接把信息载体分成不同字段进行存储。

全文数据库的特点主要包括：

（1）文献信息原始客观，全文数据库中信息基本上是未加工的原始文献。

（2）信息检索全面，文献全文中任何的字、词、句皆可检索。

（3）检索语言自然，可使用自然语言检索、布尔逻辑检索、截词检索、位置检索等。

（4）文本数据非结构化，除了标题、作者、期刊名等可规范的数据外，大量文本属于非结构化的文本。

（5）全文数据库系统通常采用“自动切词”技术。

（6）全文数据库通常备有知识库，可具有一定的推理能力和联想式检索能力。

（7）已经入库的数据通常是相对固定的，只需要收录新发表的全文，具有稳定性。

（8）全文数据库通常需要庞大的存储空间，维护运行成本偏高，如何提高检索速度是全文数据库面临的一个难题。

全文数据库拥有强大的检索功能，允许用户从信息载体的题目、作者、期刊、关键词、发表时间等多个字段进行单项检索或者多项组配检索，还可以对文本中任意字段进行检索。具有布尔逻辑检索、截词检索、位置检索等功能。可根据用户要求，显示或者输出检索结果。

全文数据库通常具有一定的信息分析和统计功能，可对检索结果按照不同方式进行聚类、统计、排序，还支持在检索结果中再次检索，即二次检索。

提供全文的中文数据库主要有中国知网、万方数据库、维普期刊数据库、中国社会科学文库、超星图书等。有的数据库还提供跨库检索，例如百链云图书馆，它是一站式搜索平台，提供各个数据库的全文链接。

第 1 节　中国知网全文数据库

一、中国知网系统概述

1. 中国知网

中国知网是中国知识基础设施工程（China National Knowledge Infrastructure，CNKI）的信息化产物，中国知网（https://www.cnki.net/）收录期刊杂志、博士论文、硕士论文、会议论文、报纸、工具书、专利、标准、海外文献资源，是中国目前资源最全面、文献信息量最丰富的动态资源体系，也是中国先进的知识服务平台与数字化学习平台。该数据库收录 1979 年至今约 9 000 种期刊全文。内容覆盖数理科学、化学化工、能源与材料、工业技术、农业、医药卫生、文史哲、经济政治与法律、教育与社会科学、电子技术与信息科学等领域，分为十大专辑，168 个专题类目。

中国知网包括的内容可以分为以下四个方面：

（1）研究方面：学术文献（期刊论文、学位论文、会议论文），专业资料（专利、国标行标、项目成果），政策法律（国家法律、地方法规、案例），事实资料（年鉴、报纸、数据、图谱）。

（2）学习方面：语言词典（各种字词典、各种互译词典），百科全书（专业百科、专业辞典、术语词典）。

（3）阅读方面：文学、艺术作品与评论，文化生活期刊。

（4）职业方面：国家职业标准、鉴定培训计划大纲、鉴定考核细目表、鉴定考试模拟题、鉴定培训教材。

2. 中国知网的子数据库

中国知网包含的子数据库有：中国期刊全文数据库、中国博士学位论文全文数据库、中国优秀硕士学位论文全文数据库、中国重要会议论文全文数据库、国际会议论文全文数据库、中国重要报纸全文数据库、中国引文数据库、中国专利全文数据库、中国年鉴网络出版总库、中国工具书网络出版总库、中国图书全文数据库及其他专业知识数据库。订阅单位可以根据实际需求订阅不同类型的子数据库。

以下简要介绍几个主要的子数据库：

中国期刊全文数据库是一个连续性动态更新的中国期刊全文数据库，其应用广泛、功能齐全、数据丰富。收录年限为 1979 年至今，其中近 4 000 种期刊可以回溯至其创刊，数据库每日更新。

中国博士学位论文全文数据库主要包括 1984 年至今具有博士学位授予权的研究生培养单位的博士学位论文（涉及国家保密的论文除外）。中国优秀硕士学位论文全文数据库主要包括 1984 年至今的具有硕士学位授予权的研究生培养单位的硕士学位论文。这两个学位论文数据库收录论文来源广泛，其中，“双一流”建设高校覆盖率达到 100%；国家重点学科覆盖率达 98%，收全率达 95%；特色学科覆盖率达 100%，收全率达 95%。中国博士学位论文全文数据库和中国优秀硕士学位论文全文数据库是国内资源完备、收录质量非常高、更新速度快的博士、硕士学位论文全文数据库。

中国重要会议论文全文数据库是一个连续出版重要会议论文的全文数据库，覆盖了各个学科的完备的中国会议论文全文数据库，收录了全国范围内一级学会、协会和各行业协会自 2000 年以来召开的国际和国内重要会议论文。

国际会议论文全文数据库汇集了世界各地知名学者对某一热点问题的观点和最新成果，尤其将特邀报告、大会报告、专题报告等高端文献集中展示，可以使读者了解国际最新成果，拓展视野。多数为自然科学领域，是目前国内少数实现国际会议文献整合出版的大型数据库。文献来源是国际组织在中国境内外主办的学术性会议，高校重点实验室、研究中心及院系主办的国际会议，全国学会及其分会、专业委员会主办的国际会议。

中国重要报纸全文数据库是以重要报纸刊载的学术性、资料性文献为收录对象的连续动态更新的数据库。收录 2000 年以来，中央级各类报纸，各省、自治区、直辖市及其他地市级城市党报，以及面向全国公开发行的具有一定影响力的特色重要行业性报纸，每日更新。

中国引文数据库是以中国知网收录的各类学术文献的文后参考文献和注释为对象建立的规范引文数据库。引文数据全面准确，覆盖全球科技与社科各领域的中外文引文数据，为全球科研机构及科研人员提供权威的中外文引文检索工具和统计分析平台。该数据库提供八种文献类型引文数据，包括期刊（中外文）、图书、学位论文、会议论文、专利、标准、报纸和年鉴等。中国引文数据库提供 Elsevier、Springer、Taylor & Francis 等 600 余个著名国外数据库的英文数据。

中国专利全文数据库是完整收录并动态更新中国专利文献的大型专利图文数据库，与国家知识产权局知识产权出版社合作建设，内容全面、权威、实用，也是专注于科技研究、科技产出整合关联的专利数据库。收录 1985 年 9 月至今的发明专利（公开和授权）、实用新型专利、外观设计专利等内容。按照国际专利通用的分类方法划分为八个专辑：人类生活必需（农、轻、医）、作业与运输、化学与冶金、纺织与造纸、固定建筑物（建筑、采矿）、机械工程、物理、电学。

中国年鉴网络出版总库是我国拥有国家标准刊号连续出版的年鉴全文数据库，是目前国内年鉴数据库市场上非常完整且权威的产品。在先进的专业检索、知识挖掘、数字化学习与研究等系统功能支持下，它既全面展示我国纸质年鉴资源的原貌，又运用国内先进的数图开发技术，深度开发利用了纸质年鉴中的信息资源，将 5 000 多种年鉴内容以条目为基本单位，重新整合、标注、归类入库，进而形成一个涵盖全面、系统反映国情资讯的信息资源库。

中国工具书网络出版总库是高度集成、方便快捷的工具书检索系统。为满足不同用户喜好，共设有三个版本，分别为数据库版、桌面版、网站版。收录我国 200 多家出版社正式出版的语言词典、专科辞典、百科全书、医学图谱、图录（鉴）、年表等共 2 000 多部工具书，词条数达 1 000 万条，图片 70 余万张。

中国图书全文数据库（心可书馆）集图书检索、专业化推荐、在线研学、在线订阅功能于一体。通过参考文献、引证文献等关联关系，实现了图书内容与其他各类文献的深度关联融合。收录图书覆盖人文社科、自然科学、工程技术等各领域，并实时更新。

二、中国知网的使用

1. 登录

中国知网的网址为 http://www.cnki.net/，登录方法包括校内（单位内）IP 直接登录和个人账户登录。在局域网范围内，检索者可以直接登录，而局域网外个人用户登录中国知网时需要输入个人账户和密码，然后进行查询和下载论文。

2. 基本检索

中国知网的“基本检索”使用便捷，登录后如图 5－1 所示，有一个检索框，在检索框左侧选择单个检索字段，输入关键词进行检索。例如：篇名、作者、关键词、主题、全文、篇关摘等。获得检索结果后，可以按照相关度、发表时间、被引用、被下载等方式将检索结果进行排序。

图 5－1　中国知网基本检索界面

3. 高级检索

点击网站首页检索框右侧的“高级检索”则进入高级检索界面，如图 5－2 所示。显示多个检索框，可以点击加号增加新的检索框，点击减号删除检索框。每个检索框可以选择检索字段，然后选择检索框之间的逻辑运算符号，可选的逻辑运算包括 AND、OR、NOT，还可以限定论文发表时间范围。设置完毕后，点击“检索”，就可以得到检索结果。

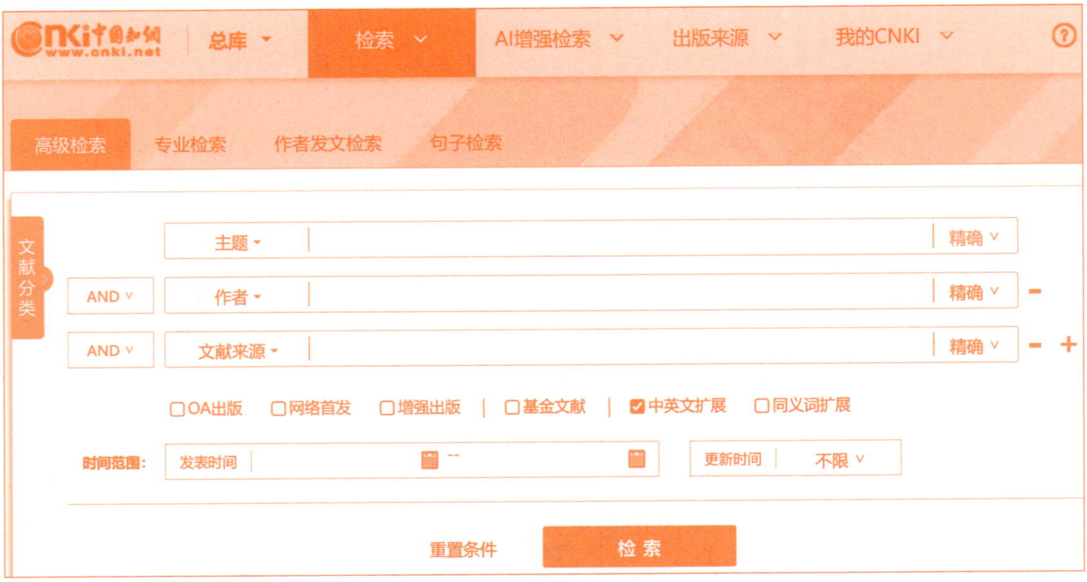

图 5-2　中国知网高级检索界面

4. 专业检索

在高级检索界面点击“专业检索”则进入专业检索界面，如图 5-3 所示，需要检索者直接在框中编辑检索式。该界面右侧有专业检索的使用方法介绍。可以组合多个检索字段进行灵活的逻辑运算，每个字段可限定的检索词数量较多，能够帮助用户提高检索结果的效率与准确度。

图 5-3　中国知网专业检索界面

专业检索界面提供给检索者的检索字段与标识包括：SU＝主题、TKA＝篇关摘、KY＝关键词、TI＝篇名、FT＝全文、AU＝作者、FI＝第一作者、RP＝通讯作者、AF＝作者单位、FU＝基金、AB＝摘要、CO＝小标题、RF＝参考文献、CLC＝分类号、

LY=文献来源、DOI=DOI、CF=被引频次。

专业检索示例 1：

检索式：TI=‘生态’ and KY=‘生态文明’ and（AU‘陈’+‘王’）

可以检索到篇名包括“生态”、关键词包括“生态文明”并且作者为“陈”姓和“王”姓的所有文章。

专业检索示例 2：

检索式：SU=‘北京’ * ‘奥运’ and FT=‘环境保护’

可以检索到主题包括“北京”及“奥运”并且全文中包括“环境保护”的信息。

专业检索示例 3：

检索式：SU=（‘经济发展’+‘可持续发展’）*‘转变’－‘泡沫’

可检索“经济发展”或“可持续发展”有关“转变”的信息，并且可以去除与“泡沫”有关的部分内容。

5. 作者发文检索

在高级检索界面，点击“作者发文检索”则进入作者发文检索界面，如图 5-4 所示。点击检索框右侧的加号或减号，可以增加或者减少检索框。每个检索框可以选择字段，供选择的字段有：作者、第一作者、通讯作者、作者单位。选择完毕后，输入对应的检索词。检索框左侧可以选择不同检索框之间的逻辑运算，包括 AND、OR、NOT 三种。所有设置完毕后，点击“检索”即可获得检索结果。

图 5-4 中国知网作者发文检索界面

6. 句子检索

中国知网上还有一种检索方式为“句子检索”，它是一种信息检索任务，其核心目标是从大量文本数据中找出与给定查询句子最相关的句子。不仅可以实现全文检索，还可以通过将检索范围限定为“同一句子”来进一步缩小检索范围。句子检索的主要功能是检索出在同一句话或者同一段话中出现了指定的两个检索词的文献。总之，句子检索可以方便用户锁定高度相关文献。句子检索界面如图 5-5 所示。

图 5-5　中国知网句子检索界面

7. 结果的浏览与排序

中国知网检索结果界面如图 5-6 所示，可以进行分组浏览、排序等。在界面左侧有分组浏览选项，分组依据有：主题、来源类别、学科、研究层次、年度、文献类型、文献来源、作者、机构、基金和 OA 出版。排序浏览方式有：主题排序、发表时间、被引次数、下载次数等，可以按照升序或者降序排序。

图 5-6　中国知网检索结果界面

点击结果界面左侧的主题，可以按照主题进行分组预览，进一步筛选需要检索的主题，帮助检索者了解不同研究主题及其发表论文数量，形成相关领域的全局知识结构，方便检索者学习和研究，使得文献选择更精细准确。点击主题选项右侧的条状图标，可以得到主题分布条状图，如图 5－7 所示。

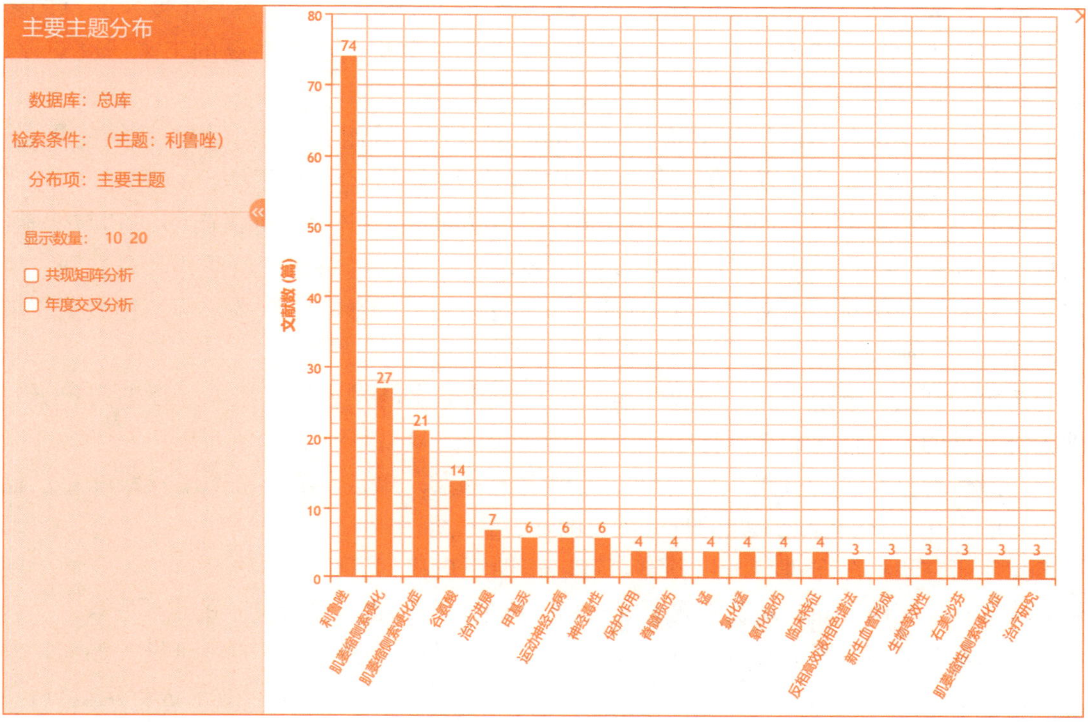

图 5－7　主题分布分析界面

按照学科分布进行分组预览时，列出的文献集合会显示其在不同学科之间的分布，有助于用户了解交叉学科、拓宽信息范围、延伸研究领域。如图 5－8 所示，进行结果分析时会显示出相关学科及其比例，从而帮助用户迅速锁定相关研究方向。

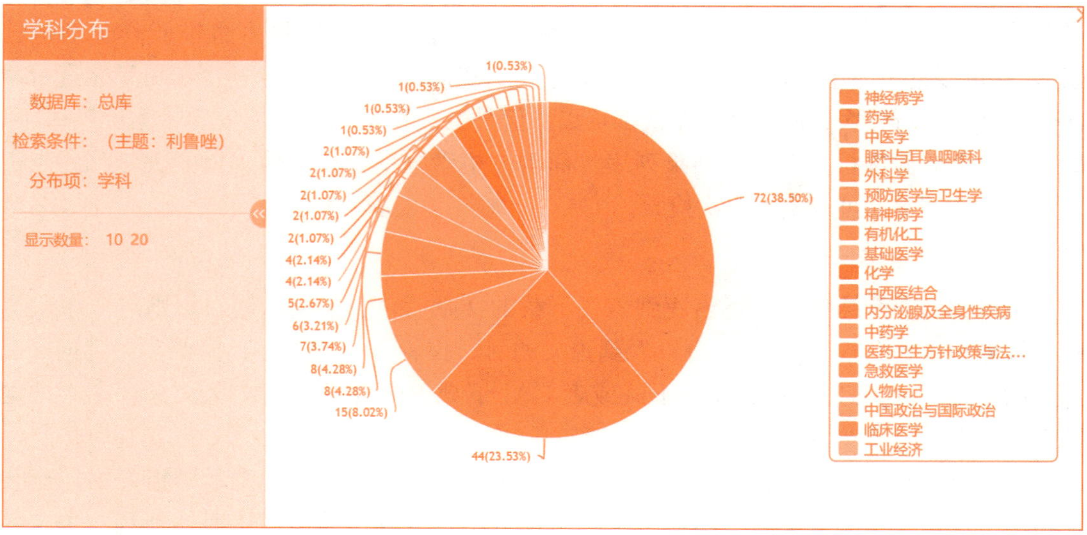

图 5－8　学科分布分析界面

还有其他多种分析方法，比如按照论文发表年度、研究层次、文献来源类别、期刊、作者、研究机构、基金、是否为 OA 期刊等，下面仅做一些介绍，不再展示其分析结果。

按照发表年度分布进行分组预览，可以帮助用户了解某一主题每一年度发文章的多少并掌握该主题研究成果随时间变化的趋势，进一步分析出所查主题的未来研究热度、研究趋势。

按照研究层次分布进行分组预览时，用户可以根据分组查到国家相关政策的研究、工程技术成果、行业技术发展等，从而实现对整个学科领域全局的了解。

按照来源类别进行分组预览，可以帮助用户方便地选出学术价值高的期刊与文献，从总体上判断这一领域期刊的质量以及这一领域分布在哪些期刊上。期刊来源类别主要有北大核心、中国科学引文数据库、WJCI（科技期刊世界影响力指数）等，代表期刊被不同评价体系所收录。

按照期刊进行分组预览，可以了解某一期刊相关主题发表论文数量，帮助用户更好地了解文献的分布情况和来源特征。

按照作者分布进行分组预览，可以找到学术专家、知名学者，帮助用户跟踪自己已知学者的发文情况、发现未知的且有潜力的学者。

按照研究机构分布进行分组预览，可以帮助用户找到有价值的研究单位，全面了解研究成果在全国的分布，跟踪重要研究机构的成果，所以也是选择文献的重要手段。

按照基金分布进行分组预览时，用户可以了解国家对这一领域的科研投入如何，对口申请课题。此外，国家科研管理人员也可以对某个基金支持科研的效果进行定量分析、评价和跟踪。

按照是否为 OA 期刊进行分类，可以筛选开放获取（Open Access，OA）模式发表的论文。

8. 二次检索

在获得检索结果后，可对结果进行二次检索。二次检索是用户在当前检索结果的文献范围内，再次输入检索条件继续缩小检索结果的范围。二次检索也被叫作“渐进检索”，它可以逐渐缩小文献范围，尽量精准地找到查询目标。二次检索并不是只能进行两次，实际上进行三次、四次乃至多次都可以。但是二次检索必须在前一次检索的结果下，即二次检索界面进行。在检索结果列表界面上方检索框中，再次输入检索关键词，点击“结果中检索”，就可以实现二次检索。

9. 查看单篇结果

可以浏览查询结果列表，当找到需要下载的文献后，点击文献题目，则进入单篇文献详情界面，如图 5 - 9 所示。可以看到论文题目、作者、作者单位、摘要、关键词、基金资助信息、分类号；点击 PDF 下载或者 CAJ 下载，则可以将论文全文保存在本地电脑上。

可对检索到的文献进行引用、收藏、分享、记笔记等。在单篇文献详情界面还会自动给出引证网络、参考文献、相似文献等引证分析，可以帮助用户快速捕捉到相关文献信息和相关文献脉络。

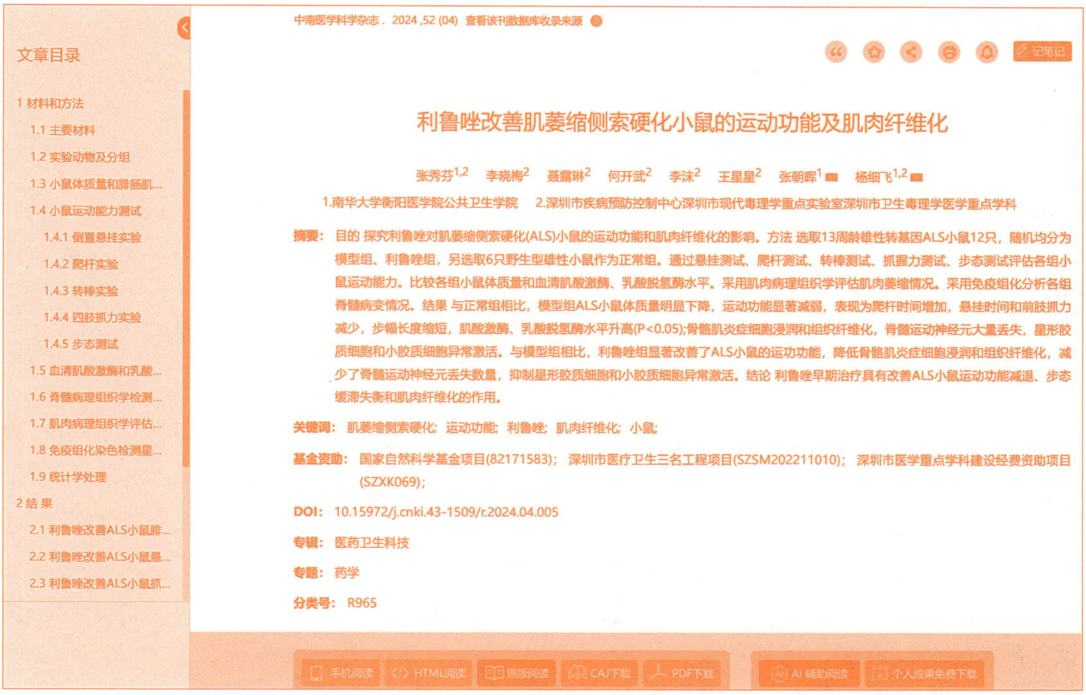

图 5-9　中国知网单篇文献详情界面

第 2 节　万方数据知识服务平台

一、万方数据知识服务平台概述

万方数据知识服务平台（Wanfang Data Knowledge Service Platform）是国内知名的知识资源出版、增值服务平台，由北京万方数据股份有限公司开发。目前万方数据知识服务平台出版的资源总量超过 2 亿条，全方位覆盖各学科、各行业。基于海量知识资源，运用科学的方法和先进的信息技术，构建了多种信息增值服务。

举例介绍万方数据知识服务平台的部分子数据库：

1. 中国学术期刊数据库（CSPD）

中国学术期刊数据库是万方数据知识服务平台的重要组成部分，收集了多种自然科学、人文和社会科学期刊的全文内容。所收录的期刊都拥有国内统一连续出版物号（CN）和期刊出版许可证。万方数据知识平台重视期刊的学术性，其中部分期刊为国内五大核心期刊统计系统期刊。

收录自 1998 年以来的 10 000 余种期刊，其中包含北京大学、南京大学、中国科学院文献情报中心、中国社会科学院、中国科学技术信息研究所等历年收录的核心期刊 3 300 余种，年增 300 万篇，每周 2 次更新数据。

中国学术期刊数据库链接为 https://c.wanfangdata.com.cn/periodical。

2. 中国学位论文全文数据库（CDDB）

中国学位论文全文数据库是万方数据知识服务平台的重要组成部分，精选全国重点学位授予单位的博士、硕士学位论文以及博士后出站报告。内容涵盖理学、工业技术、人文、社会科学、农业科学、医药卫生、航空航天和环境科学、交通运输等各学科领域，是我国收录数量最多的学位论文全文数据库。学位论文库的合作单位包括全部 211、985 高校在内的 900 余所高校，600 余所科研院所等学位授予单位。收录自 1980 年以来的学位论文，每年增加约 30 万篇。

中国学位论文全文数据库链接为 https://c.wanfangdata.com.cn/thesis。

3. 中国学术会议文献数据库（CCPD）

中国学术会议文献数据库由中文全文数据库和西文全文数据库两部分构成，内容涵盖人文、社会、自然、农林、医药、工程技术等各学科领域，是了解国内学术动态的重要信息来源。收录内容以国家级学会、协会、研究会组织以及部委、高校召开的全国性学术会议论文为主。其中，中文全文数据库收录中文论文；西文全文数据库主要收录在中国召开的国际会议论文，多为英文或者其他外文。该数据库收录了 1983 年以来在中国境内召开的会议论文，每月更新。

中国学术会议文献数据库链接为 https://c.wanfangdata.com.cn/conference。

4. 中外专利数据库（WFPD）

中外专利数据库包括中国专利文献、国外与国际组织专利两部分，收录了国内外的发明专利、实用新型专利、外观设计专利等，内容涉及自然科学各个学科领域，是科技机构、大中型企业、科研院所、大专院校和个人在专利信息咨询、专利申请、科学研究、技术开发，以及科技教育培训中重要的专利信息资源。收录内容包括 11 国 2 组织等的专利数据。11 国是指中国、美国、澳大利亚、加拿大、瑞士、德国、法国、英国、日本、韩国、俄罗斯。2 组织是指世界知识产权组织和欧洲专利局。

中外专利数据库链接为 https://c.wanfangdata.com.cn/patent。

5. 中外标准数据库（WFSD）

中外标准数据库收录了所有中国国家标准（GB）、中国行业标准（HB）以及中外标准题录摘要数据，其中中国国家标准全文数据内容来源于中国质检出版社，中国行业标准全文数据收录了机械、建材、地震、通信标准以及由中国质检出版社授权的部分行业标准。

中外标准数据库链接为 https://c.wanfangdata.com.cn/standard。

6. 中国科技成果数据库（CSTAD）

中国科技成果数据库是国内重要的技术成果数据库，可用于科技成果查新、技术转让之前的查重，为技术咨询和技术服务提供信息源，为技术改造、新产品开发、革新工艺提供重要依据。收录自 1978 年以来国家和地方主要科技计划、科技奖励成果，以及企业、高等院校和科研院所等单位的科技成果信息，涵盖新技术、新产品、新工艺、新材料、新设计等众多领域。数据库每两月更新一次，年新增数据 1 万条以上。

中国科技成果数据库链接为 https://c.wanfangdata.com.cn/cstad。

7. 万方科慧（全球科研资助态势追踪服务平台，Sci-Fund）

万方科慧（Sci-Fund）汇聚了中、美、英、日等国家的政府机构/国立科研机构、非营利性组织资助的科研项目，分别选用第四版《中图法》和新西兰/澳大利亚学科分类体系作为中、英两套分类体系，通过直接映射、机器学习等综合方法实现科研项目的学科分类规范，涵盖了理、工、农、医、人文等各学科。在此基础上，依托万方数据知识服务平台的各类科技成果资源，逐步实现科研项目与科技成果的关联，拓展科研数据链条，支撑更广泛、深入的科研创新服务。

万方科慧链接为 https://scifund. wanfangdata. com. cn/。

8. 万方视频数据库

万方视频推出高校课程、学术讲座、学术会议报告、考试辅导、医学实践、管理讲座、科普视频、国外优秀视频、环球高清精选等视频。其中，万方自主拍摄的“中国名师讲坛”和“境内高端学术会议”具有非常好的学术性参考价值，现有资源 3 万余部。

万方视频数据库链接为 https://video. wanfangdata. com. cn/。

9. NSTL 外文文献数据库

国家科技图书文献中心（NSTL）外文文献数据库包括外文期刊论文和外文会议论文。外文期刊论文是全文资源，收录了 1995 年以来世界各国出版的 2 万余种重要学术期刊，部分文献有少量回溯，每年增加论文百万余篇，每月更新。外文会议论文是全文资源，收录了 1985 年以来世界各主要学协会、出版机构出版的学术会议论文，部分文献有少量回溯，每年增加论文约 20 万篇，每月更新。

NSTL 外文文献数据库链接为 https://s. wanfangdata. com. cn/nav/14。

10. 万方选题

万方选题提供高质量论文推荐、高价值选题发现、已定选题新颖性评测等选题支持服务，帮助用户进行论文选题、硕博开题、申报项目选题以及科研管理决策。

万方选题链接为 https://topic. wanfangdata. com. cn/。

二、万方数据知识服务平台的使用

1. 登录

万方数据知识服务平台（以下简称“万方数据”）的官方网站为 http://www. wanfangdata. com. cn，读者所在机构购买使用权限后，在单位 IP 范围内可以直接登录，其他付费用户可以输入用户名密码登录。

万方数据的检索系统（万方智搜）提供基本检索、高级检索、专业检索和作者发文检索等方式。

2. 基本检索

登录万方数据后直接进入基本检索界面，如图 5 - 10 所示。点击“全部”左侧三横线可以弹出子数据库选项，包括期刊、学位、会议、专利、科技报告、成果、标准、法规、地方志、视频等，用户可以选择需要检索的子数据库名称，或选择全部。在检索框中输入检索词，点击“检索”，即可以进行基本检索，得到检索结果。

基本检索可以使用双引号进行精确匹配的限定，同时也可以使用括号以及运算符构建检索式。

图 5-10　万方数据基本检索界面

3. 高级检索

万方数据首页搜索框右侧有“高级检索”选项，点击进入高级检索界面，同时可以看到专业检索、作者发文检索和自然语言检索选项卡，如图 5-11 所示。

图 5-11　万方数据高级检索界面

可以选择期刊论文、学位论文、会议论文、专利、中外标准、科技成果等文献类型，即相应子数据库。点击加号增加检索栏，点击减号删除检索栏。每个检索栏目需要选择检索字段，可供选择的检索字段有：题名或关键词、题名、作者、作者单位、关键词、摘要、中图分类号、DOI、第一作者、期刊-基金、期刊-刊名、期刊- ISSN/CN、期刊-期、学位-专业、学位-导师、学位、会议名称、会议-主办单位等。还可以限定检索结果发表时间，选择中英文扩展、主题词扩展等智能检索功能。

高级检索可以选择检索词精确匹配或模糊匹配，在高级检索的每个检索框中可以输入对应的检索词，也可以在输入框内使用括号以及运算符构建检索式，例如：主题：（网络技术 or 计算机） not 网络。

4. 专业检索

进入万方数据首页，点击搜索框右侧高级检索链接，进入高级检索界面，点击专业检索选项卡，则进入专业检索界面，如图 5 - 12 所示。

图 5 - 12　万方数据专业检索界面

专业检索需要在检索框中输入检索式，适合于专业人员。常用检索字段包括：主题、题名或关键词、题名、第一作者、作者单位、作者、关键词、摘要、基金、DOI。运算符优先级：() ＞not＞and＞or。专业检索可以使用双引号进行检索词的精确匹配限定。

检索举例：

（1）题名：“图书馆” or（摘要：“图书馆” and 作者：张晓林），可以检索到题名包含“图书馆”的文献，或摘要中包含“图书馆”、作者为张晓林的文献。

（2）主题：(“协同过滤” and “推荐”) and 基金：(国家自然科学基金)，可以检索到主题包含“协同过滤”和“推荐”并且基金是“国家自然科学基金”的文献。

（3）题名或关键词：((“协同过滤” and “推荐算法”) or (“协同过滤” and “推荐系统” and “算法”) or (“协同过滤算法”))，可以检索到题名或关键词中包含“协同过滤”和“推荐算法”的文献，包含“协同过滤”和“推荐系统”和“算法”的文献，以及包含“协同过滤算法”的文献。

5. 作者发文检索

进入万方数据首页，点击搜索框右侧高级检索链接，进入高级检索界面，点击作者发文检索选项卡，则进入作者发文检索界面，如图 5-13 所示。

图 5-13 万方数据作者发文检索界面

可以选择文献类型包括期刊论文、学位论文、会议论文、专利、科技报告。点击加号或者减号，增加或者删除检索框。检索框中的字段可以选择作者或第一作者，单位字段可以选择作者单位或会议-主办单位，选择精确匹配或模糊匹配。若某一行未输入作者或作者单位，则系统默认作者单位为上一行的作者单位。还可以限定检索结果发表时间。

6. 检索结果与分析

检索结果列表如图 5-14 所示。

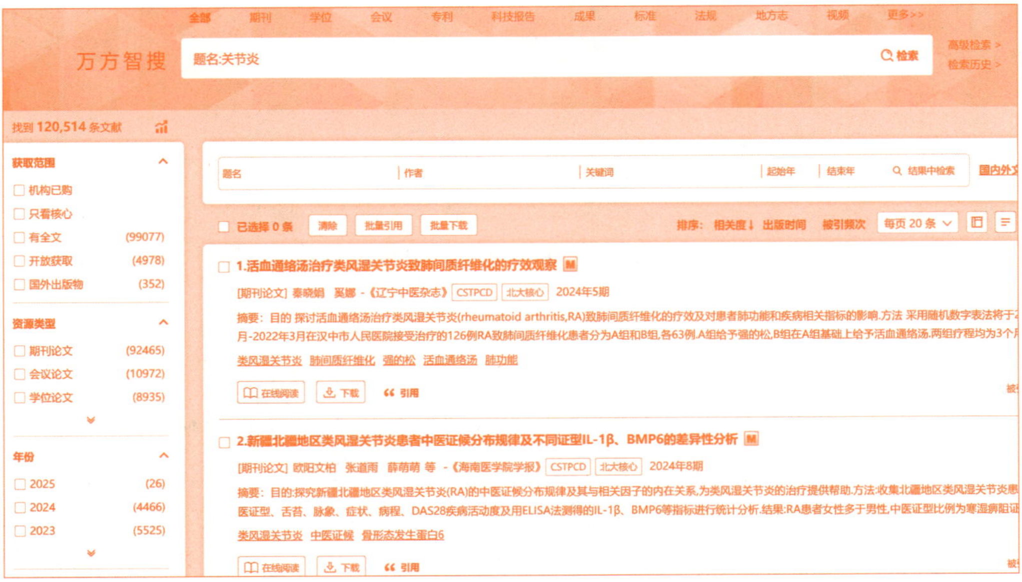

图 5-14 万方数据检索结果列表界面

获得检索结果后，可以把检索结果按照相关度、出版时间、被引频次等排序，可以选择每个网页显示结果的数量，例如 10 条、20 条、50 条等。可以再输入标题、作者、关键词，选择出版时间范围，点击“结果中检索”，进行二次检索。

检索结果自动按照资源类型、年份、学科分类、来源数据库、出版状态、作者、机构等进行聚类。可以点击每个类别，进一步缩小检索结果的范围。点击每个类别也可以对结果进行分析，得到结果数据曲线图、条状图、饼状图等。

可以选择检索结果，导出文献列表，支持多种文献引用格式，例如：NoteExpress、RefWorks、Notefirst、EndNote、BibTex、查新格式、自定义格式等。该数据库不支持批量导出全文。

7. 单篇文献结果

点击结果列表中的题目，进入单篇文献结果界面，如图 5 - 15 所示。

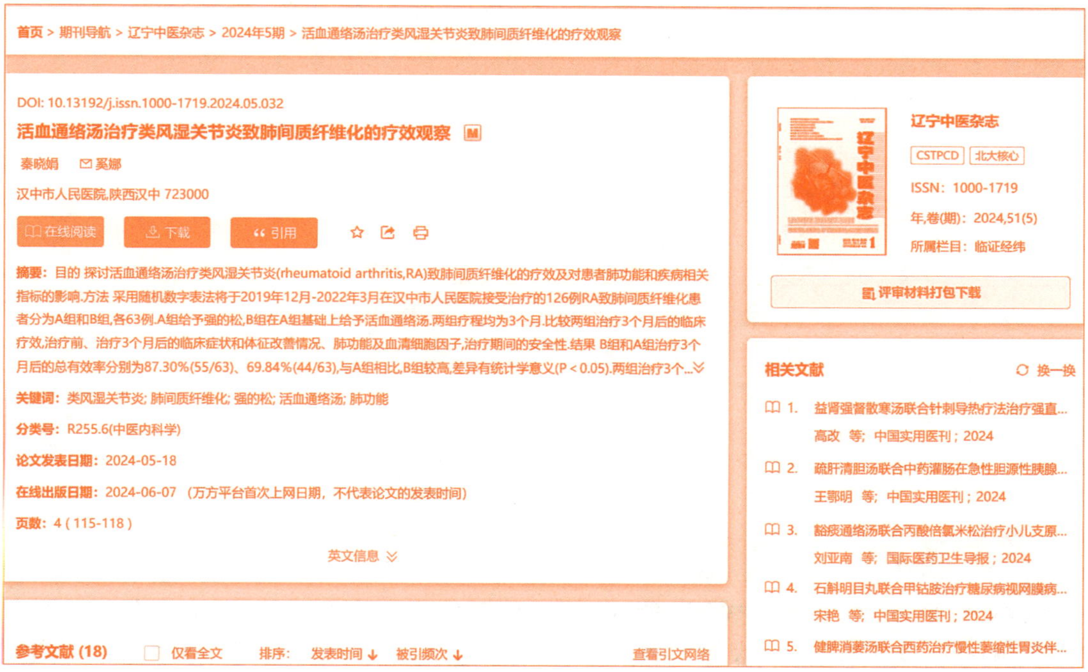

图 5 - 15　万方数据单篇文献结果界面

由单篇文献结果界面可以看到文章 DOI、题目、作者、作者单位、摘要、刊名、年卷期、关键词、分类号、资助基金、页码、全文链接等。在单篇文献结果中还可以看到参考文献、引证文献、同项目论文等，如图 5 - 16 所示。

点击“下载”按键，可以进入全文下载界面，直接下载全文。能够下载期刊论文的范围取决于单位购买期刊的数量。若遇到无法下载全文的情况，可能是因为单位没有购买该期刊的使用权限。

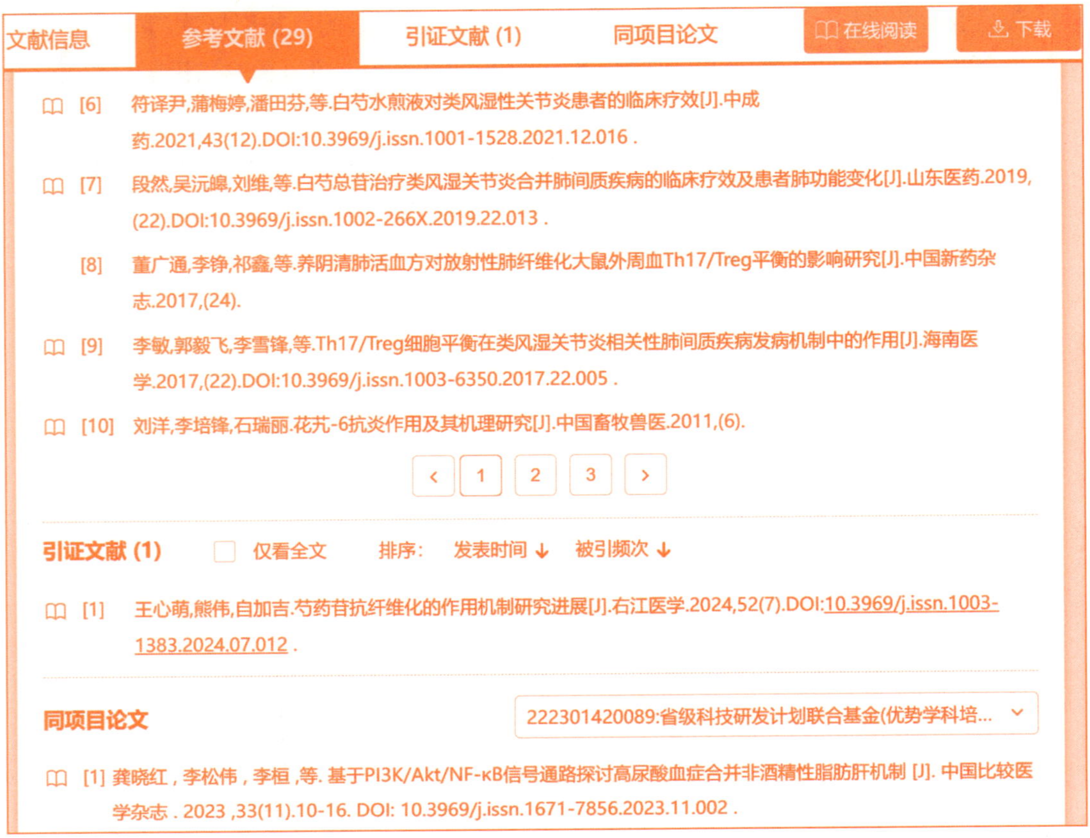

图 5-16　万方数据单篇文献的相关文献

第 3 节　维普经纶知识资源系统

一、维普经纶知识资源系统概述

维普经纶知识资源系统整合海量中外学术资源，涵盖图书、期刊、学位论文、会议、专利、标准、法规、视频等文献类型。每年新增更新量不少于 5 000 万条元数据。通过数据挖掘、自然语言索引、知识关联，为读者快速获取知识。

维普经纶知识资源系统覆盖了 35 个学科大类，457 个学科小类。例如：经济学（应用经济学）、法学（法学、马克思主义理论）、教育学（教育学、体育学）、文学（外国语言文学）、理学（数学、物理学、化学、生物学、生态学）、工学（力学、机械工程、光学工程、材料科学与工程、动力工程及工程热物理、电气工程、电子科学与技术、信息与通信工程、控制科学与工程、计算机科学与技术、建筑学、土木工程、化学工程与技术、交通运输工程、船舶与海洋工程、航空宇航科学与技术、兵器科学与技术、生物医学工程、软件工程、网络空间安全）、医学（药学）、管理学（管理科学与工程、工商管理、公共管理）、艺术学（设计学）、集成电路科学与工程、柔性电子学、无人系统科学与技术等。

维普经纶知识资源系统提供基本检索、高级检索、分面聚类、相关度/时间排序、相关知识对象检索等服务。此外，该系统还有以下特点：

（1）智能的相关性检索。

利用知识关联算法和自然语言算法优化相关度，智能地推荐检索结果排序，保证检索结果的高匹配度。

（2）个性筛选，帮助读者轻松切换知识发现的边界。

可让检索范围在全部文献、数字馆藏、开放获取、纸本馆藏间切换。支持检索偏好设置，读者可自主设置类型、学科、时间等检索因素。

（3）技术标准采用 Hadoop 架构体系，具有高可靠性、高扩展性、高效性、高容错性，支持云服务架构，同时支持 openURL 国际标准协议。

（4）著录标准为《中国图书馆分类法》、《检索期刊条目著录规则》（GB/T3793—1983）、《文献主题标引规则》（GB/T3860—2009）、《文后参考文献著录规则（GB/T 7714—2015）》，严格人工质检，著录错误率≤0.000 3。

二、维普经纶知识资源系统的使用

1. 登录

单位采购维普经纶知识资源系统使用权限后，本单位局域网 IP 范围内直接登录，局域网外用户通过 VPN 获得本单位资源使用权限后才可以登录，官方网站为 http://k.vipslib.com/。

进入网站首页，如图 5－17 所示。界面简洁清晰，最上部有期刊导航、图书导航，并在醒目位置显示使用单位名称和单位标识。中间有基本检索的检索框，各子数据库（期刊、图书、学位、会议等）链接，高级检索和检索历史链接。

图 5－17 维普经纶首页界面

2. 基本检索

维普经纶知识资源系统具备基本检索和高级检索功能。进入网站首页即进入了基本检索界面，如图 5－18 所示。如果选择在全部子库中搜索，则不需要选择子库，可以直接检索。也可以选择期刊、图书、学位、会议、标准、专利、法规、案例、成果、多媒体、报纸等子库，检索不同类型的文献。不同类型文献设置了不同的检索字段，期刊搜索字段有：标题、作者、主题词、期刊名、机构、中图分类号、学科分类号、摘要、ISSN、基金资助。图书搜索字段包括：标题、丛书名、作者、主题词、出版社、中图分类号、学科分类号、摘要、ISBN。学位论文检索字段有：标题、作者、主题词、机构、导师、中图分类号、学科分类号、摘要。标准数据库检索字段包括：标题、主题词、机构、出版社、中图分类号、学科分类号、摘要、标准号。其余子库的检索字段都相同，包括标题、主题词、机构、出版社。

在检索框中输入检索词，点击检索按钮即可获得检索结果。

图 5－18 维普经纶基本检索界面

3. 高级检索

在数据库首页检索框右侧，点击“高级检索”则进入高级检索界面，如图 5－19 所示。点击加号增加检索框，点击减号删除检索框。选择检索框之间的“或、与、非”逻辑关系。选择每个检索框的检索字段，具体字段与基本检索相同。对检索结果进行时间限定，输入出版年份时间范围，勾选中文、英文等出版语言，选择图书、期刊文献、学位论文、标准、会议、专利、法律法规、成果、多媒体等文献类型。选择全部期刊、SCI 收录期刊、SSCI 收录期刊、EI 收录期刊、CSCD 收录期刊、CSSCI 收录期刊、北大核心期刊等期刊类型。

设置完毕，在相应检索栏目中输入检索词，点击“检索”即可获得检索结果。

4. 图书导航

图书导航是一种可以按照图书名字查看和浏览图书内容的检索方式。可以按照语言导航，从中文、英文、法文、西班牙文、德文、日文中选择出版语言；也可以选择电子图书或者馆藏纸本。可以按照学科导航查看图书，具体学科划分包括文学、工学、法学、教育学、经济学等，也可以输入关键词进行检索。界面如图 5－20 所示。

图 5-19 维普经纶高级检索界面

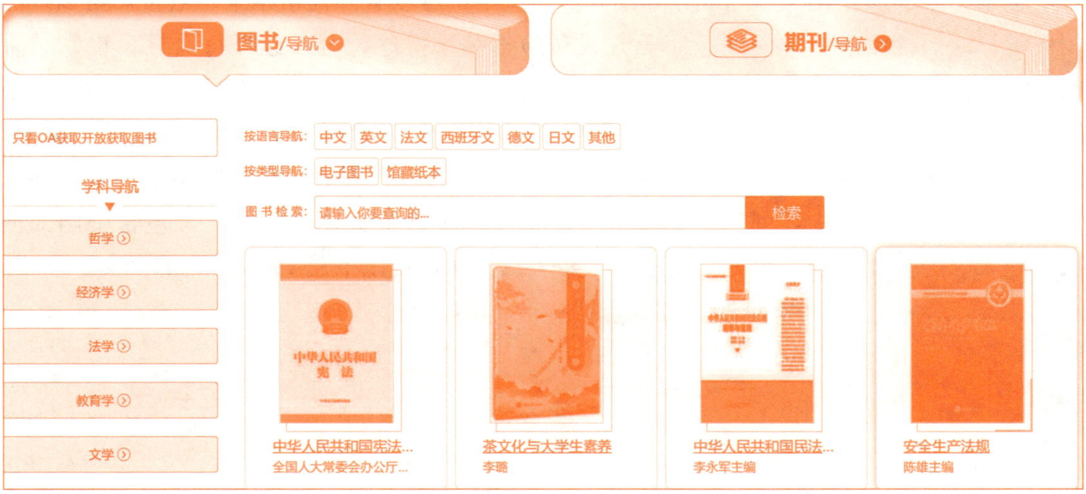

图 5-20 维普经纶图书导航界面

5. 期刊导航

期刊导航是按照期刊名称、类型、出版语言、学科等分类查看期刊的一种浏览方式。中文期刊按照刊名拼音首字母顺序排列，英文期刊按照英文单词首字母排列，读者点击某个首字母，就可以查看该类期刊。还可以按照收录方式分类导航，例如 SCI 收录、EI 收录、SSCI 收录、北大核心、CSCD 收录、CSSCI 来源期刊等。期刊也可以按照学科分类导航，例如工学、医学、理学、法学、经济学、管理学、教育学、文学、历史学等。点击具体期刊，可以按照年、卷、期浏览期刊内容，也可以下载期刊论文全文。界面如图 5-21 所示。

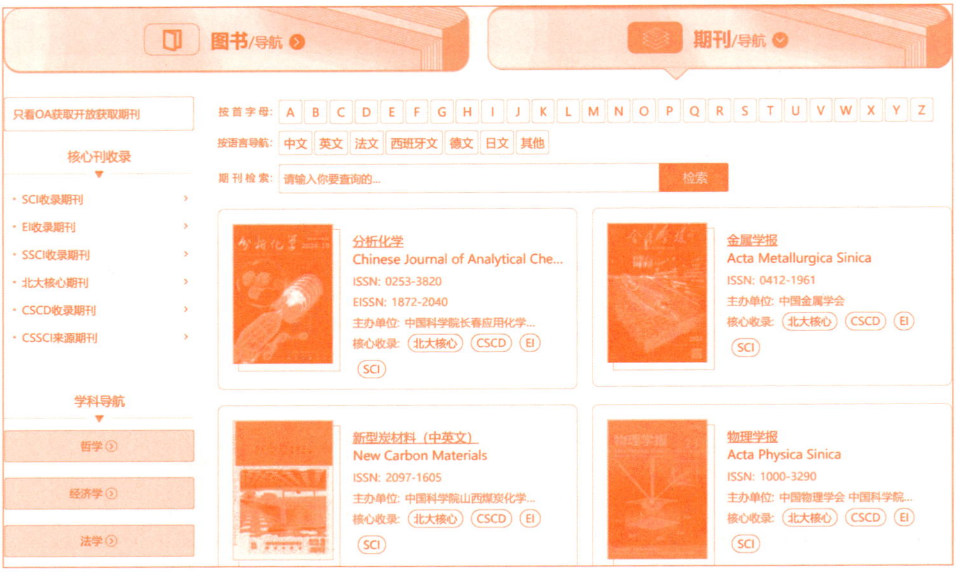

图 5-21　维普经纶期刊导航界面

6. 检索结果列表

检索结果界面就是文献列表，如图 5-22 所示，可以看到检索结果总数量，可以按照相关度、时效性倒序、时效性正序等方式对检索结果排序。可以选择每页显示检索结果的数量，例如 10 条、20 条、50 条等。数据库具有二次检索功能。首先，选择二次检索字段，如标题、作者、主题词、出版物名称、机构、中图分类号、学科分类号、摘要、ISSN、基金资助。接着，点击“在结果中检索”，就可以得到更加精准的检索结果。在结果列表“获取”栏目中，列出了文章全文链接，既包含维普期刊链接，又包含中国知网或其他来源链接，点击链接则直接进入全文下载界面，可以下载 PDF 格式的全文。

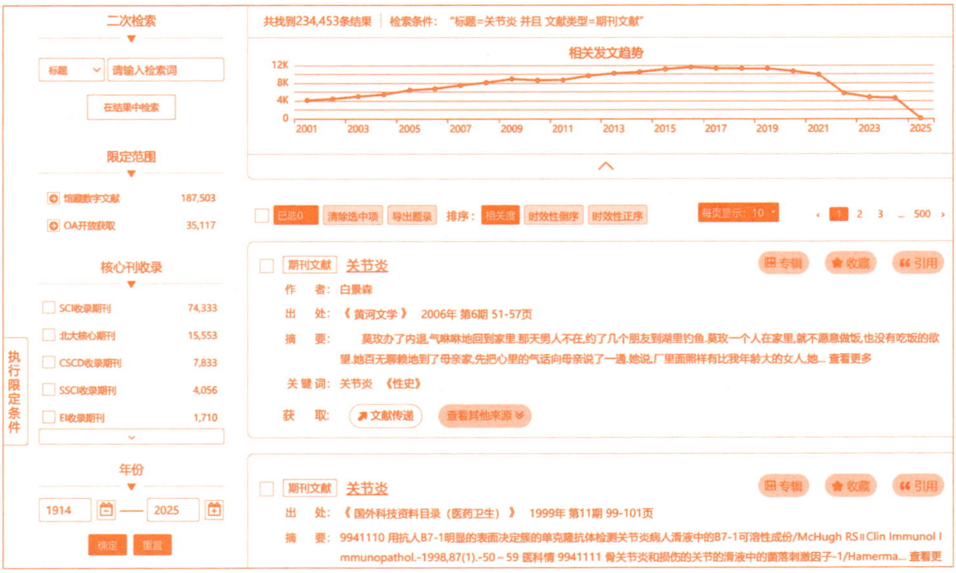

图 5-22　维普经纶检索结果

在检索结果界面，系统还可以自动对结果进行分类，按照中图分类号、学科分类号、主题、机构、作者、语言等进行分类汇总。用户可以点击相应的类别，进入分类后的检索结果列表。选中检索结果，可以将结果题录导出，题录导出的格式有查新（含摘要）、参考文献、XML、NoteExpress、RefWorks、EndNote 等，也可以自定义导出的格式。批量导出操作只能导出题录，而不能导出全文。检索结果导出界面如图 5－23 所示。

图 5－23　维普经纶检索结果导出界面

7. 单篇文献结果

点击结果列表中论文标题，则进入单篇文献结果界面，如图 5－24 所示，界面展示论文题目、作者、作者机构、出版物、年卷期、页码、收录情况、中图分类、学科分类、基金资助、主题、摘要、全文下载途径、相关来源、相关文献等。点击“获取全文”，可以下载全文的 PDF 版。

图 5－24　维普经纶单篇文献结果界面

第4节 超星资源发现系统

一、超星资源发现系统概述

超星资源发现系统（以下简称“超星发现”）可以整合本单位图书馆的图书、期刊、报纸、学位论文、标准、专利等各类文献，实现图书馆电子资源的目录级管理，以数十亿海量元数据为基础，利用数据仓储、资源整合、知识挖掘、数据分析、文献计量学模型等相关技术，较好地解决了复杂异构数据库群的集成整合，以及高效、精准、统一的学术资源搜索，进而通过分面聚类、引文分析、知识关联分析等实现高价值学术文献发现、纵横结合的深度知识挖掘、可视化的全方位知识关联。该系统帮助读者从整体上掌握学术发展趋势，为读者提供便捷、高效而权威的学习、研究工具。

该系统的主要特点包括：

（1）提供海量资源查询。

单位用户可在本单位局域网 IP 范围内，使用超星发现查找海量的图书、期刊、报纸、学位论文、会议论文、标准、专利、音视频等各类文献资源。

（2）提供多维度便捷检索。

采用分面搜索技术，使用户根据实际需要进行任意维度的组配检索、自由扩检和缩检，从而实现文献发现的精准化搜索，检索结果可以按相关性、学术性、时效性、可获得性等需要进行多角度的展示。

（3）提供全方位科研服务。

引文分析：完整揭示图书、期刊、学位论文等多文献类型之间的引证关系，帮助研究学者通过文献引用频率的分析测定某一学科或作者的影响力和重要性。

知识关联：标注多个主题、学科、领域等文献资源的知识发展方向和相互联系，便于发现不同学科领域或者主题之间的知识关联性。

趋势分析：支持单个主题或同类主题的学术产出等方面的对比与增长趋势分析。

（4）可视化展示。

超星发现还为用户提供可视化展示的功能，显示的内容包括主题词关联、作者关联、机构关联、各类型文献分布情况、图书学术发展趋势、期刊学术发展趋势、图书学科分布情况、期刊学科分布情况等。

二、超星发现的使用

1. 登录与基本检索

在购买单位局域网 IP 范围内，直接登录 http://ss.zhizhen.com/?null，进入首页，即基本检索界面，如图 5-25 所示。直接在检索框中输入检索词，进行基本检索。在界面还可以看到高级检索、检索历史、期刊导航、机构导航、大雅相似度、学习空间等链接，点击可以分别进入对应网页。

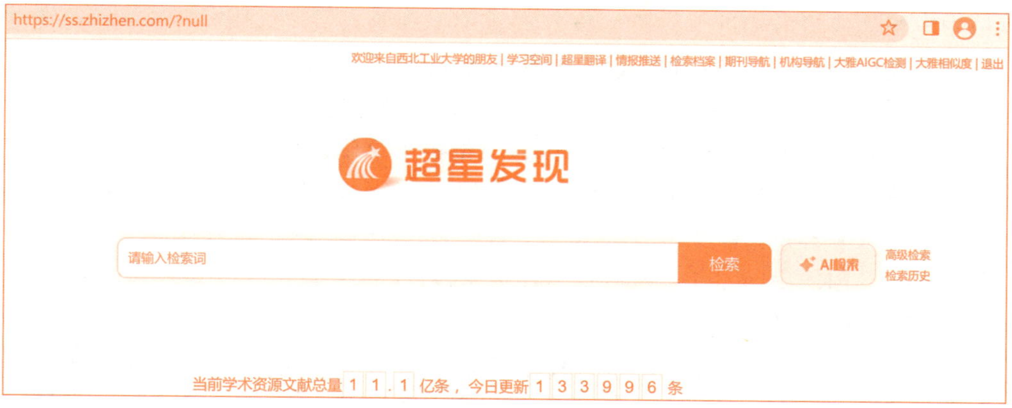

图 5-25　超星发现首页界面

2. 高级检索

在首页或者基本检索界面，点击“高级检索”则跳转至高级检索界面，如图 5-26 所示。高级检索默认按照全部语种、全部文献类型进行检索。若需限定语种，可选择限定中文或者英文。可以选择的文献类型包括：图书、期刊、报纸、学位论文、会议论文、标准、专利、音视频、科技成果、图片等。点击加号增加检索框，点击减号删除检索框，检索框之间需要选择“与、或、非”逻辑运算符。设置每个检索框的检索字段，可以设置为全部字段、主题、题名、作者、摘要、关键词、作者单位，然后在检索框中输入与字段匹配的检索词，同一个字段下可以输入 2 个检索词，并且选择逻辑关系。

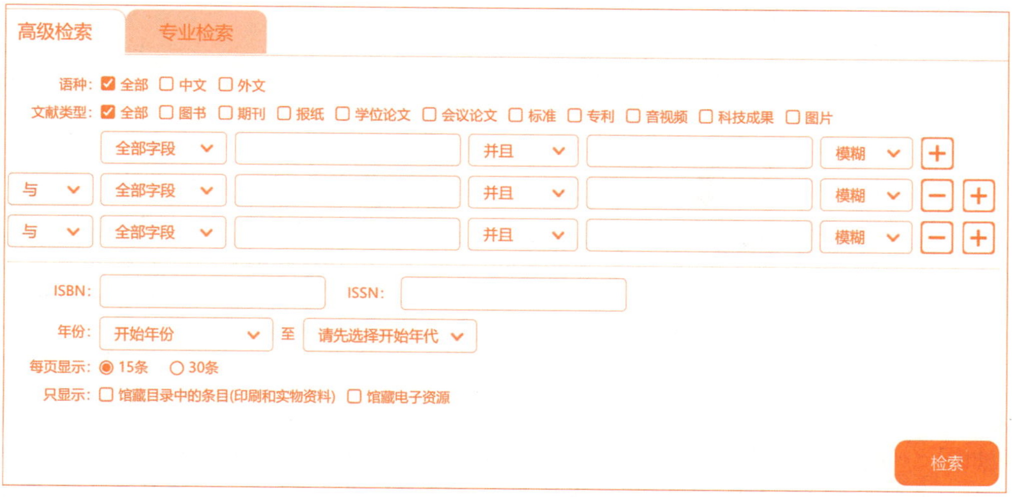

图 5-26　超星发现高级检索界面

为得到更加精准的结果，还可以输入期刊的 ISSN 或者图书的 ISBN。限定出版年份，设置单页显示结果的数量（15 条或 30 条）。选择馆藏目录中的条目或者馆藏电子资源等显示结果的类别。

3. 专业检索

在首页或者基本检索界面，点击“专业检索”则跳转至专业检索界面，用户可以在检索框中直接输入检索式进行检索。该方式适用于专业人员，编辑检索式时需要较强的基础知识，在该网页右侧有专业检索使用说明和检索规则，帮助编写检索式。

通用字段：T=标题（书名、标题），A=作者（责任者），K=关键词，S=文摘（摘要、视频简介），O=作者单位（作者单位、学位授予单位），Su=主题（标题、关键词、摘要），Z=全部字段，Y=年（出版发行年、学位年度、会议召开年、专利申请年、标准发布年），Clc=中图分类号。

文献类型：BK=图书，JN=期刊，DT=学位，CP=会议，PT=专利，ST=标准，VI=音视频，NP=报纸，TR=科技成果。

需要说明的是，检索式中的所有符号和英文字母，都必须使用英文半角字符。

4. 期刊导航

如图 5-27 所示，期刊导航界面对单位图书馆的馆藏资源进行分类管理和显示：按照电子馆藏、纸质馆藏、OA 刊、语种、学科等进行分类，按照刊名首字母、重要期刊、JCR 分区、出版周期等进行导航。在该界面中也提供了针对期刊的基本检索，可选字段有刊名、主办单位、ISSN、CN 等。

图 5-27 超星发现期刊导航界面

5. 机构导航

如图 5-28 所示，机构导航界面按照省份划分机构所在地，按照机构类型划分为本科、高等专科学校、科研机构、省级公共图书馆、市级公共图书馆、区县级公共图书馆等。在检索框中也可以输入机构名进行检索。搜索或者导航查找某个机构，点击机构名称链接，超星发现直接给出该机构所有论文、专著、专利等信息列表和汇总数据，同时显示高级检索界面，用户还可以进一步检索，查询该机构的详细情况。

6. 检索结果列表

检索得到的结果以列表或摘要形式呈现，如图 5-29 所示。用户可以在检索框中再次输入检索词，点击“二次检索”进一步缩小检索结果的范围。界面左侧显示对结果的分类汇

图 5-28 超星发现机构导航界面

总，用户可以选择分类，以精炼检索结果。常用的分类有：语言、纸质资源、电子资源、开放资源、本单位成果、学科分类、作者、作者单位、出版年份等。检索结果以摘要模式或列表模式展现，检索结果也可以按照馆藏优先、出版日期、相关性、引文量等规则排序。

图 5-29 超星发现检索结果界面

每条结果中都给出了文献获取途径，将本馆可用的全文来源链接逐个列出，例如，本馆纸质资源、超星期刊、超星图书、中国知网、维普、万方等。用户点击这些全文链接，则可以下载到全文的 PDF 文件。如果本馆没有购买全文资源，则提供文献传递链接，自动跳转至全国图书馆参考咨询服务平台，用户输入邮箱等即可申请文献传递，该操作需要所在单位已经购买文献传递服务才可以使用。

7. 单篇文献结果

点击结果列表中的文献题目，则进入单篇文献结果界面，如图 5－30 所示，界面上可见文献标题、获取途径、作者、作者单位、期刊名、年卷期、页码、ISSN、关键词、分类号、学科编号、摘要等，还提供相关文献链接、相同作者的文献链接、相同单位的文献链接等。

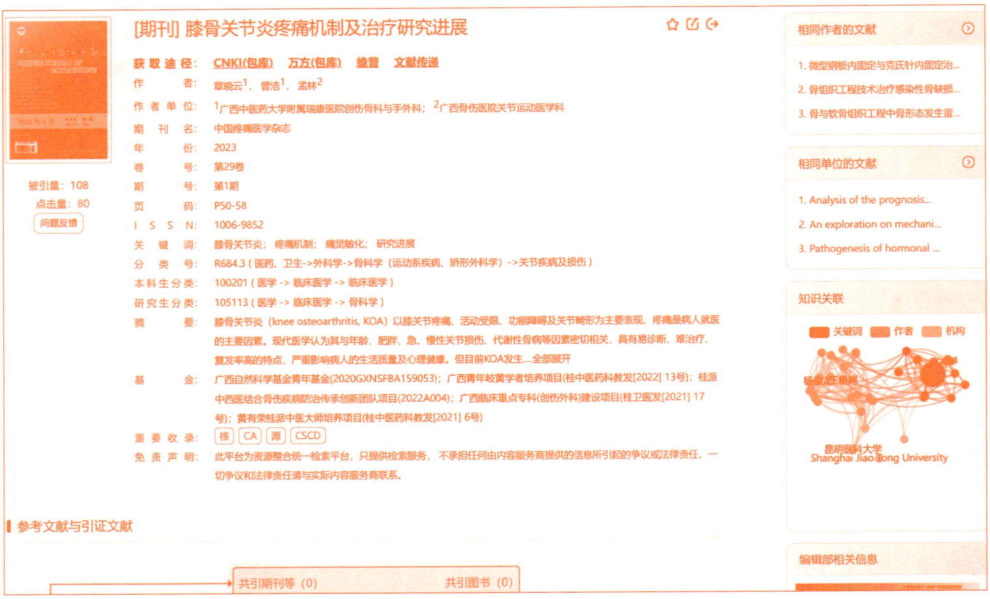

图 5－30 超星发现单篇文献结果界面

8. 超星发现的其他资源

超星发现设有学习空间，面向读者个人开放注册，用来收藏文献目录、检索记录等。超星翻译还提供文件翻译服务，以及大雅论文相似度检测系统，向个人或者单位用户提供论文查重服务。

第 5 节　超星汇雅电子图书数据库

一、超星汇雅电子图书数据库概述

超星汇雅电子图书数据库（以下简称“超星电子图书”）是全球知名的规模巨大的中文在线图书馆之一，拥有丰富的电子图书资源，中文图书目前已达数百万种，并且每天仍在不断增加和更新。图书涵盖《中图法》22 个大类，拥有大量珍本、善本、民国图书等稀缺文献资源。

超星电子图书有以下特点：

（1）海量图书资源。

内含图书资源数百万种，图书涵盖各学科领域，为高校、科研机构提供宝贵的参考资料。

（2）阅读方便快捷。

图书不仅可以直接在线阅读，还提供下载（借阅，有阅读期限）和打印。具有强大的检索功能，帮助读者及时准确查找到书籍。书签、交互式标注、全文检索等实用功能可以让读者充分体验到数字化阅读的乐趣。24 小时在线服务，读者可随时随地进入超星数字图书馆阅读图书，不受地域和时间限制。

（3）先进技术依托。

专为数字图书馆设计的 PDG 电子图书格式，具有很好的显示效果，适合在互联网上使用。

（4）使用超星发现选择图书，也可以跳转至超星电子图书，查看和借阅。

二、超星电子图书的使用

1. 登录

所在单位购买权限后，局域网 IP 范围内用户均可直接登录，其官方网站为 http://www.sslibrary.com/page/239443/show，进入首页，可以直接检索。

2. 检索

提供基本检索和高级检索两种模式。进入超星电子图书首页，如图 5－31 所示，可以看到检索框，此处为基本检索，输入书名就可以进行检索。检索框下面是按照中图分类号列举的图书名称和数量，点击相应类别可以浏览。

图 5－31 超星电子图书检索首页

在基本检索界面，点击“高级检索”，进入高级检索界面，如图 5－32 所示。高级检索提供多个检索框，主要包括书名、作者、主题词、中图分类号等，选择图书分类（即《中图法》22 类），限定出版时间范围，设置搜索结果显示条数。

图 5-32　超星电子图书高级检索界面

3. 检索结果

检索结果界面如图 5-33 所示，可见图书标题、主题词、作者、出版日期、出版社、页数、中图分类号、ISBN 等信息。提供 EPUB 阅读、PDF 阅读、图像阅读和下载等选项，读者选择结果界面中提供的阅读模式就可以直接阅读。EPUB 是 Electronic Publication 的缩写，即电子出版，是一个自由的开放标准，属于可以自动重新编排的格式，文字内容可以根据阅读设备的特性，以最适于阅读的方式显示。因为涉及版权问题，电子图书不能下载到本地电脑保存，如果允许下载也仅仅是下载该电子图书在数据库中的链接，仍然需要有使用数据库的权限才可以阅读。

图 5-33　超星电子图书检索结果界面

在检索结果界面，可以按照书名、作者、目录、全文检索等字段进行二次检索，可以精炼检索结果，进一步缩小检索结果范围，更加方便读者查到需要的图书资料。

第 6 节 SPIS 学术资源在线

一、SPIS 学术资源在线

SPIS 学术资源在线（SPIS Academic Resources Online）主要由学术期刊指南和学术搜索构成，将学术期刊、学术论文等资源有机融合在一起，为用户提供权威的、与资源网络无缝链接的评价信息和丰富的文献资源，满足用户日益增长的科研需求。

1. 学术期刊指南

学术期刊指南整合了全文数据库中的期刊资源，不仅提供期刊的基本信息，还为用户提供了权威的收录与评价信息。它涵盖了外文期刊和中文期刊，使用户能够准确地查找期刊和获取论文，拥有更多选择。该指南包含期刊的刊名、ISSN、主编、国家、出版频次、创刊年、联系方式和简介等内容，帮助用户快速了解期刊。此外，它还包含近 5 年 SCIE、SSCI、ESI、EI、CSCD、CSSCI、北大核心等主流数据库的收录信息，以及 JCR、中科院 JCR 分区、SJR、Eigenfactor 等期刊评价体系的评价数据，帮助用户从多个角度了解期刊的学术影响力及其变化趋势。该指南还提供期刊主页、数据库链接，以及最近 2 年发表的论文，通过刊内检索和文献传递的方式，进一步拓展了用户获取全文资源的途径。

2. 学术搜索

学术搜索整合了来自出版社、数据库以及开放获取的海量资源，构建了引文网络，为用户提供了一站式的检索文章、评估学术论文影响力以及获取全文的服务。它支持基本检索和高级检索功能，以确保检索结果的精确性；同时，系统内建了论文的引用关系，并提供论文的总被引频次，帮助用户评估学术论文的质量。学术搜索覆盖了国内外主要的全文数据库中的学术论文，并且有超过 2 000 万条的开放资源信息可供用户直接下载。此外，它还提供个性化的本馆馆藏资源配置，使用户能够直接从数据库中获取所需的全文。

二、SPIS 学术资源在线的使用

1. 登录

SPIS 学术资源在线的官方网站为 http://spis.hnlat.com/，购买该数据库使用权限的单位局域网内所有 IP 可以直接访问。个人用户在局域网内登录成功后注册个人账号，并且在“账户管理”中提交“校外登录申请”，就可以获得外部 IP 访问 SPIS 学术资源在线的权限。

2. 检索方式——搜文章

SPIS 学术资源在线检索分成搜文章和搜期刊两大类。进入首页，点击网页最上方的“文章”，进入搜文章基本检索界面，如图 5－34 所示，直接在检索框中输入关键词或者文章 DOI，即可获得结果。

图 5-34　搜文章基本检索界面

点击“高级检索”则进入搜文章高级检索界面，如图 5-35 所示。

图 5-35　搜文章高级检索界面

在搜文章高级检索界面搜索框里输入关键词或者文章 DOI，在搜索框下面的限定选项中进行多种选择，形成检索逻辑组配。需要选择模糊检索或精确检索，选择检索字段为关键词或标题，还可以输入作者名字、出版物名称、来源网站，限定发表年份范围和文档类型。可以选择的文档类型有 PDF、DOC、TXT、XLS、PPT。

3. 检索方式——搜期刊

点击 SPIS 学术资源在线首页上方的“期刊”，则进入期刊基本检索界面，可进行期刊查询，也可以采用期刊导航模式浏览期刊，界面如图 5 - 36 所示。

图 5 - 36　搜期刊基本检索界面

基本检索需要在检索框中输入期刊名称或者期刊 ISSN，可以同时选择期刊类型，供选择的期刊类型有 SCIE、SSCI、新版中科院分区（小类）、新版中科院分区（大类）、CSCD、CSSCI、北大核心、SCOPUS。

依次点击“期刊”和“高级检索”，则进入搜期刊的高级检索界面，如图 5 - 37 所示。点击加号增加检索栏，点击减号删除检索栏，选择逻辑运算“与、或”，选择检索字段刊名、ISSN、主题词，在对应字段栏目输入检索词，限定核心评价类型 CSSCI、CSCD、北大核心，点击“检索”即可得到期刊检索结果。

图 5 - 37　搜期刊高级检索界面

在搜期刊基本检索界面点击“期刊导航”进入导航界面，如图 5－38 所示，期刊已经按照首字母排列，最上方可以输入学科名查询该学科下的所有期刊。界面左侧有学科分类体系选项，可以筛选对应的期刊，包括：SCIE、SSCI、A&HCI、新版中科院分区（小类）、新版中科院分区（大类）、ESI、CSCD、CSSCI、北大核心、SCOPUS、EI、卓越行动计划、领域期刊分级目录等。

图 5－38 SPIS 期刊导航界面

4. 检索结果

获得期刊检索结果后，点击进入某个期刊详情界面，如图 5－39，可见期刊具体信息，包括：期刊名、译名、ISSN、EISSN、出版周期、国家、创刊年、发布状态、语种、主编、研究方向、期刊简介、发文主题词、收录情况等。同时提供期刊官方网站、投稿网站、联系电话等。

图 5－39 SPIS 期刊详情界面

点击期刊结果详情中的“期刊分析”，可以查看该期刊发文量 TOP50 的关键词，点击关键词，则可以进一步查看该关键词的相关主题、在本刊的发文趋势、在全网的发文趋势。点击“期刊文章”可以查看该期刊发表的文章列表，也可以通过检索进一步精炼结果。文章列表格式同“搜文章”所得结果。

文章检索结果如图 5 - 40 所示。检索结果列表可以按照相关性和时间进行排序。界面左侧可以进一步筛选，例如年份筛选、出版物筛选、关键词筛选等。每条检索结果下方有全文链接，例如维普期刊平台、中国知网、万方等。如果没有全文链接，读者还可以通过文献求助获取全文。对于开放资源，用户可以直接点击“打开全文”获取全文 PDF 文件。不支持批量导出题录，可以导出单篇文献的题录（参考文献格式）。

图 5 - 40 SPIS 检索结果列表界面

第 7 节 百链云图书馆

一、百链云图书馆概述

百链云图书馆是集合各类学术数据库于一体，实现一站式检索的综合学术服务平台，充分利用资源共享，让进入百链云图书馆平台的读者可以查询到所在学校或者单位图书馆馆藏纸质和电子资源状况，提供全文链接，若有全文使用权限则可以直接下载或者浏览，若无全文使用权限，则提供文献传递。

百链云图书馆已经实现 500 多个中外文数据库系统集成，为读者提供便捷和全面的获取文献资源服务，读者利用百链云服务可以获取 1 000 多家图书馆的文献资料。百链云图书馆文献类型有中外文图书、中外文期刊、中外文学位论文、会议论文、专利、标准等，并且数据数量持续增加。利用百链云图书馆不仅可以获取读者所在单位图书馆所有的纸本和电子资源文献资料，还可以通过文献传递方式获取图书馆中尚未收藏的文献资料。中文资源的文献传递满足率可以达到 96%，外文资源的文献传递满足率可以达到 90%。

二、百链云图书馆的使用

1. 登录

购买使用权限的单位 IP 范围可以直接登录官方网站 http://www.blyun.com，使用百链云图书馆。

2. 基本检索

登录百链云图书馆官方网站，进入首页，即基本检索界面，如果 5－41 所示。

图 5－41　百链云图书馆基本检索界面

百链云图书馆基本检索提供的检索途径包括：全部、期刊、学位论文、会议论文、报纸、标准、专利、图书等。以期刊为检索入口，供选择的检索字段包括标题、作者、刊名、关键词、作者单位、期刊 ISSN、DOI 等。不同检索入口有不同的字段供选择。

选定入口和检索字段，在检索框中输入中文检索词，点击“中文搜索”，系统自动在中文资源中进行查找，很快跳转至检索结果界面。若在检索框中输入英文检索词，点击“外文搜索”，则系统自动在所有外文资源中进行查找，给出检索结果。点击结果中提供的获取全文途径，则可以获得全文。

3. 高级搜索和专业搜索

在百链云图书馆首页，点击检索框右侧的“高级搜索”，则进入高级搜索界面。以期刊高级搜索为例，如图 5－42 所示。点击加号或减号，可增加或删除检索框，选择检索框之间的逻辑关系“与、或、非”，选择检索框前面的检索字段，可供选择的字段有标题、作者、第一作者、刊名、ISSN、关键词、作者单位、内容摘要等。限定年度范围、期刊号范围，选择每页显示搜索结果条数，例如，每页显示 10 条、15 条、30 条等。在检索框中输入与字段对应的检索词，点击“高级搜索”，即可获得检索结果列表。

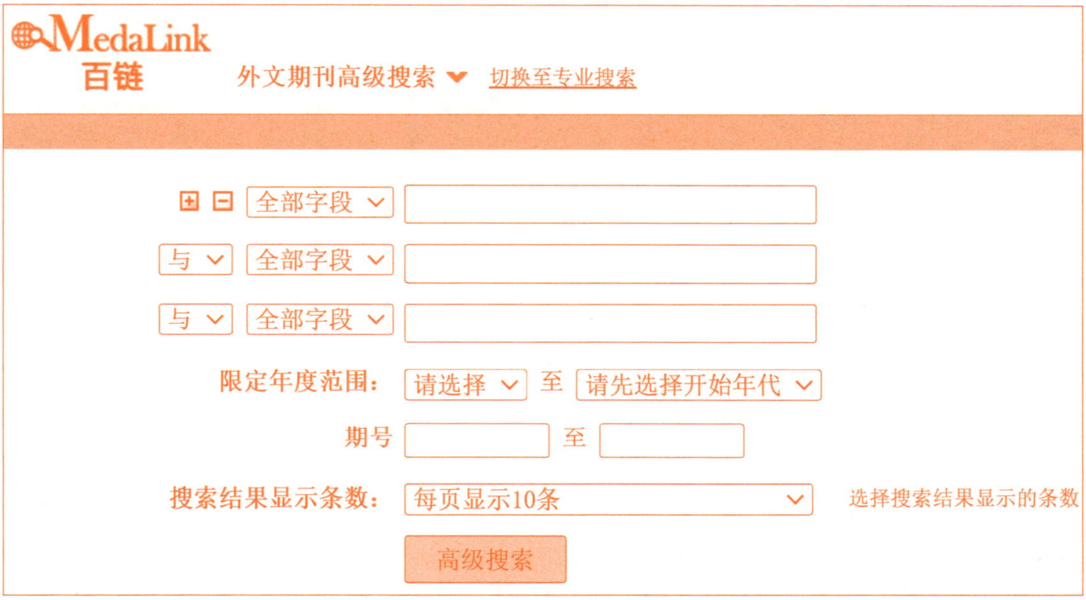

图 5-42 百链云图书馆高级搜索界面

期刊检索还提供专业搜索，即需要编辑检索式。具体使用方法可以参阅页面中的介绍，不再赘述。

4. 检索结果

以期刊为检索入口，以标题为检索字段，检索 arthritis（关节炎），得到结果列表如图 5-43 所示。可以在检索框中再次输入检索词，点击“在结果中搜索”，实现二次检索。也可以进入“高级搜索”继续精炼检索结果。该界面下，可以对结果按照时间降序、时间升序、本馆优先、学术价值等进行排序。检索结果界面自动按照文献类型（电子期刊或者纸质期刊）、年代、学科、期刊种类等进行聚类汇总。每条记录提供获取全文途径，外文全文主要通过 ScienceDirect、ACS、SpringerLink、OA 资源等外文全文库，以及 Web of Science、Scopus 等文摘库（只有文摘和全文链接），还提供了图书馆文献传递链接。中文全文则主要有维普、万方、中国知网等全文来源。

若读者所在图书馆购买了全文库的使用权限，则可以直接下载；若不能下载到全文，可以申请文献传递。

选中结果后，可以导出参考文献格式，具体格式有：引文、EndNote、NoteExpress、查新、Excel、自定义格式等。

点击文献标题，则进入单篇文献的详情界面，可以查看文章中英文题目、作者、刊名、出版日期、页码、ISSN、影响因子、关键词、参考文献格式、基金资助等。结果给

图 5-43　百链云图书馆检索结果界面

出全文获取途径，点击可以获得全文文献的 PDF 版。

关于文献传递的申请，当检索者所在图书馆下载不到全文，则可以点击“图书馆文献传递”进入图书馆文献传递界面，如图 5-44 所示。读者需要输入接收全文的电子邮箱，输入验证码，点击“确认提交”，弹出窗口再次确认，就完成了文献传递申请。该操作对检索者是免费的。

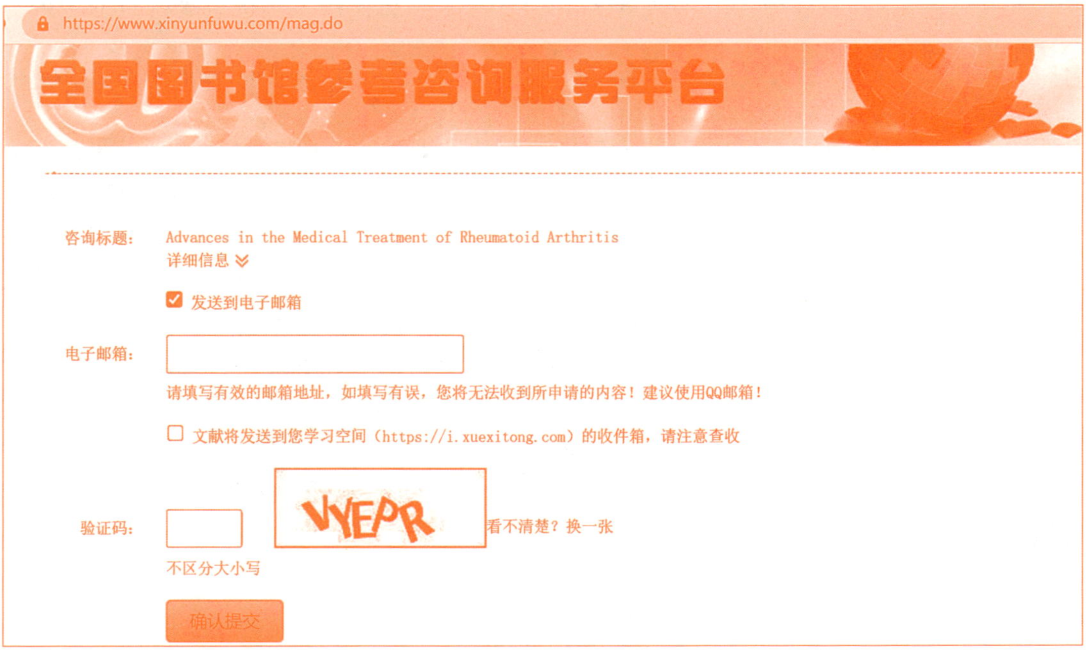

图 5-44　图书馆文献传递界面

习题

1. 常见的中文全文数据库有哪些?

2. CNKI 是什么的简称?

3. 局域网外用户可以直接登录中国知网，查询和下载论文吗?

4. 如果已经知道“作者”和“作者单位”，用户应该如何检索?

5. 中国知网可以批量下载文献吗?

6. 怎么选择文献导出格式?

7. 练习使用本章所学的中文全文数据库，任意选择 1 个数据库，从以下主题词中任意选择 1 个，进行实践训练，并且查询至少 5 篇本年度发表的论文，摘录检索结果题目和摘要作为本题答案。

供选择的主题词：人工智能、物联网、无人驾驶、碳达峰、碳中和。

学习资源

第 6 章 › 外文全文数据库

第 1 节　Elsevier ScienceDirect 全文数据库

一、ScienceDirect 概述

荷兰爱思唯尔（Elsevier）出版集团是全球知名的科技与医学文献出版发行商之一，已有 140 多年的历史。ScienceDirect 是爱思唯尔的全文数据库平台，是全球知名的科学、技术与医学全文电子资源数据库。自 1999 年开始，ScienceDirect 向用户提供电子出版物全文服务，涉及四大学科领域：物理学与工程、生命科学、健康科学、社会科学与人文。该数据库收录全文文章总数已超过 1 900 万篇，包括全球影响力极高的 *Cell*（《细胞》）、*The Lancet*（《柳叶刀》）等杂志。在 ScienceDirect 平台上还可以浏览 100 余位诺贝尔奖获得者的学术研究成果。

ScienceDirect 提供先进的检索工具，帮助科研工作者轻松地发现更多相关文章。可下载 PDF 文件、存储、打印或分享文件。可将文章直接下载至 Mendeley 免费科研文献管理工具，以便与其他人共同完成在线注释与协作。

ScienceDirect 按照学科内容打包期刊，供订阅用户选择，学科分类包括 Materials Science（材料科学）、Business，Management and Accounting（商业、管理和会计）、Computer Science（计算机科学）、Economics，Econometrics and Finance（经济学、计量经济学和金融）、Engineering（工程）、Pharmacology，Toxicology and Pharmaceutical Science（药理学、毒理学和药学）等。

二、ScienceDirect 的使用

1. 登录

官方网站为 https://www.sciencedirect.com/，单位局域网外可以先登录 VPN，再登录该数据库。个人付费用户可以直接登录自己的用户名和密码。

2. 基本检索

进入首页，可见检索框，即为基本检索，如图 6－1 所示。

基本检索界面提供 Keywords（关键词）、Author name（作者名）、Journal/book title（期刊名或书名）、Volume（卷）、Issue（期）、Page（首页码）等字段检索框，在这些框

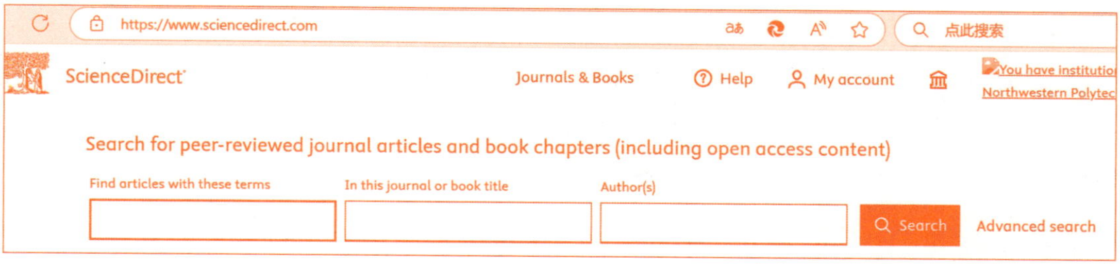

图 6-1 ScienceDirect 基本检索界面

中输入对应的检索词，点击搜索即可以得到检索结果。特别提示，当输入英文词组时要用引号或者小括号括起来，否则，系统默认拆分成不同的实词进行检索。在基本检索界面输入的检索信息越多，结果越精确，特别是输入卷号、期号和页码（首页页码），可以精确查找到一篇目标文献。

3. 高级检索

点击基本检索界面检索框右侧的“Advanced search”，则进入高级检索界面，如图 6-2 所示，显示更多的检索框，主要有“Terms”（检索词）、“Journal or book title”（期刊或图书标题）、“Year”（出版年）、“Author”（作者）、“Author affiliation”（作者单位）、“Volume”（卷）、“Issue”（期）、“Page”（首页码）、“Title, abstracts or keywords”（题目、摘要和关键词）、“Title”（论文题目）、“Reference”（参考文献）、ISSN、ISBN。在对应栏目输入相应的检索词，就可以检索，通过高级检索可以非常精确地找到所需文献。

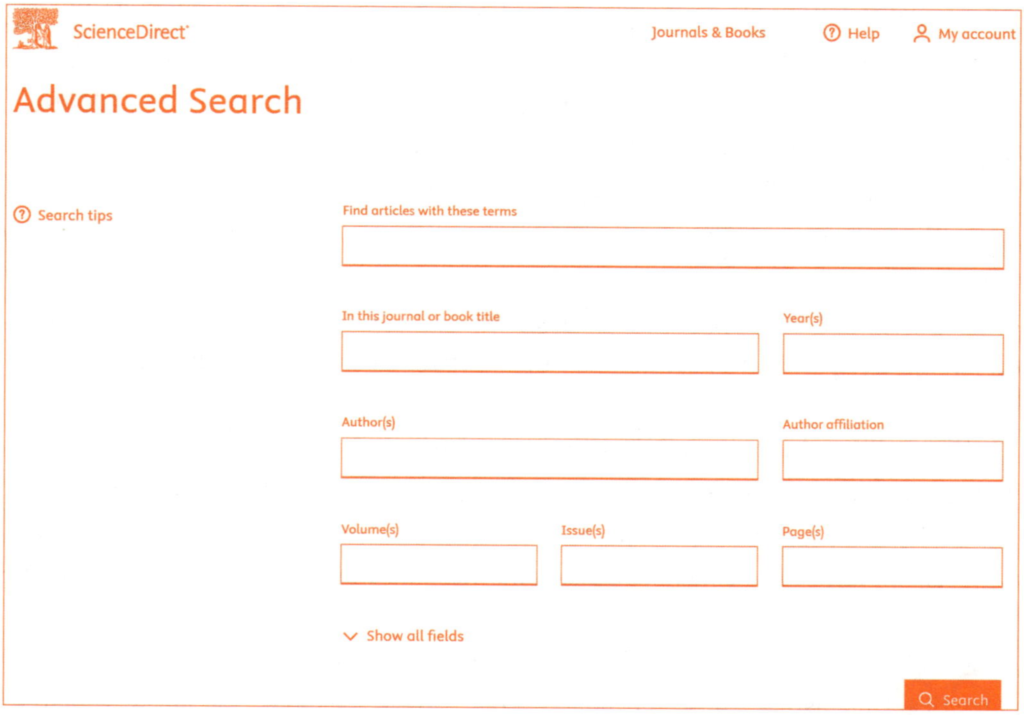

图 6-2 ScienceDirect 高级检索界面

4. 期刊和图书浏览模式

在网站首页，点击“Journal & Books”则进入期刊和图书浏览模式，如图 6－3 所示。可以按照期刊或图书名字首字母逐个浏览，直至找到所需要的期刊或图书。在检索框中输入期刊名或图书名，可直接检索。

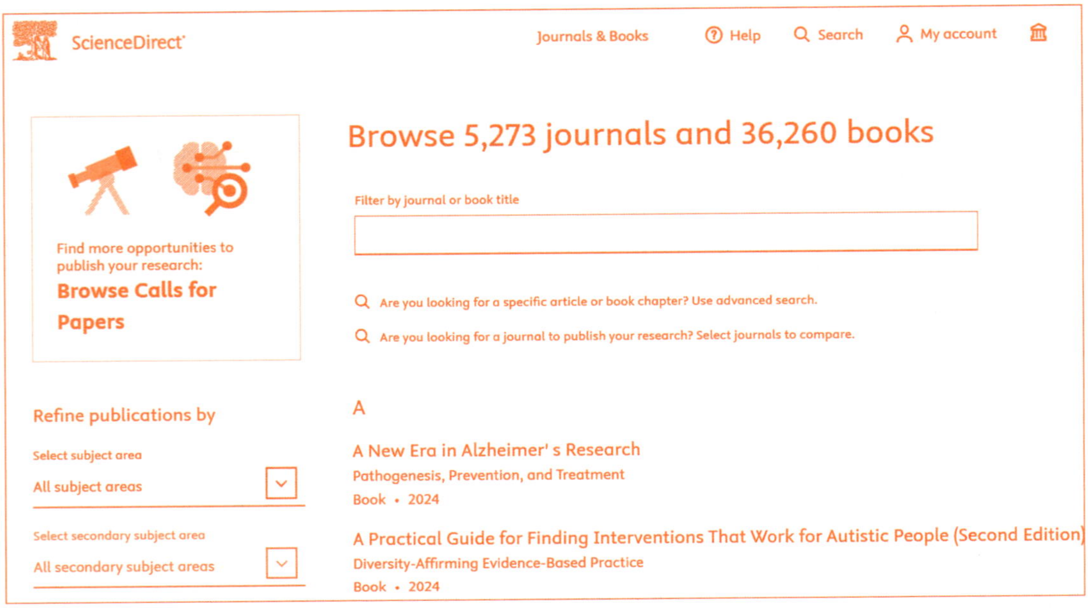

图 6－3　ScienceDirect 期刊和图书浏览界面

在期刊和图书浏览界面，可以筛选不同研究领域（Subject area）的图书，包括：Physical Sciences and Engineering（自然科学与工程）、Life Science（生命科学）、Health Science（健康科学）、Social Sciences and Humanities（社会科学与人文）等四大领域。每个大领域下面又细分了具体领域，例如：

自然科学与工程分为：Chemical Engineering，Chemistry，Computer Sciences，Earth and Planetary Science，Energy，Engineering，Materials Science，Mathematics，Physics and Astronomy。

生命科学分为：Agricultural and Biological Sciences，Biochemistry，Genetics and Molecular Biology，Environmental Science，Immunology and Microbiology，Neuroscience。

健康科学分为：Medicine and Dentistry，Nursing and Health Professions，Pharmacology，Toxicology and Pharmaceutical Science，Veterinary Science and Veterinary Medicine。

社会科学和人文分为：Arts and Humanities，Business，Management and Accounting，Decision Sciences，Economics，Econometrics and Finance，Psychology，Social Sciences。

选择领域以后，还可以选择子领域。例如选择 Chemistry（化学），还可以选择子领域 Analytical Chemistry、Electrochemistry、Inorganic Chemistry、Organic Chemistry 等。

选择 Publication type（出版物类型）进一步缩小检索范围，出版物类型包括：Journals（期刊）、Books（图书）、Textbook（教科书）、Handbooks（手册）、Reference works（参考工具书）、Book series（丛书）等。选择 Journal status（期刊状态），例如 Accepts submissions（接收投稿），表明期刊是正常发行的期刊。选择 Access type（开放类型）继续精炼检索结果，例如 Open access（开放获取）、Contains open access（包含开放获取）、Subscribed & complimentary（订阅 & 赠送）。

经过筛选和查找，可以打开某个具体期刊详情界面，看到该期刊介绍、出版方、期刊每一期的论文、投稿链接等。若打开某个图书详情，可以看到图书介绍、出版社、出版时间等信息。

5. 检索结果

经过检索，得到检索结果列表，如图 6-4 所示，可以按照“年、文章类型、期刊标题、是否为开放版权、研究领域”等进一步缩小结果范围，使结果更精准。结果列表可以按照 Date（日期）或者 Relevance（相关性）排序，选择需要下载的论文前面方框，然后点击“Download selected articles”可以批量下载论文全文 PDF，这是非常好用的功能，但是有数量限制，不建议读者大批量下载全文。选中需要导出的文献，点击“Export”（导出），可以将它们导出为参考文献格式，具体格式包括：RefWorks、RIS、BibTex、Text 等。

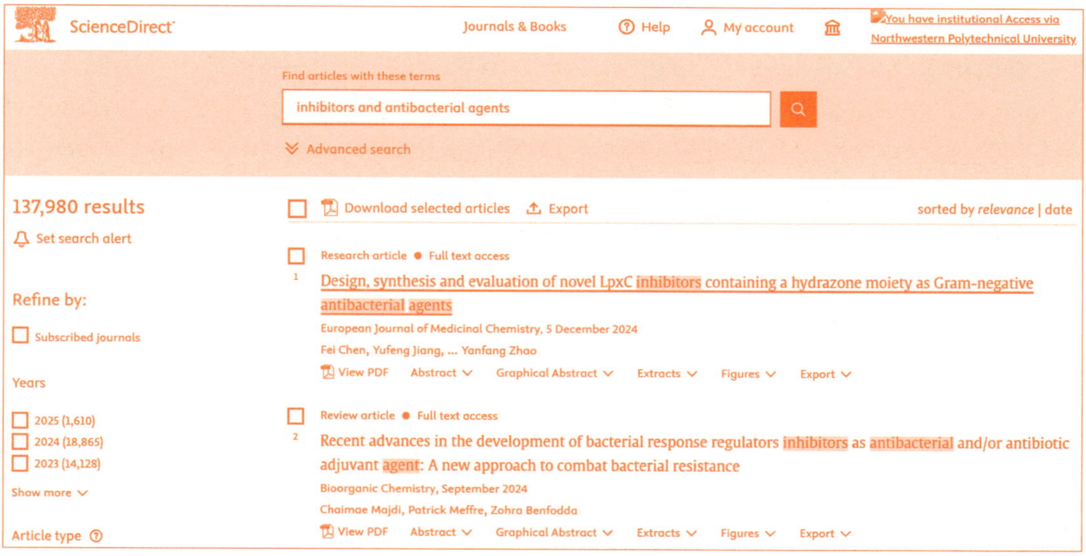

图 6-4 ScienceDirect 检索结果列表界面

每一条检索结果下面还有 View PDF（查看 PDF）、Abstract（摘要）、Graphical Abstract（图文摘要）、Extracts（摘录）、Figures（图）、Export（导出）等链接，点击可以进入对应的界面。每条记录前面会有论文的种类，例如 Research article、Review article。当某一条记录前有“Full text access”则表示可以下载该文献的全文。

点击结果列表中文章标题，可以进入单篇文献详情界面，如图 6-5 所示，可以点击 View PDF，打开文献全文，然后下载保存全文 PDF。

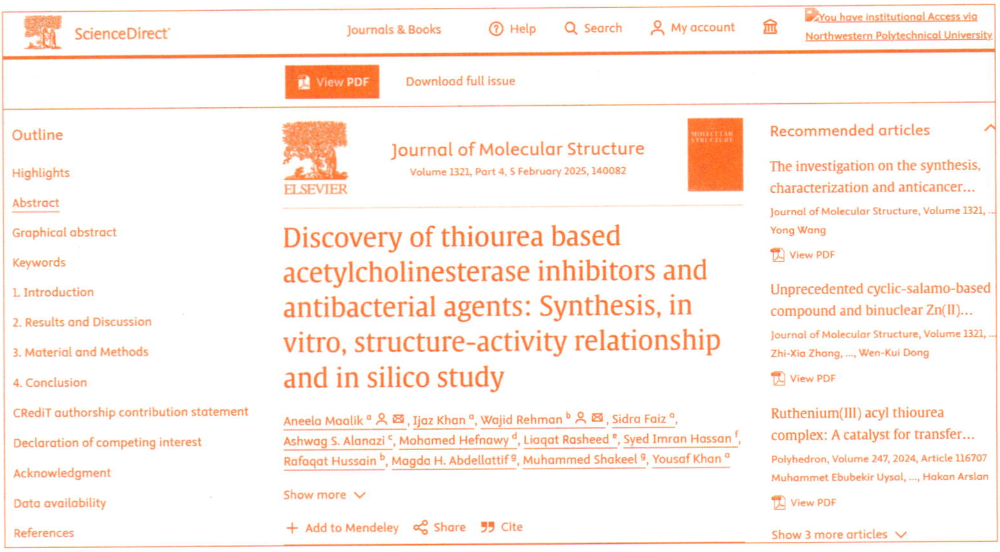

图 6-5 ScienceDirect 单篇文献详情界面

第 2 节 美国化学会数据库

美国化学会（American Chemical Society，ACS）是一个化学领域的专业组织，成立于 1876 年。ACS 是世界上知名的科技协会，会员来自化学界各个分支，会员总数超过 16 万人。美国化学会拥有许多期刊，其中《美国化学会志》（*Journal of the American Chemical Society*）创刊于 1879 年，历史悠久。1907 年，ACS 正式出版了著名的《化学文摘》（*Chemical Abstract*），《化学文摘》成为化学和生命科学研究领域中资料量庞大、非常权威的出版物和数据库。

一、ACS 数据库概述

美国化学会数据库（简称“ACS 数据库”）收录了 ACS 出版的 60 多种电子期刊，且全部能回溯到第一卷第一期，拥有超过 140 万篇文献资料。ACS 期刊被科睿唯安出版的期刊引证报告（JCR）评价为“化学领域被引用次数最多的期刊”，涵盖许多与化学相关的学科，主要包括：物理化学、无机化学、有机化学、分析化学、生物化学与分子生物学、化学工程与工业化学、材料科学与工程、环境科学与工程、地球化学、纳米科学、化学教育、化学计量学与计算化学、聚合物科学、化学毒理学、药物化学、农业与食品化学、超分子化学、核化学等。

数据库的主要特色包括：（1）具有检索、浏览等功能，还可以第一时间查阅到已录用、尚未正式出版的最新文章（Articles ASAP）；（2）用户可以定制 E-mail 通知服务，能够及时收到所关注期刊的最新文章；（3）ACS 的 Article References 可直接链接到 Chemical Abstracts Services（CAS）的资料记录，也可与 PubMed、MEDLINE、GenBank、Protein Data Bank 等数据库相链接；（4）具有增强图形功能，含 3D 彩色分子结构图、动画、图表等；（5）全文论文具有 HTML 和 PDF 两种格式供读者选择。

ACS 数据库的网址为 https://pubs. acs. org/。

二、ACS 数据库的使用

在 ACS 数据库的首页，可见位于顶部的搜索框，直接在搜索框中输入作者名、关键词、文章 DOI 等信息进行检索，如图 6－6 所示。还可以通过期刊名、卷号、论文首页页码等信息精确查找到所需论文，具体方法是：直接点击 Journals 下拉菜单选择期刊名，输入卷号和论文首页页码，点击搜索图标，完成精确查找。

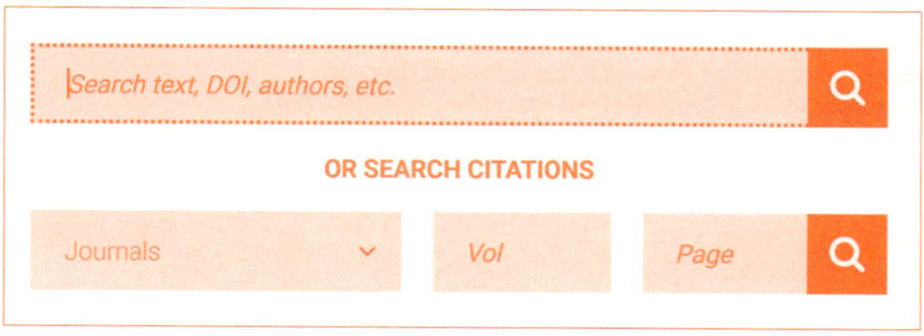

图 6－6　ACS 数据库主界面的检索框

文献检索结果界面如图 6－7 所示，此界面左侧包含所有检索结果的文献类型、发表时间、主题、作者、期刊等多种信息，可以根据需要进行筛选。可以选择每页显示论文的数量，例如 20、50、100 等。在界面右上角可以点击 SORT 下拉菜单对检索结果根据相关性或时间进行排序。界面右侧显示检索结果列表，可看到文章题目、作者、期刊名、年卷期、页码、出版日期、文章 DOI、文章图文摘要等信息，可以在检索结果界面直接点击 Abstract、Full text 或 PDF 等按钮，阅读该论文的摘要、文本全文或 PDF 全文，也可以通过点击论文题目直接进入相应论文的详情界面进行阅读和下载。

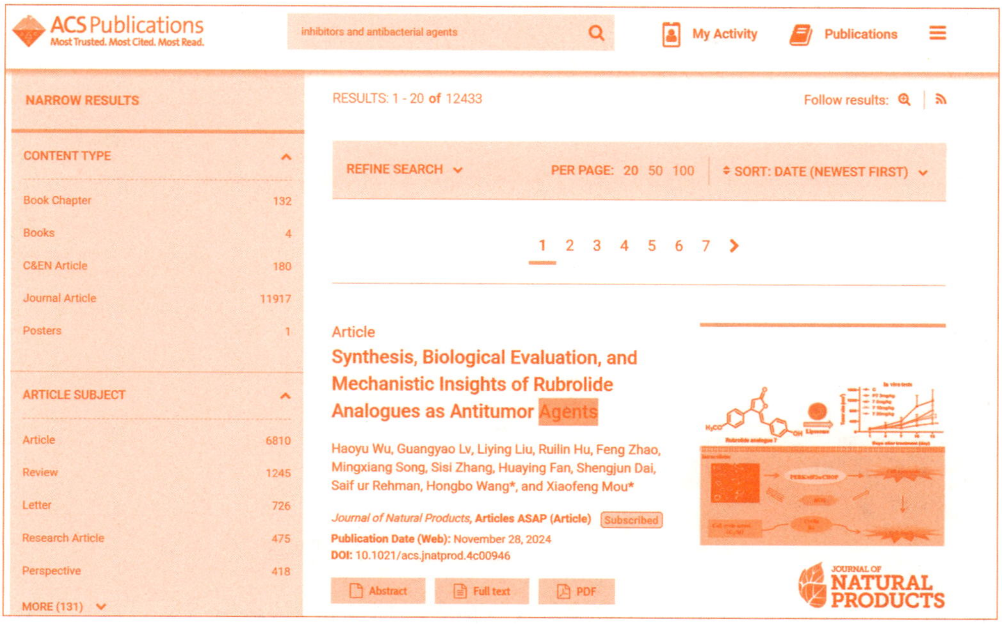

图 6－7　ACS 数据库文献检索结果界面

点击其中一篇论文题目，则进入该论文的详情界面，如图 6－8 所示。该网页显示论文的题目、作者、期刊名、卷期号、发表时间、DOI、版权信息、PDF 下载链接、补充材料链接（Supporting Information）、主题词、分享与引用途径、摘要、图文摘要等信息。当点击 PDF 下载链接时，可进入全文 PDF 文件下载界面，点击保存，即可下载全文。

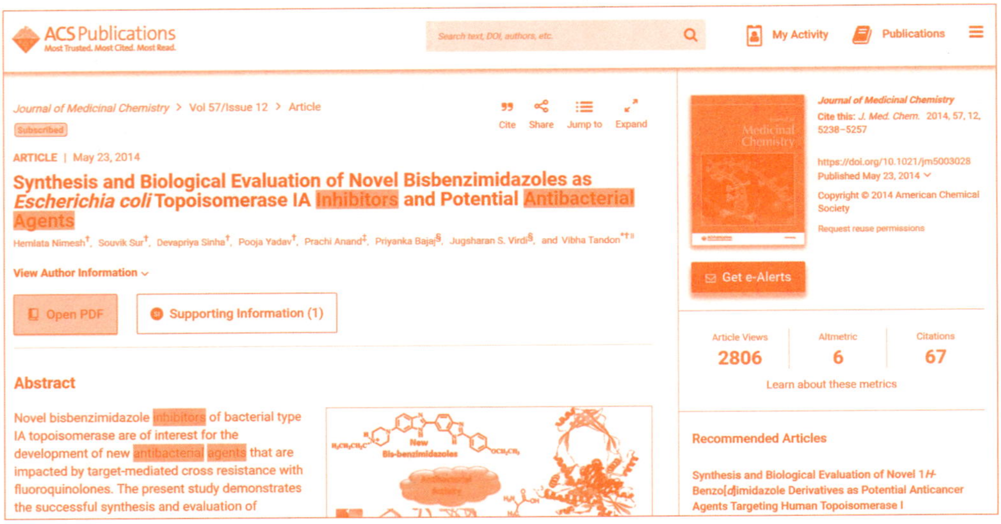

图 6－8　ACS 数据库单篇论文详情界面

当需要引用该文献的详细信息时，可点击论文界面内的 Cite 按钮，获取多种引用格式与导出引用的方法，例如：Citation（引用）、Citation and abstract（引用和摘要）、Citation and references（引用和参考文献）。也可以点击 More citation options 选项选择下载引用格式，如图 6－9 所示。

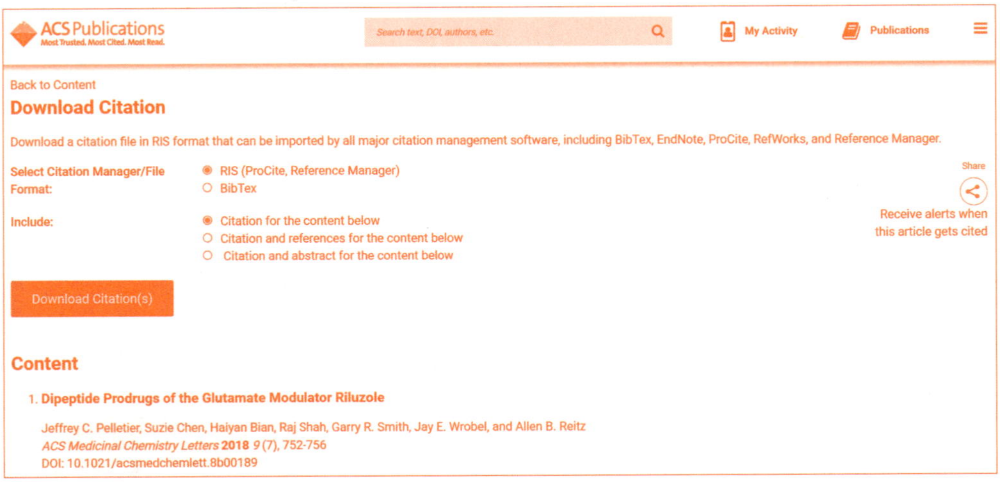

图 6－9　ACS 数据库论文导出引用格式界面

除了由 ACS Publications 首页的检索入口检索具体的文献以外，还可以进入 ACS 旗下某个具体期刊的主页，浏览该期刊自创刊以来所有的期刊论文。点击首页界面右上方的“Publications”，可以打开所有期刊名列表，如图 6－10 所示，按照期刊名称首字母排列，可以选择需要浏览的期刊，直接进入该期刊主页。

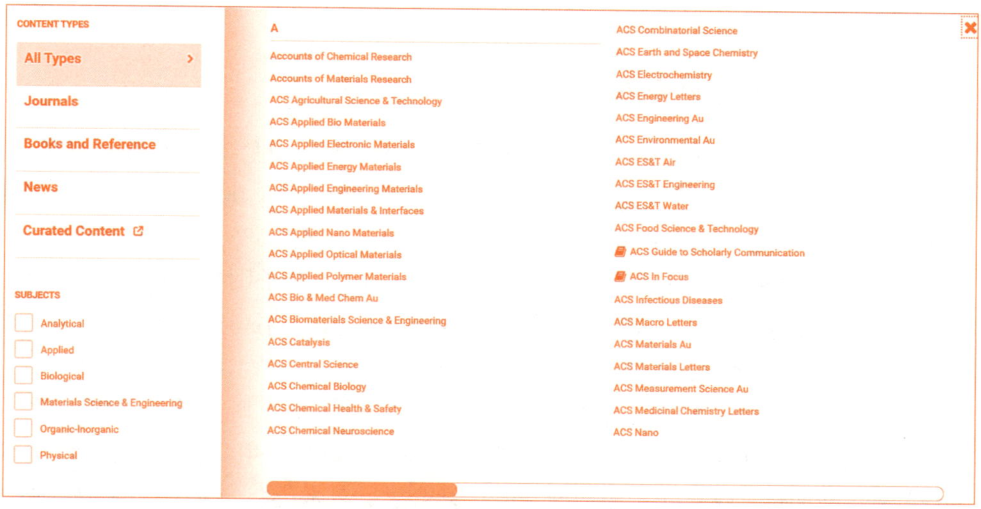

图 6－10　ACS 期刊列表

以浏览阅读《美国化学会志》（*Journal of the American Chemical Society*，*JACS*）为例，在期刊名列表中找到 *Journal of the American Chemical Society*，点击该期刊名，即可进入 *JACS* 期刊的主页。点击 List of Issues 菜单即可浏览该期刊自 1879 年创刊以来所有卷、期的全部论文目录，界面如图 6－11 所示。Current Issue 菜单为最新一期出版的期刊，而 ASAP Articles 则是已经被期刊接收，但是尚未正式发表的预览版论文，可以预览最新接收即将发表的论文。点击每一期（Issue）或 ASAP 中的论文题目，即可进入论文界面，可以浏览具体一篇论文的全文和各项信息。

图 6－11　*JACS* 期刊界面

第 3 节　Wiley Online Library 数据库

一、Wiley Online Library 数据库概述

John Wiley & Sons 出版公司创立于 1807 年，是全球历史悠久、非常知名的学术出版商之一，在化学、生命科学、医学以及工程技术等领域学术文献的出版方面贡献巨大。Wiley Online Library 是其推出的多学科在线资源平台。截至 2025 年 1 月，Wiley Online Library 上有 1 600 多种经同行评审的学术期刊，22 000 本电子图书，250 多种在线参考工具书，580 多种在线参考书，19 种生物学、生命科学和生物医学的实验室指南（Current Protocols），13 种化学、光谱和循证医学数据库。

Wiley Online Library 涵盖的期刊学科范围广，包括化学、高分子与材料科学、物理学、工程学、农业、兽医学、食品科学、医学、护理学、口腔、生命科学、心理学、商业、经济、语言学、新闻传播学、历史学、政治学、社会学、艺术类、人类学等各个学科。

二、Wiley Online Library 数据库的使用

1. 登录与基本检索

单位局域网内 IP 范围直接登录数据库官方网站 https://onlinelibrary. wiley. com/，即可访问，单位局域网外需要先登录本单位 VPN，然后再访问数据库。

登录后就是基本检索界面，在检索框中可以直接输入期刊或图书名称、文章题目、关键词等进行检索。

2. 高级检索与引用检索

点击首页中基本检索框下方的“Advanced Search”，则进入高级检索，如图 6 - 12 所示，点击“+”增加检索框，点击“×”减少检索框，检索框前面可供选择的字段有 Anywhere（全文任何地方）、Title（标题）、Author（作者）、Keywords（关键词）、Abstract（摘要）、Author Affiliation（作者单位）、Funding Agency（基金资助机构）。可以输入出版物名称，限定出版时间，然后点击“Search”即可以得到高级检索结果。

进入高级检索界面后，可以看到 CITATION SEARCH（引用检索）选项卡，点击则进入引用检索界面，在对应检索框中，输入期刊名、年、卷、期、页码、引用号，点击“Search”即可获得精确检索结果。

3. 按出版类型浏览

可以选择的出版类型有 Books（图书）、Journals（期刊）、Reference Works（工具书）三类，点击相应类别，即可按出版类型进行浏览。以期刊为例，点击“2000+Journals”，进入期刊浏览界面，如图 6 - 13 所示，在此界面下可以进一步按期刊主题分类浏览。进入某个期刊界面，可以看到期刊简介、期刊 ISSN、影响因子、投稿链接、投稿须知等，可以浏览该期刊的每一期文章列表，点击文章标题则可以直接阅读文章全文。与

之类似，进入图书浏览界面，选择某一图书，可看到图书 ISBN、图书作者、图书全文阅读权限或者链接。

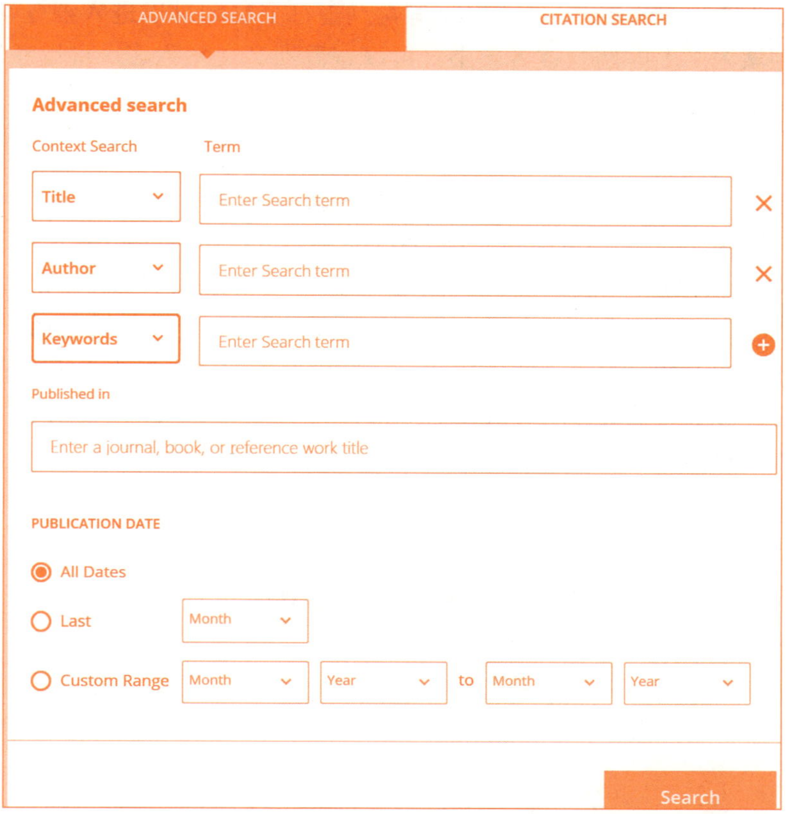

图 6-12　Wiley Online Library 高级检索界面

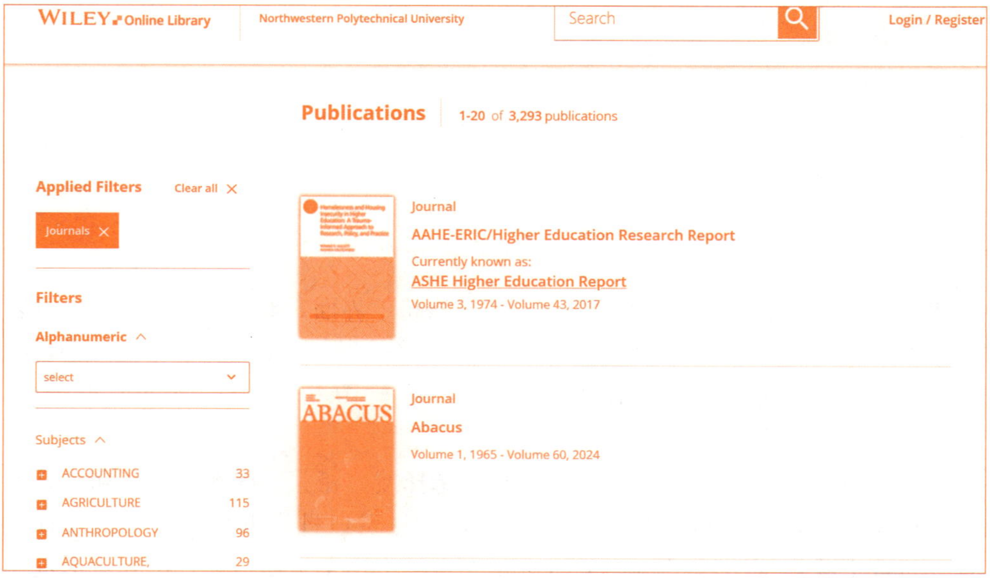

图 6-13　Wiley Online Library 期刊浏览界面

4. 主题分类浏览模式

在数据库首页找到 Subjects（主题）列表，例如 Chemistry、Art & Applied、Computer Science & Information Technology 等，点击每个主题可以进入细分领域，逐层浏览，直至看到该领域下的期刊或者图书。可以查看期刊文章列表，可以获取文章全文，也可以阅读图书内容。

5. 检索结果

检索结果界面如图 6-14 所示。可以通过筛选缩小检索结果范围。在检索结果界面左侧，按照 Publication Type（出版类型）进行筛选，可以选择 Journals、Books、Reference Works 等文献出版类型。可以按照出版日期筛选出 Last Week（最近一周）、Last Month（最近一个月）、Last 3 Months（最近三个月）等时间范围内出版的论文。也可以直接限定出版日期范围、限定论文访问状态，还可以根据主题对论文进行分类筛选，根据出版类型和作者继续筛选。所有这些筛选都是为了进一步缩小检索结果的范围，使检索结果的查准率更高。

图 6-14　Wiley Online Library 检索结果界面

点击 “Refine Search” 则进入检索结果的二次检索界面，如图 6-15 所示，可以选择的检索字段有 Anywhere（全文任何地方）、Title（标题）、Author（作者）、Keywords（关键词）。检索框中还可以输入出版物名称（期刊名、图书名或者参考工具书名）。限定出版日期、出版时间范围等。

在检索结果界面中点击 “Sorted by”，可以选择按照相关性或者发表日期对结果进行排序。在检索结果界面中点击 “Download PDF(s)” 可以批量下载文献全文（有数量限制，严禁过度下载）。点击 “Export Citations” 可导出论文引用格式，进入对话框，选择导出格式为 Plain Text、RIS、EndNote、BibTex、Medlars、RefWorks 中的任意一种。

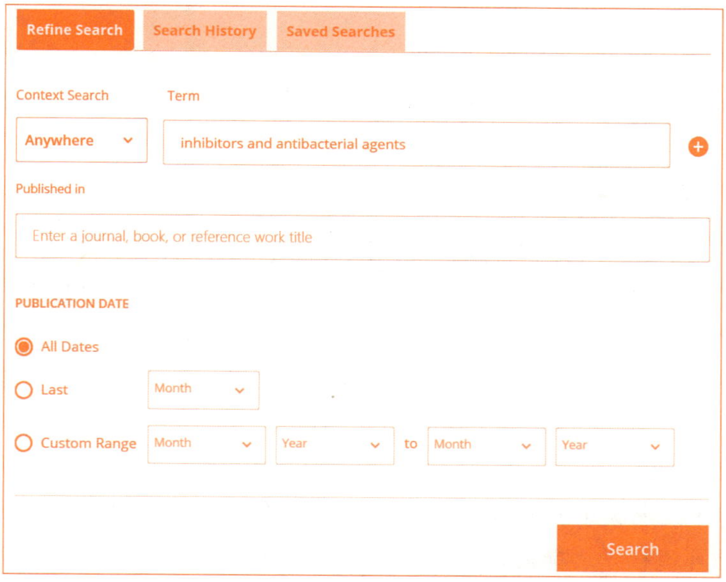

图 6-15 Wiley Online Library 二次检索页面

还可以设置 Type of import 导入参考文献，主要是 Citation file or direct import（引用文件或者直接导入）、Indirect import or copy/paste（间接导入或者复制粘贴）。

6. 单篇文献详情

以期刊论文为例，点击结果列表中某一篇文献的标题，则进入该文献的详情界面，如图 6-16 所示。点击 PDF 图标，可以直接下载单篇文献的 PDF 版全文，可以通过 E-mail 和 WeChat 等分享全文链接。在“Information”中可以查看文章引用次数、投稿日期、发表日期等详细信息。文章前面带有 Full Access、Open Access、Free Access 等标识的，均可以获得论文全文。

图 6-16 Wiley Online Library 单篇文献详情界面

第4节 SpringerLink 数据库

一、SpringerLink 数据库概述

SpringerLink 平台是全球完备的科学、技术和医学数据库在线资源。SpringerLink 平台整合了 Springer 的出版资源，包括图书、期刊、参考工具书、实验指南，每年新增超过 8 400 种图书及 3 300 份实验指南，每月新增超过 12 000 篇期刊文章。

Springer 电子期刊学科范围包括：生命科学、医学、数学、化学、计算机科学、经济、法律、工程学、环境科学、地球科学、物理学与天文学等。Springer 出版的期刊 60%以上被 SCI 和 SSCI 收录，许多期刊在相关学科领域拥有较高的知名度。

Springer 电子图书收录图书最早可回溯至 1840 年，学科涉及化学与材料科学、计算机科学、地球与环境科学、能源、工程学、数学与统计学、物理与天文学、专业计算与应用技术、智能技术和机器人、生物医学与生命科学、医学、行为科学与心理学、商业与管理、经济与金融、教育等。

二、SpringerLink 数据库的使用

1. 登录与基本检索

在单位局域网 IP 范围内，直接登录数据库总网站 https://link. springer. com/，局域网外读者可以先登录 VPN 再访问。也可以直接点击 SpringerLink 的期刊数据库 https://link. springer. com/search?facet-content-type=“Journal”，进入期刊检索网站，检索期刊和期刊论文；或直接登录 https://link. springer. com/search?facet-content-type=“Book”，查找和浏览电子图书。

SpringerLink 数据库首页即基本检索界面，如图 6-17 所示。

在基本检索界面只有一个检索框，默认检索字段包括标题、作者、文摘、全文任何位置等，可以对 SpringerLink 数据库所有文献资源进行检索，检索范围是该网站所有的资源，以列表形式呈现。点击网页上的“Find a journal”则进入期刊浏览界面，点击“Publish with us”可以向该网站期刊投稿或联系图书出版事宜，对于个人注册用户可以点击“Track your research”跟踪自己的研究，点击“Browse by subjects”则进入按照主题分类浏览模式。

2. 按主题浏览资源

根据主题分类浏览数据库资源，常见主题有 Biological Sciences（生物科学）、Chemistry（化学）、Computer Science（计算机科学）、Earth and Environment Sciences（地球与环境科学）、Business and Management（商业与管理）、Materials Science（材料科学）、Mathematics（数学）等。

例如，点击“Chemistry”则进入该分类下的界面，如图 6-18 所示，列出该分类下所有资源及数量，可以按照结果内容（Content type）、出版时间（Date published）、学科

分类（Disciplines）、亚学科（Subdisciplines）和语言（Languages）等进行筛选。

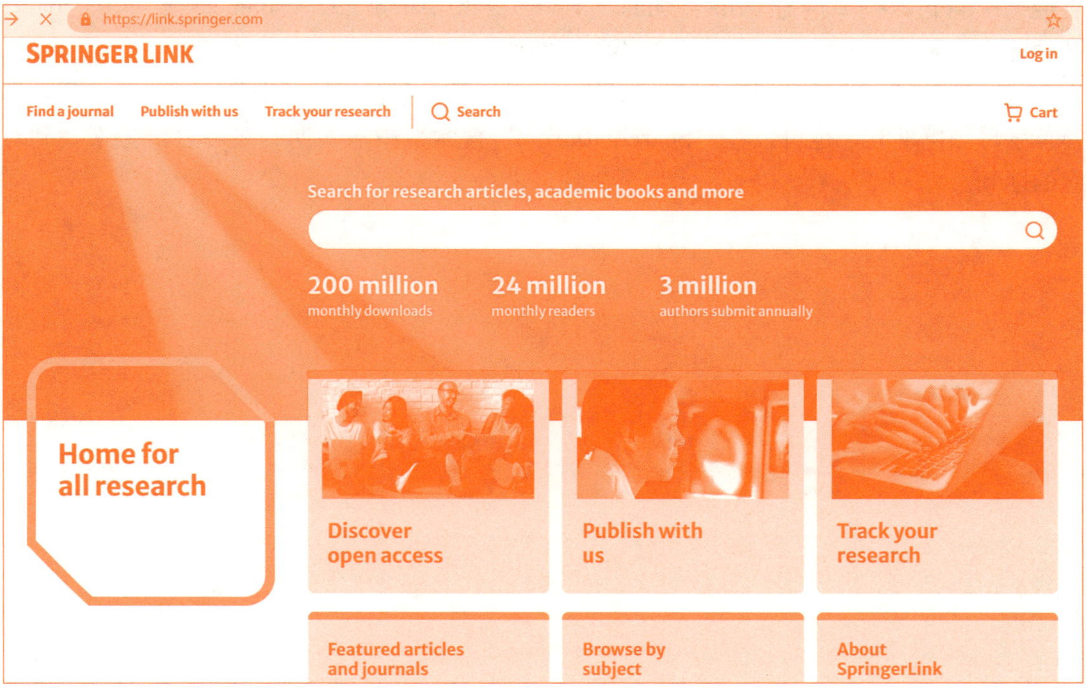

图 6-17　SpringerLink 基本检索界面

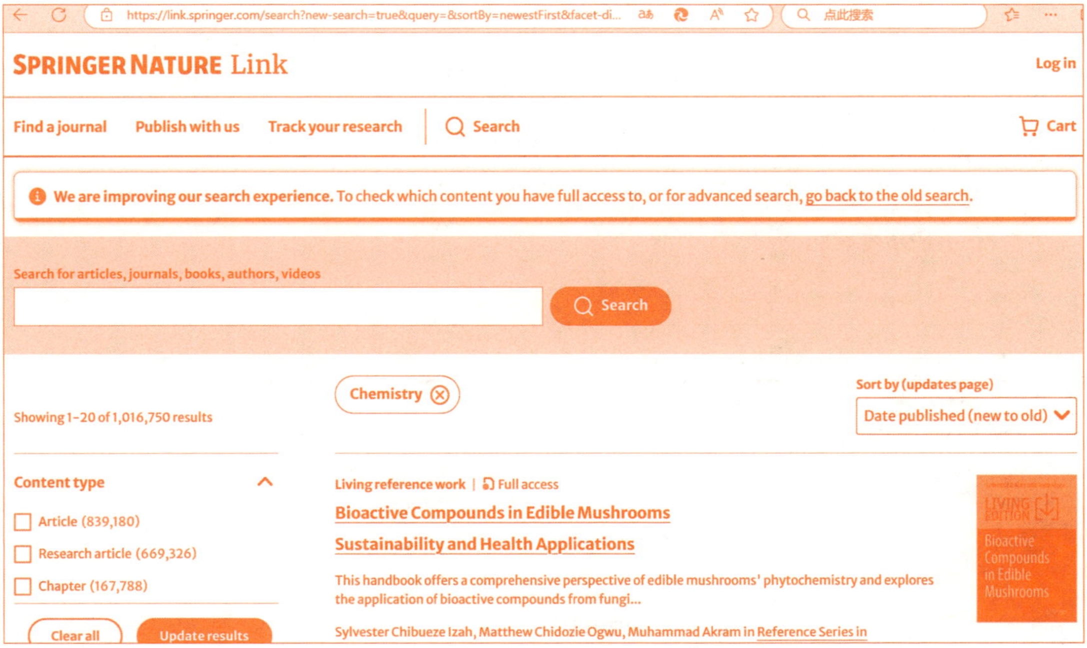

图 6-18　SpringerLink 分类浏览界面（以 Chemistry 为例）

3. 期刊浏览与检索

进入期刊浏览与检索的方式有两种。一是在 https://link.springer.com/网站首页最下面的“Discover content”中，点击“Journals A-Z”，进入期刊浏览与检索界面。二是直接登录期刊数据库网址 https://link. springer. com/search?facet-content-type=“Journal”。两种方式登录后界面略有不同，但使用方法类似。

通过第一种方式进入期刊界面，如图 6-19 所示，数据库按照期刊名首字母排序，选择首字母浏览期刊，也可以在“Search Journal”搜索栏中输入期刊名，点击检索找到对应的期刊。

图 6-19　SpringerLink 期刊浏览界面

点击基本检索框搜索图标，进入期刊检索界面，如图 6-20 所示。

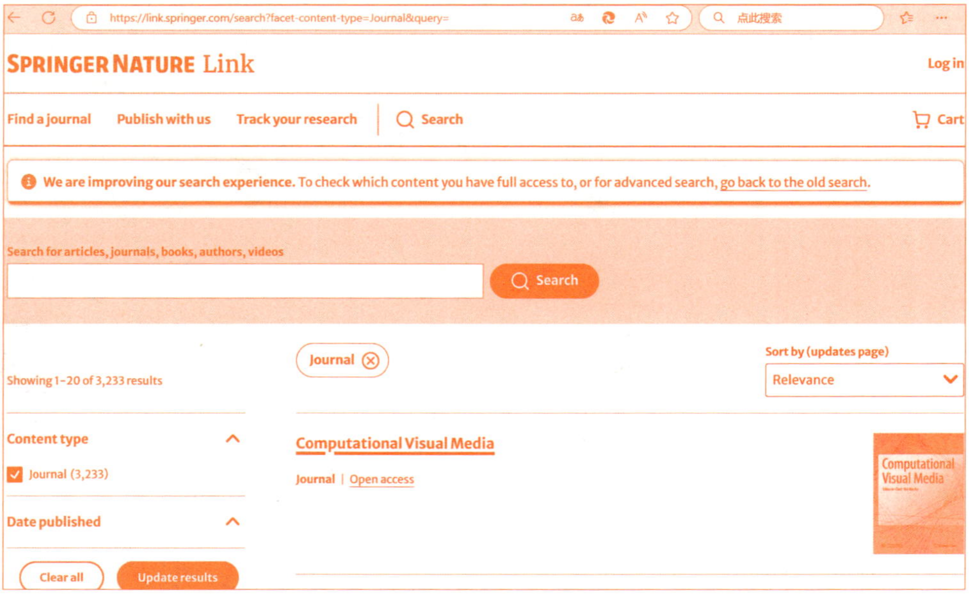

图 6-20　SpringerLink 期刊检索界面

通过第二种方法登录的界面如图 6－21 所示。

图 6－21　直接登录期刊检索网址界面首页

点击检索框右侧的齿轮状图标，选择“Advanced Search”，则进入高级检索界面，如图 6－22 所示。

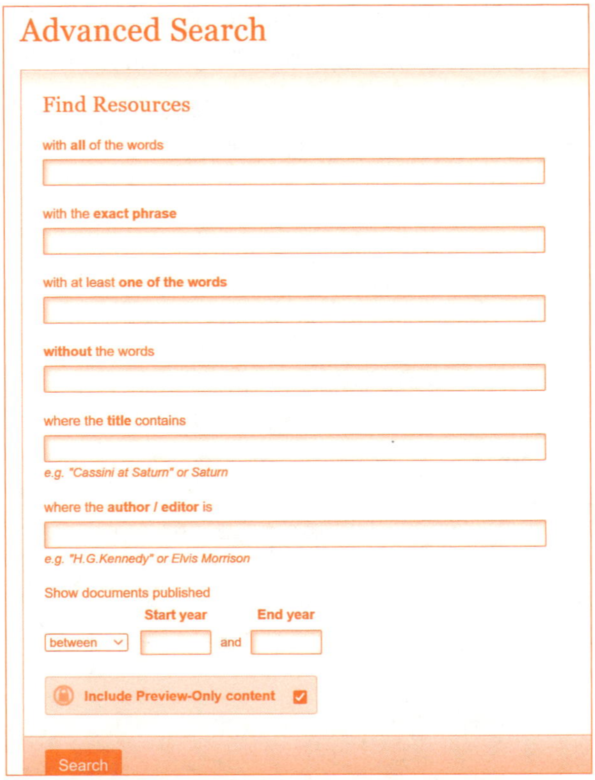

图 6－22　SpringerLink 高级检索界面

高级检索界面有 6 个检索字段，包括：with all of the words（任意单词）、with the exact phrase（精确短语）、with at least one of the words（至少一个单词）、without the words（不包含某个词）、where the title contains（在标题中包含）、where the author/editor is（作者或者编辑），并可限定时间范围。

4. 图书浏览模式

进入图书浏览模式同样有两种方式。一是在 https://link.springer.com/网站首页最下面的“Discover content”中，点击“Books A-Z”，进入图书浏览与检索界面。二是直接登录图书数据库网址 https://link.springer.com/search?facet-content-type=“Book”。

进入图书检索首页后，可按图书名浏览电子图书。按照图书名首字母分类，选择首字母浏览图书列表，也可以在检索框中输入图书名，点击搜索找到对应的图书，其界面与期刊浏览模式基本相同，不再详述。

5. 检索结果

以检索“inhibitors and antibacterial agents”为例，通过基本检索，得到数据库资源检索结果，如图 6－23 所示，可见检索结果总数量，检索结果可按照 Relevance（相关性）、Newest First（最新优先）、Oldest First（最旧优先排序）等排序。

检索结果按照文献类型、学科、语言等进行自动分类，并给出每一类资源数量。常见文献类型有 Article（文章）、Chapter（章）、Book（图书）、Protocol（实验计划）等。学科分类有 Chemistry（化学）、Physics（物理）、Materials（材料）、Medicine（医药）等。亚学科分类有 Physical Chemistry（物理化学）、Analytical Chemistry（分析化学）、Food Science（食品科学）、Organic Chemistry（有机化学）、Inorganic Chemistry（无机化学）等。语言分类有英语、德语、法语、意大利语等。

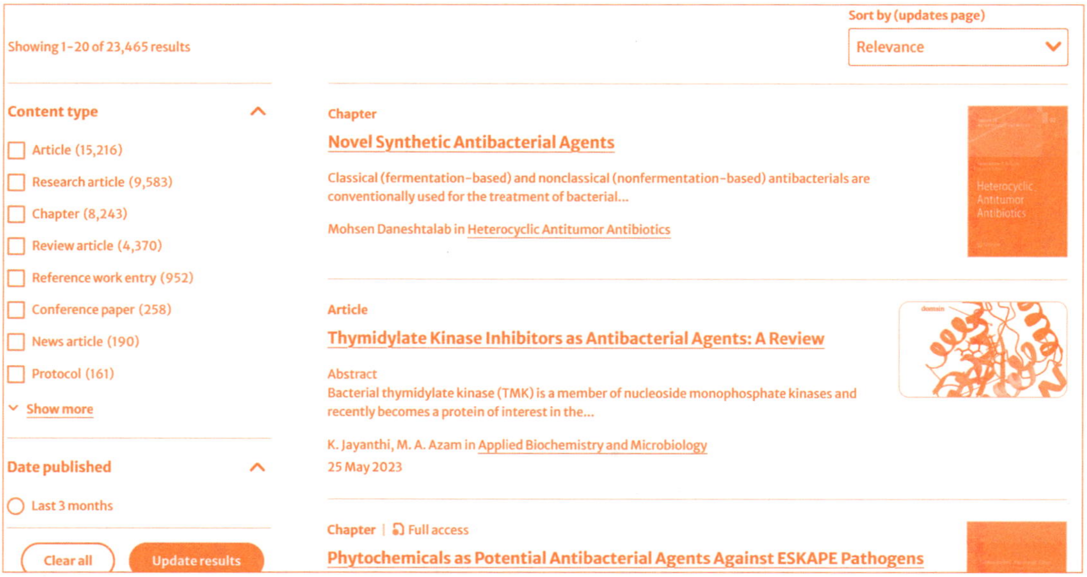

图 6－23 SpringerLink 检索结果界面

6. 单篇文献详情

SpringerLink 数据库不同类型资源的详情界面略有不同。单篇期刊论文界面可以看到论文来源期刊名、年、卷、期、起止页码、论文题目、作者、单位、下载次数、引用方式、文章发布日期、文章 DOI 等。如果本单位购买了该期刊阅读权限，则可以直接下载论文全文 PDF，如果没有，则会显示单独购买该篇论文的价格。可以下载文献的引用格式，也可以分享文章链接。

7. 期刊或者图书检索结果

在单篇期刊界面可见：期刊名称、期刊简介、主编、出版形式、影响因子、五年平均影响因子等；为作者提供投稿说明、投稿链接、稿件编辑服务链接（收费）、开放版权收费说明等。

在单篇图书详细结果界面，可以看到图书名称、出版社、作者、图书内容简介等信息。

第 5 节　Royal Society of Chemistry 全文数据库

一、Royal Society of Chemistry 全文数据库概述

英国皇家化学学会（Royal Society of Chemistry，RSC）是一个国际权威的学术机构，是化学信息的一个主要传播机构和出版商，其出版的期刊及资料库是化学领域的核心期刊和权威资料库。RSC 出版的期刊有 83%被纳入一区和二区刊物，涉及的领域包括化学化工、食品加工、制药、能源与环境、生命科学、材料等。RSC 出版的具有代表性的刊物包括：

综合化学：*Chemical Communications*，*Chemical Science*，*Chemical Society Reviews*。

材料科学：*Biomaterials Science*，*CrystEngComm*，*Journal of Materials Chemistry*。

食品科学：*Food & Function*，*Analytical Methods*，*Soft Matters*。

制药与生物化学：*MedChemComm*，*Natural Product Reports*，*Molecular BioSystems*。

生命科学：*Integrative Biology*，*Photochemical & Photobiological Sciences*，*Metallomics*。

RSC 全文数据库包括期刊库、图书库和化合物数据库。其中，化合物数据库包括 ChemSpider（化学结构搜索引擎），*The Merck Index*（《默克索引》），MarinLit（海洋天然产物数据库）等知名数据库。

ChemSpider 是英国皇家化学学会的一个化学物质数据库，提供化学结构检索。该数据库收录了超过 1 亿种化学品的信息，包括化学结构、物理化学性质、生物学性质、2D 和 3D 结构示意图、物质合成路线、参考文献等多种信息。

《默克索引》是一本收录化学品、药品、生物制品等物质相关信息的综合性百科全书，1889 年发布第一版，至今已经历十几次再版更新。自 2013 年以来，《默克索引》纸版及网络版由英国皇家化学会在全球范围内独家发行与销售，并负责内容的维护与更新。《默克索引》涵盖了人用与兽用药品、生物大分子药物与单克隆抗体、食品添加剂和营养

补充剂、农用化学品、实验试剂与催化剂、染料、色素与指示剂、工业化学品与特殊化学品等多种物质。收录信息包括：CAS 号、物质的俗名或 IUPAC 命名法、化学式、分子量、成分分析、结构式、物质的外貌描述、熔点和沸点、在常用溶剂中的溶解性、化合物相关的文献和资料、相关的医学用途等。

MarinLit 数据库是非常有特色的收录海洋天然产物研究的文献数据库，内容包括化合物、合成物、生态环境学和生物学方面的信息，1975 年由新西兰坎特伯雷大学的 Blunt 和 Munro 教授为了解决研究海洋天然产物过程中的参考资料偏少、缺失等问题而建立。经过几十年的全面收集、整理海洋微生物、浮游植物以及其他天然产物的文献和数据信息，该数据库目前已成为涉及海洋生物、水产、海洋药物和海洋环境等方面的综合性文摘类数据库。数据库支持文献检索、化合物检索、分类检索和地理检索等模式，成为了解和掌握全球海洋天然产物领域的主要工具。

二、RSC 数据库的使用

1. 登录与基本检索

研究机构或者高校购买使用权限后，在本单位局域网 IP 范围内可以直接登录 RSC 官方网站 https://pubs.rsc.org/，进入主页中的基本检索界面，如图 6-24 所示。

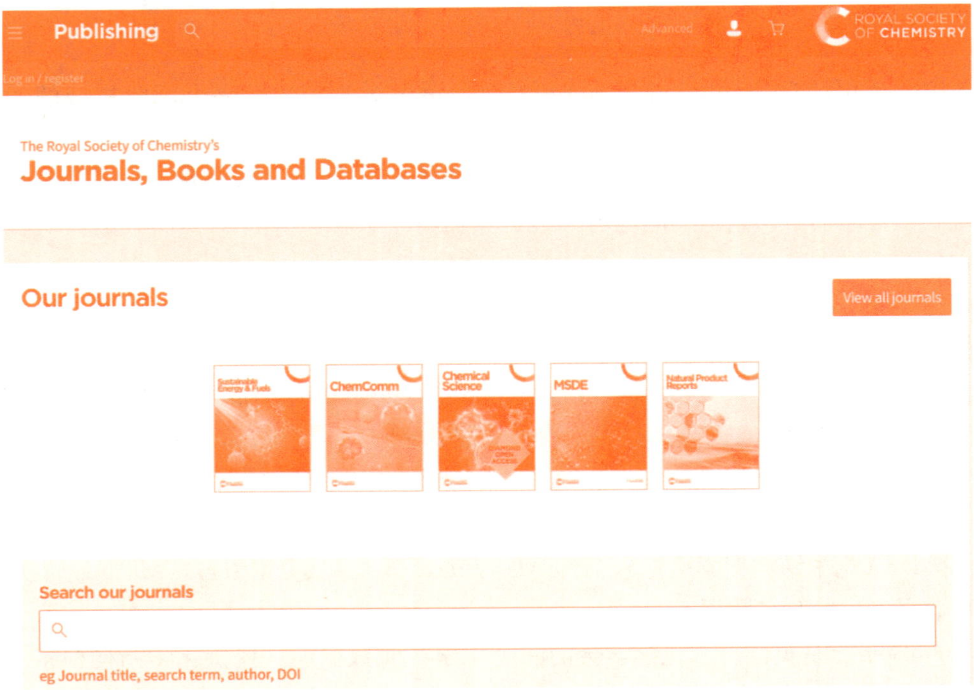

图 6-24　RSC 数据库基本检索界面

在首页最上部可见一个搜索框，即为基本检索框，输入关键词即可在期刊、图书、化合物库中进行检索。

在首页还可以看到期刊、图书和化合物检索入口。在期刊检索入口（Search our Journal）中输入期刊名称、主题词、作者、文章 DOI 等检索词，则会在期刊库中查找期刊或者论文等。还可以直接点击“View all journals”进入期刊列表，点击期刊名字，则进入期刊详情界面，可以浏览其内容。

图 6－25 所示的是化合物检索入口（Search for compounds），提供的数据库检索字段包括：Systematic Name（化合物系统名）、Synonym（同义词名称或别名）、Trade Name（商品名）、InChl（国际化合物标识）。

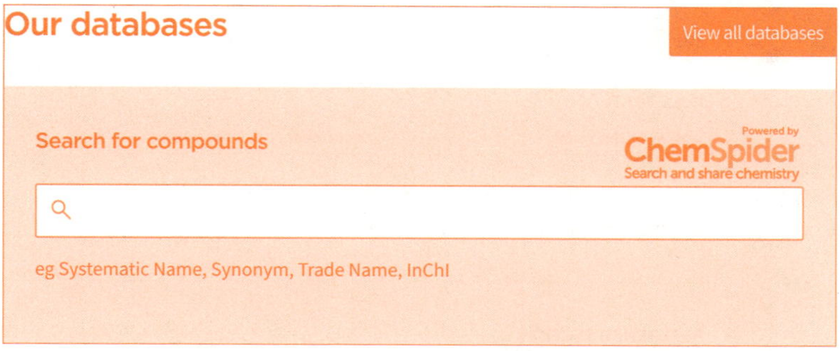

图 6－25　化合物数据库基本检索界面

图书检索入口（Search all books）如图 6－26 所示，提供的检索字段主要有：关键词、作者、文章 DOI、ISBN 等，不需要选择字段，读者直接输入检索词，系统自动在对应字段下进行检索，并反馈出检索结果。

图 6－26　RSC 数据库图书基本检索界面

2. 高级检索

在 RSC 数据库首页界面最上部的基本检索框右侧，点击“Advanced”则进入高级检索界面，如图 6－27 所示。可以在全文中搜索的有 with all of the words（所有单词）、with at least one of the words（至少一个单词）、with the exact phrase（精确短语）、without the words（不包含单词）等共四个检索框，输入对应的检索词，在全文中搜索结果。可选择包括或者不包括参考文献。在作者检索框中输入作者姓、名。在高级检索界面下部 OTHER DETAILS 中，输入文章标题或章节标题、文章 DOI 等，限定出版日期。点击“Find”，就可以完成高级检索，获得检索结果。

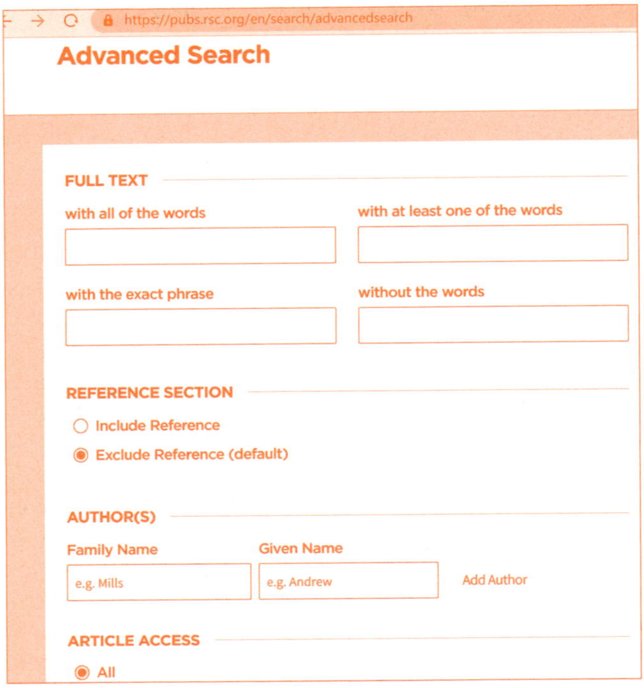

图 6-27　RSC 数据库高级检索界面

3. 浏览模式

网站首页期刊、图书和化合物数据库分别提供浏览功能。例如，点击“View all journals”，可以选择 Current journal（现在期刊）、Archived journals（存档期刊）、All journal（所有期刊）。在图书界面中可以选择 Browse books，也可以通过 Update Search 快速查找图书。在期刊和图书界面都可以进一步浏览或者下载期刊中文章或图书中章节内容。

在数据库部分可以选择 ChemSpider、The Merck Index、MarinLit，分别进入对应的数据库。限于篇幅，本节第三部分仅举例说明 ChemSpider 的使用方法。

4. 检索结果

经过基本检索或者高级检索，得到检索结果，例如检索“inhibitors and antibacterial agents”得到结果列表，如图 6-28 所示。检索结果可以按照 Relevance（相关性）、Latest（最新优先）、Oldest（最旧优先）等规则排序。检索结果列表展示文章题目、作者、图文摘要、出版时间、期刊名、年卷期、论文 DOI、可以下载全文的 PDF 或 HTML 链接。

检索结果界面右侧是“Search filters”，检索者可以根据需要对检索结果再次筛选，按照文章类型、开放版权、作者、期刊、图书、主题集合进行分类筛选，获得更精确的结果。

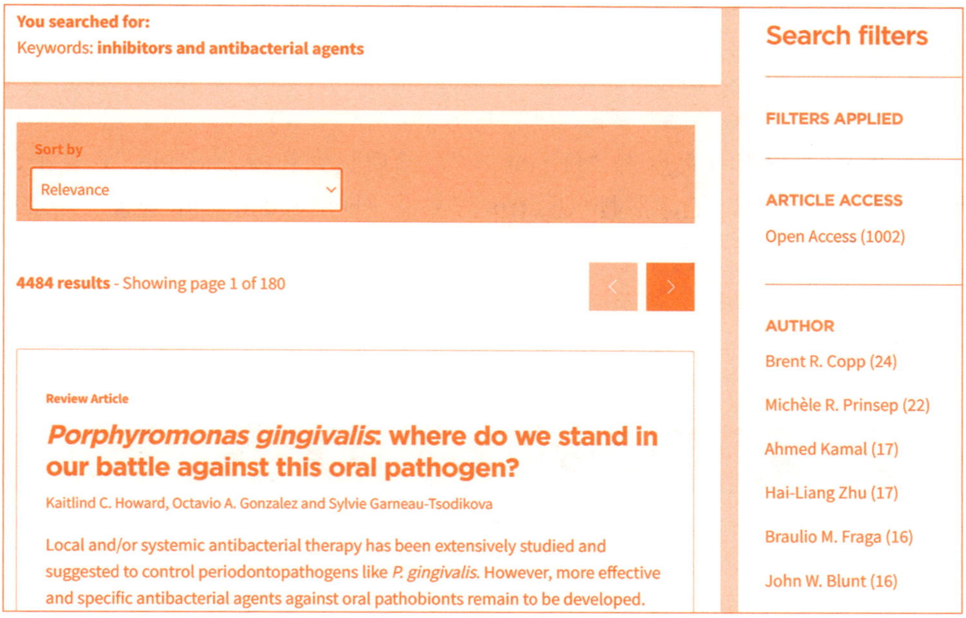

图 6-28 RSC 数据库检索结果界面

点击结果列表中的题目进入单篇文献详情界面，可以下载 PDF 格式全文或者查看文章的 HTML 版。在检索结果界面可以看到 Supplementary files（补充文件）、文章 DOI、文章引用方式，可导出的引用格式包括 BibTex、EndNote、MEDLINE、ProCite、Reference Manager、RefWorks、RIS。还可以通过社交网络工具分享文章。

如图 6-29 所示，在单篇文章详情界面中，点击右上方的“Cited by”可以看到该论文被后续发表的论文引用情况，点击“Related”可以看到与该论文有关的其他论文。

图 6-29 RSC 数据库单篇文献详情界面

三、ChemSpider 的使用

1. 登录与基本检索

可以在 RSC 数据库首页点击“Databases”，然后找到“ChemSpider”，点击即可进入。另一个登录方式是，直接通过网址 http://www.chemspider.com/登录。登录后的界面如图 6－30 所示。

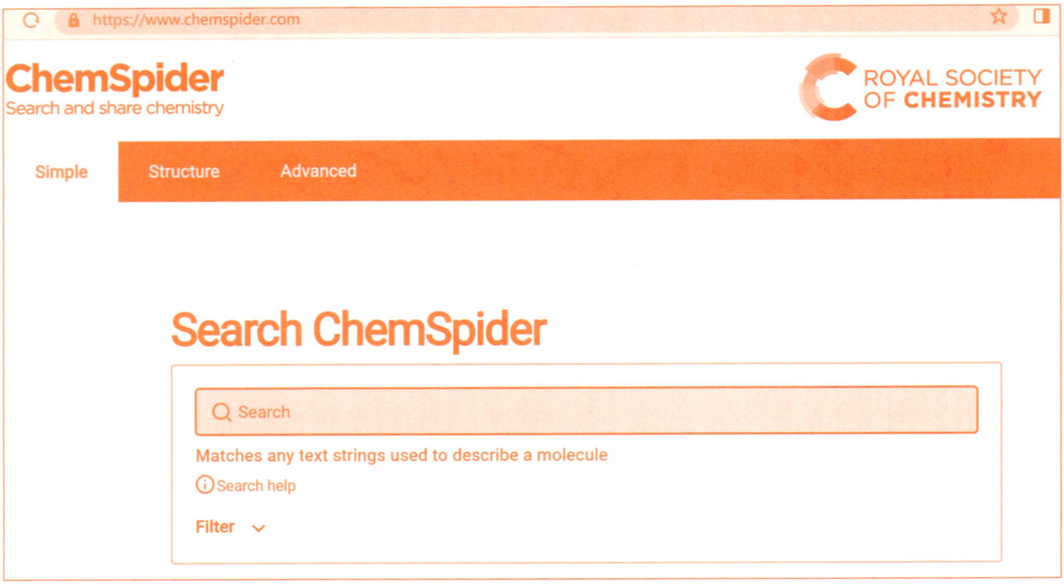

图 6－30　ChemSpider 基本检索界面

在网页上可以看到该搜索引擎主要检索方式有简单检索（Simple）、结构检索（Structure）、高级检索（Advanced），并能够记录检索历史（History）。

在简单检索框中可以输入：Systematic Name（化合物系统名）、Synonym（同义词名称或者别名）、Trade Name（商品名）、Registry Number（注册号）、SMILES（simplified molecular input line entry system，简化分子线性输入系统）、InChl（国际化合物标识）等。

2. 结构检索及结果

点击“Structure”进入结构检索，弹出可以绘制化学结构的编辑框，如图 6－31 所示，有 Ketcher 和 Elemental 两种模式，用法基本一样。在“Convert structure”中可以直接输入化合物名称而转换成化学结构。在“Load structure”中可以调用化学结构的文件，主要有 MOL、SDF、CDX，或者图像文件 PNG、JPG、GIF 格式。搜索选项中可以选择 Exact（精确结构）、Substructure（亚结构）、Similarity（类似结构）等选项卡。其中精确结构选项卡中，可以选择 Exact Match（精确匹配）、All Tautomers（所有互变异构）、Same Skeleton（相同骨架，包括或者不包括氢原子）、All Isomers（所有的同分异构体）。可以利用 Single/Multi-component（单组分或多组分）、Isotopically Labeled（同位素标记）等对结果进行限定。

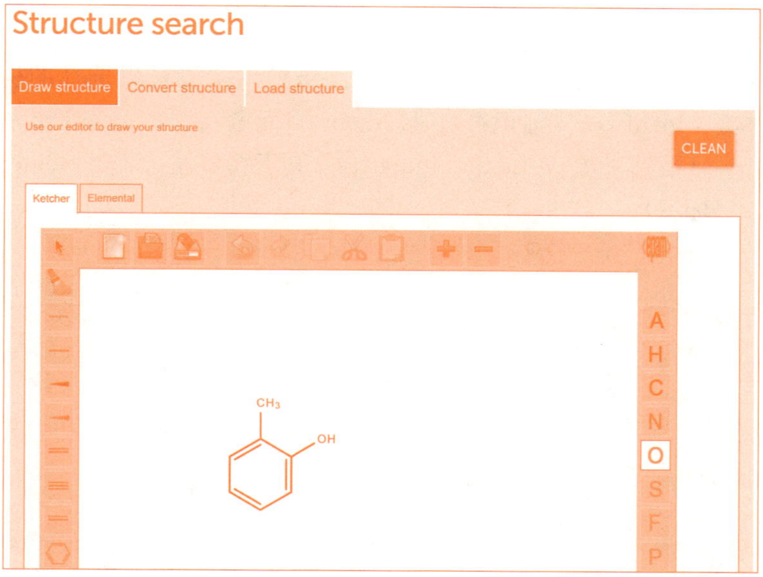

图 6-31 ChemSpider 化学结构检索界面

设置所有选项和限定后就可以进行检索，得到检索结果列表，点击具体某一条结果，则进入该结构的详情界面，如图 6-32 所示。该界面提供若干个选项卡，主要有：Names（命名）、Properties（性质）、Searches（检索式）、Spectra（图谱）、Vendors（供应商）、Articles（文章）、Wikipedia（维基百科）、Crystal CIFs（晶体 CIF 文件）、Pharma Links（药学链接）、Data Sources（数据来源）。点击上述选项卡，则进入相应网页查看具体内容。

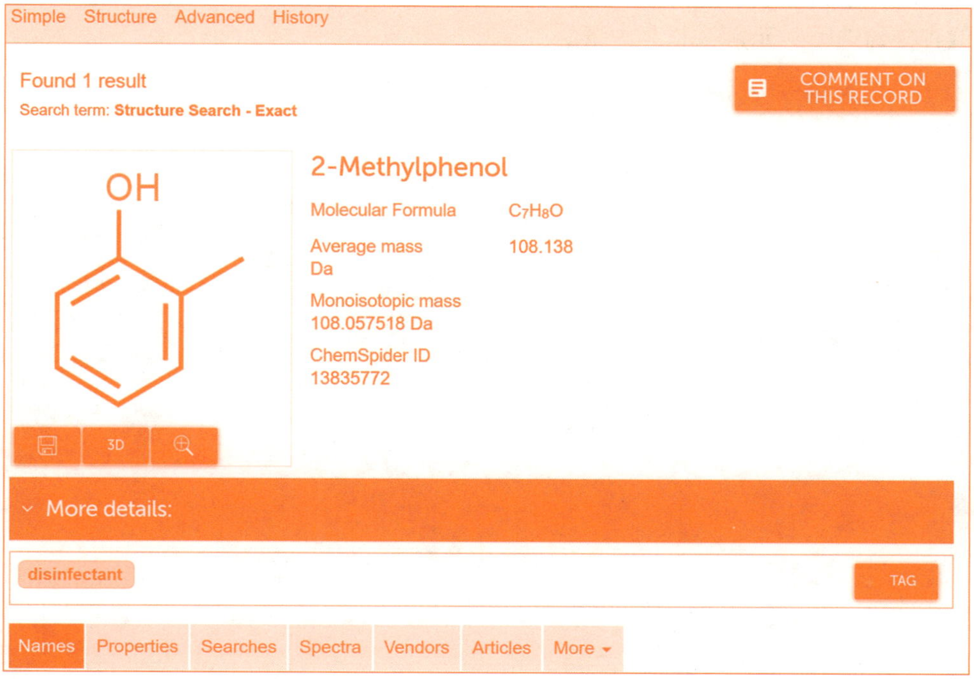

图 6-32 ChemSpider 化学结构检索结果详情界面

3. 化合物的高级检索

化合物的高级检索界面如图 6 - 33 所示。高级检索阶段可以选择的检索组配包括：Structure（结构）、Identifier（标识符）、Elements（元素）、Intrinsic Properties（固有性质）、Data Source（数据来源）、Lasso Similarity（套索相似性）、Supplementary Info（补充信息）、Tags（标签）。

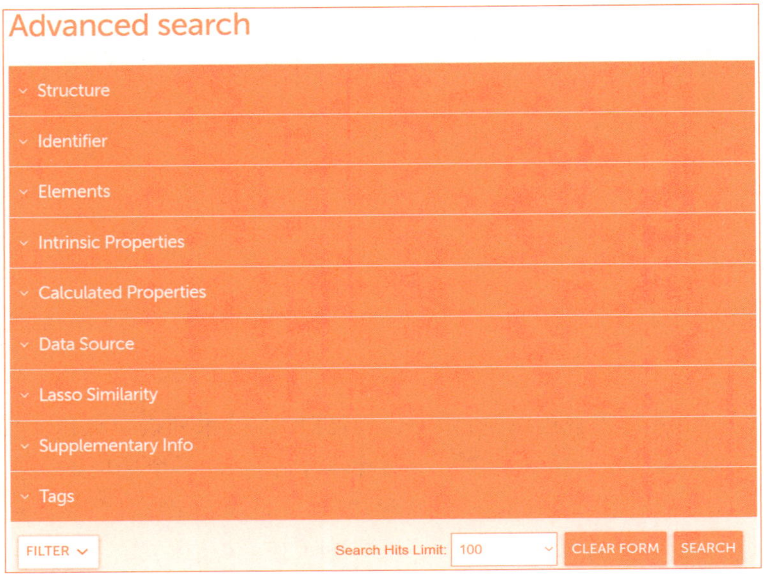

图 6 - 33　ChemSpider 高级检索界面

在高级检索的元素界面给出一个元素周期表，如图 6 - 34 所示，化合物中包括哪些元素，就直接勾选哪些元素，非常方便。

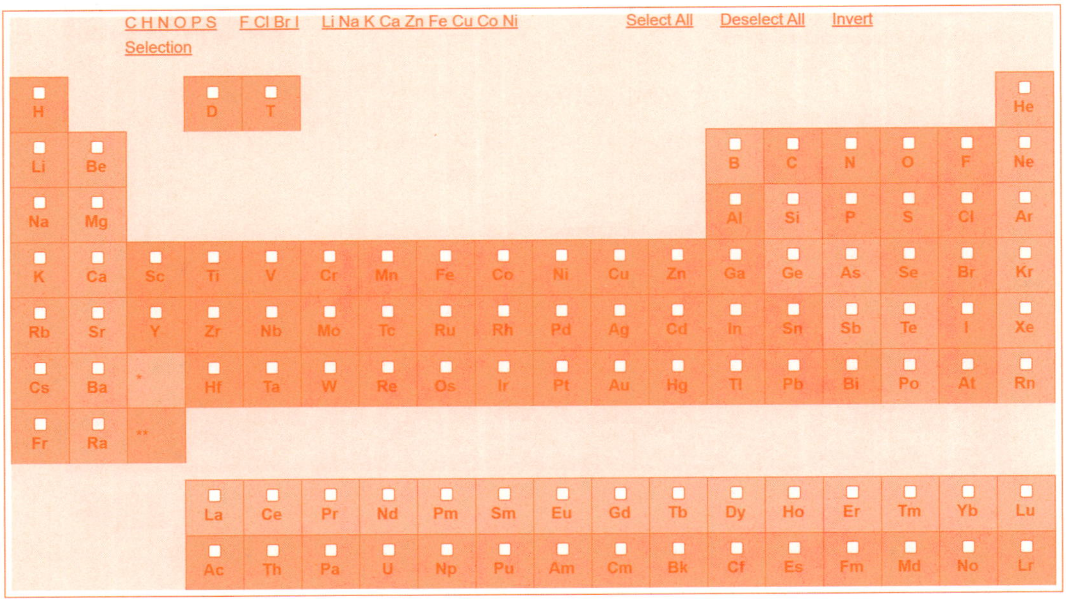

图 6 - 34　化合物元素检索

各种搜索引擎的基本功能是一致的，读者可以自己探索该数据库其他部分的使用方法，只有常用、多用才能熟练掌握这些数据库。

第 6 节　美国国家科学院院报全文数据库

一、PNAS 数据库概述

美国国家科学院于 1863 年成立。《美国国家科学院院报》(*Proceedings of the National Academy of Sciences of the United States of America*，*PNAS*，ISSN 0027 - 8424) 是世界上被引用次数最多的综合性、跨学科连续出版物之一，所涵盖学科领域主要为生物、物理、社会科学等。PNAS 数据库提供在 *PNAS* 上刊出的所有文献的摘要、全文、图表、公式及参考文献，文献资料可以回溯至 1915 年。

PNAS 于 2022 年推出子刊 *PNAS Nexus*，它是一本开放获取 (OA) 的科学期刊，所有文章均可免费阅读和下载，专注于发表生物、医学、物理、社会和政治科学以及工程和数学的高质量原创研究，特别是一些跨学科研究。

二、PNAS 数据库的使用

1. 登录与基本检索

官方网站 https://www.pnas.org，单位局域网 IP 范围内直接访问，局域网外登录 VPN 后再访问。点击首页最上面的搜索图标，可以弹出一行检索框，即为基本检索。

通过基本检索可以检索期刊名、文章 DOI、关键词、作者等。在检索框下面可以选择检索范围，可以在全文任何地方检索 (Anywhere)、引用检索 (Citation)、检索 *PNAS Nexus*、检索 *PNAS*。

2. 高级检索与引用检索

点击首页 “ADVANCED SEARCH” 则进入高级检索界面，如图 6 - 35 所示。点击 “＋” 可以增加检索框，每个检索框中供选择的检索字段有 Title (题目)、Author (作者)、Keywords (关键词)、Abstract (摘要)、Affiliation (单位)，在字段后面的检索框中输入检索词。选择文章类型，例如 News Feature、Profile、Research Article 等；选择检索范围，例如 *PNAS Nexus*、*Proceedings of the National Academy of Science*。选择出版日期范围，还可以限定检索开放版权文章或有权限阅读文章。

在高级检索界面中，点击 “CITATION SEARCH” 进入引用检索界面，如图 6 - 36 所示，选择期刊，输入年、卷、期、页码，点击 “SEARCH” 可以精确检索到一篇文章。

3. 主题浏览模式

在数据库首页最上方，点击 “Topics” 进入主题浏览选项，供选择的主题有 Physical Sciences (物理科学)、Social Science (社会科学)、Biological Sciences (生物科学)。每个主题下面又细分为具体学科或领域。

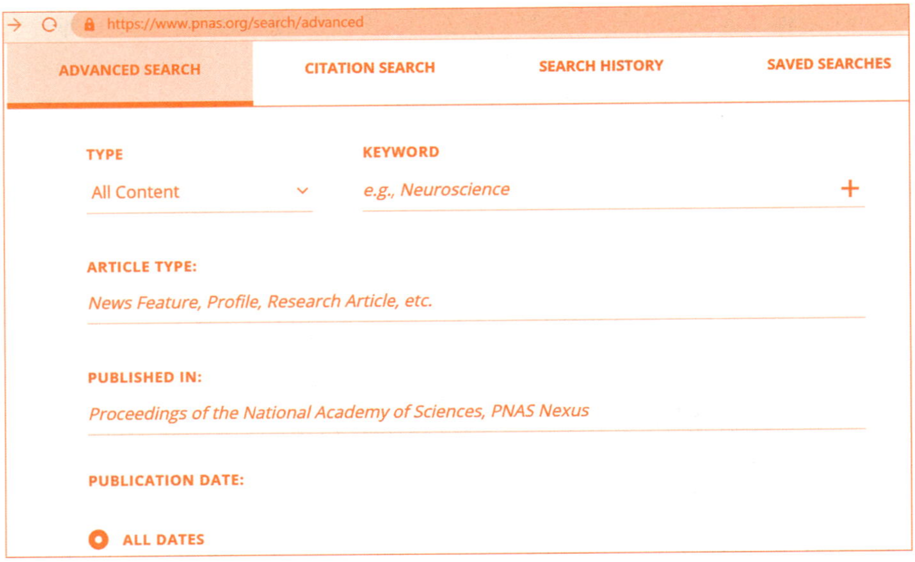

图 6-35　PNAS 数据库高级检索界面

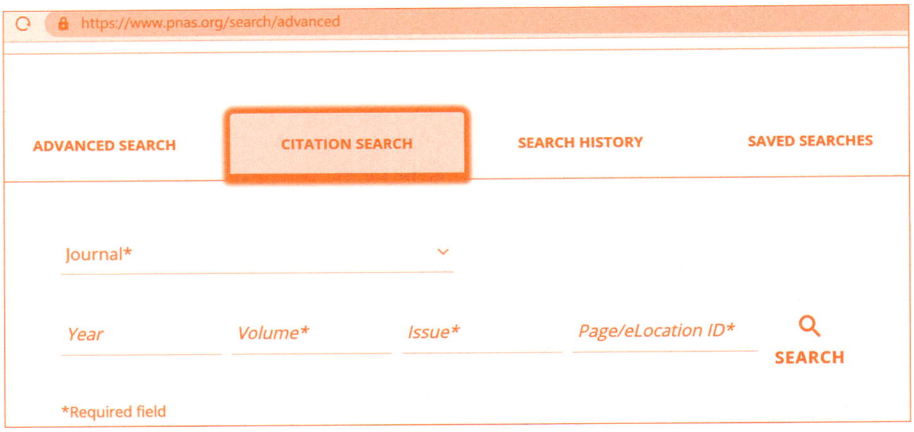

图 6-36　PNAS 数据库引用检索界面

4. 检索结果

以检索“inhibitors and antibacterial agents”为例，检索结果如图 6-37 所示，结果以列表呈现，可见论文题目、文章类型、分类、出版日期、全文链接、引用链接等。结果按照一定规则排序，排序方式有 Relevance（相关性）、Date（日期）、Most Viewed（最多浏览）、Most Cited（最多引用）、Alphabetically（字母顺序表）。

数据库有自动归类功能，按照 Author（作者）、Publication（出版物）、Keyword（关键词）、Topic（主题）、Article Type（文章类型）分类。其中文章类型可以分为：Research Article（研究文章）、Commentary（评论）、Perspective（观点）、This week in *PNAS*（本周发表的 *PNAS* 文章）。

可以对基本检索结果进行二次检索（refine），该界面和高级检索完全一样，需要输入或者选择的内容相同。

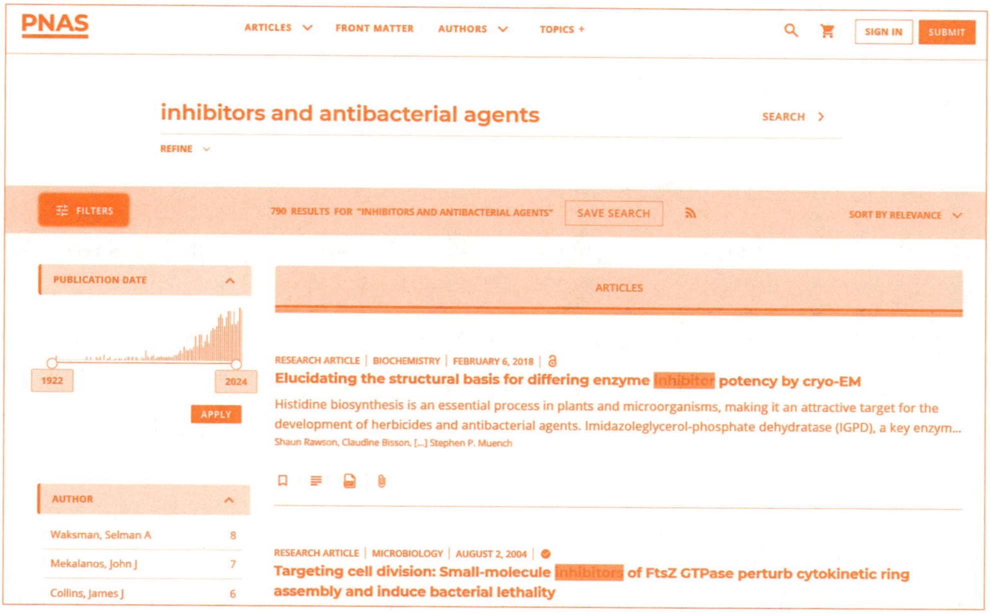

图 6-37　PNAS 数据库检索结果界面

5. 单篇文献详情

单篇文献详情界面如图 6-38 所示，包括题目、作者、作者单位、期刊名、年、卷、期、页码、文章 DOI、下载全文链接、引用情况。

点击全文链接，可以打开论文全文，找到下载按键，可将论文下载保存到本地磁盘。点击双引号符号，则进入 Citation 引用界面，可以下载该论文的引用格式，例如 RIS、BibTex、Medlars、RefWorks。

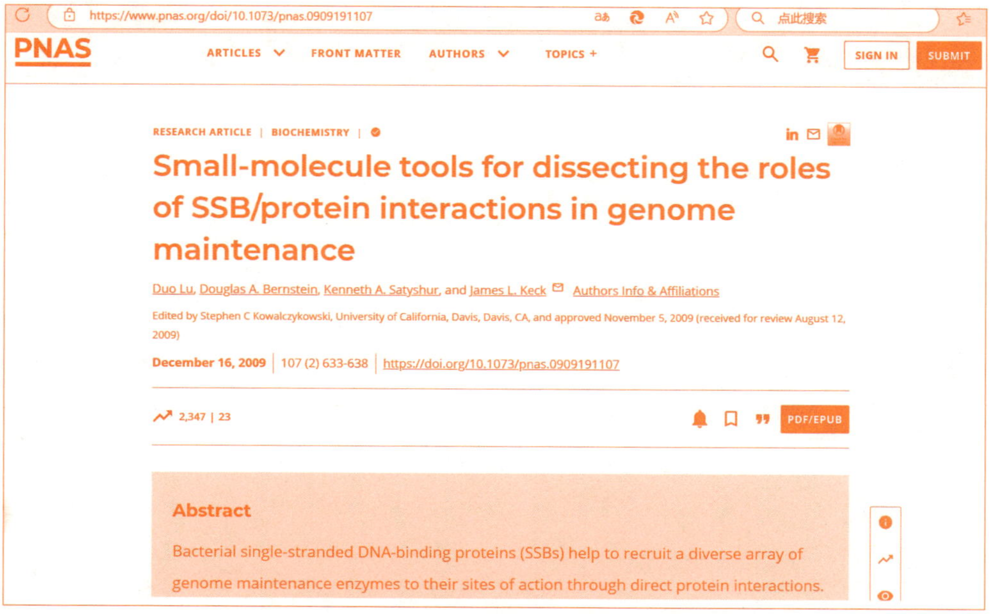

图 6-38　PNAS 数据库单篇文献详情界面

第7节　Annual Reviews 数据库

一、Annual Reviews 数据库概述

Annual Reviews 出版社成立于1932年，是一家专注于出版综述期刊，向全球科学家提供高度概括、实用信息的出版社。成立以来，Annual Reviews 始终坚持严格的编撰标准，不接受普通投稿，编委会成员均为本学科领域权威的科学家，其专业性和权威性非常高。数据库收录综述性期刊论文，包括生命科学、自然科学、农学、社会科学、经济学等学科。截至2025年1月，Annual Reviews 数据库共收录了51种期刊。

二、Annual Reviews 数据库的使用

1. 登录与基本检索

单位局域网 IP 范围内用户直接登录网站访问，网外用户首先登录 VPN，再登录官方网站 https://www.annualreviews.org/。进入首页即可以看到基本检索界面，检索的主要字段包括关键词、题目、作者、文章 DOI 等。

2. 高级检索

点击“Advanced Search”进入高级检索界面，如图6-39所示，点击“+”可以增加检索栏，在设定好的检索栏前面，选择合适的检索字段，主要有：Artical Title（文章标题）、Author Name（作者）、Abstract Only（仅摘要）、Affiliation（作者单位）、DOI/ISSN/ISBN 等。可以限定出版时间范围。在检索框中输入对应的检索词，可以进行高级检索。

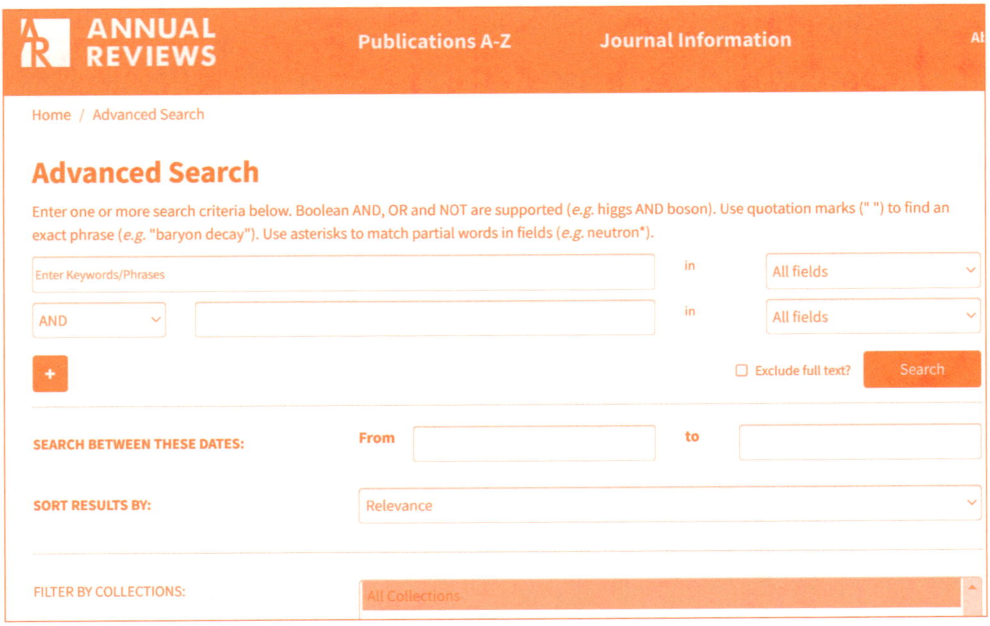

图6-39　Annual Reviews 高级检索界面

3. 期刊浏览模式

点击首页“Publications A-Z”，则进入期刊浏览模式，如图 6－40 所示，数据库已经把所有期刊按照期刊名字母顺序排列，点击期刊名，可以进入期刊详情。期刊详细的界面中有期刊介绍、期刊主页链接、创刊时间、影响因子、ISSN 等信息。期刊浏览模式下也可以通过选择需要浏览期刊的发表年份、卷、期等快速查找到某一个期刊。

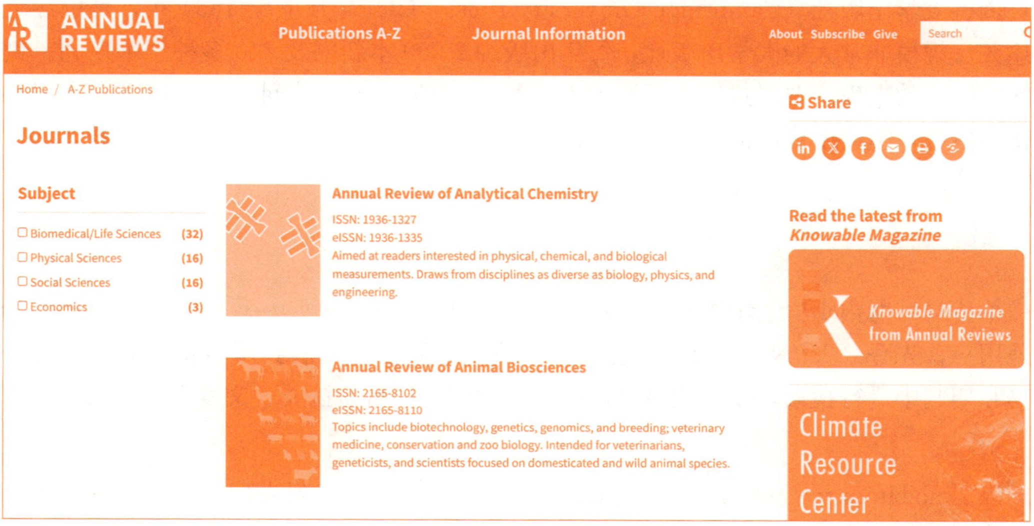

图 6－40 Annual Reviews 期刊浏览界面

4. 检索结果

以“inhibitors and antibacterial agents”为例，在网站首页进行基本检索，得到检索结果，如图 6－41 所示。检索结果已经按照出版物名称、作者、发表时间等进行了分类，读者可以点击不同类别，再次缩小和精确结果范围。

图 6－41 Annual Reviews 检索结果界面

第 8 节 剑桥大学出版社数据库

一、剑桥大学出版社数据库概述

剑桥大学出版社（Cambridge University Press，CUP）成立于 1534 年，是世界上历史悠久、规模非常大的大学出版社，每年出版约 2 500 本新书及 240 多种学术期刊。剑桥大学出版社数据库主要通过其在线平台 Cambridge Core 提供访问，该平台整合了期刊和书籍的内容，覆盖了广泛的学科领域，包括自然科学、人文社科、医学和工程技术等。

二、剑桥大学出版社数据库的使用

1. 登录与基本检索

单位局域网内 IP 范围内用户直接登录访问网站 https://www.cambridge.org/core，网外用户首先登录 VPN，再登录官方网站。进入首页，可以看到基本检索界面。可以在图书和期刊中进行检索，默认检索字段有：关键词、题目、摘要、文章 DOI、作者等。

2. 检索结果

以“inhibitors and antibacterial agents”为例，检索结果以列表形式呈现，如图 6－42 所示。可以对结果进行精炼，在二次检索框中再次输入关键词，也可以根据自动分类进行筛选。系统主要根据文章权限、出版类型、出版时间、文章主题、期刊名、出版商等进行自动分类，供读者筛选。

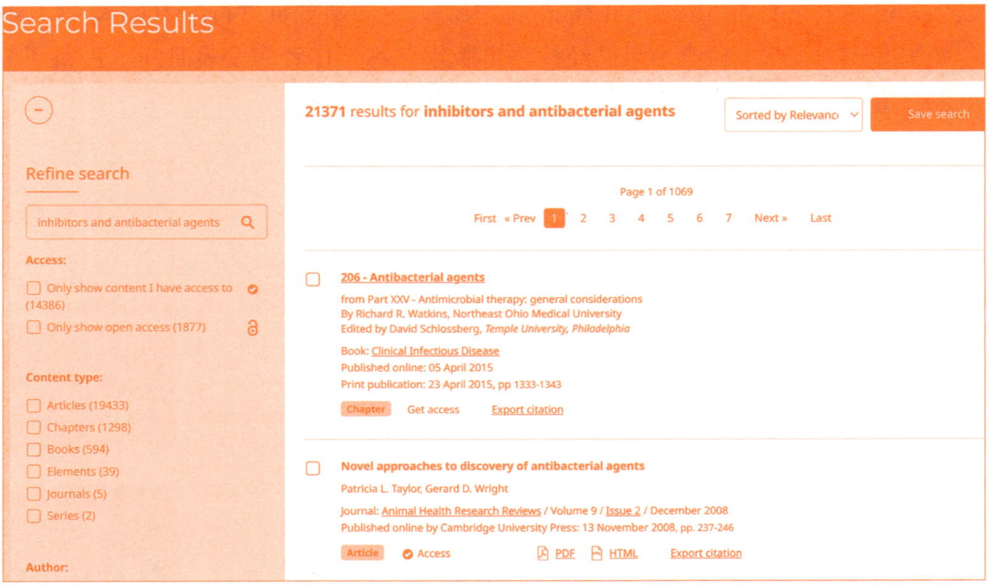

图 6－42 剑桥大学出版社数据库检索结果界面

检索结果可以按照 Relevance（相关性）、Title（标题）、Publication date（出版时间）等进行排序。在结果列表中，可以看到文章题目、作者、期刊名或者图书名、开放版权、

PDF 全文链接、HTML 链接、导出引用格式等。

点击结果列表中的论文题目，则进入单篇论文的详情界面，可以看到论文题目、期刊名、年、卷、期、接收时间、页码等。点击 PDF 链接可以下载 PDF 版全文，点击 HTML 链接可以网页形式阅读文章全文。

3. 主题浏览模式

在网站首页点击“Browse”并选择“Subjects”进入主题浏览模式，如图 6－43 所示。点击主题并展开其详细内容，可以看到每个主题下的期刊或者图书；点击期刊或者图书名，则进入期刊或者图书的详情界面。可以直接查看期刊介绍、期刊论文内容等，或查看图书介绍、图书详情和内容。具体不再赘述，请读者自学。

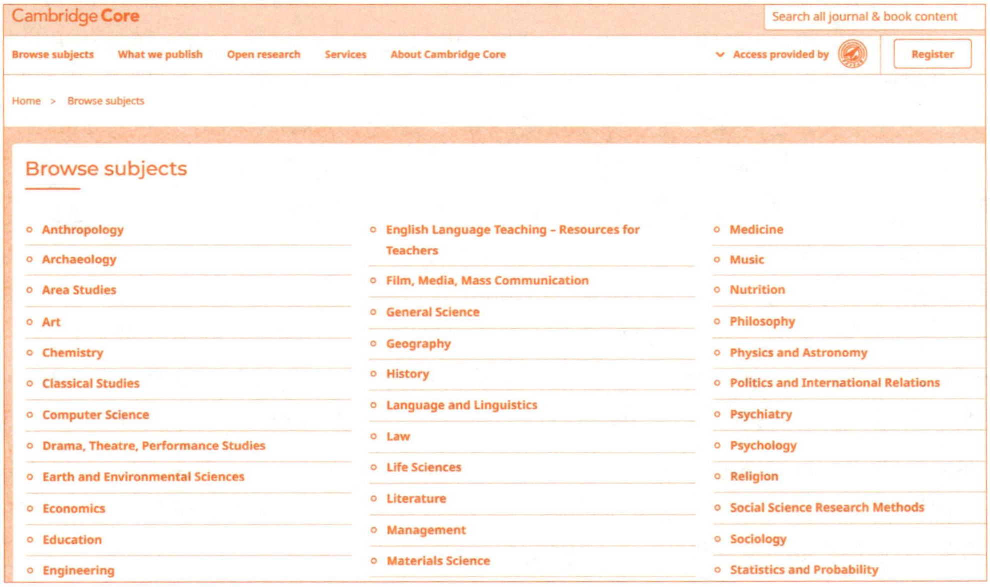

图 6－43　剑桥大学出版社数据库主题浏览界面

第 9 节　Nature 系列资源

一、Nature 系列资源概述

Nature（《自然》）周刊杂志是世界上著名的国际性科技期刊，其办刊宗旨是将科学发现的重要结果介绍给公众，让公众尽早知道全世界自然知识的每一分支中取得的重大进展。该杂志自创刊以来，始终如一地报道和评论全球科技领域里最新的研究成果和最重要的突破，已成为当今自然科学界国际影响最大的重要期刊之一。收文内容涵盖了自然科学各个研究领域，尤其在生物学、医学、物理学等领域卓有成就。许多新的发现、创新性的文献发表于《自然》周刊。DNA 双螺旋结构的发现、人类基因组序列测序结果的公布、高温超导研究的新发现、艾滋病研究的新突破等都是在《自然》周刊首先发表的。我国每年公布的世界十大科技新闻也大多数来源于《自然》周刊。网站为 https://www.nature.com/。

Nature 旗下设置若干分支期刊，报道有关领域重要科技进展，例如：

（1）*Nature Nanotechnology*（《自然纳米科技》），创刊于 2006 年 10 月，每年出版 12 期。《自然纳米技术》受到纳米科学和纳米技术领域的读者关注，该期刊已经发表的研究论文内容包括：柔性纳米电子学、纳米线的生长、通过电子结构来对纳米碳管分类、共价键自组装、用纳米碳管进行肿瘤定位、基于病毒的生物催化剂等。网站为 https://www.nature.com/nnano。

（2）*Nature Materials*（《自然材料学》），创刊于 2002 年 9 月，每年出版 12 期。《自然材料学》是一个多学科刊物，发表整个材料科学和技术领域内最高水平的研究工作，是材料科学领域的顶尖刊物，也是发表物理学和化学领域原创性研究工作的顶级期刊之一。该期刊包括以下专业领域：工程和结构材料，有机和软质材料，仿生材料，生物医学材料和生物分子材料，光学材料，光子材料和光电材料，磁性材料，超导材料和电子材料，催化材料和分离材料，能源材料，纳米材料和过程，液体、表面和界面，计算、模拟和材料理论、设计、合成、处理和定性分析方法等。网站为 https://www.nature.com/nmat。

（3）*Nature Physics*（《自然物理学》），创刊于 2005 年 10 月，每年出版 12 期。《自然物理学》发表理论物理和应用物理领域最高质量和最重大的研究成果，内容涵盖物理学的各个方面，重点关注半导体和超导、量子信息和非线性光学、器件物理学和黑洞等领域。网站为 https://www.nature.com/nphys/。

（4）*Nature Chemistry*（《自然化学》），创刊于 2009 年 4 月。《自然化学》是专注发表化学各领域内最重大、最尖端和高质量研究论文的月刊。除了反应分析化学、无机化学、有机化学和物理化学这些传统核心领域的研究成果外，也发表更宽广范围内的化学研究工作，包括催化化学、计算和理论化学、环境化学、绿色化学、药物化学、核化学、高分子化学、超分子化学以及表面化学等。该期刊涵盖的其他交叉学科主题有生物无机化学、生物有机化学、有机金属化学和物理有机化学等。网站为 https://www.nature.com/nchem。

（5）*Nature Energy*（《自然能源》），创刊于 2016 年。该期刊为月刊，仅在线出版，关注从能源的生产和储存到输送和管理的各个方面，其中各参与方的需求和要求，以及能源技术和政策对社会的影响。网站为 https://www.nature.com/nenergy/。

（6）*Nature Photonics*（《自然光子学》），创刊于 2007 年 1 月。《自然光子学》是一个专注发表光的发生、操控和探测等各个领域研究成果的月刊，涵盖范围从对光基本性质的研究、对光与物质之间相互作用的研究，一直延伸到光电装置的最新设计以及对光子的最新应用。网站为 https://www.nature.com/nphoton/。

（7）*Nature Reviews Materials*（《自然综述：材料》），创刊于 2016 年。该期刊为月刊，仅在线出版，专注于发表整个材料科学与工程领域内的综述和述评。网站为 https://www.nature.com/natrevmats/。

（8）*Nature Communications*（《自然通讯》），创刊于 2010 年。该期刊是一份国际同行评议的多学科开放获取期刊，致力于发表生物、医学、健康、物理、化学和地球科学等各领域的高质量研究。具体涉及肿瘤学、免疫学、生物学、化学、分子生物学、细胞生物学、表观遗传学、生物化工、有机合成、无机材料、生物技术、合成生物学、干细胞、植物科学、地学等领域。网站为 https://www.nature.com/ncomms/。

二、Nature 主站期刊查阅方法

1. 登录

Nature 主站网址为 https://www.nature.com/，每个期刊也有自己的独立网站，其网站组织架构相同，学会使用其中一个网站，也就会使用其他网站。对于开放式期刊，访问不受任何限制，任何计算机或者手机都可以访问其网站，也可以免费下载论文全文。对于非开放版权期刊，则需要单位购买使用权限，在单位局域网 IP 范围内可以直接登录和下载全文。

2. 网站浏览

点击“Explore content”（搜索内容）可以展示网站主要内容分类，例如：Research articles（研究论文）、News（新闻）、Opinion（意见）、Research analysis（研究分析）、Careers（职业）、Books & Culture（图书和文化）、Podcasts（博客）、Videos（视频）、Current issue（现刊）、Browse issues（浏览期刊）、Collections（收集）、Subjects（主题）。点击每个链接可以浏览有关内容。

3. 基本检索

点击首页中的“Search”进入基本检索界面，弹出检索框，可以通过 subject（主题）、keyword（关键词）、authors（作者）等字段检索论文。检索者可以直接在检索框中输入检索词，点击“Search”则可以获得基本检索结果。

4. 高级检索

在基本检索界面，检索框下方点击“Advanced search”，则进入高级检索界面，如图 6－44 所示，有 3 个检索框，可以分别输入 terms（术语）、authors（作者）、titles（题目）。设置出版时间范围，输入期刊名、卷、起始页码、文章号。点击“Search”即可以获得精确检索结果。

图 6－44　Nature 高级检索界面

5. 期刊浏览模式

在网站首页点击“View all journals”，进入期刊浏览模式，如图 6－45 所示。期刊按照首字母顺序排序，点击首字母即可查看该首字母下的期刊，点击期刊名，则进入期刊详情界面，可以浏览期刊每一期的论文。

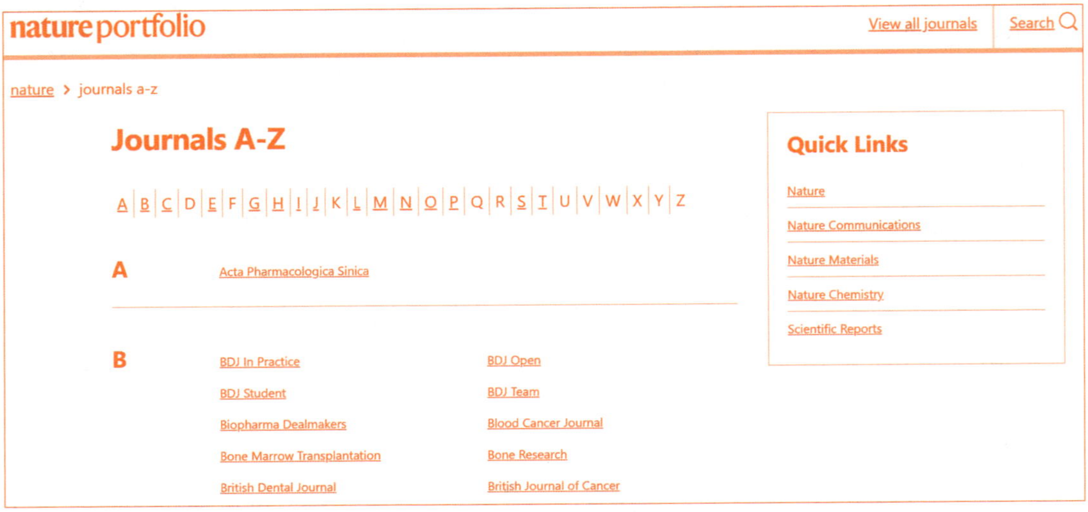

图 6－45　Nature 期刊浏览界面

6. 检索结果

检索结果界面上部是二次检索对话框，可以点击“Advanced search”直接进入高级检索；在“Journal”中选择具体期刊名，则系统自动筛选。检索结果的排序方式有相关性、出版日期新到旧、出版日期旧到新等三种。如图 6－46 所示，可以对检索结果继续筛选。在 Article type 筛选中，可供筛选的文章类型有：Research（研究论文）、Reviews（综述论文）、News（新闻）、News & Views（新闻与观点）、Research Highlights（研究亮点）、Comments & Opinion（评论与意见）、Books & Arts（图书与艺术）、Editorial（社论）等。

在 Subject 筛选中，主要可以选择的有 Biophysics（生物物理学）、Biotechnology（生物技术）、Business and industry（工商业）、Cell biology（细胞生物学）、Chemistry（化学）、Computational biology and bioinformatics（计算生物学和生物信息学）、Diseases（疾病）、Ecology（生态学）、Energy science and technology（能源科学技术）、Engineering（工程）、Evolution（进化）、Materials science（材料科学）、Mathematics and computing（数学与计算）、Medical research（医学研究）、Microbiology（微生物学）、Nanoscience and technology（纳米科学与科技）、Neuroscience（神经科学）、Optics and photonics（光学与光子学）、Physics（物理）、Zoology（动物学）等。

在 Date 筛选中，可以选择 Today、Last 7 days、Last 30 days、Last 12 months、Last 2 years、Last 5 years 等。

7. 单篇文献详情

点击结果列表中论文题目，可以进入单篇文献详情界面，如图 6－47 所示，可以看到

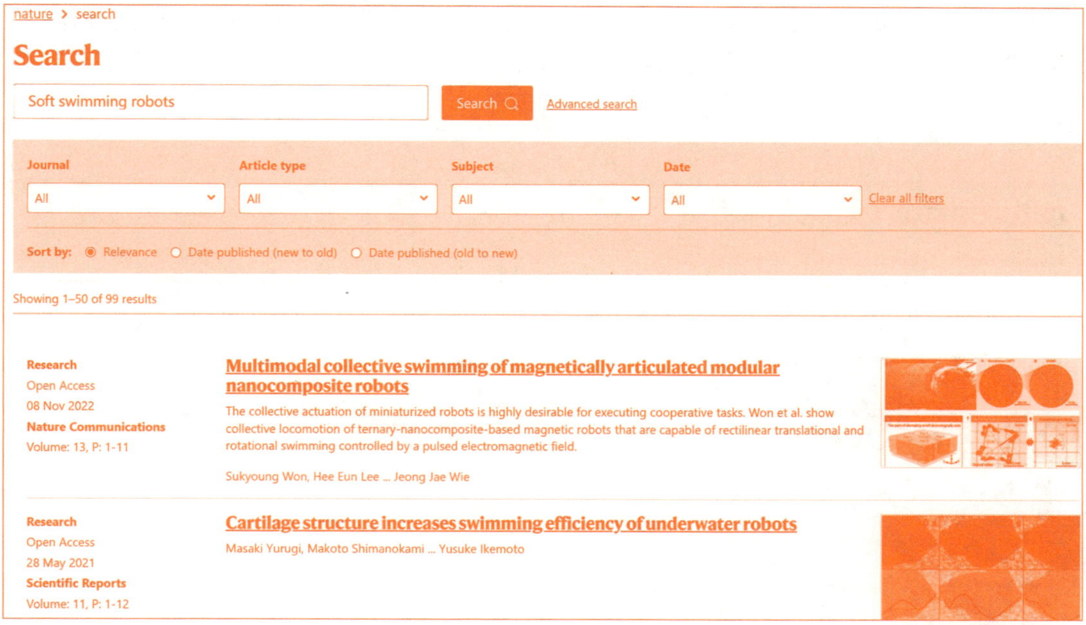

图 6-46 Nature 检索结果界面

论文题目、出版日期、文章类型、文章摘要、文章视频等。点击“Download PDF”可以下载全文，如果没有全文权限则显示购买价格等。界面中可以看到关于这篇文章的详细信息，包括该文章的引用格式、投稿日期、接收日期和出版日期、文章 DOI、分享文章链接。也可以下载文章 RIS 参考文献格式。

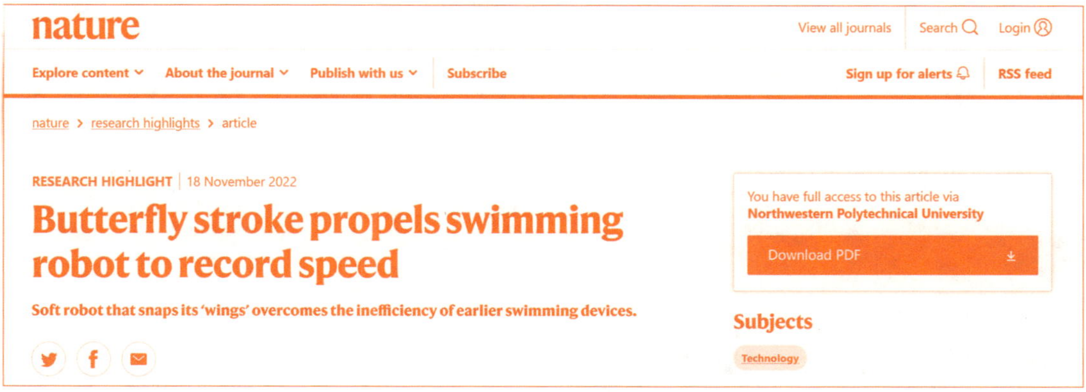

图 6-47 Nature 单篇文献详情界面

三、Nature 系列其他期刊查阅方法

Nature 系列其他期刊主要有 *Nature Nanotechnology*（《自然纳米科技》）、*Nature Materials*（《自然材料学》）、*Nature Physics*（《自然物理学》）、*Nature Chemistry*（《自然化学》）、*Nature Energy*（《自然能源》）、*Nature Photonics*（《自然光子学》）、*Nature Reviews Materials*（《自然综述：材料》）、*Nature Communications*（《自然通讯》）。

Nature 系列其他期刊网站与主网站类似，点击“Search”进入基本检索，再点击

“Advanced search”则进入高级检索。也可以直接按照期刊的卷号、期号浏览期刊论文，点击“Download PDF”，即可以下载论文全文。

例如 *Nature Materials* 网站如图 6－48 所示。

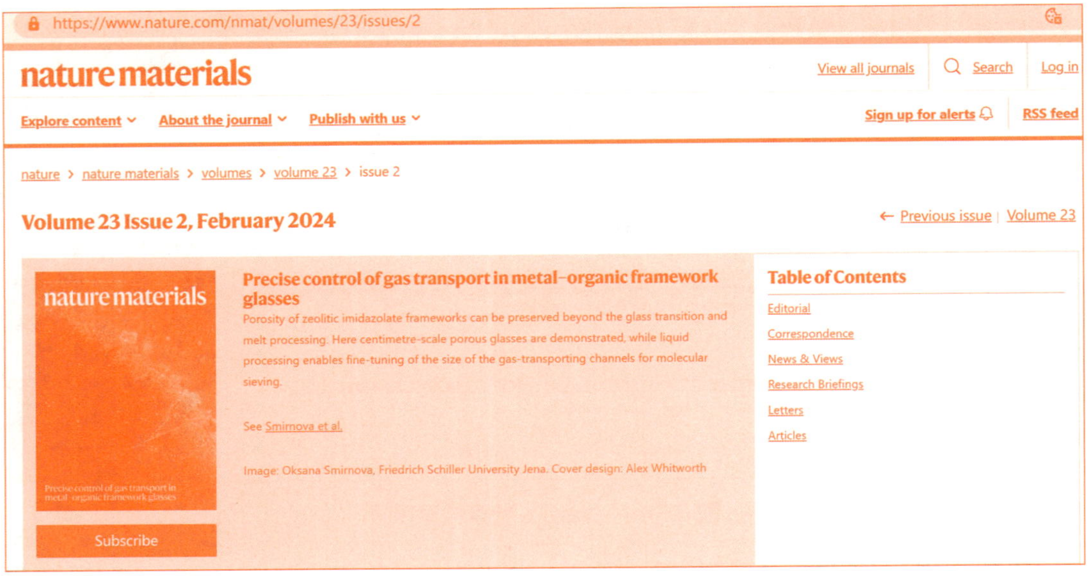

图 6－48　*Nature Materials* 网站页面

Nature Chemistry 网站如图 6－49 所示。

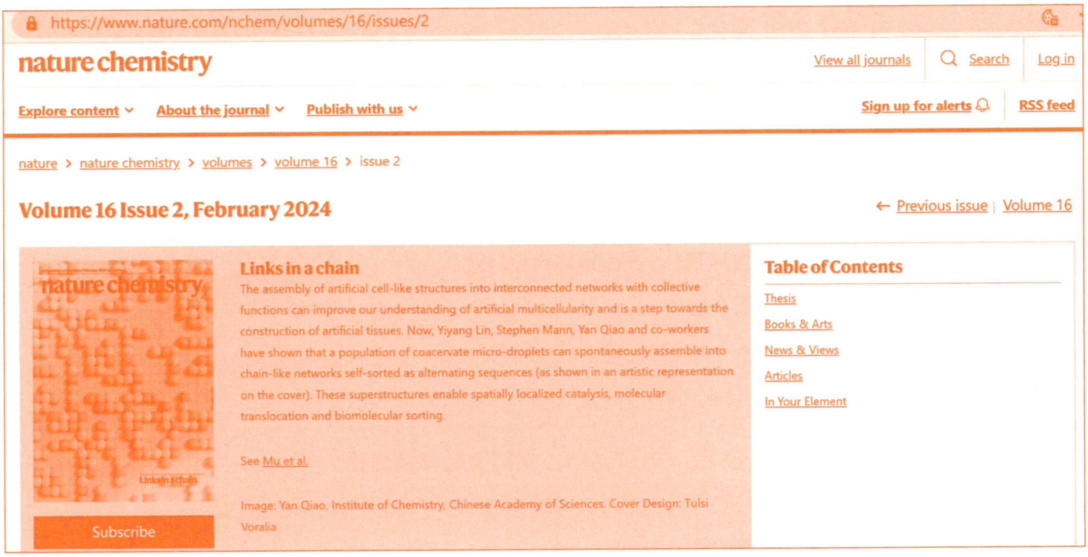

图 6－49　*Nature Chemistry* 网站页面

Nature Communication 文章内容较为宽泛，在其主页中有检索框，如图 6－50 所示，可以进一步检索该期刊上的文章，输入检索主题词，还可以选择检索词，有 Biological sciences、Earth and environmental sciences、Health sciences、Physical sciences、Scientific community and society 等，每个类别下面还有更细致的分类。

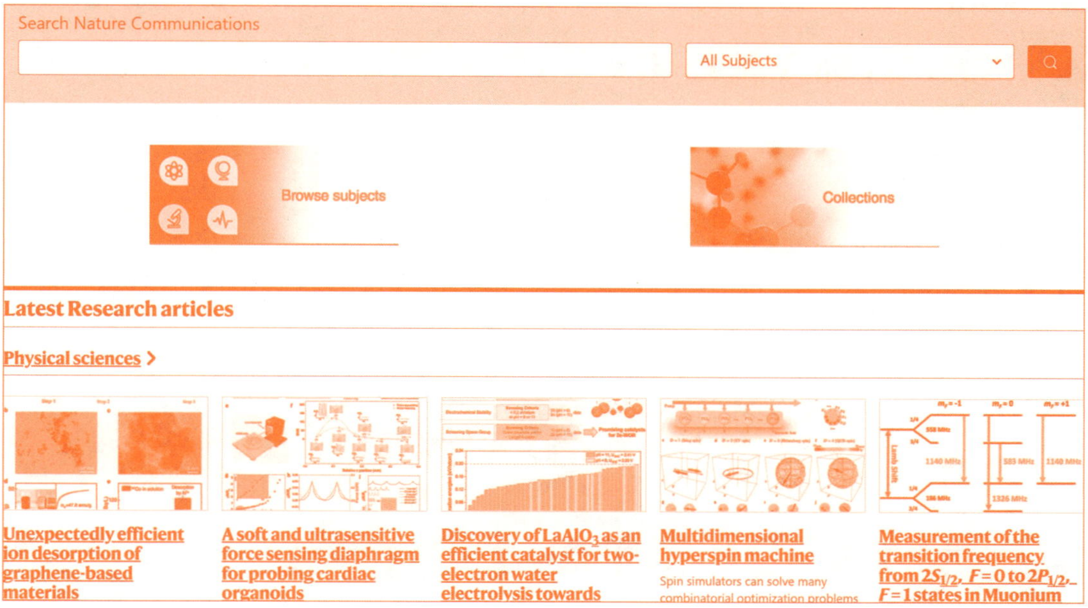

图 6-50　*Nature Communication* 网站主页

习题

1. 常见的外文全文数据库有哪些?

2. 练习使用本章所学的外文全文数据库，任意选择 1 个数据库，从以下主题词中任意选择 1 个，进行实践训练，并且查询至少 5 篇本年度发表的论文，以检索结果题目和摘要作为本题答案。

供选择的主题词：Artificial intelligence，Autonomous vehicle，Microbial fuel cell，Solar cell。

学习资源

第 7 章 › 特种文献检索

第 1 节　专利文献检索基础

一、专利基本知识

1. 专利的定义和特征

专利是由政府机关或者代表若干国家的区域性组织根据申请而颁发的一种文件，该文件记载了发明创造的内容，并授予申请人在规定的时间内对该项发明创造享有专有权利和利益。

专利是知识产权的一种。专利具有三层含义：(1) 在法律层面，专利是指专利权，指专利权人享有的专利权，即国家依法在一定时期内授予专利权人独占使用其发明创造的权利。专利权是一种具有独占、排他性的专有权，非专利权人必须依法征得专利权人的授权或许可，才可以使用他人的专利技术。(2) 在技术层面，专利是指受到专利法保护的发明创造，也就是专利技术，它是受国家认可并在公开的基础上进行法律保护的专有技术。(3) 在文献层面，专利是具体的文件，主要有专利证书、专利权利要求书、专利说明书等。

"独占"与"公开"是专利的两个最基本的特征，分别代表权利与义务，以"公开"换取"独占"是专利制度最基本的核心。独占是指法律授予专利权人在一定时间内享有排他性的独占权利；公开是指专利申请人作为对法律授予其独占权的回报而将其技术公之于众，使社会公众可以通过正常渠道获得有关专利信息。

2. 专利的类型

中国专利的主要类型有发明专利、实用新型专利和外观设计专利。发明是指对产品、方法或者其改进所提出的新的技术方案。实用新型是指对产品的形状、构造或者其结合所提出的适于实用的新的技术方案。外观设计是指对产品的整体或者局部的形状、图案或者其结合以及色彩与形状、图案的结合所作出的富有美感并适于工业应用的新设计。

美国专利分为发明专利、外观设计专利和植物专利。申请发明专利的产品必须具有某些功能或实用价值。美国发明专利保护期限为自申请之日起 20 年。美国外观设计专利保护年限为 14 年，不需要缴纳年费。同时，外观设计公开后半年内仍可以就此设计提出专利申请，以保护该外观设计的专有性。生产植物品种的方法可申请注册为植物专利，并受到专利法的保护。美国植物专利需要在特定时间缴纳专利维持费（分别在第三年半、第七年半和第十一年半）。植物专利保护期限为自申请之日起 20 年。

欧洲专利包括欧洲发明专利和欧盟外观设计专利。欧洲发明专利授予具有工业实用性、绝对新颖性和创造性的发明，是针对产品技术结构、方法、工艺流程或工艺参数改进所提出的新的技术方案。欧洲发明专利的最长保护期限为自申请日起 20 年，医疗或植物保护品种领域的专利的最长保护期限可以被适当延长。欧盟外观设计专利直接向欧盟知识产权局提出申请，同时在欧盟成员国家生效。

3. 专利授权的条件

根据《中华人民共和国专利法》规定，只有符合条件的专利申请，才能够获得授权，授权条件如下：

（1）授予专利权的发明和实用新型，应当具备新颖性、创造性和实用性。新颖性，是指该发明或者实用新型不属于现有技术；也没有任何单位或者个人就同样的发明或者实用新型在申请日以前向专利行政部门提出过申请，并记载在申请日以后公布的专利申请文件或者公告的专利文件中。创造性，是指与现有技术相比，该发明具有突出的实质性特点和显著的进步，该实用新型具有实质性特点和进步。实用性，是指该发明或者实用新型能够制造或者使用，并且能够产生积极效果。其中，现有技术是指申请日以前在国内外为公众所知的技术。

（2）授予专利权的外观设计，应当不属于现有设计；也没有任何单位或者个人就同样的外观设计在申请日以前向专利行政部门提出过申请，并记载在申请日以后公告的专利文件中。授予专利权的外观设计与现有设计或者现有设计特征的组合相比，应当具有明显区别。授予专利权的外观设计不得与他人在申请日以前已经取得的合法权利相冲突。其中，现有设计是指申请日以前在国内外为公众所知的设计。

4. 专利优先权

1883 年 3 月 20 日签订的《保护工业产权巴黎公约》（简称《巴黎公约》）首次提出专利优先权的概念，它是专利制度中的一个重要概念。优先权是指申请人在一个成员国首次提出申请后，在一定期限内就同一主题在其他成员国提出申请的，其申请日期默认为首次申请的申请日期。

我国是《巴黎公约》的成员国，《巴黎公约》中第 4 条关于优先权的规定在我国可以直接适用。同时，我国《专利法》（2020 年修正）第二十九条明确了优先权的两种情形。

（1）申请人自发明或者实用新型在外国第一次提出专利申请之日起 12 个月内，或者自外观设计在外国第一次提出专利申请之日起 6 个月内，又在中国就相同主题提出专利申请的，依照该外国同中国签订的协议或者共同参加的国际条约，或者依照相互承认优先权的原则，可以享有优先权。

（2）申请人自发明或者实用新型在中国第一次提出专利申请之日起 12 个月内，或者自外观设计在中国第一次提出专利申请之日起 6 个月内，又向国务院专利行政部门就相同主题提出专利申请的，可以享有优先权。

5. 同族专利

同族专利（patent family）是基于同一优先权文件，在不同国家或地区，以及地区间专利组织多次申请、多次公布或批准的内容相同或基本相同的一组专利文献。同一专利族中每件专利文献被称作专利族成员（patent family members），之间互为同族专利。在同一专利族中最早优先权的专利文献称基本专利。

世界知识产权组织（WIPO）《工业产权信息与文献手册》将专利族分为 6 种：简单专利族、复杂专利族、扩展专利族、本国专利族、内部专利族和人工专利族。

（1）简单专利族（simple patent family）：在同一个专利族中，专利族成员以共同的一个或共同的几个专利申请为优先权。

（2）复杂专利族（complex patent family）：在同一个专利族中，专利族成员至少以一个共同的专利申请为优先权。

（3）扩展专利族（extended patent family）：在同一个专利族中，每个专利族成员与至少一个其他成员至少共同以一个专利申请为优先权。

（4）本国专利族（national patent family）：在同一个专利族中，每个专利族成员均为同一国家的专利文献，这些专利文献属于同一原始申请的增补专利、继续申请、部分继续申请、分案申请等，但不包括同一专利申请在不同审批阶段出版的专利文献。

（5）内部专利族（domestic patent family）：同一原始申请在同一专利机构里，随着审批程序推进而产生并公开的一组专利文献所构成的专利族。

（6）人工专利族（artificial patent family）：也称智能专利族、非常规专利族，即内容基本相同，但并非以共同的一个或几个专利申请为优先权，而是根据专利文献的技术内容，人为地进行归类，组成的一组由不同国家出版的专利文献构成的专利族，但实际上在这些专利文献之间没有任何优先权联系。

6. 专利号

为清楚描述专利，每个专利都有对应的专利号。通常前面有 2 个英文字母标注在各国专利号之前，代表授权该专利的国家、地区、组织，称为专利国别代码，即专利文献中用来表示发行专利说明书的国家和地区性国际组织名称的国际标准代码。例如，CN 中国、US 美国、WO 世界、EP 欧洲、SG 新加坡、JP 日本。

专利编号有一定的规则，下面以中国专利编号为例进行说明。

（1）申请号。只要申请的专利文件被国家知识产权局受理，在受理通知书中即会注明专利申请号。申请号的构成为“申请年号＋申请种类＋申请流水号＋校验码”，共 13 位。第 1～4 位数字表示申请的年份，第 5 位数字表示专利申请的种类，第 6～12 位数字为申请流水号，表示专利申请的相对顺序。第 13 位是校验位，校验位是以专利申请号中使用的数字组合作为源数据经过计算得出的 1 位阿拉伯数字（0～9）或大写英文字母 X。在校验位前加一个小数点，但是以申请号查询或者检索专利时，需要省略掉这个小数点。

申请种类有 5 类，分别用 1、2、3、8 和 9 表示。1 代表发明专利申请，2 代表实用新型专利申请，3 代表外观设计专利申请，8 代表通过专利合作条约（Patent Cooperation

Treaty，PCT）途径进入中国国家阶段的发明专利申请（申请人是外国人），9 代表通过 PCT 途径进入中国国家阶段的实用新型专利申请（申请人是外国人）。

例如：202110575365.7 表示 2021 年申请的发明专利，1 代表发明专利，0575365 是申请序列号，小数点后的 7 是校验位。

（2）专利号。任何类型的专利申请经过审查员审查，符合专利法、实施细则、审查指南的规定便可以获得授权，授权后该专利获得专利号。专利号是在原申请号前加“ZL”。ZL 202110575365.7，表示 2021 年申请的已授权中国发明专利。

特别提醒，任何申请均有申请号，而专利号是在原申请号前直接加“ZL”。所以，对于一个专利号是否为授权专利，需要在国家知识产权局专利系统中查询其法律状态。

（3）公开号。只有发明专利申请才有公开号，实用新型专利和外观设计专利没有公开号。发明专利申请由于审查程序的原因，在初审合格后，给予公开（公布），即获得公开号，实审合格，发布授权公告，获得公告号，因此有两个专利文本。公开号的构成为：CN＋专利种类代码＋专利文献流水号＋专利文献种类标识代码 A。比如公开号 CN 113368237 A，号码中的第一个数字“1”和末尾的专利文献种类标识代码“A”表示该文本为发明专利申请初审合格后的公开文本。公开号中看不出申请年份和公开年份。

（4）公告号。发明专利、实用新型专利和外观设计专利申请符合授权条件时，获得授权，同时发布公告。发明专利需经过实质审查后才可以获得授权并公告，实用新型专利和外观设计专利是初审合格后便可以获得授权并公告。因此，发明专利申请有公开文本和公告文本，而实用新型专利和外观设计专利只有一个公告文本。

公告号构成为：CN＋专利种类代码＋专利文献流水号＋专利文献种类标识代码。专利种类代码有 1、2 和 3，分别代表发明专利、实用新型专利和外观设计专利。文献种类标识代码如果是 B 或 C 表明是发明，如果是 U 或 Y 表明是实用新型，如果是 S 或 D 表明是外观设计。

一般而言，使用公开号或公告号在国外专利数据库中检索中国专利，而不能用申请号和专利号进行检索。在中国专利数据库中检索时，可以使用公开号和公告号进行检索，也可以使用申请号进行检索。

二、专利申请与审查

1. 发明人与设计人

根据《中华人民共和国专利法实施细则》（2023 年修订）第十四条，发明人或者设计人是指对发明创造的实质性特点作出创造性贡献的人。在完成发明创造过程中，只负责组织工作的人、为物质技术条件的利用提供方便的人或者从事其他辅助工作的人，不是发明人或者设计人。

发明人只能是个人，单位或者集体不能作为发明人，例如，某某课题组不能作为发明人。发明人应当使用本人真实姓名，不得使用笔名或者其他非正式的姓名。如果有多个发明人共同完成专利，则应当自左向右顺序依次标注发明人姓名。申请人修改发明人姓名时，应当提交补正书、当事人的声明及相应的证明文件。

2. 专利申请人

专利申请人是向专利局提出就某一发明或设计取得专利请求的当事人。各国均规定，并非任何人都可向专利局提出专利申请。专利申请人应具备两个条件：（1）具有专利权利能力的公民或法人；（2）具有专利申请的申请权。享有申请权的民事主体向专利局提出专利申请后，在专利申请和审查阶段享受权利并承担义务，若专利被授权，则申请人成为专利权人，即授权专利的所有权归申请人，申请人可以是单位或自然人。

发明人依照其雇佣单位要求完成本职工作后或者利用工作单位的资源（设备、资金）完成的发明、实用新型、外观设计，属于职务发明，申请人为发明人所在的工作单位，专利授权后，该单位就是专利权人，拥有专利的所有权。

发明人利用自身资源（设备、资金）完成的发明、实用新型、设计，申请人属于个人，发明人、申请人以及授权后的专利权人都是发明人本人。

3. 专利代理人

专利代理人（专利代理师）是取得执业资格，代理他人进行专利申请和办理其他专利事务的人。专利代理师执业需要具备一定的条件，经考核批准，由国家知识产权局颁发专利代理师资格证，实习满一年，通过专利代理管理系统进行执业备案。专利代理师的具体业务可分为提供专利咨询、代办申请手续、维持专利有效、担任诉讼代理人等。申请人委托专利代理机构向专利局申请专利和办理其他专利事务的，应当同时提交委托书，写明委托权限。

4. 专利代理机构

专利代理机构是经省级知识产权局审核，国家知识产权局批准设立，可以接受委托人的委托，在委托权限范围内以委托人的名义办理专利申请或其他专利事务的服务机构。国家知识产权局网站可以查询正规的专利代理机构。

5. 专利受理部门

国家知识产权局是我国专利主管部门，也是唯一依法有权接收专利申请的受理机关。申请人或者专利代理机构可将申请文件直接提交到国家知识产权局专利业务办理系统。国防专利申请统一由中央军委装备发展部国防知识产权局受理和审查，经审查符合规定的，由国家知识产权局授予国防专利权。

6. 专利申请文件

不同专利类型，其申请文件略有不同，具体申请人可以根据其代理机构的指导进行撰写或者准备。根据《知识产权政务服务事项办事指南》（第二版），申请材料要求如下：

（1）申请发明专利应当提交以下文件：发明专利请求书、说明书摘要、权利要求书、说明书，必要时还应当提交说明书附图。

（2）申请实用新型专利应当提交以下文件：实用新型专利请求书、说明书摘要、权利要求书、说明书、说明书附图。

（3）申请外观设计专利应当提交以下文件：外观设计专利请求书、外观设计图片或照片、外观设计简要说明。

要求国内优先权的，申请人在请求书中写明了在先申请的申请日和申请号的，视为提交了在先申请文件副本。要求外国优先权的，申请人必要时需提交在先申请文件副本等材料。

7. 专利申请的审批

发明专利的审批程序包括受理、初审、公布、实审和授权 5 个阶段。实用新型专利或者外观设计专利申请在审批中不进行早期公布和实质审查，只有受理、初审和授权 3 个阶段。

申请人递交专利后，国家知识产权局给出受理通知书，注明申请日期和专利申请号，后续各种交流文件都需要注明该专利申请号。

专利初步审查又称形式审查，是指国家知识产权局对专利申请的手续、文件、格式等事项进行的一种审查活动。初审通过后，对专利申请进行公布（公开），公众可以看到专利申请的全文。

实质审查，是指国家知识产权局对申请专利的发明的新颖性、创造性、实用性等实质性内容所作的审查。发明专利申请自申请日起 3 年内，国家知识产权局可以根据申请人随时提出的请求，对其申请进行实质审查；申请人无正当理由逾期不请求实质审查的，该申请即被视为撤回。实质审查通常采取书面审查的方式，即通过申请材料的陈述了解有关情况，进行审查。必要时通过实地核查方式开展实质审查。通过实质审查后，符合专利授权条件的则授权；不符合条件的申请会被驳回，申请人可以在一定期限内请求复审，国家知识产权局复审后作出决定，并通知申请人。

8. 专利的有关日期

（1）申请日。

国家知识产权局收到专利申请文件之日为申请日，在其下发的《专利申请受理通知书》中明确申请日、申请号、申请人等信息。发明专利权的期限为 20 年，实用新型专利权的期限为 10 年，外观设计专利权的期限为 15 年，均自申请日开始计算。

（2）申请公布日。

申请公布日也称为公开日，即国家知识产权局将发明专利申请内容公开或者公布的日期。公布日之后，公众可以在国家知识产权局网站查询到专利申请的内容。主要是公开专利权利要求书、专利说明书、说明书摘要等文件，并且分配一个专利公开号。我国专利法规定，国务院专利行政部门收到发明专利申请后，经初步审查认为符合规定的，应当自申请日起满 18 个月，立即予以公布。国务院专利行政部门可以根据申请人的请求，早日公布其申请。只有发明专利才有公布日，实用新型专利和外观设计专利没有公布日，授权公告日即为公布日。

（3）授权公告日。

授权公告日是指专利审查部门作出授予专利权的决定，颁发专利证书，同时予以登记和公告的日期。发明专利的授权公告日晚于申请公布日，实用新型专利和外观设计专利则是在授予专利权的同时将专利公布，因此，公布日和授权公告日为同一天。专利权自公告之日起生效，但有效期从申请日开始计算，自授权当年开始缴纳专利年费。自 2020 年 3 月 3 日起，国家知识产权局通过专利电子申请系统颁发电子专利证书，不再颁发纸质专利证书。

9. 专利费用

专利申请人有义务向国家知识产权局缴纳规定的费用，主要缴费项目有：申请费、发明专利申请实质审查费、复审费、著录事项变更费、恢复权利请求费、延长期限请求费、专利文件副本证明费、年费、滞纳金等。按照有关规定，可以申请减缴的费用包括4种：申请费（不包括公布印刷费、申请附加费）、发明专利申请实质审查费、复审费、年费（自授予专利权当年起10年）。具体费用可以参考国家知识产权局网站上公布的《专利和集成电路布图设计缴费服务指南》。

专利申请人还需要向专利代理机构支付一定的代理服务费用，不同代理机构的收费标准不同，要具体咨询和协商。

三、专利文献

1. 专利文献的定义和特点

专利文献是记载专利申请、审查、批准过程中所产生的各种有关文件的文献资料。专利文献定义分为狭义的专利文献和广义的专利文献。狭义的专利文献包括发明专利请求书、权利要求书、说明书、说明书摘要等文件资料。广义的专利文献还包括专利公报、专利文摘、各种索引与供检索用的工具书等。专利文献具有技术情报、经济情报、法律情报三种价值。其载体形式有纸质、电子版等，目前以电子版为主。

最具有技术参考价值的是专利说明书，可以分为发明专利说明书、实用新型专利说明书和外观设计专利说明书三大类。此外，专利的权利要求书详细记载了该专利的保护范围，明确专利权的边界，在法律上具有重要作用。

专利文献的特点主要有：（1）内容新颖、广泛、系统、详尽；（2）实用性强，可靠性强，质量高；（3）出版迅速，形式统一，重复出版量大；（4）分类和检索方法特殊，文字严谨。不过，专利文献也有一定的局限性，例如技术描述宽泛，一般不能直接根据发明专利说明书获取最佳实验条件，仅仅可以参考研究思路。

2. 专利文献的分类

专利文献的分类方法很多，可以按照专利类型、文献性质、技术领域、专利文献代码、专利分类体系等进行分类。

（1）按专利类型分类。

1）发明专利文献：包括发明专利申请书、发明专利说明书等。发明的技术含量相对较高，涉及的领域广泛。

2）实用新型专利文献：涵盖实用新型专利申请书、实用新型专利说明书等。实用新型主要侧重于产品的结构改进，创新性要求相对发明较低。

3）外观设计专利文献：包括外观设计专利申请书、外观设计专利说明书等。外观设计主要关注产品的外观造型和视觉效果。如一款具有独特外观设计的手机，其相关专利文献就属于外观设计专利文献。

（2）按文献性质分类。

1）一次专利文献：包括专利说明书、权利要求书等。它是以发明人发明创造过程和所取得的发明创造成果为依据而创作的原始文献，清楚完整地阐述了该发明创造，是专利文献中的核心部分。通常所称的查专利文献，主要是指查专利说明书、权利要求书等一次专利文献。

2）二次专利文献：把分散的各类一次专利文献按一定原则进行加工、整理、简化、编辑而成的专利文献。主要有专利公报、专利文摘、专利题录、专利分类表、专利分类索引和年度累积索引等。这些文献能够帮助用户快速了解专利的基本信息和所属领域，方便进行检索和筛选。

（3）按技术领域分类。

将专利文献按照技术领域进行分类的方式，例如电子、机械、化学、生物等。这种分类方式可以帮助专业人员找到需要的信息，同时也可以帮助他们加深对某个领域的了解。

（4）按专利文献代码分类。

1）中国发明专利文献代码。中国的发明专利文献主要附有三种种类代码——A，B，C。A代表发明专利申请的未经实质审查的公布文献，B代表发明专利经过实质审查之后的审定或公告文献，C代表我国专利法实施早期的经过异议程序的发明专利授权公告文献，以及1993—2010年间的发明专利授权公告文献。

2）其他国家或地区专利文献代码。不同国家或地区有各自的专利文献代码体系，用于区分专利文献的类型和状态等。例如，美国专利文献有其特定的代码来标识专利申请、专利授权等不同阶段的文献。

（5）按专利分类体系分类。

1）国际专利分类（IPC）。1971年《斯特拉斯堡协定》建立的国际专利分类提供了一种由独立于语言的符号构成的等级体系，是许多国家工业产权保护部门进行国际合作的成果，也是目前使用最广泛的分类体系。各国都采用统一的专利分类可简化各国之间的专利信息交流，在进行不同类型专利检索时可迅速找到需要的文件。

2）欧洲专利分类（ECLA）。这是欧洲专利局在IPC的基础上发展起来的分类体系，主要服务于欧洲专利局的检索和审查工作，对IPC进行了细化和补充，能够更准确地反映欧洲专利文献的技术内容。

3）美国专利分类（USPC）。这是美国专利商标局使用的专利分类体系，具有独特的分类号和分类规则，主要针对美国的专利文献进行分类，能够满足美国专利检索和审查的需求。

4）日本专利分类（FI/F-Term）。FI是日本特许厅的专利分类体系，F-Term是其关键词检索系统。FI分类体系较为细致，能够对日本专利文献进行精确分类，而F-Term则通过关键词与分类号的结合，提高专利检索的效率和准确性。

5）联合专利分类（CPC）。这是由美国专利商标局和欧洲专利局共同开发的分类体系，结合了IPC和ECLA的优点，对专利文献进行更细致的分类，旨在提高国际专利检索与审查的一致性和效率。

6）德温特专利分类（DC-MC）。德温特公司是全球知名的专利信息服务提供商，其开发的德温特专利分类体系主要用于德温特专利数据库中的专利文献分类，具有较强的实用性和针对性，能够帮助用户快速找到有价值的专利信息。

3. 主要的专利查询网站

专利查询可以在全文型数据库中查找，例如：中国知网、万方数据库、维普数据库等。如果需要查询专利审查状态、法律状态等，则需要登录专利审查和授权机构官方网站。特别提醒，有的网站需要注册才能登录和查询。主要查询网站包括：

国家知识产权局专利检索及分析网站 https://pss-system.cponline.cnipa.gov.cn/conventionalSearch。

中国及多国专利审查信息查询网站 https://cpquery.cponline.cnipa.gov.cn/chinese-patent/index。

美国专利商标局专利检索网站（美国专利全文数据库）https://www.uspto.gov/patents/search。

欧洲专利局全球专利检索网站 https://worldwide.espacenet.com/。

日本特许厅网站专利数据库 https://www.jpo.go.jp/e/index.html。

世界知识产权组织专利检索网站（PATENTSCOPE 数据库）https://patentscope2.wipo.int/search/en/search.jsf。

第 2 节　中国专利检索

一、国家知识产权局

1. 国家知识产权局的职责

国家知识产权局的主要职责是：(1) 负责拟订和组织实施国家知识产权战略；(2) 负责保护知识产权；(3) 负责促进知识产权运用；(4) 负责知识产权的审查注册登记和行政裁决；(5) 负责建立知识产权公共服务体系；(6) 负责统筹协调涉外知识产权事宜。

国家知识产权局下设专利局主要负责专利事务，商标局主要负责注册商标事务。

2. 国家知识产权局网站

国家知识产权局的官方网站为 https://www.cnipa.gov.cn/。与业务有关的内容在首页中的“政务服务”板块，如图 7-1 所示，有专利、商标、地理标志、集成电路布图设计四大板块，鼠标放在标题上，可以展开具体内容。本节主要介绍与专利有关的政务服务。

在专利事务服务中，可以看到办事指南、专利业务办理、专利检索、专利审查信息查询、专利复审和无效、表格下载等栏目，点击图标可以进入详细内容页面，点击“更多”还可以查看更多专利事务服务。其中，“办事指南”可以查看《知识产权政务服务事项办事指南》，主要介绍具体专利事务办理的流程和要求；“专利检索”是在国家知识产权局专利库中进行检索和分析；“专利审查信息查询”可以查看专利申请过程中专利申请资料、发文通知、交互文件、法律状态、专利费用等信息。从文献检索的角度，我们重点关注“专利检索”和“专利审查信息查询”。

图 7-1 国家知识产权局政务服务界面

二、中国专利检索

1. 国家知识产权局专利检索登录方法

可以登录国家知识产权局官网，找到政务服务栏目，点击图 7-1 中的“专利检索”，则进入登录界面，新用户需实名注册，已注册用户直接登录进入专利检索界面，也可以直接输入网址 https://pss-system. cponline. cnipa. gov. cn/conventionalSearch，进入专利检索界面，如图 7-2 所示。需要实名注册，登录后才能进行专利检索。注册过程需要设置用户名和密码，填写邮箱、省份地区、城市、用户类别等信息，与常规网站注册方法相同。

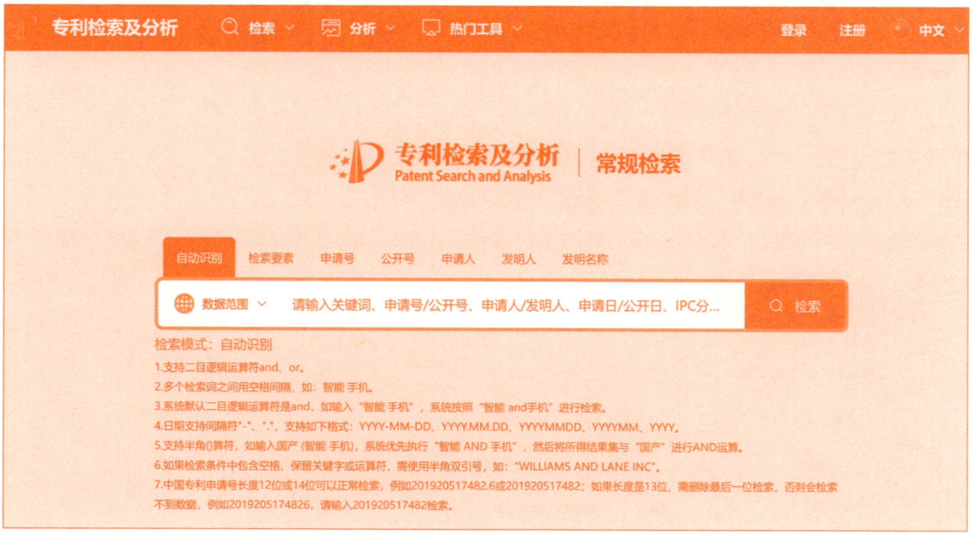

图 7-2 专利检索及分析常规检索界面

2. 常规检索

登录后，进入专利常规检索界面，可以选择网页语言为中文、英文、日文、法文等。点击首页上“检索”可以选择常规检索、高级检索、命令行检索、药物检索、导航检索、专题库检索等检索方式。

常规检索的首页只有一个检索框，在检索框左侧可以限定数据范围。当检索中国专利时，可以限定专利类型为发明专利、实用新型专利、外观设计专利。按照国家、地区或组织限定，可以选择中国、WIPO（世界知识产权组织）、EPO（欧洲专利局）、美国、日本、韩国、英国、法国、德国、俄罗斯、瑞士等。在检索框上方选择检索字段，可以为自动识别、检索要素、申请号、公开号、申请人、发明人、发明名称。如果选择“自动识别”则检索框中可以输入关键词、申请号/公开号、申请人/发明人、申请日/公开日、IPC 分类号等任意一个检索词，系统自动识别检索词类型，并进行检索。如果选择“检索要素”，则在标题、摘要、权利要求和分类号中同时检索。选择其他检索字段，输入对应的检索词就可以进行检索。

检索框下面是详细的检索说明，例如，自动识别模式下的说明包括：（1）支持二目逻辑运算符 and、or。（2）多个检索词之间用空格间隔，如：智能 手机。（3）系统默认二目逻辑运算符是 and，如输入“智能 手机”，系统按照“智能 and 手机”进行检索。（4）日期支持如下格式：YYYY-MM-DD、YYYY. MM. DD、YYYYMMDD、YYYYMM、YYYY。（5）支持半角()算符，如输入国产(智能 手机)，系统优先执行“智能 and 手机”的检索，然后将所得结果集与“国产”进行 and 运算。（6）如果检索条件中包含空格、保留关键字或运算符，需使用半角双引号，如"WILLIAMS AND LANE INC"。

3. 高级检索

点击首页上方的“检索”，弹出下拉菜单，选择“高级检索”则进入高级检索界面，如图 7－3 所示。

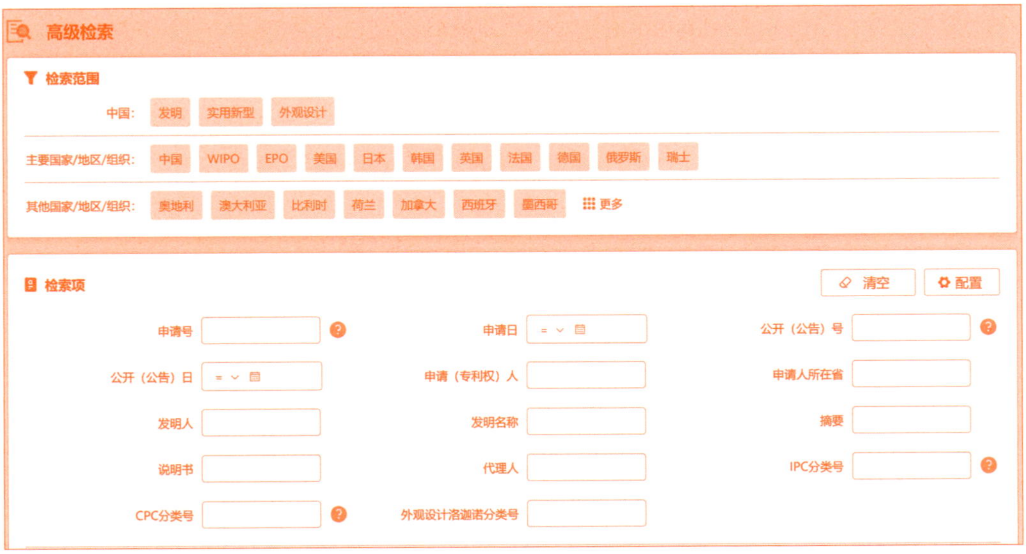

图 7－3　专利检索及分析高级检索界面

高级检索界面需要进行检索范围的限定，检索中国专利时，可以限定专利类型为发明专利、实用新型专利、外观设计专利。按照国家、地区或组织限定，可以选择为中国、WIPO、EPO、美国、日本、韩国、英国、法国、德国、俄罗斯、瑞士等。

在高级检索的“检索项”中进行输入或者选择，提供的检索框包括：申请号、申请日、公开（公告）号、公开（公告）日、申请（专利权）人、申请人所在省、发明人、发明名称、摘要、说明书、代理人、IPC 分类号、CPC 分类号、外观设计洛迦诺分类号。点击“检索”，即可获得检索结果。

4. 命令行检索

在“检索”下拉菜单中选择“命令行检索”则进入命令行检索界面，如图 7-4 所示。

图 7-4　专利检索及分析命令行检索界面

命令行检索也可以理解为专业检索，通过在命令编辑区输入检索命令进行检索，供选择的算符包括：AND、OR、NOT、%n、HIGH、LOW 等。操作命令有：SS（检索）、ES（二次检索）、TZ（同族查询）、LS（显示检索式历史）、SLS（删除检索式历史）、PCL（显示/执行批处理命令）、ZD（显示字段）、PZ（设置显示数据条数）、BZ（显示命令帮助信息）。检索字段有：申请日（APD）、申请（专利权）人（PA）、申请人邮编（AZ）、申请人地址（AA）、申请人所在国家/地区/组织（AC）。此部分非常专业，适合于数据库专业人士。

5. 药物检索

在“检索”下拉菜单中选择“药物检索”，则进入药物检索的高级检索界面，如图 7-5 所示。提供的检索框有：申请号、公开（公告）号、申请日、公开（公告）日、发明人、申请人、发明名称、摘要、分析方法、新治疗用途、治疗作用、CN 登记号、CAS 登记号、方剂组成。也可以在检索式编辑区直接编辑检索式进行检索。

在药物检索中，可以点击“方剂检索”进入方剂检索界面，如图 7-6 所示。可以限定中药方剂中药物数量（多少味）、中药方剂中必含药物、中药方剂中可选药物。

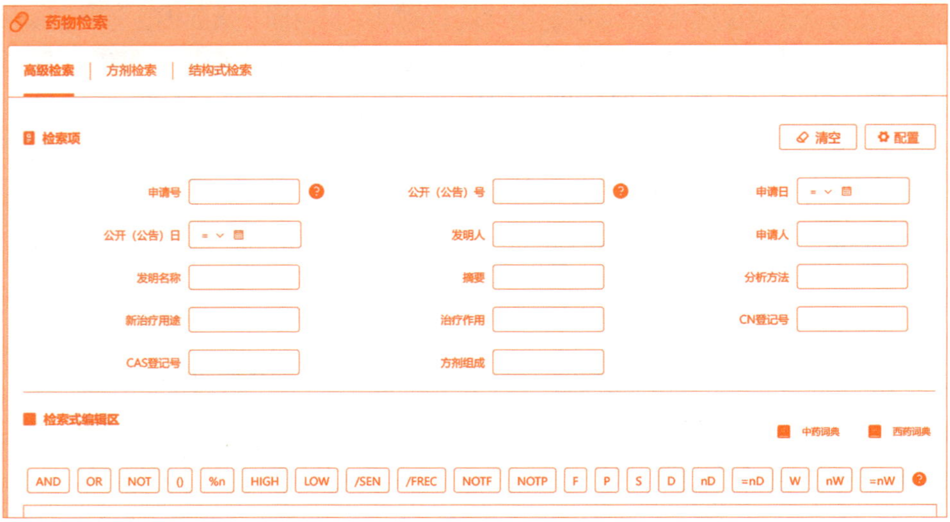

图 7-5　药物检索的高级检索界面

图 7-6　药物检索的方剂检索界面

药物检索中还可以选择“结构式检索”，进入结构绘制框，可以直接绘制化合物的结构，可以选择精确结构、子结构、相似性等，进行结构检索。此功能非常有利于已知化合物结构时的检索。

6. 导航检索

在“检索”下拉菜单中选择“导航检索”，则进入导航检索界面，如图 7-7 所示。共有 IPC 导航、CPC 导航、国民经济分类导航等三种导航模式。每种导航模式下，可以在检索框中选择“输入分类号查含义”或者“输入关键词查分类号”。可以根据导航分类，点击具体类，查看该分类下的所有专利，直接给出查询结果列表。

IPC 导航，即国际专利分类号（IPC-20240101）导航。划分为：A 部，人类生活必需；B 部，作业、运输；C 部，化学、冶金；D 部，纺织、造纸；E 部，固定建筑物；F 部，机械工程、照明、加热、武器、爆破；G 部，物理；H 部，电学。

CPC 导航，即联合专利分类号（CPC-20230201）导航，划分为：A 部，人类生活必需；B 部，作业、运输；C 部，化学、冶金；D 部，纺织、造纸；E 部，固定结构；F

图 7－7　专利检索及分析导航检索界面

部，机械工程、照明、加热、武器、爆破；G 部，物理；H 部，电学；Y 部，新技术发展的通用标签。

国民经济分类导航，划分为：A 部，农、林、牧、渔业；B 部，采矿业；C 部，制造业；D 部，电力、热力、燃气及水生产和供应业；E 部，建筑业；F 部，批发和零售业；G 部，交通运输、仓储和邮政业；H 部，住宿和餐饮业；I 部，信息传输、软件和信息技术服务业；J 部，金融业；K 部，房地产业；L 部，租赁和商务服务业；M 部，科学研究和技术服务业；N 部，水利、环境和公共设施管理业；O 部，居民服务、修理和其他服务业；P 部，教育；Q 部，卫生和社会工作；R 部，文化、体育和娱乐业；S 部，公共管理、社会保障和社会组织；T 部，国际组织。

7. 检索结果

通过常规检索或者其他检索方式获得检索结果，如图 7－8 所示。检索结果有三种呈现方式：图文模式、列表模式和多图模式。

图 7－8　专利检索及分析检索结果界面

检索结果可以根据发明专利类型（发明、实用新型、外观设计）、有效专利、无效专利进行筛选，根据申请日、公开日、授权日限定范围。系统自动统计检索结果，主要统计分类有申请人、发明人、代理机构、代理人、申请年、公开年、最早优先权年、申请人国家地区、优先权国家地区、法律状态、IPC 分类号、CPC 分类号。点击公开号，可以查看单篇检索结果详情，如图 7－9 所示。可以查看著录项目、全文文本、摘要附图、说明书附图、全文图像、法律状态、同族、引证、被引证。具体可以看到单篇专利的题目、专利状态、申请号、申请日、公开号、公开日、IPC 分类号、CPC 分类号、申请（专利权）人、发明人、代理人、代理机构。

图 7－9　专利检索及分析单篇专利详细信息界面

可以下载专利说明书的全文文本或者全文图像，全文文本是 Word 版，可以编辑复制，但是格式略显混乱。全文图像是专利说明书全文的 PDF 版，如图 7－10 所示，格式规范、清晰，但是不可编辑。

图 7－10　专利检索及分析单篇专利全文图像模式浏览

在单篇专利结果界面左侧有“文献浏览列表”，可以点击“下载”进入专利文献下载设置对话框，如图 7-11 所示。

图 7-11 专利检索及分析专利文献下载对话框

可以下载专利著录项目，例如发明名称、申请号、申请日、公开（公告）号、摘要等。可以下载说明书和权利要求的全文文本，也可以下载全文图像（PDF 版）。

三、中国及多国专利审查信息查询

1. 专利审查信息查询网站的登录

登录国家知识产权局网站，找到政务服务栏目，点击“专利”，再点击“专利审查信息查询”，则进入专利审查信息查询界面，如图 7-12 所示。进入专利审查信息查询需要实名注册和登录，用户名和密码与登录国家知识产权局专利检索及分析数据库是相同的。

图 7-12 中国专利审查信息查询

登录后，进入检索界面，在“中国专利审查信息查询”界面中，输入申请号/专利号、发明名称、申请人，选择专利类型（发明、实用新型、外观设计），选择起始申请日期和截止申请日期，输入分类号，点击“查询”，即可以获得检索结果。检索时需要注意，该检索系统采用精确查询，查询条件中的发明名称、申请号专利号、申请人三者至少填一个。输入的申请号/专利号必须为9位或13位，不需要输入字母“ZL”，并且不能包含专利号中的“.”。

点击“多国发明专利审查信息查询”则进入相应的界面，如图7-13所示。

图7-13 多国发明专利审查信息查询

系统采用精确查询，号码类型、国别、申请号为必填项。首先选择号码类型，供选择的有申请号、公开号、优先权号。其次，选择国别，供选择的有CN（中国）、EP（欧洲）、JP（日本）、KR（韩国）、US（美国）。最后，输入申请号，点击“查询”，可以得到检索结果。检索结果可以按照申请日和公开日进行排序。

2. 检索结果

检索结果界面如图7-14所示。只要申请号准确，就可以获得一条精确结果。以中国专利审查信息查询为例，可以看到申请号/专利号、发明名称、申请人、专利类型、申请日、主分类号、授权公告号等信息。

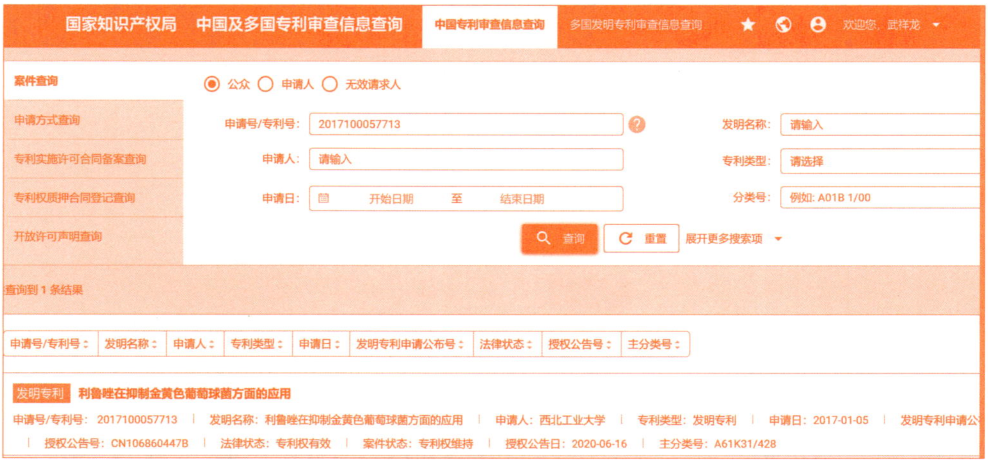

图7-14 中国专利审查信息查询检索结果

点击专利题目则进入结果详情界面，可以查看申请信息、审查信息、费用信息、发文信息、公告信息、专利权质押、实施许可备案、开放许可声明、同族案件信息等链接，点击可以进入相应的内容，查看详细信息。发明专利申请公布号和授权公告号的号码末尾分别是 A 或者 B，它们有其特定含义，通常 A 为授权之前的公开的专利全文，B 为获得授权之后的公告的专利文献全文。

在申请信息界面可以看到申请信息、申请人信息、发明人/设计人、代理机构、优先权、申请国际阶段、著录项目变更情况等。在审查信息界面可以看到申请文件、中间文件、通知书等。费用信息界面显示应该缴费、已经缴费、退费信息、滞纳金信息。在发文信息界面，可以看到通知文件、专利证书、退信等文件的详细发文方式、发文日期、下载日期、下载 IP 等。在公布公告界面，可以看到发明公告（公布）号码、公告类型、公告（公布）日期，还可以看到事务公告，例如实质审查请求生效、公告卷号、事务公告日期等。在同族专利信息界面，可以查看或者筛选与该专利有关的同族专利。

四、中国专利其他查询方式

读者也可以利用商业数据库查询专利。例如，中国知网，查询时选择中国知网的专利子库，则可以直接查询中国专利。再如，万方数据库，检索时选择文献类型为专利，再输入关键词，也可以查询专利。具体检索方法可以参考中文数据库有关内容，不再赘述。但是需要指出的是，商业数据库收录的专利信息滞后于国家知识产权局，并且只能查看专利公开全文，不能查看专利审查信息。

第 3 节　美国专利查询

一、美国专利商标局

美国专利商标局（United States Patent and Trademark Office，USPTO）成立于 1802 年，归属于美国商务部，主要负责专利保护、商品商标注册和知识产权证明。

美国是世界上最早实行专利制度的国家之一，1787 年 9 月制定的《美国宪法》第 1 条第 8 款第 8 项即明确规定，为发展科学和实用技术，国会有权保障作者和发明人在有限的时间内对其作品和发明享有独占权，这是《美国专利法》的立法依据。

第一部《美国专利法》于 1790 年 4 月 10 日签署。现行法于 1952 年制定，在 1984 年和 1994 年做过两次重大修订。1999 年 11 月 29 日，《美国发明人保护法》签署，其中多项重要条款直接列入专利法，包括将不公开审查制度改为早期公开延迟审查制度等。

USPTO 的主要职能包括：（1）专利授权与商标注册；（2）为发明人提供与其专利或发明、产品及服务标识相关的服务；（3）通过实施专利与商标等知识产权相关法律，管理专利、商标以及与贸易有关的知识产权事务，并向总统和商务部长提出相关政策建议，为增强国家经济实力出谋划策；（4）为商务部和其他机构提供涉及知识产权事务的建议和帮助；（5）通过保存、分类和传播专利信息，帮助、支持创新和国家科技发展。

美国专利分为发明专利、外观设计专利和植物专利等三种类型。美国专利申请需提交的文件有说明书（即对发明创造的说明和至少一项权利要求）、附图（如需）、誓词或声明（通常由发明人签署）。

USPTO 专利申请审批流程：由发明人或其授权之人提交申请→USPTO 受理部门接收，确定接收日并给出申请号→由申请部门进行形式审查并确定申请日，完成文件处理和数据采集，同时由权利转让部门处理权利转让事务→分类→按分类号将申请分配到审查部门进行审查。审查流程主要包括：（1）形式审查和检索；（2）实质审查；（3）申请人答复；（4）再次审查；（5）作出最终决定，对决定不服的可向专利审查和上诉委员会提出上诉。

二、美国专利查询

1. 网站登录

在美国专利商标局网站设有专利界面，如图 7-15 所示，介绍专利基本情况、专利申请、专利维持、专利申请帮助等内容，其网址为 http://www. uspto. gov/patents。

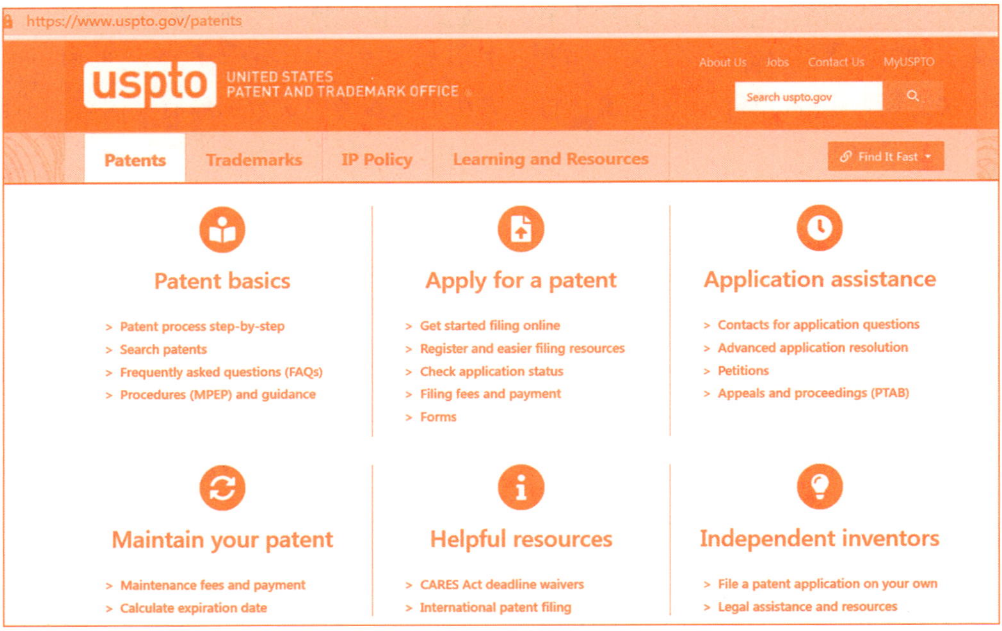

图 7-15　美国专利商标局网站专利界面

在网页上找到“Patent basics”，点击“Search patents”，可以看到关于专利检索的说明和多种检索途径等，这里主要介绍“Patent Public Search”（专利公众查询）。点击“Patent Public Search”，进入公众查询首页，点击“Basic Search”或“Advanced Search”进入公众查询工具。读者也可以在网页浏览器中直接登录专利公众查询工具网址 https://ppubs. uspto. gov/pubwebapp/。

2. 美国专利公众查询方法

进入公众查询工具界面，右上角可见 Quick Search（快速检索）、Enhanced Search

（高级检索）以及 Go to Basic Search（基本检索）选项。进入快速检索后，界面分成三个主要区域，即检索区、结果列表区和结果文档显示区，如图 7－16 所示，每个区域都可以展开或者隐藏，为其他区域显示腾出空间，网页非常灵活多变，需要读者探索其使用方法。

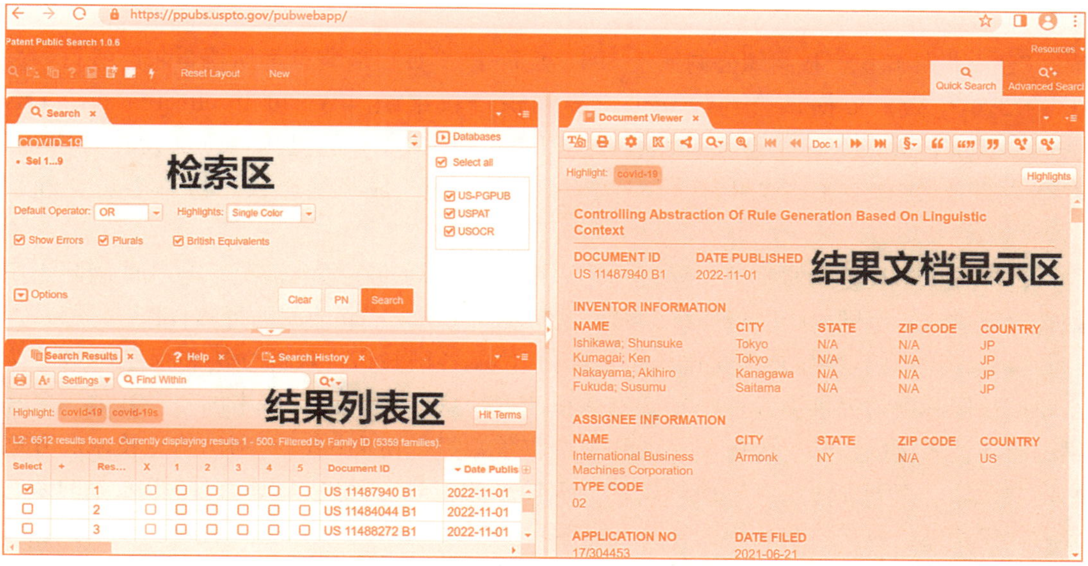

图 7－16 美国专利公众查询工具快速检索界面

在检索区域的检索框中输入检索词，选择 Databases（数据库），供选择的数据库有 US-PGPUB、USPAT、USOCR 三个库。点击“Search”，在结果列表区呈现命中结果的列表，点击列表中的文件 ID，则可以在结果文档显示区域看到文档的详细内容。文档显示区域上方提供了丰富的按键，如图 7－17 所示。

图 7－17 结果文档显示窗口操作按键

按键功能丰富，简单介绍几个：第一排左数第一个按键，可以实现专利文档全文文本（TXT）和全文图像（PDF）之间的切换，建议大家下载其格式规范的 PDF 版；第二个按键是打印，可以将专利文献打印输出；第三个按键是保存，实现专利全文的下载和保存。

点击公众查询工具界面右上角的“Enhanced Search”则进入高级检索界面，与快速检索界面类似，高级检索界面同样分成三个显示区域，在检索区域提供更加丰富的高级检索限定项，提供的逻辑运算有 AND、OR、ADJ、NEAR、SAME、WITH。读者需要多实践、多探索，才能掌握美国专利公众查询。

第 4 节　世界知识产权组织专利查询

一、世界知识产权组织

《建立世界知识产权组织公约》于 1967 年 7 月 14 日在瑞典首都斯德哥尔摩签订，并于 1970 年生效。根据该公约设立了世界知识产权组织（World Intellectual Property Organization，WIPO），它是联合国保护知识产权的一个专门机构，总部设在日内瓦，截至 2024 年共有 193 个成员，组织机构主要为大会、成员国会议、协调委员会和秘书处。

世界知识产权组织的宗旨是通过国家之间的合作，并在适当情况下与其他国际组织配合，促进世界范围内的知识产权保护，并保证各知识产权联盟间的行政合作。

世界知识产权组织的主要职能包括：（1）协调各国知识产权的立法和程序；（2）为工业产权国际申请提供服务；（3）交流知识产权信息；（4）向发展中国家及其他国家提供法律和技术援助；（5）为解决私人知识产权争端提供便利；（6）利用信息技术和互联网作为存储、查询和使用有价值的知识产权信息的工具。世界知识产权组织通过的条约分为保护条约、保护体系条约、分类条约等三大类。

中国于 1980 年 6 月 3 日加入世界知识产权组织，成为它的第 90 个成员国。中国 1985 年加入《保护工业产权巴黎公约》，1989 年加入《商标国际注册马德里协定》，1992 年 10 月加入《保护文学艺术品伯尔尼公约》，1994 年加入《专利合作条约》，现已加入该组织管辖的 20 多个知识产权国际公约。2014 年 7 月，世界知识产权组织中国办事处在北京正式成立。

二、世界知识产权组织专利查询

1. 网站登录

登录该组织专利查询网站 https://patentscope2.wipo.int/search/en/search.jsf，进入专利查询首页，也即简单检索界面如图 7－18 所示。该网站提供的检索方式主要有 Simple Search（简单检索）、Advanced Search（高级检索）、Field Combination（字段逻辑组合）、Cross Lingual Expansion（跨语言扩展）、Chemical Compounds（化合物结构检索）等，只有登录用户才有权限使用化合物结构检索。

2. 简单检索

首先在检索框左侧选择检索范围或者字段，主要包括 Front Page（专利首页）、Any Field（任何区域）、Full Text（全文文本）、All Numbers and IDs（所有数字和编号）、All Classifications（所有分类）、All Names（所有名称）、Publication Date（日期）。然后在检索框中输入检索词，点击搜索图标，即可获得检索结果。

3. 高级检索

点击首页“Search”，弹出下拉菜单选项，选择“Advanced Search”，则进入高级检索界面，如图 7－19 所示。

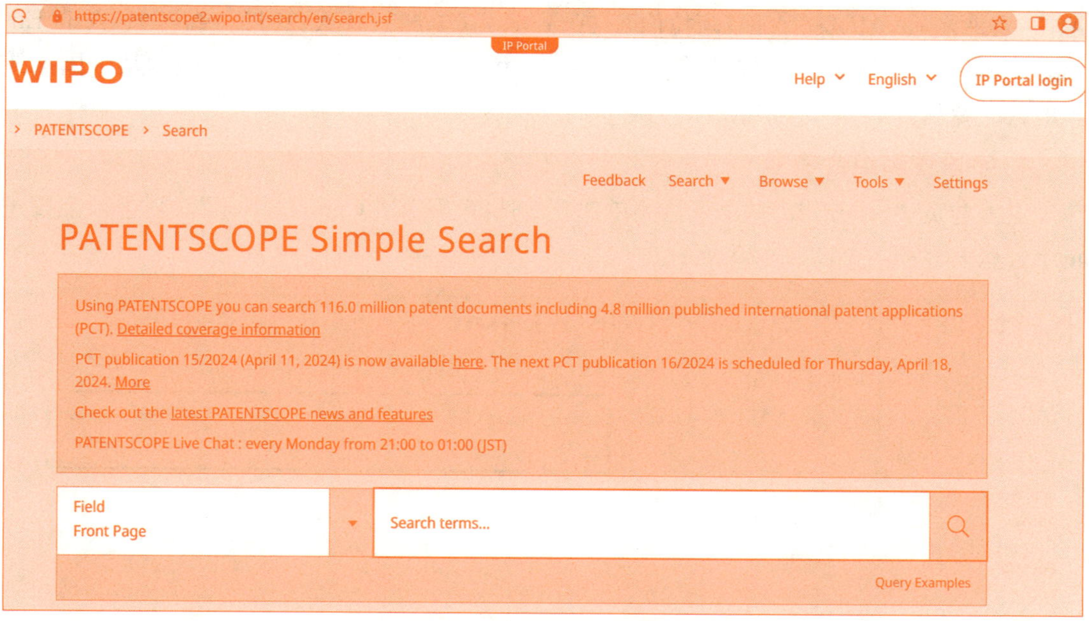

图 7-18　WIPO 专利查询首页

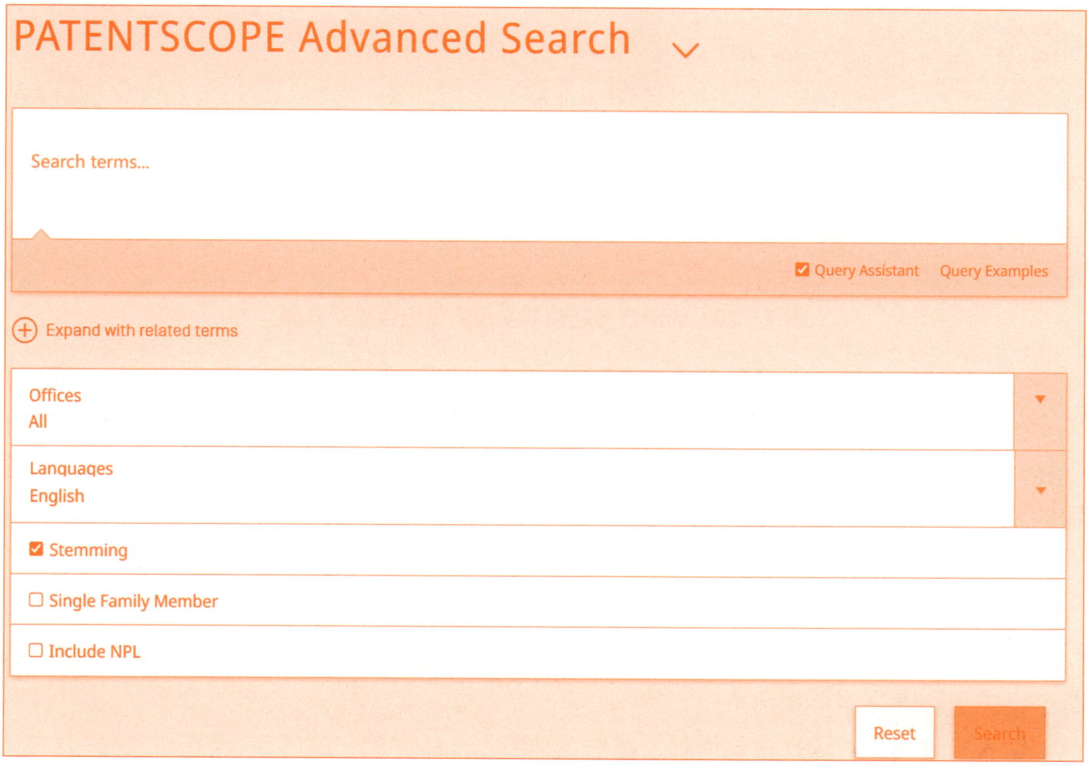

图 7-19　WIPO 专利查询高级检索界面

高级检索增加了限定项，主要有 Offices（专利管理机构）、Languages（语言）、Stemming（词干提取）、Single Family Member（单一同族专利）、Include NPL（包括自然语言算法）等。点击“Offices”，弹出复选框，可以选择 PCT（国际专利），也可以从

Africa（非洲）、ARABPAT（阿拉伯）、Americas（美洲）、LATIPIT（拉美）、Asia-Europe（亚欧）、Asean（东南亚）等区域选择国家或者地区，相当于限定检索某个国家或者地区的专利。

4. 字段逻辑组合检索

点击首页“Search”，弹出下拉菜单选项，选择“Field Combination”，则进入字段逻辑组合检索界面，如图 7－20 所示。

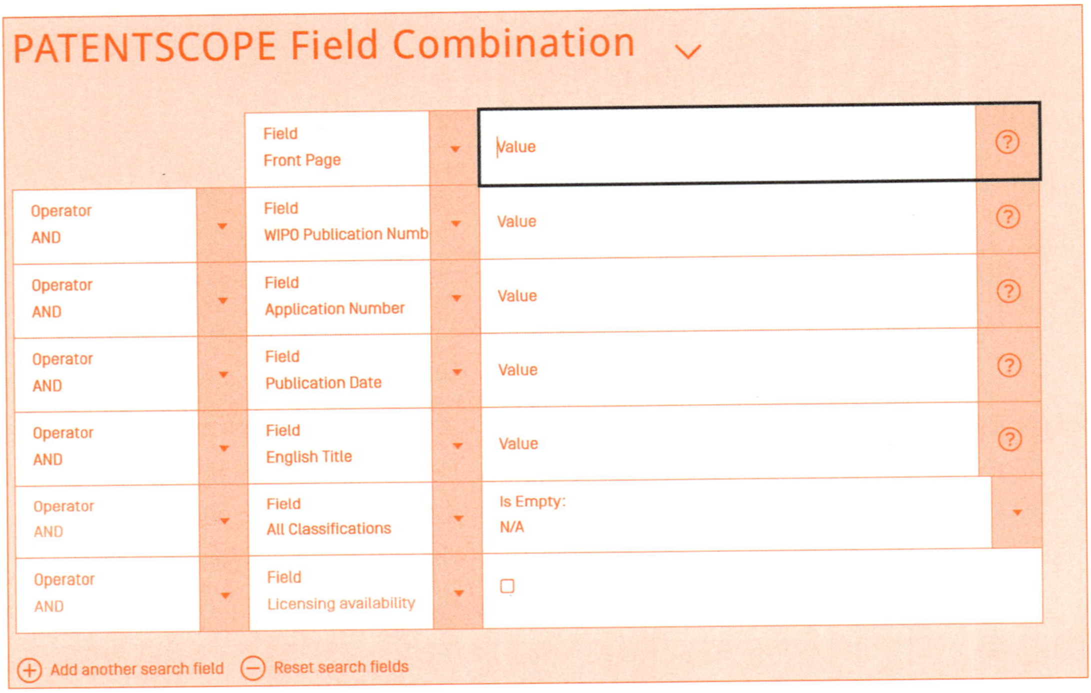

图 7－20　WIPO 专利查询字段逻辑组合检索界面

可以选择不同字段，进行字段逻辑组合检索，例如选择 Front Page（首页）、WIPO Publication Number（WIPO 出版号）、Application Number（申请号）、Publication Date（出版日）、English Title（英文标题）、All Classification（全部分类）等。可以选择的逻辑运算有 AND、OR 两种。在检索框中输入与检索字段匹配的检索词，然后选择语言、国家等限定范围，就可以进行检索，获得更加精准的检索结果。

5. 跨语言扩展检索

点击首页“Search”，弹出下拉菜单选项，选择“Cross Lingual Expansion”，则进入跨语言扩展检索界面，如图 7－21 所示。

输入检索词条，选择检索语种，然后选择 Expansion Mode（扩展模式），主要有 Automatic 和 Supervised 两种扩展模式，再选择 Precision level（精密水平），例如 Highest、High、Intermediate、Low、Lowest。

6. 浏览查看专利

点击首页“Browse”，可以选择按照每周专利、专利公报档案、序列表等方式进入浏

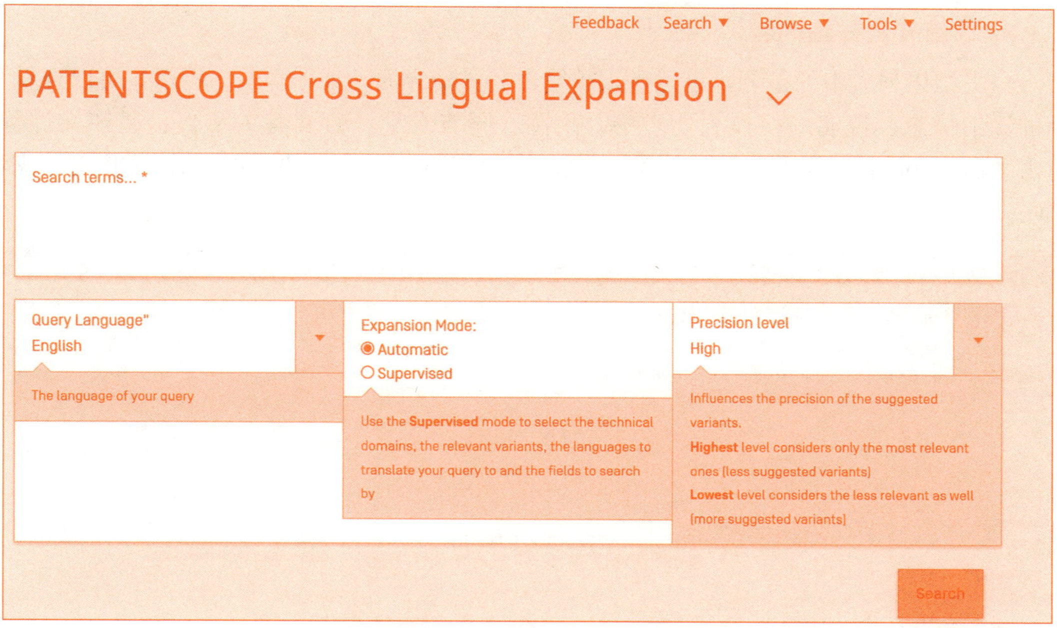

图 7－21　WIPO 专利查询跨语言扩展检索界面

览检索界面。

7．检索结果列表

检索结果以列表形式呈现，如图 7－22 所示，可以再筛选专利国家、语言等进一步缩小范围。检索结果可以按照相关性、日期等进行排序，也可以选择每页显示结果的条数，选择结果查看内容和方式。

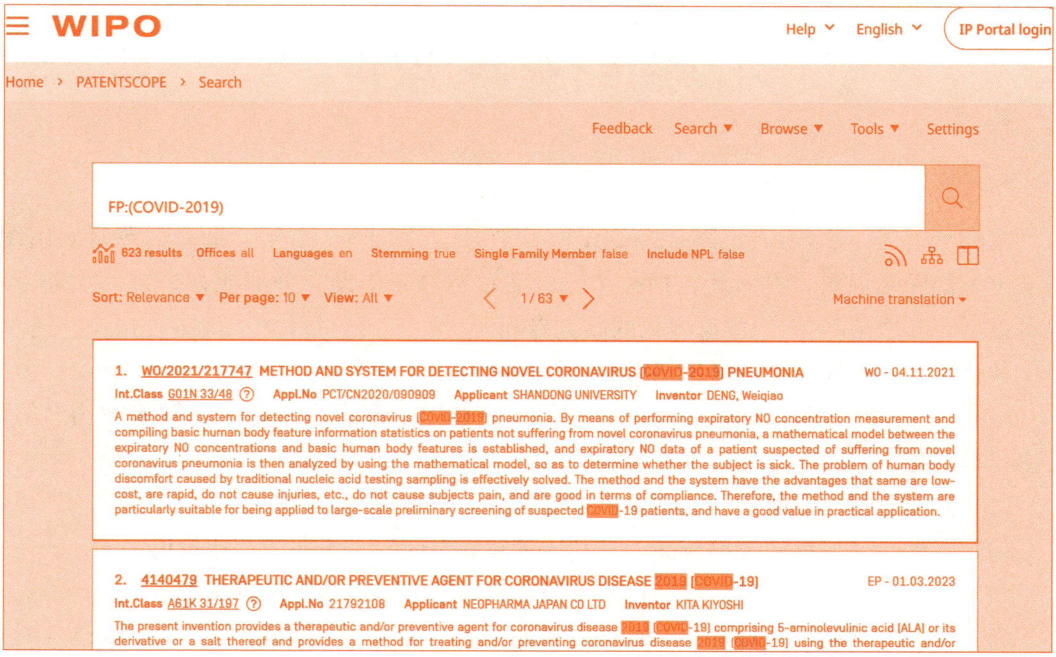

图 7－22　WIPO 专利查询检索结果界面

8. 单篇专利详细内容

点击结果列表中的标题，可以进入单篇专利详情界面，如图 7-23 所示，可以查看专利的详细信息、说明书、权利要求书、附图、同族专利、专利有关文件、通知文件等。点击“Documents”则进入专利文件下载界面，在 Download 板块可以下载 PDF 文件或者 XML 文档。

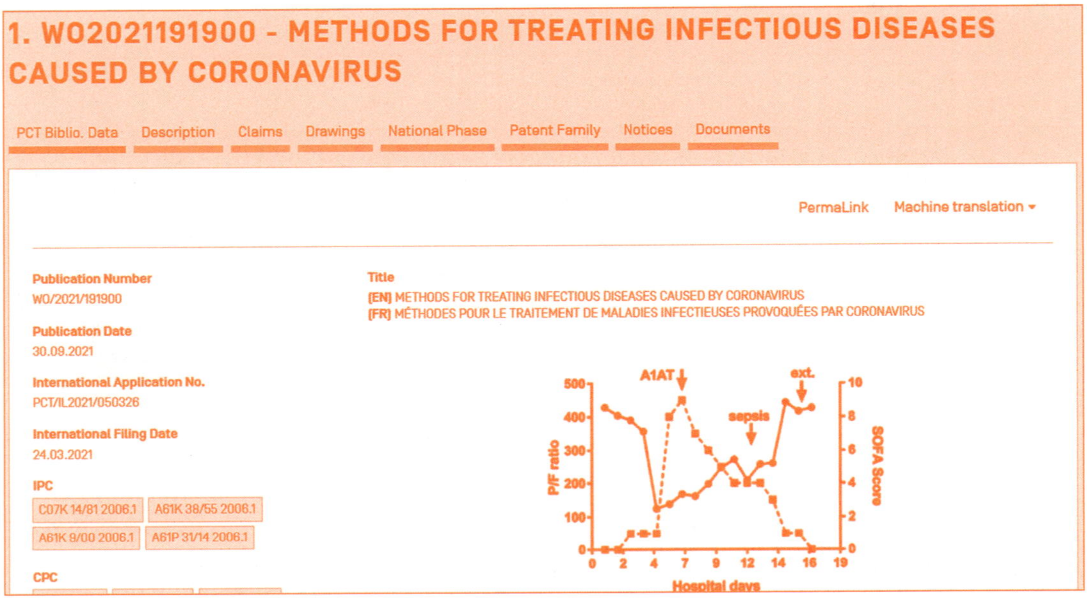

图 7-23　WIPO 专利查询单篇专利详情界面

第 5 节　欧洲专利查询

一、欧洲专利局

欧洲专利局（European Patent Office，EPO）成立于 1973 年，是一个政府间组织，总部位于德国慕尼黑，在海牙、柏林、维也纳和布鲁塞尔设有分部或办公室。欧洲专利局可以审查和授予在 45 个国家生效的欧洲专利。

通过欧洲专利局在欧洲国家获得专利权保护有以下几个特点：

（1）一项欧洲专利可以在任何一个或所有成员国中享有国家专利的同等效力，简化在多国单独提交专利申请的手续，节省费用；

（2）欧洲专利是按照统一的法律审查批准的，审查规则一致；

（3）欧洲专利审批的效率较高，专利质量较高，能提高发明的商业价值；

（4）欧洲专利局采用英、法、德三种语言，申请人可以自由选择其中一种；

（5）欧洲专利局采用检索与审查分开进行的程序，有利于申请人对专利申请及时处理，也有利于国际专利合作条约的协调。

二、欧洲专利局专利查询

1. 网站登录

直接登录 https://worldwide.espacenet.com/，如图 7－24 所示，不需要注册，可以查询检索并浏览欧美等地区 70 多个国家的专利全文和 PCT 专利（国际专利）的全文，以及日本专利的文摘。该网站提供简单检索、高级检索和分类检索三种检索方式。

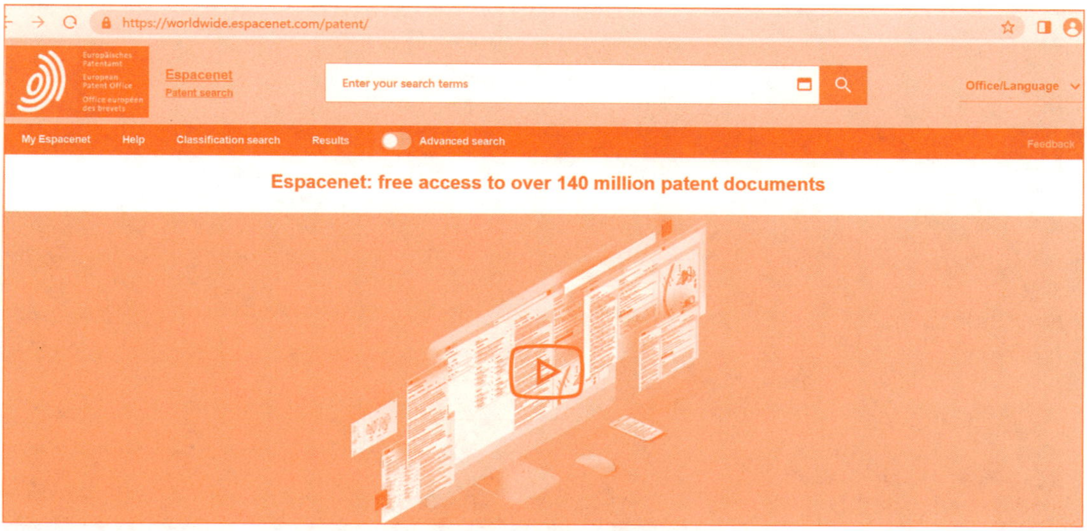

图 7－24 欧洲专利局专利检索网站首页

2. 简单检索

进入欧洲专利局专利检索网站首页即进入简单检索界面，只有一个检索框，直接输入检索词，选择专利语言，可以检索得到结果。点击检索框右侧文件夹样图标，可以打开 Smart search editor（智能搜索编辑），编辑检索式。

3. 高级检索

在简单检索界面点击“Advanced search”可以进入高级检索界面，如图 7－25 所示。选择检索字段，例如标题、标题或者摘要；点击“＋Field”增加检索框，可以选择的逻辑运算法有 AND、OR、NOT。

4. 分类检索

在检索主页，点击“Classification search”，进入分类检索，如图 7－26 所示。

主要分类方式为：A 部——人类生活必需；B 部——作业、运输；C 部——化学、冶金；D 部——纺织、造纸；E 部——固定建筑物；F 部——机械工程、照明、加热、武器、爆破；G 部——物理；H 部——电学。点击分类，可以浏览该分类下的专利列表。

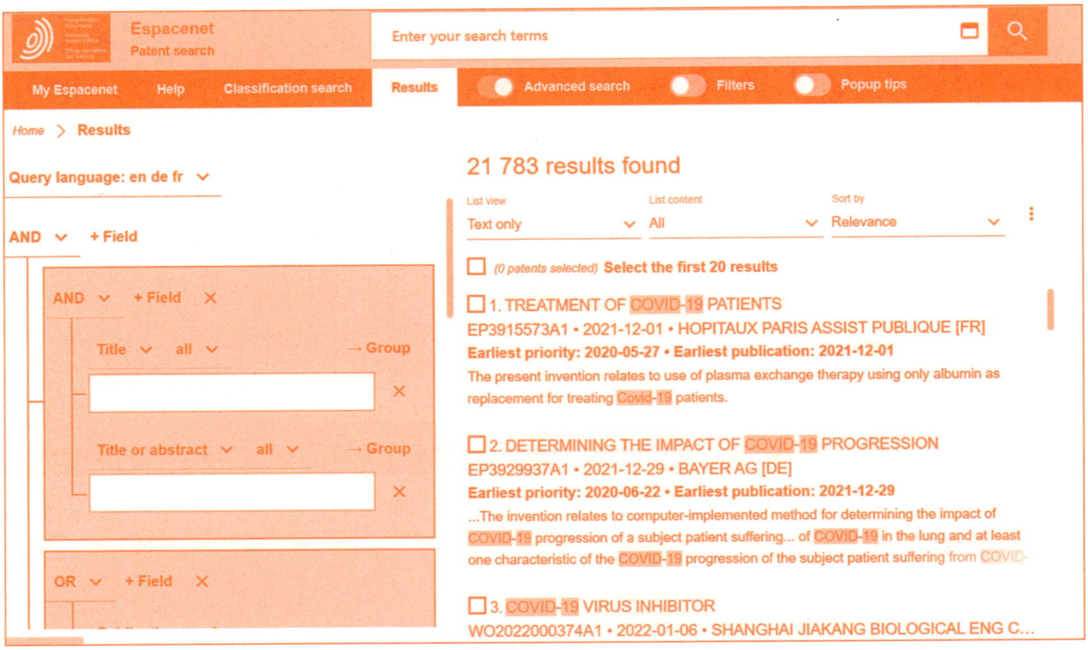

图 7-25　欧洲专利局专利检索网站高级检索界面

图 7-26　欧洲专利局专利检索网站分类检索界面

5. 检索结果列表

进入检索结果界面，如图 7-27 所示，左侧区域为检索结果列表，当点击某个专利，在结果界面的右侧显示该专利的详细信息。每个区域可以隐藏，使需要显示的区域变大。

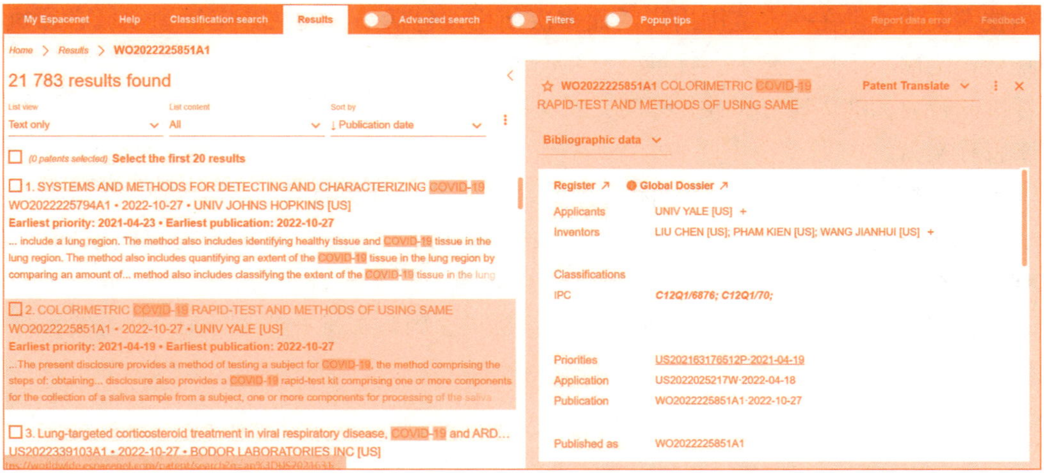

图 7-27　欧洲专利局专利检索网站检索结果界面

可以对检索结果进行精炼、排序等操作，还可以浏览目录信息数据、专利说明书、图表、专利权利要求书、原始文件、引文文件等。

点击某一篇专利题目，进入该篇专利的详细信息界面，可以看到专利号、发明人、申请人、分类号、申请号、优先权号。进入“Original document”可以下载专利全文，界面如图 7-28 所示，点击右上角的三个小黑点，弹出下载或者分享对话框，可以打印输出或者保存 PDF 版。

图 7-28　欧洲专利局专利检索网站单篇专利详细界面

第 6 节　标准文献的检索

一、标准文献

标准文献（Standard Literature）是按照规定程序编制并经过一个公认的权威机构批

准的技术文件，供在一定范围内广泛而多次使用，包括一整套在特定活动领域必须执行的规格、定额、规划、要求。标准文献的分类和标准分类一样，可以分为国际标准、国家标准、行业标准、地方标准。标准文献既具有一般科技文献的作用，又具有法律效力，属于特种文献。

本节内容主要介绍如何检索标准文献，常用的标准数据库包括万方中外标准数据库、中国知网标准数据库、IEEE Xplore 数字图书馆、中国标准化研究院国家标准馆、尚唯军用标准信息服务平台等。此外，还会介绍中国生态环境标准、中国卫生健康标准、食品安全国家标准、国家标准全文公开系统、国际标准化组织（ISO）有关标准的查询。

二、万方中外标准数据库

万方中外标准数据库（China Standards Database）收录了所有中国国家标准（GB）、中国行业标准（HB）以及中外标准题录摘要数据，共计 260 余万条记录。中国国家标准全文数据内容来源于中国质检出版社，中国行业标准全文数据收录了机械、建材、地震、通信标准以及由中国质检出版社授权的部分行业标准。

1. 登录与基本检索

可以在“万方智搜”网站点击“标准”，进入万方中外标准数据库的基本检索界面，或者直接登录网址 https://c.wanfangdata.com.cn/standard，如图 7－29 所示。单位局域网内 IP 直接登录，局域网外用户需要先登录 VPN 再访问数据库。

基本检索的字段默认为题名、关键词、标准编号、起草单位、发布单位，输入检索词，点击检索，即可获得结果。与万方全文数据库论文检索操作一样，只是需要在检索前选择“标准”，即选择在中外标准数据库中检索。

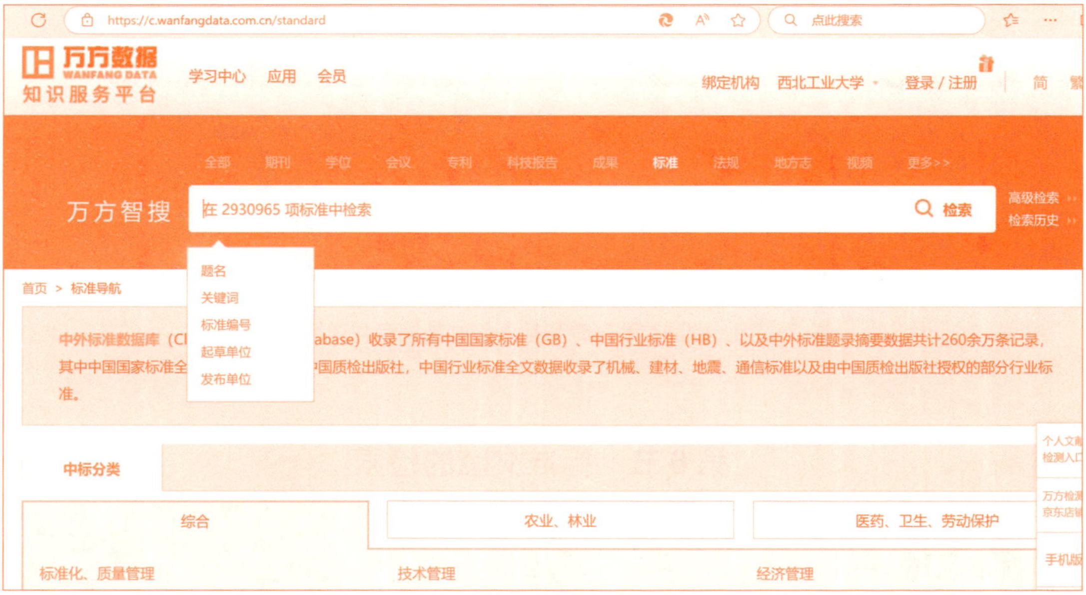

图 7－29　万方中外标准数据库基本检索界面

2. 高级检索

在基本检索界面，检索框右侧点击“高级检索”则进入高级检索界面，如图 7-30 所示。文献类型需要选择“中外标准”，通过点击加号增加检索栏，点击减号删除检索栏。每个检索栏目需要选择检索字段，可供选择的检索字段有：题名或关键词、题名、关键词、摘要等。还可以限定检索结果发布时间，选择中英文扩展、主题词扩展等功能。

图 7-30 万方中外标准数据库高级检索界面

3. 专业检索

在高级检索界面，可以看到专业检索，专业检索需要在检索框中输入检索式，在万方数据库的使用中已经详细介绍，此处不再描述。

4. 检索结果

检索结果以列表形式展示，可以对结果进行二次检索，进一步缩小范围，也可以对结果列表按照一定的规则排序，系统自动对结果进行了分类。点击结果列表中的题目，则进入该标准的详情界面，如图 7-31 所示。界面中可以看到标准编号、发布日期、标准目前状态（现行或废止）、中国标准分类号等信息。可以浏览或者下载标准文献的全文，或者导出参考文献格式。特别提醒，有时无法下载标准的全文，需要单独购买。

三、中国知网标准数据库

1. 登录与基本检索

登录中国知网，选择“标准”子数据库，则在标准数据库中检索。该数据库主要可以检索国家标准全文、行业标准全文、国内外标准题录等内容。

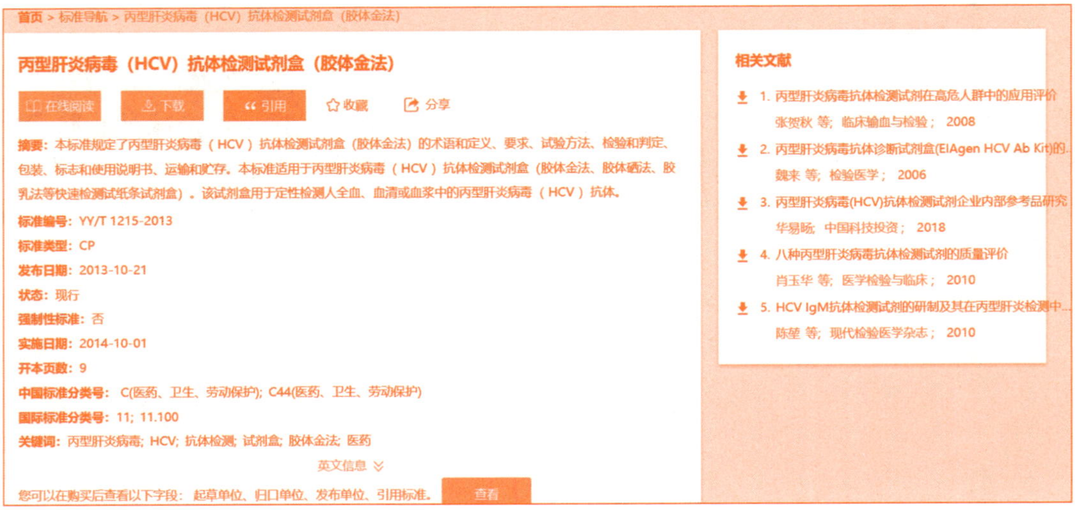

图 7-31　万方中外标准数据库标准详情界面

基本检索框左侧选择检索字段，检索标准时的主要字段包括：标准名称、标准号、关键词、摘要、全文、发布单位、出版单位、起草单位、中国标准分类号、国际标准分类号、起草人。支持二次检索，在结果界面上方检索框选择字段，输入对应检索词，点击“在结果中检索”，就可以继续缩小检索结果的范围。

2. 高级检索

点击界面顶部“检索”弹出下拉菜单，选择“高级检索”则进入高级检索界面，如图 7-32 所示。高级检索界面提供更多的检索框，可以通过点击“+”增加检索框，点击“—”删除检索框，检索框前面可以选择的字段，与标准文献的基本检索字段相同。

图 7-32　中国知网标准文献高级检索界面

高级检索支持使用运算符 *、+、−、‘’、“”、() 进行同一检索项内多个检索词的组合运算，检索框内输入的内容不得超过 120 个字符。输入运算符 *（与）、+（或）、−（非）时，前后要空一个字节，优先级需用英文半角括号确定。若检索词本身含空格或 *、+、−、()、/、%、= 等特殊符号，进行多词组合运算时，为避免歧义，须将检索词用英文半角单引号或英文半角双引号引起来。例如：

（1）标准名称检索项后输入：实验室 * 检测，可以检索到标准名称包含“实验室”及“检测”的标准。

（2）标准号检索项后输入：'GB/T 33186.2—2022'+'GB/T 33186.3—2022'，可以检索到标准号为“GB/T 33186.2—2022”或“GB/T 33186.3—2022”的标准。

3. 专业检索

高级检索界面右侧是专业检索选项卡，点击进入专业检索，如图 7-33 所示。需要编辑检索式，并限定标准的状态，例如：现行、即将实施、被代替、废止、废止转行标。还可以选择仅检索全文文献、中英文扩展、同义词扩展。点击检索即可以获得检索结果。

编辑检索式时可以参考以下字段缩写和编写要求：

SU%=主题，TKA=篇名、关键词、摘要，TI=标准名称，BZH=标准号，KY=关键词，AB=摘要，FT=全文，AU=起草人，AF=起草单位，DF=发布单位，SDF=出版单位，SLC=中国标准分类号，CLZ=国际标准分类号。

示例：

（1）TI='地理信息'，可以检索到中文标准名称包括“地理信息”的所有标准；

（2）TI='地理信息' * '系统'，可以检索到标准名称包括“地理信息”及“系统”的标准；

（3）TI=（'道路'+'公路'） * '系统'−'驾驶'，可检索“道路”或“公路”有关“系统”的标准，并且可以去除与“驾驶”有关的内容。

图 7-33　中国知网标准文献专业检索界面

4. 检索结果

经过检索可以得到检索结果列表，如图 7-34 所示，可以看到标准名称、标准号、更新日期、来源等。可以对结果排序和再次筛选。点击标准题目，可以进入标准详情界面，点击下载标准全文 PDF，若没有权限则需要单独购买。

图 7-34 中国知网标准文献检索结果

四、IEEE Xplore 数字图书馆

1. IEEE 和 IEEE Xplore 数字图书馆

电气与电子工程师协会（Institute of Electrical and Electronics Engineers，IEEE），总部位于美国纽约，是一个国际性的电子技术与信息科学工程师的协会，是非营利性专业技术学会。IEEE 致力于电气、电子、计算机工程和与科学有关的领域的开发和研究，在太空、计算机、电信、生物医学、电力及消费性电子产品等领域制定了 1 000 多个行业标准，现已发展成为具有较大影响力的国际学术组织。会员类别分为会士（Fellow）、高级会员（Senior Member）、会员（Member）、准会员（Associate Member）和学生会员（Student Member）。

1984 年起，IEEE 在中国已先后成立了八个分会，分别位于北京、成都、广州、哈尔滨、南京、上海、武汉、西安。截至 2024 年 2 月，IEEE 在全世界共有 3 600 多个学生分会，中国学生分会数目已达 77 个。

IEEE Xplore 数字图书馆是 IEEE 旗下一个学术文献数据库，通过智能的检索平台提供计算机科学、电机工程学和电子学等相关领域文献的索引、摘要和全文下载服务。内容覆盖了电气电子、航空航天、计算机、通信工程、生物医学工程、机器人自动化、半导体、纳米技术、电力等各种技术领域。IEEE Xplore 是一个收费学术系统，只对 IEEE 的会员、订购的高校或者组织开放下载，个人用户付费下载。在标准文献方面，该数字图书馆提供 2 600 多种 IEEE 标准（包括现行标准和存档标准，标准草案需额外订购）。

2. IEEE Xplore 数字图书馆的使用

IEEE Xplore 数字图书馆网址是 https://ieeexplore.ieee.org/Xplore/home.jsp，在订购单位局域网内可以直接访问，其他付费用户登录账号后访问。提供基本检索、高级检索和浏览查看等模式。其使用方式和其他外文全文数据库使用完全相同，本节重点介绍检索“Standards”（标准）。

登录首页，如图 7-35 所示，在检索框左侧选择检索文献类型，根据需要进行选择，可供选择的文献类型有 All（全部）、Books（图书）、Conferences（会议）、Courses（课程）、Journals & Magazines（期刊和杂志）、Standards（标准）、Citations（引用）等。检索标准，则选择“Standards”，进入标准检索界面。

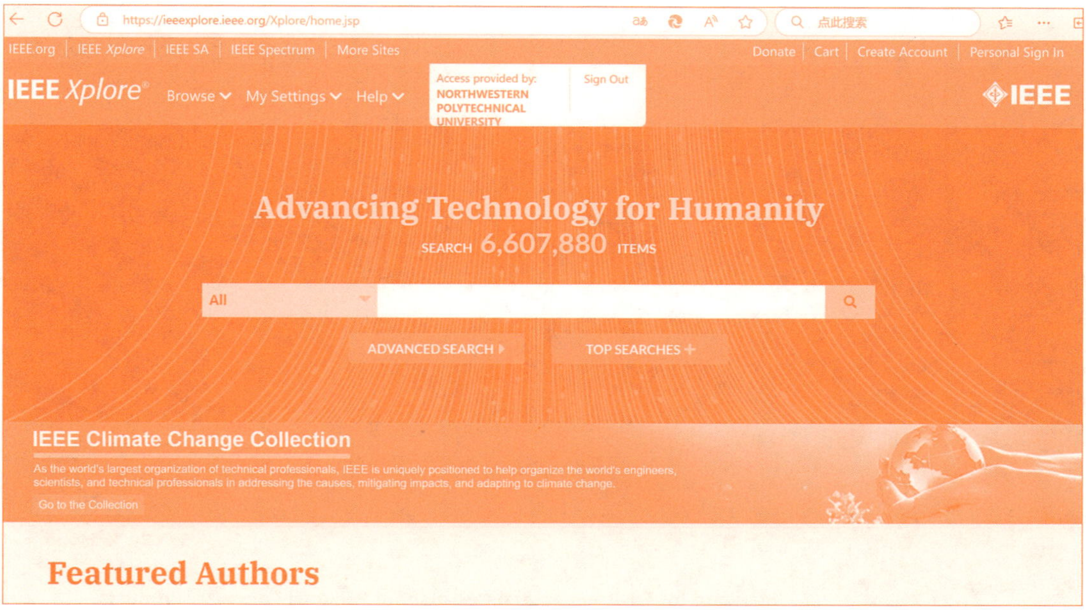

图 7-35　IEEE Xplore 网站首页

点击检索框下面的“Advanced Search”可以进入高级检索界面，如图 7-36 所示。可以增加或者删除检索框，在检索框左侧选择逻辑运算符，可以选择的逻辑运算有 AND、OR、NOT。在检索框右侧选择检索字段或者范围，主要有 Full Text & Metadata、Full Text Only、Document Title、Author、Publication Title、Abstract、Standards Dictionary Terms、Standards ICS Terms、Standards Number 等。在检索框中输入与检索字段对应的检索词，限定时间范围，即可以完成高级检索。

高级检索界面还可以看到命令检索（Command Search），进入命令检索界面，在框中直接输入检索式进行检索，也可以称之为专业检索，与其他数据库专业检索相似。

基本检索或者高级检索都可以得到检索结果列表，如图 7-37 所示。可以进一步缩小检索结果的范围，根据发布时间、作者、出版标题、出版者、补充条目等进行分类查找。结果列表可以按照一定规则排序，列表中可以看到题目、标准号、出版年、出版者（主要是 IEEE），提供摘要和全文 PDF 链接，点击可以查看或者下载。每条结果右侧，如显示为一把打开的锁，则表示可以下载到标准全文。点击标题进入单篇文献详情界面，读者可以查看有关信息或者下载全文等。

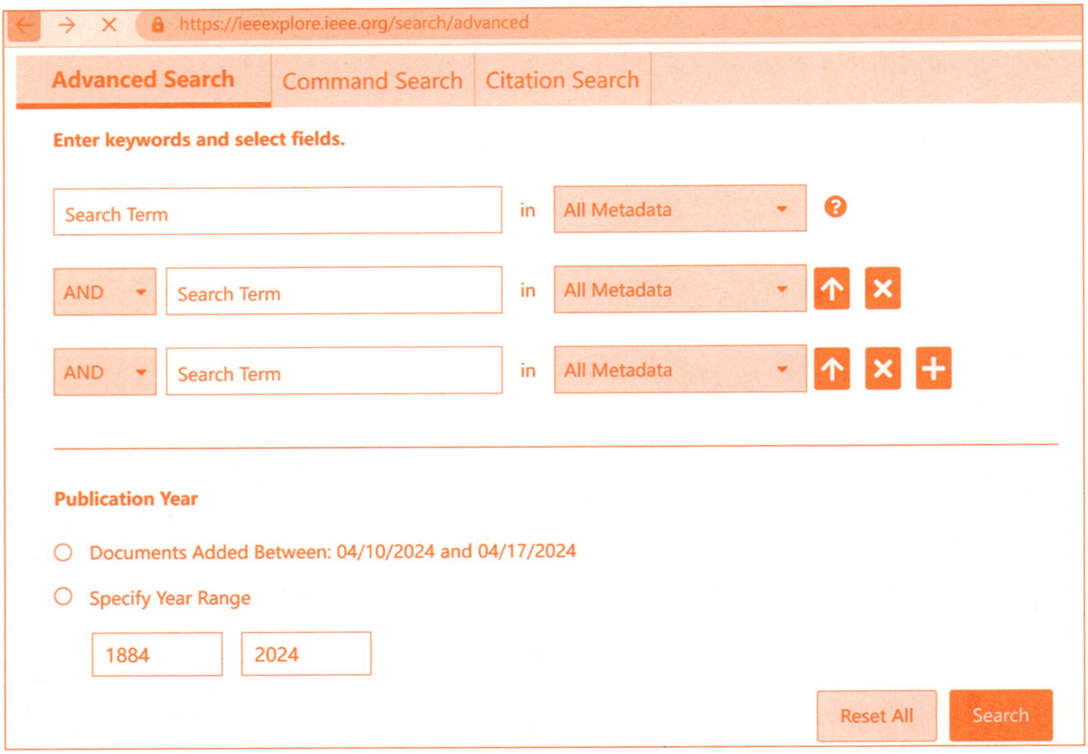

图 7-36 IEEE Xplore 高级检索界面

图 7-37 IEEE Xplore 检索结果列表

3. IEEE Standards 官方网站

读者还可以登录 IEEE Standards 官方网站 https://standards.ieee.org/，办理和查看与标准有关的内容。具体情形读者可以登录浏览，详细了解其内容。本部分重点介绍有关标准文献的查询。在首页中点击“Standards”下拉菜单中的“Search Standards”，即进入标准文献检索界面，如图 7-38 所示。

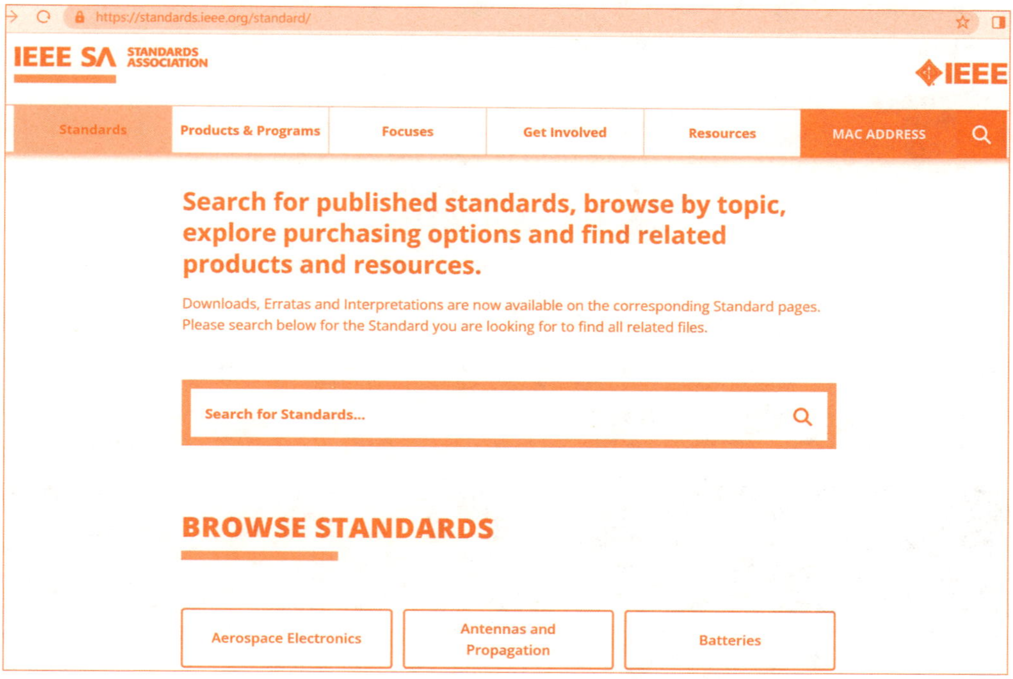

图 7-38　IEEE Standards 标准文献检索界面

在检索框中直接输入与标准有关的检索词，例如名称、关键词、标准编号等。建议用关键词或者标准名称检索。在该界面中还可以看到“Browse Standards”，读者可以按照分类，例如 Aerospace Electronics、Antennas and Propagation、Batteries 等，逐个浏览标准。

检索结果如图 7-39 所示，可以看到标准编号、标准名称和摘要，点击标准名称可以查看该标准的详细内容，通常需要付费下载全文。

五、中国生态环境标准

中华人民共和国生态环境部负责我国生态环境标准的发布、解读、修改与解释、征求意见、地方标准备案、标准管理等事务，在官方网站可以查询我国生态环境标准，网址为 https://www.mee.gov.cn/ywgz/fgbz/bz/bzwb/，如图 7-40 所示。

在网页右上方有检索框，可以直接输入标准号、标准名称或关键词等进行检索。该网站主要可以查询到有关水环境保护、大气环境保护、环境噪声与振动、土壤环境保护等环保标准。还可以查看污染防治政策、可行技术指南、环境监测方法标准及监测规范等。搜索或者浏览标准内容，可以在线查看或者免费下载标准全文。

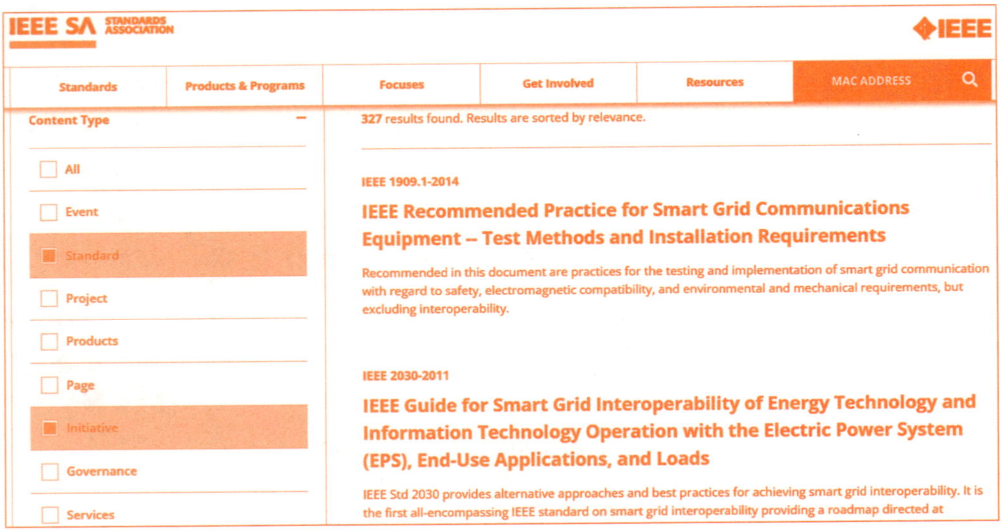

图 7-39 IEEE Standards 检索结果

图 7-40 生态环境标准检索网站

六、中国卫生健康标准

卫生健康标准是实施卫生健康法律法规、落实卫生健康政策规划、维护人民群众身体健康和生命安全的技术保障。中华人民共和国国家卫生健康委员会负责我国卫生健康标准的制定和实施。登录 http://www.nhc.gov.cn/wjw/wsbzxx/wsbz.shtml，可以查询我国卫生健康标准。

网页如图 7-41 所示，可以分类浏览，也可以利用关键词搜索。点击标准名，可以查看标准详细内容，也可以下载标准全文。

图 7 - 41　卫生健康标准查询

七、食品安全国家标准

在国家食品安全风险评估中心网站可以查询食品安全国家标准，其网站面向公众开放，可以免费查看。食品安全国家标准数据检索平台网址为 https://sppt.cfsa.net.cn:8086/db，页面如图 7 - 42 所示。在该网站首页检索框中直接输入关键词进行基本检索。

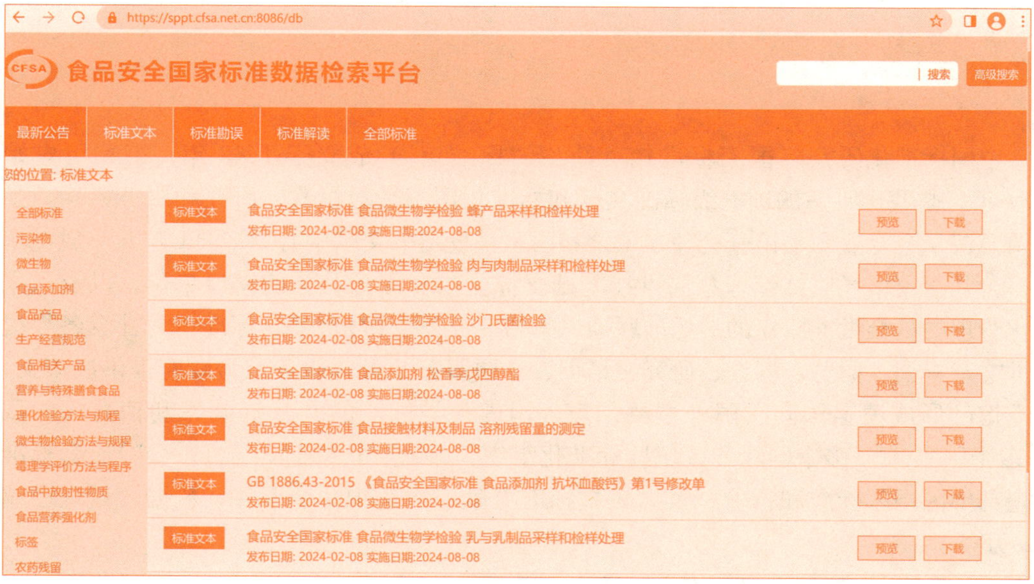

图 7 - 42　食品安全国家标准检索首页

点击检索框右侧“高级搜索”则可以进入高级搜索界面，如图 7 - 43 所示。检索标准文本时，可以输入搜索词、标准号，选择标准类别、实施时间、发布时间，选择标准状态，分为现行有效、废止、即将实施。可供选择的标准类别主要有：污染物、微生物、食品添加剂、生产经营规范、食品相关产品、营养与特殊膳食食品、理化检验方法与规程、毒理学评价方法与程序、微生物检验方法与程序、食品中放射性物质、食品营养强化剂、标签、农药残留、兽药残留等。

在高级搜索界面检索标准公告时，可以输入搜索词，选择公告号，输入发布日期范围等。得到检索结果后，点击进入详情，可以免费下载标准。

图 7-43 食品安全国家标准高级搜索界面

八、中国标准化研究院国家标准馆

1. 标准馆概述

中国标准化研究院国家标准馆（简称“标准馆”）成立于1963年，馆藏历史始于1931年，是我国唯一的国家级标准文献和标准化图书情报馆藏、研究和服务机构，是中国图书馆学会专业图书馆分会理事单位和国家科技图书文献中心（NSTL）九家成员单位之一，是国家市场监督管理总局科技基础支撑机构和服务社会的窗口单位，以及国家标准化管理委员会批准成立的“标准联通‘一带一路’支撑机构”。标准馆为社会各界提供标准文献查询、阅览、咨询、研究、培训、专题服务及科普服务，为政府提供决策支持。标准馆已形成覆盖国际、国外主要国家、国内各类标准的文献资源库和信息库，藏有80多个国家、30多个国际和区域性标准化组织、600多个专业学（协）会的成套标准以及全部中国国家标准和行业标准，馆藏标准文献资源达190余万件，数据总量现已超过300万条。

2. 国家数字标准馆的使用

国家数字标准馆是标准馆的“数学馆”，官方网站为 https://www.ndls.org.cn，有基本检索、高级检索和批量检索选项。登录进入首页，向下滚动网页，可见基本检索的检索框，如图7-44所示。

图 7-44　国家数字标准馆首页基本检索界面

直接在检索框中输入关键词进行检索，也可以点击国际标准、国外国家标准、国际性专业标准、国家标准、行业标准、地方标准、团体标准、技术法规、标准化期刊等选项，进行检索或者浏览。

点击检索框右侧“高级检索”进入高级检索界面，如图 7-45 所示，可供选择的标准状态有：全部、现行、未生效、作废、被替代、废止、历史。提供的可供高级检索的字段有：关键词、国家/发布机构、国际标准分类、中国标准分类、起草单位、起草人、发布年。输入需要检索的信息，可以进行高级检索。

图 7-45　国家数字标准馆高级检索界面

以检索“水中石油烃检测”为例，进行检索，检索结果以列表形式呈现，如图 7-46 所示。该网站将检索结果按照标准层级、发布年代、标准状态等进行了自动归类，检索者可以分类查看。

图 7-46　国家数字标准馆检索结果列表

点击某一条标准题目，则进入该标准文献的详情界面，如有阅读权限则可以预览，也可以单独购买全文，付费使用。

九、国家标准全文公开系统

国家标准全文公开系统的网址为 https://openstd.samr.gov.cn/bzgk/gb/，如图 7-47 所示。该系统公开了国家市场监督管理总局、国家标准化委员会 2017 年 1 月 1 日前已批准发布的所有强制性国家标准、推荐性国家标准、指导性技术文件。同时，对国家市场监督管理总局、国家标准化委员会 2017 年 1 月 1 日后发布的国家标准，在国家标准批准发布公告发布后 20 个工作日内公开标准文本，其中部分推荐性国家标准在遵守国际版权政策前提下进行公开。

该系统提供的电子文本仅供参考，读者应以正式标准出版物为准。此外，食品安全、环境保护、工程建设方面的国家标准未纳入该系统。特别提醒，所提供的电子文本仅供个人学习、研究之用，未经授权，禁止复制、发行、汇编、翻译或网络传播等。

国家标准全文公开系统可以通过输入标准号或标准名称进行检索，也可以进行分类浏览，按照标准状态、发布日期、国际标准分类进行筛选。还可以进行高级检索，结果列表中可以看到标准号、标准名称、类别、状态、发布日期、实施日期。点击其中一条，可以进入单篇检索结果的详情界面，部分标准可以直接下载。

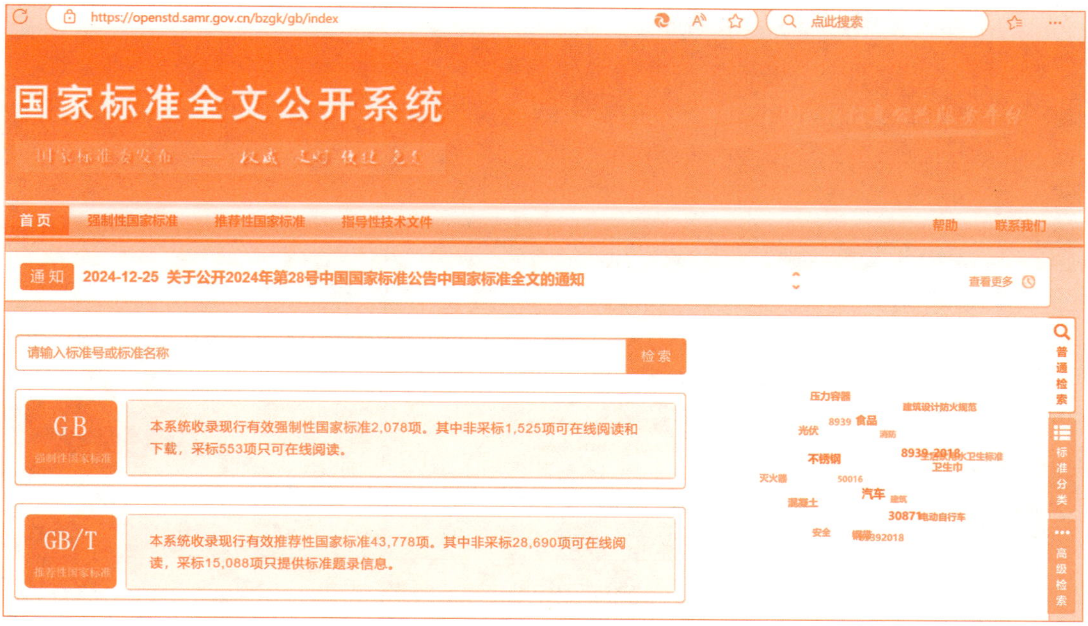

图 7-47 国家标准全文公开系统首页

十、国际标准化组织（ISO）

国际标准化组织（International Organization for Standardization，ISO）是由各国标准化团体（ISO 成员团体）组成的世界性的联合会。制定国际标准工作通常由 ISO 的技术委员会完成。中国是 ISO 的正式成员，代表中国的组织为中国国家标准化管理委员会（Standardization Administration of China，SAC）。

ISO 的宗旨是在世界上促进标准化及其相关活动的发展，以便于商品和服务的国际交换，在智力、科学、技术和经济领域开展合作。ISO 制定的标准涉及广泛，从基础部件到半成品和成品，其技术领域涉及信息技术、交通运输、农业、医疗设备和环境等。ISO 的主要功能是为人们制定国际标准达成一致意见提供一种机制。

ISO 官方网站为 https://www.iso.org/home.html，可以免费登录，在线检索或者浏览，如需下载 PDF 文件则需要付费。

十一、尚唯军用标准信息服务平台

1. 尚唯军用标准信息服务平台概述

尚唯军用标准信息服务平台是尚唯特种知识服务平台的组成部分，该系统涵盖军事类和航空类标准，收录了中国、美国、澳大利亚、日本、英国、北大西洋公约组织等国家和机构的航空航天、机械、化工、军工等行业领域的文献。该系统对相关行业领域的发展起到极大的促进作用，最大限度地满足客户对国内外军用标准文献信息的需求，是国内先进、科学、完整的标准全文数据库系统。

2. 尚唯军用标准信息服务平台的使用

访问入口为 http://gwbz.sunwayinfo.com.cn/，所在机构购买数据库使用权限后，可在本单位 IP 范围内登录，页面如图 7－48 所示。

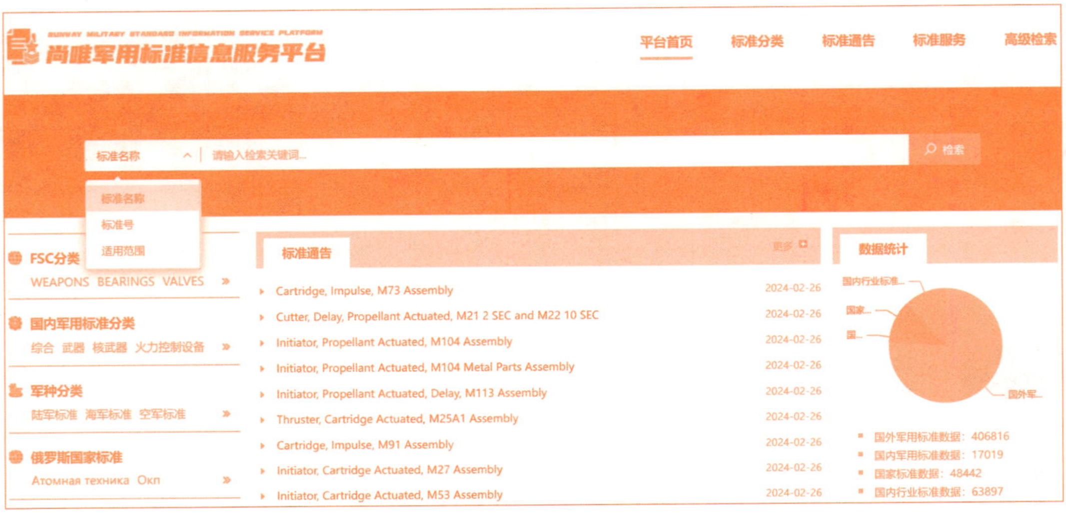

图 7－48 尚唯军用标准信息服务平台首页

（1）基本检索。

进入首页就是基本检索界面，供选择的检索字段有标准名称、标准号、标准适用范围，在检索框中输入标准名称、标准号、标准适用范围，点击“检索”，即可获得结果。

（2）高级检索。

在首页中点击“高级检索”进入高级检索界面，如图 7－49 所示。

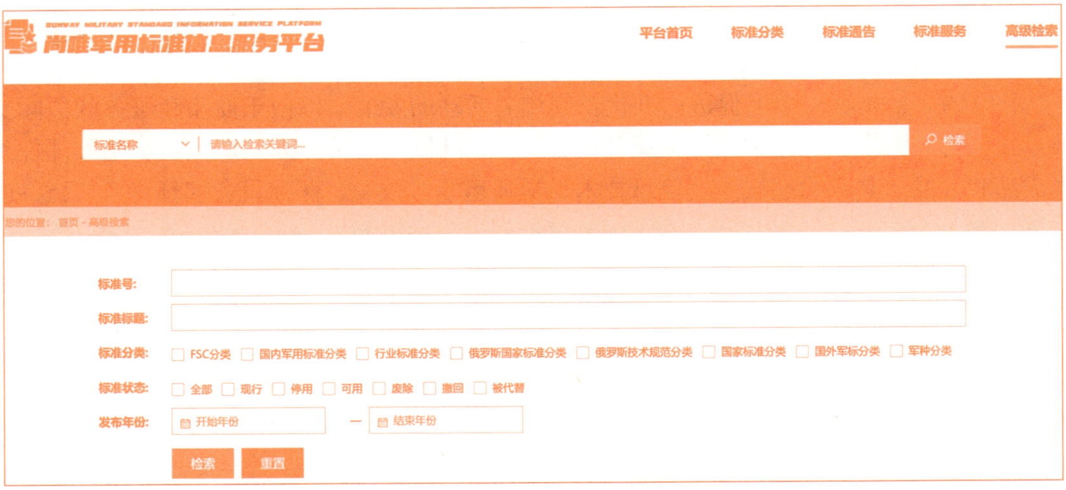

图 7－49 尚唯军用标准信息服务平台高级检索界面

高级检索界面检索字段主要有标准号、标准标题，选择标准分类、标准状态，设置标准发布年份时间范围。可以选择的标准分类包括 FSC 分类、国内军用标准分类、行业标准分类、俄罗斯国家标准分类、俄罗斯技术规范分类、国家标准分类、军种分类。可以选择的标准状态包括现行、停用、可用、废除、撤回、被代替等。点击“检索”，可以得到检索结果。

（3）检索结果。

检索结果以列表形式呈现，自动分类统计标准来源、标准发布年份，可以查看标准中英文名称、标准号、标准状态、标准类型、发布日期等信息。点击题目，则进入单篇标准详情界面，可以看到标准实施时间、主管部门、批准单位、起草单位，点击下载全文可以将标准全文保存在本地电脑。

第 7 节　科技报告的检索

一、尚唯科技报告资源服务系统

1. 尚唯科技报告资源服务系统概述

尚唯科技报告资源服务系统的网址是 https://bg. sunwayinfo. com. cn/，只有订购用户才可以使用。该系统主要收录国外政府部门出版的技术报告、研究机构和大学的科技报告，包括：美国能源部（Department of Energy，DOE）能效认证报告、美国国防技术信息中心（Defense Technical Information Center，DTIC）报告、美国国家航空航天局（National Aeronautics and Space Administration，NASA）报告、美国商务部出版局（Office of the Publication Board）报告，以及其他政府机构、社会团体、研究机构、大学的科技报告和经济方面的研究报告。

2. 尚唯科技报告资源服务系统的使用

（1）快速检索。

进入首页，如图 7－50 所示，可见快速检索框，在左侧选择检索字段：报告名称、报告号、作者、发布年份、赞助机构、关键词、研究机构。检索框中输入与所选字段匹配的检索词，点击“开始检索”，可以得到检索结果。

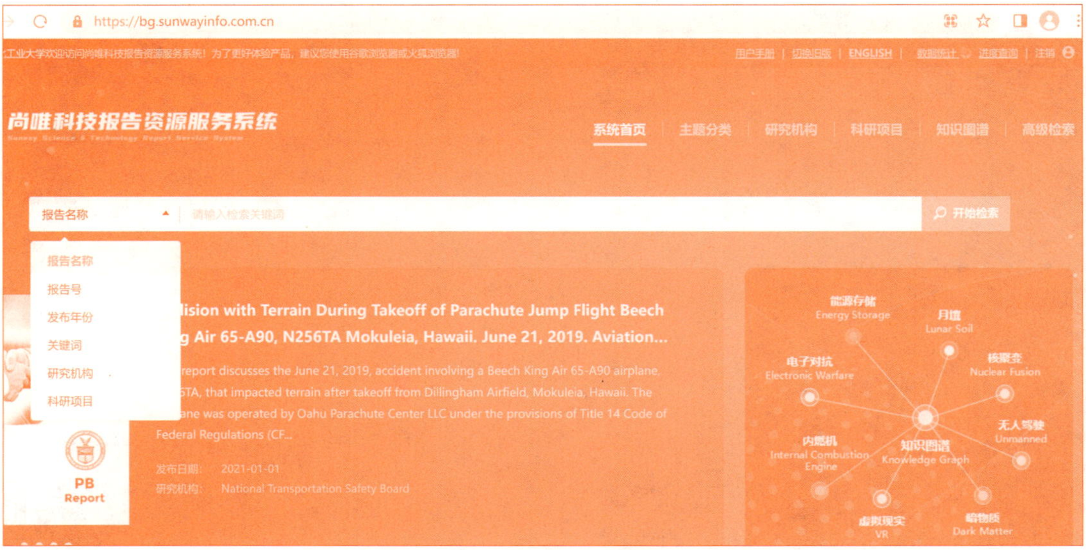

图 7－50　尚唯科技报告资源服务系统首页

（2）高级检索。

高级检索界面如图 7-51 所示。点击加号可以增加检索栏，点击减号可以删除检索栏。在“必要、或、非”中选择合适的逻辑运算，选择字段，供选择的字段与快速检索相同，主要包括：报告名称、报告号、作者、发布年份、赞助机构、关键词、研究机构。选择模糊或精确匹配，设置时间范围，点击“检索”可以得到结果。

高级检索支持使用运算符 *、+、-、‘’、""、() 进行同一检索项内多个检索词的组合运算，检索框内输入的内容不得超过 120 个字符。输入运算符 *（与）、+（或）、-（非）时，前后要空一个字节，优先级需用英文半角括号确定。若检索词本身含空格或 *、+、-、()、/、%、= 等特殊符号，进行多词组合运算时，为避免歧义，须将检索词用英文半角单引号或英文半角双引号引起来。

图 7-51　尚唯科技报告资源服务系统高级检索界面

（3）检索结果。

检索结果如图 7-52 所示，在界面左侧，按照来源机构、分类信息、主题词、年份、研究机构等自动分类，点击分类可以进一步筛选结果。可以将结果导出为参考文献引用格式，也可以按照时间、匹配度等对结果进行排序。检索结果中可以看到报告题目、报告号、作者、摘要等，点击则进入单篇详情，可以看到更详细内容。大多数报告只有摘要。

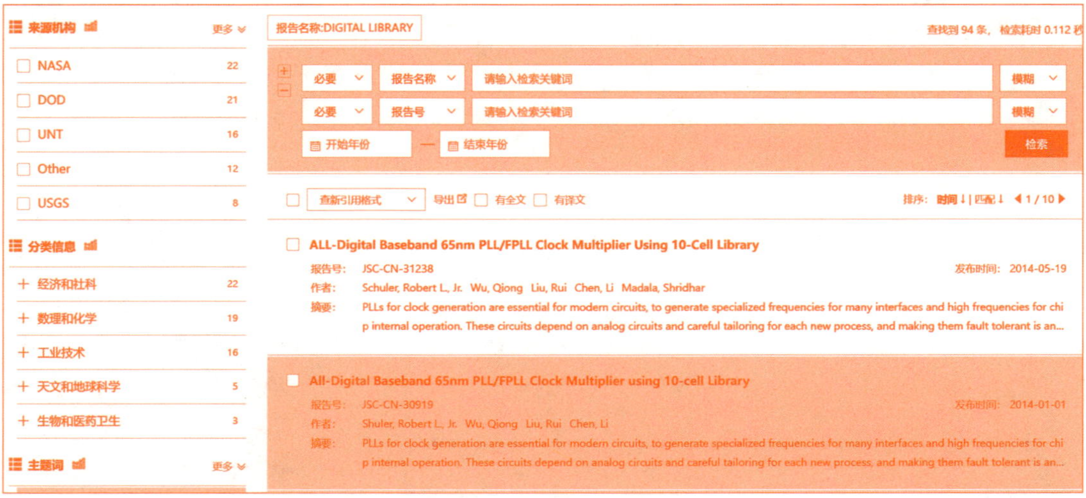

图 7-52　尚唯科技报告资源服务系统检索结果界面

二、美国政府科技报告

1. 美国政府科技报告概述

美国商务部所属国家技术信息服务局（National Technical Information Service, NTIS）是美国最大的政府信息资源中心，全面收集由政府资助立项的科学、技术、工程及商业信息。NTIS 出版的美国政府科技报告通报与索引数据库 NTIS Database 是一个重要的信息资源，收集了 1964 年以来美国国防部、能源部、内政部、航空航天局、环境保护局、国家标准与技术研究院等国家、州及地方政府部门立项研究完成的项目报告。少量收录其他国家（加拿大、法国、日本、芬兰、英国、瑞典、澳大利亚、荷兰、意大利）和国际组织的科学研究报告。收录内容包括初期报告、中期报告和最终报告等，能够及时反映科技的最新进展。

NTIS Database 可以在 ProQuest 平台上进行检索。ProQuest 平台提供 60 多个文献数据库，包含文摘题录信息和部分全文。例如：ProQuest Dissertations and Theses（PQDT，国外博硕士论文数据库）、NTIS Database、Technology Research Database（科技研究总库）等。这些数据库涉及商业经济、人文社会、医药学、生命科学、水利科学与海洋学、环境科学、土木工程、计算机科学、材料科学等广泛领域，包含学位论文、期刊、报纸等多种文献类型。各单位可以根据需要订购 ProQuest 提供的数据库。

2. 利用 ProQuest 查询政府科技报告

首先登录 ProQuest 检索平台 https://www.proquest.com/，点击“更改数据库”，然后选择 NTIS Database，进入美国政府科技报告界面。首页如图 7-53 所示。

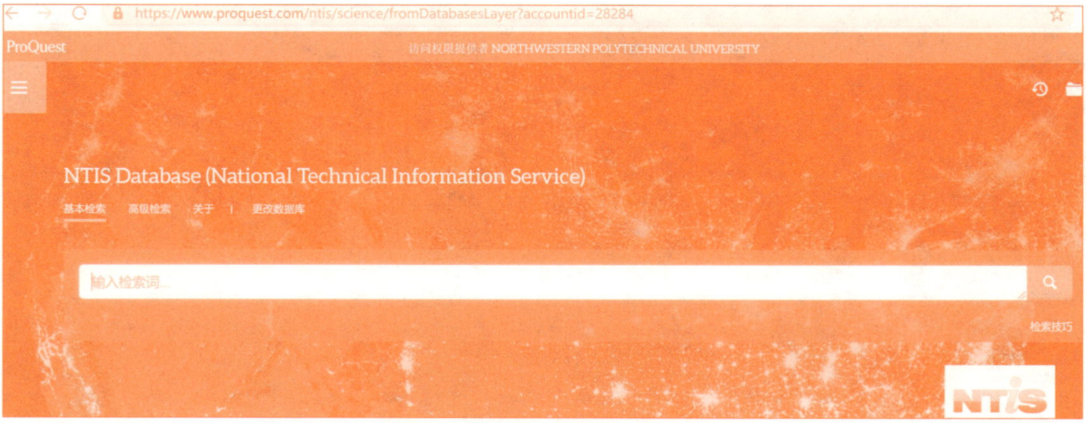

图 7-53 NTIS Database 检索首页

进入首页即为基本检索界面，可以在检索框中输入检索词直接检索。也可以点击“检索技巧”学习检索方法和规则。点击首页“高级检索”，则进入高级检索界面，如图 7-54 所示。可以通过点击加号增加检索栏，在检索栏右侧选择检索字段为主题词、文档标题、摘要、作者、报告标号等。可以选择出版物类型为报告、文档类型为报告。需要说明的是，该检索平台是一个综合平台，因此在高级检索界面中，可供选择的文档类型涵盖所有文献，例如论文、专利、报告、标准、图书等。

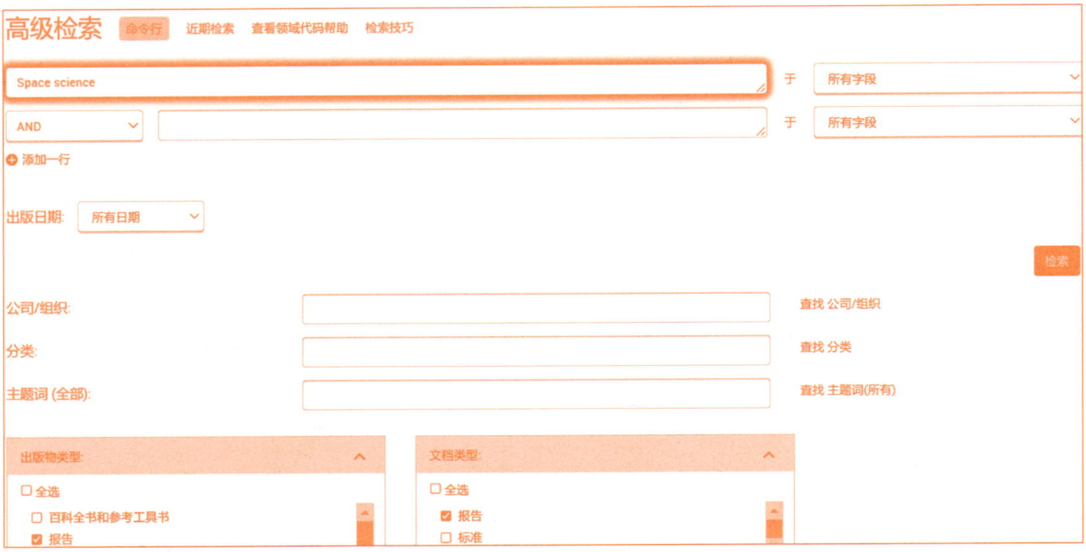

图 7-54　NTIS Database 高级检索界面

在高级检索界面点击“命令行”则进入命令行检索，即专业检索，需要编辑检索式进行检索，该方式适合于专业人员。

获得检索结果列表，界面左侧根据出版物类型、出版日期、文档类型、主题、公司/组织、语言等进行自动归类，可以按类别筛选和精炼检索结果，对检索结果排序，如图 7-55 所示。点击列表中的文献标题，则进入详情界面。结果列表给出了全文获取途径，例如 PQDT 全文库链接、UNICAT 联合目录、Check SFX for Availability 等。

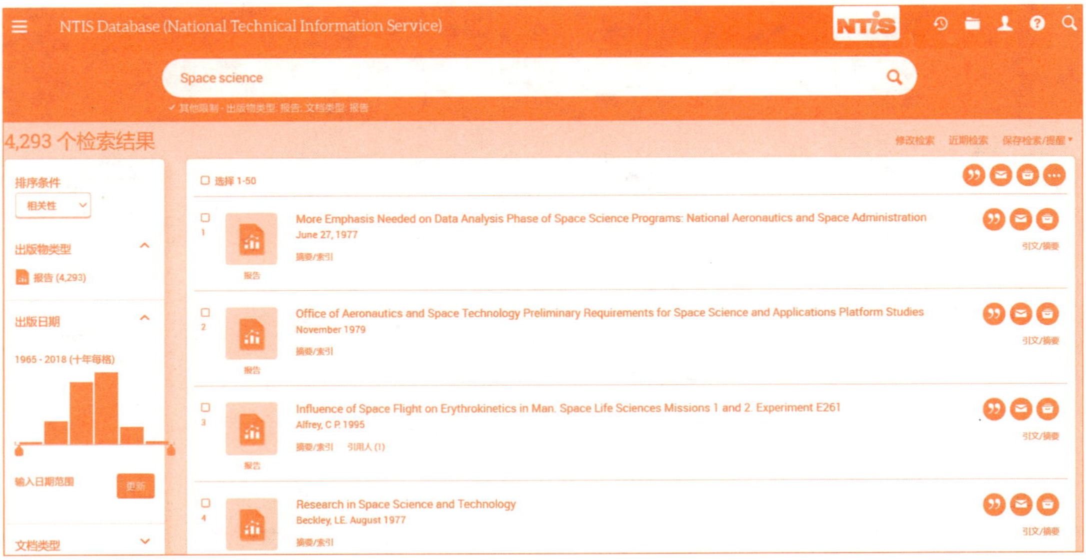

图 7-55　NTIS Database 检索结果界面

习题

1. 发明专利获得授权的条件有哪些?
2. 检索专利全文的数据库或者工具有哪些?
3. 查询3个关于水凝胶载药的专利。
4. 利用本章所学内容，查找关于牛奶中农药残留测定的标准文献。

学习资源

第 8 章 › 网络学术文献检索

第 1 节　开放获取

一、开放获取概述

1. 开放获取的定义

open access（OA）通常被译作开放获取、开放存取、开放共享、开放访问、开放阅览等，是指任何人都可以及时、免费、不受任何限制地通过互联网获取各类开放文献，包括经过同行评议的期刊文章、参考文献、技术报告、学位论文等全文信息。

开放获取兴起于 20 世纪 90 年代，是国际科技界、学术界、出版界、信息传播界为推动科研成果利用网络自由传播而发起的运动，倡议在世界范围内将所有最新发表的经过同行评议的研究成果开放获取，其目的是促进科学信息的广泛传播、学术信息的交流与出版，提升科学研究的共享程度，保障科学信息的长期保存。

随着网络技术和开放获取的发展，开放获取的类型也更加丰富。布达佩斯开放获取倡议（Budapest Open Access Initiative，BOAI）呈现了两种开放获取：一是自我典藏（self-archiving），以机构知识库和学科知识库为代表，通常称之为绿色开放获取；二是开放获取期刊（open-access journals），即开放出版或开放获取出版的期刊，通常称之为金色开放获取。BOAI 同时强调，能够公开获取经同行评议的期刊文献是开放获取的最终目标。目前，主要的开放获取类型有：金色开放获取（gold open access）、绿色开放获取（green open access）、钻石开放获取（diamond open access）、混合开放获取（hybrid open access）、青铜开放获取（bronze open access）和黑色开放获取（black open access）。其中，金色开放获取是目前使用最为广泛的开放获取类型。金色开放获取通常是作者向期刊或出版社支付文章处理费（也可以理解为版权费），按照相关协议，作者持有版权，任何人都可以免费访问论文，因此，这种模式也被称为作者付费（authors pay）模式。绿色开放获取依然发挥着重要的作用。绿色开放获取通常是作者提交论文的相关版本至相关知识库，以实现论文面向社会开放。表 8 - 1 总结了常见的开放获取类型及其主要特征。

表 8-1 开放获取的类型和主要特征

开放类型	主要特征
金色开放获取	作者支付文章处理费，任何人都可以免费访问论文
绿色开放获取	作者提交论文至知识库，一段时间之后该论文就可以被自由访问
钻石开放获取	作者无须支付文章处理费，任何人都可以免费访问论文
混合开放获取	传统订阅期刊允许其中的部分文章开放获取出版，其他文章仍需付费阅读
青铜开放获取	论文可以被免费访问，但没有清晰的版权约定
黑色开放获取	现有知识产权体系下的“盗版”网站

2. 开放获取的特点

开放获取的核心特征是在尊重作者知识产权的前提下，充分利用互联网为用户免费提供学术信息和研究成果的全文服务。开放获取是一种基于互联网的学术传播机制，互联网是开放获取赖以生存的媒介形态。开放获取的发展降低了学术传播成本，为学术信息的广泛传播和免费获取提供便利条件。开放获取是免费提供全文的学术信息服务方式，在开放获取模式下，读者不需要付费订阅（包括个人订阅或者团体订阅）就能直接访问学术信息的全文。开放获取充分尊重作者的权益，不违背知识产权的精神。开放获取并不代表作者放弃对作品的全部权利，仅仅是作者根据不同法律文本和授权协议对作品版权进行开放。

3. 开放获取的形式

开放获取的具体形式，包括作者付费读者免费和作者自建文档免费开放两种形式。

（1）依托互联网，采用作者付费发表、读者免费阅读的形式。

所谓作者付费发表是指文章以开放获取的形式发表，作者或者作者所在机构支付出版费用（比通常版面费昂贵），该文章完全公开，只要读者获取了文章全文链接，就可以自由下载。作者以开放获取形式发表论文，通常可以获得更多阅读量和引用次数，显著提高论文的引用率。读者免费阅读是指任何读者都可以在期刊网站或者数据库网站上免费获取开放出版的文献全文。

（2）作者自建文档向外界免费开放。

作者将自己的研究成果以电子全文形式存放在网络服务器或网页上供读者免费阅读的一种方式。例如，个人博客、个人主页等。

4. 开放获取的通道

开放获取的通道主要包括：开放获取期刊、开放仓储（学科知识库、机构知识库）、电子预印本等。

（1）开放获取期刊（OA journals）。

开放获取期刊（OA 期刊）是一种网络化的免费期刊，旨在使所有用户都可以通过互联网无限制地访问期刊论文全文。OA 期刊论文与传统期刊论文评审流程完全相同，也需要经过严格的同行评审、编辑审稿排版等操作。区别在于收费模式，传统期刊需要作者缴纳少量的版面费，读者或者读者所在机构付费才能获取该期刊论文全文；而 OA 期刊则向作者收取开放版权费，免费向读者开放阅读权限。采用 OA 出版模式的期刊，一部分是新创办的电子期刊，另一部分是由传统期刊转变成为 OA 期刊。具体类型包括：完全 OA 期刊、部分 OA 期刊和延时 OA 期刊。完全 OA 期刊就是该期刊上发表的论文全部为开放版权论文，论文作者需要支付开放版权费用；部分 OA 期刊是指期刊中包含开放版权论文和传统论文；延时 OA 期刊是指出版发行一段时间之后，该期刊上的论文变成开放获取论文，向读者免费开放。

（2）开放仓储（open repositories and archives）。

开放仓储是指研究机构或作者本人将已发表或未公开发表的文献存储在学科知识库、机构知识库或个人网站上供读者免费获取。开放仓储可以理解为一个大型仓库，作者可以将自己的文献放在库中，读者可以免费在库中获取文献全文。可以放在开放仓储中的文献包括：1）作者拥有版权或者出版社允许作者存储和发布的作品，如论文、专著、教材等；2）作者可以直接将自己的没有版权的作品放到开放仓储中，供读者查看，例如讲义、PPT 等。

学科知识库是指对某机构拥有的某个学科领域的各种类型资源进行收集、整理、描述、组织、构建索引，实现长期保存和广泛传播，以及资源的共享和利用的知识库。

机构知识库是由研究机构自行建立的，以本机构成员在工作过程中所创建的各种知识资源（数据、论文、报告、软件、多媒体等资源）为内容，通过收集、整理、加工，实现知识资源长期保存和广泛传播，达到资源共享和利用目的的数据库。

（3）电子预印本（e-print）。

电子预印本指科研工作者的研究成果还未在正式出版物上发表，为了及时与同行交流而自愿首先在学术会议上或通过互联网发布的科研论文、科技报告等文献。电子预印本有两个显著的特点：1）作者自愿提交研究成果。作者按照电子预印本的格式将论文进行排版后，通过网络、E-mail 等方式，按学科类别上传至相应机构的目录或数据库中。2）文责由作者自负。发布在预印本库中的论文没有经过同行评议和编辑审核，由作者上传。只要作者所投论文遵守国家相关法律，有一定学术水平，满足系统的基本投稿要求就可以。因此，不同于传统期刊正式发表的论文，预印本论文水平参差不齐。

5. 开放获取产生的影响

（1）对于作者而言，开放获取扩大了学术成果传播的范围，打破了地域、学科、行业的限制，拓展了读者群体和数量。开放获取提高了传播效率，加大了成果的影响力和显示度，但也需要作者支付高昂的 OA 出版费用。

（2）对于读者而言，开放获取免除了读者经济负担或使用限制，提高了读者获取信息的便利性和获取信息的范围。

（3）对于研究机构而言，作为学术文献的生产者，通过开放获取可以更加广泛地传播学术成果，提高知名度和显示度，有助于研究机构树立行业威望，提升行业地位。研究机构作为学术文献的利用者，通过开放获取减少了文献使用费，避免了重复付费。所谓重复付费是指研究机构第一次是为出版学术成果付费（作者身份），第二次是为获取学术成果付费（读者身份）。

（4）对于资助机构而言，开放获取更加广泛地传播科研成果，有助于资助机构扩大影响力，使得其投资产生更大的社会效益。

（5）对于出版商而言，开放获取扩大了期刊文章的使用率和影响力，提高了文献的引用量和影响因子。当然，开放获取影响了期刊销售和发行数量，降低了销售利润；因为收取高昂的开放费用，导致很多作者不愿意投稿，也可能会错失一些优质稿源。

6. 开放获取存在的主要问题

（1）经济问题。开放获取期刊尚未建立起稳定合理的经费支持模式，当前的经费支持模式主要有作者付费、机构成员制度（会员制）、各类资助（基金支持等）。有些基金限制为项目申请人支付高昂开放版权费。

（2）质量控制问题。OA 期刊流程和传统期刊相同，但是可能存在期刊主编为了实现更大的收益，降低稿件要求来扩大期刊发文数量的情况。对于预印本论文而言，因为缺乏同行评议，其学术水平、论文撰写质量可能存在较大差距，文献质量得不到保障。

（3）知识产权保护问题。开放获取的前提是尊重作者的知识产权，但是很难控制读者的行为，可能会发生侵犯作者知识产权的事情，比如文献二次有偿转售、以营利方式使用开放文献等。

二、常用的开放获取资源

1. 开放获取期刊

（1）Socolar 学术资源平台。

Socolar 学术资源平台由中国教育图书进出口公司开发，是一个开放获取资源的平台。它全面系统收录了重要的 OA 资源，包括重要的 OA 期刊和 OA 仓储，为用户提供浏览、检索和全文链接服务。该平台论文被 SCI、SSCI、SCIE、AHCI、EI、PubMed、DOAJ 收录，语言种类包括中文、英文、西班牙文、德文、葡萄牙文、法文等。内容涵括所有的学科领域，其中医药/卫生、工业技术、经济、文化/科学/教育/体育和社会科学总论几个大类总数占全部内容的 60%以上，年增加数据量超过 200 万篇文章。为学者提供学术文章和预印本的 OA 出版和仓储服务。

Socolar 学术资源平台的网址为 http://www.socolar.com。进入网站首页，如图 8-1 所示，可以看到初级检索框，可以检索期刊论文、电子书、预印本。供选择的主要字段有：主题、标题、关键词、摘要、全文、作者、作者单位、中图分类号、来源出版物、出版社、ISSN、ISBN、DOI 等。选择字段，输入对应的检索词就可以进行检索。点击首页中的“高级检索”，则进入高级检索界面，检索字段与初级检索相同，逻辑运算有 AND、NOT、OR，在对应检索框中输入恰当的检索词进行检索，还可以限定出版时间。

（2）Open Access Library。

Open Access Library 即开放存取资源图书馆，简称“OALib”，它致力于为学术研究者提供全面、及时、优质的免费阅读科技论文，同时也作为一个开放获取论文的发布平台，为更多的优质论文提供第一时间发布的机会。OALib 已经存储超过 570 万篇学术论文，大部分来自国际知名的出版机构，其中包括 Hindawi、Plos One、MDPI、Scientific Research Publishing 等，其论文领域涵盖数学、物理、化学、人文、工程、生物、材料、医学等。网址为 http://www.oalib.com，首页如图 8-2 所示。

图 8-1 Socolar 学术资源平台首页

图 8-2 Open Access Library 网站首页

OALib Journal（ISSN Print：2333-9705，ISSN Online：2333-9721）是一个同行评议的开放获取学术期刊，覆盖数学、物理、生命科学、化学材料、地球环境、医药卫生、工程技术、信息通信、人文社科、经济管理等领域。该期刊接收各种语言撰写的稿件，

其中标题、摘要、关键词需有英文版本，并需要作者缴纳一定的文章版面费。所有发表在 *OALib Journal* 上的文章同时会被存放在 OALib 上以供读者检索、浏览和免费下载。

OALib Preprints（OALib 预印）是为广大科研工作者提供的一项免费服务。对于任何未在正式出版物上发表的科研论文、科技报告等，凡内容符合平台所涵盖的领域，均可将文章投递至 OALib 预印进行存储。作者投递稿件后，OALib 预印编辑部会对文章进行初审、排版，稿件通过预审，会被存储到对应学科领域的数据库中，并提供全文免费下载。预印本没有经过同行评议，只是被存储在预印本平台上。预印本论文主要以预印本的形式快速与同行学者交流，同时作者仍然可以将预印本论文投稿到 OALib 期刊或者其他期刊正式发表。

打开网站即进入简单检索界面，可以检索论文题目、关键词，也可以查看出版社、期刊等。在首页还可以看到 OALib 期刊和快速投稿通道的链接。点击首页中的“高级搜索”，则进入高级搜索界面，可以看到有两个检索框，分别选择标题、关键字、摘要、作者、ISSN、期刊标题等字段，在 AND、OR、NOT 中选择逻辑运算，点击“Search”即可获得检索结果。

（3）Directory of Open Access Journals（DOAJ）。

DOAJ 是由瑞典隆德大学图书馆主办的一份开放期刊目录，涵盖了免费的、可获取全文的、质量控制的科学和学术期刊。收录的期刊有着严格的质量控制，包括很多 SCI 收录的期刊。网址为 http://doaj.org。登录后进入首页，如图 8－3 所示，提供期刊检索和文献检索。在首页中直接输入检索条件进行期刊检索，或者点击检索框下方的“JOURNALS”进入期刊检索界面进行检索。

在首页中选择“Articles”，可以检索文献，通过下拉菜单来选择检索字段，包括标题、主题、作者、摘要。也可以点击检索框下方的“ARTICLE RECORDS”进入文章检索界面，可以看到一个检索框，可选择的检索字段更加丰富，主要包括标题、摘要、关键词、主题、作者、ORCID、DOI、语言等。还可以对结果进行限定，进行二次检索等。可以下载 PDF 格式全文。

图 8－3　DOAJ 网站首页

（4）日本科学技术信息集成系统（J-STAGE）。

J-STAGE 由日本科学技术振兴机构开发，旨在加快沟通速度，确保日本出版的科技信息的国际化。该系统收录了日本各科技学会出版的文献（文献多为英文，少数为日文），学科有数学、通信与信息科学、综合、物理、自动化、化学与化工、地质、农业、地理、环境科学、电子、生物等。J-STAGE 用户可以在 J-STAGE 的帮助下随时随地访问和创建自己的信息库。网址为 http://www.jstage.jst.go.jp，首页即为简单检索界面，如图 8－4 所示，也可以点击“Advanced search”进入高级检索。

图 8－4　J－STAGE 网站首页

（5）GoOA。

GoOA 是开放获取论文一站式发现平台，是由中国科学院资助、中科院文献情报中心建设的开放资源。GoOA 收录的学科领域涉及自然科学及部分社会科学领域。提供 OA 期刊和论文集成发现和免费下载、OA 期刊投稿分析、关联检索、知识图谱分析、用户分享等特色功能。

GoOA 的网址为 http://gooa.las.ac.cn。进入首页后，如图 8－5 所示，可见检索框，直接输入题名、关键词、摘要进行检索。

2. 开放仓储

（1）DSpace@MIT。

DSpace@MIT 是由麻省理工学院（MIT）和美国惠普公司实验室合作建立的电子档案存储库，用来存放研究机构产生的大量知识产权。数据资源类型包括预印论文、技术报告、工作文档、会议论文、图像等。网址为 http://dspace.mit.edu，进入后可见检索界面，如图 8－6 所示。

图 8 - 5　GoOA 网站首页

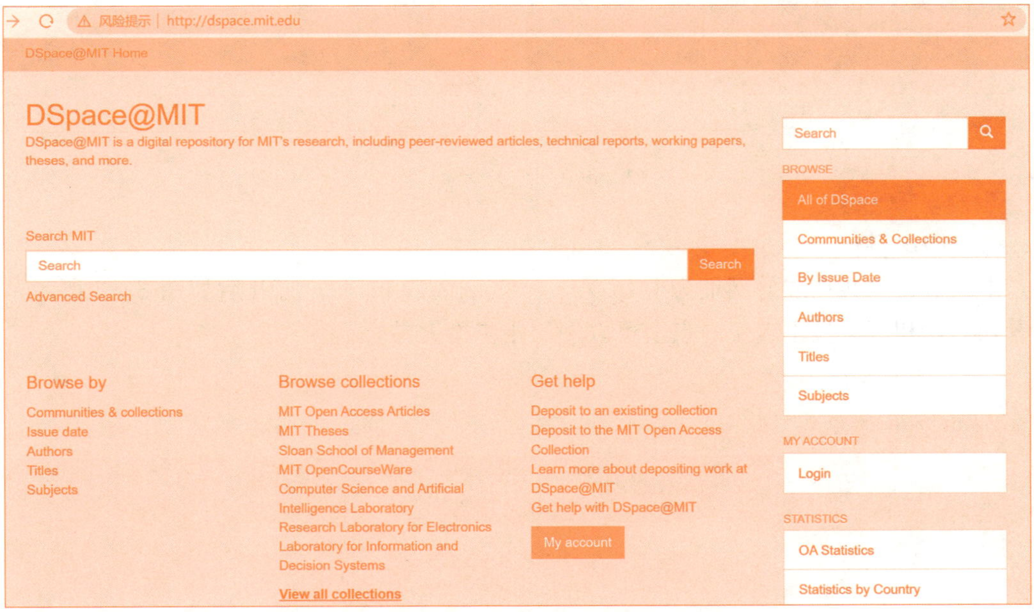

图 8 - 6　DSpace@MIT 网站首页

（2）香港科技大学 OA 仓储。

香港科技大学 OA 仓储是香港科技大学图书馆开发的一个数字化学术成果存储与交流知识库，收录了该校教学科研人员和博士生提交的论文（包括已发表和待发表）、会议论文、预印本、博士学位论文、研究与技术报告、工作论文和 PPT 演示稿全文。网址为 https://repository.hkust.edu.hk/ir/，首页如图 8 - 7 所示。

以上只是列举了开放仓储的两个例子，同类型数据库还有很多，读者在学习工作中可以多积累。如果遇到有些网站打不开，可能是网址变化，读者可以根据名字搜索其新网址，然后再访问数据库，也可能遇到这些数据库关闭而无法访问的情况。

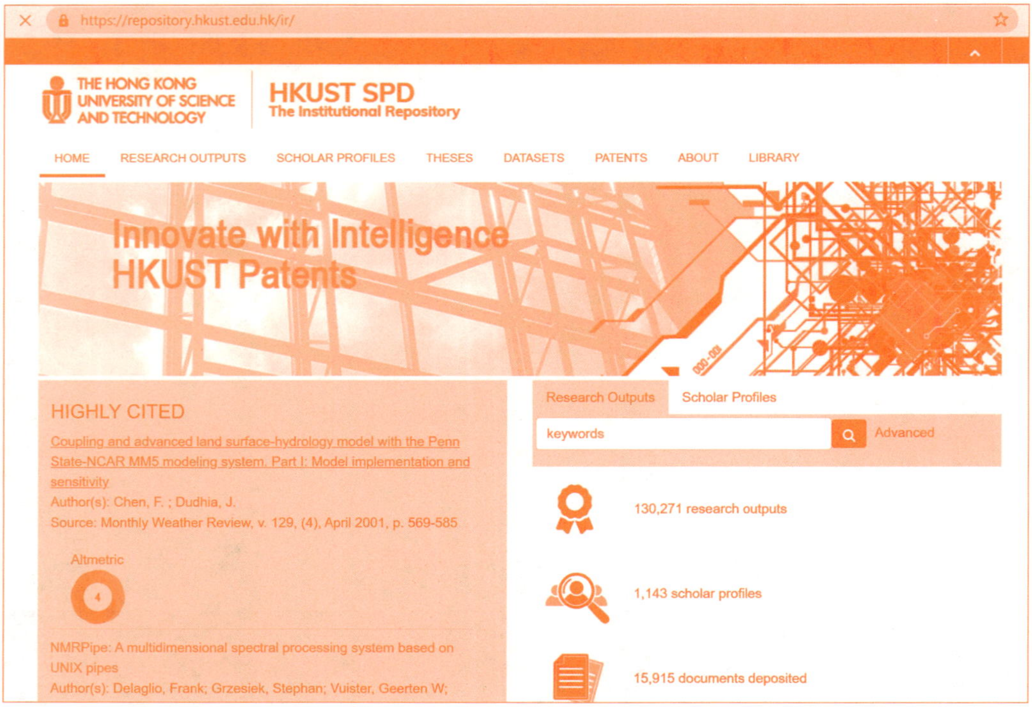

图 8-7 香港科技大学 OA 仓储网站首页

3. 电子预印本

(1) 中国科技论文在线。

中国科技论文在线的网址为 http://www.paper.edu.cn，打开后如图 8-8 所示，可以看到检索和高级检索链接，点击可以进入相应检索界面。

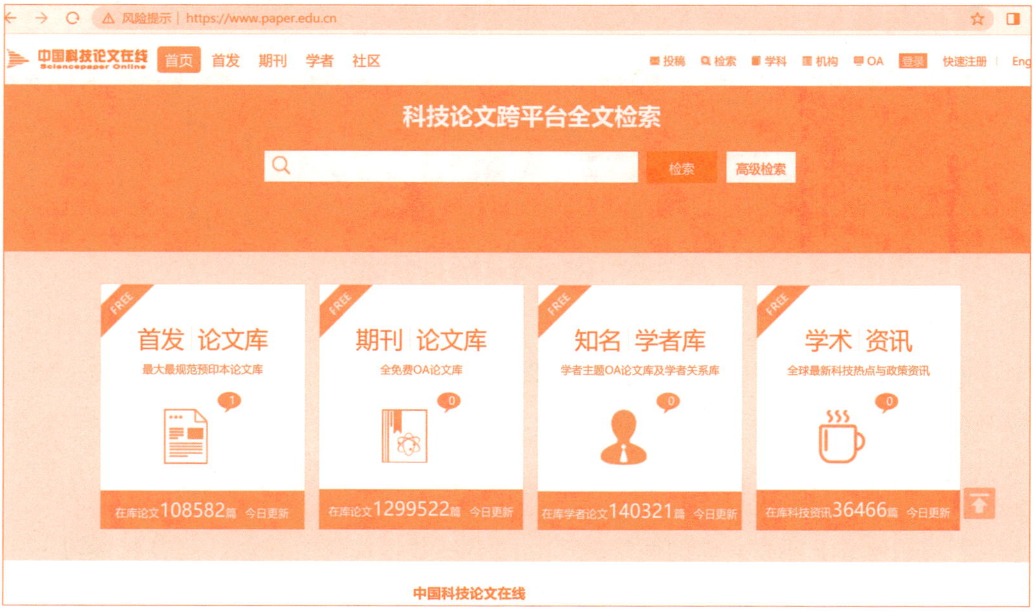

图 8-8 中国科技论文在线网站首页

中国科技论文在线由教育部科技发展中心主办，针对科研人员面临的论文发表困难、学术交流渠道窄，从而不利于科研成果快速、高效地转化为现实生产力的问题而创建的科技论文网站。该网站打破传统出版物的概念，免去传统的评审、修改、编辑、印刷等程序，给科研人员提供了一个方便、快捷的交流平台，以及及时发表成果和新观点的有效渠道，从而使新成果得到及时推广，科研创新思想得到及时交流。它允许作者同时向其他专业学术刊物投稿，使科研人员新颖的学术观点、创新思想和技术成果能够尽快对外发布，并保护原创作者的知识产权。

（2）中国科学院科技论文预发布平台（ChinaXiv）。

中国科学院科技论文预发布平台支持国内外最新研究成果的网络传播，保障作者的网络首发权，提供快速的学术信息交流。这些论文经过初步的政治与学术审核，未经严格的同行评议，但发布后该平台实行开放的后评议。该平台鼓励作者在预印本发布的成果再在学术期刊上发表，二者不构成重复发表。平台网址为 https://chinaxiv.org/home.htm。

（3）e-Print arXiv 预印本文献库。

arXiv 是美国国家科学基金会和美国能源部资助，于 1991 年 8 月由美国洛斯阿拉莫斯国家实验室建立的电子预印本文献库，目的在于促进科研成果的交流与共享，帮助科研人员追踪本学科最新研究进展，避免研究工作重复等。主要涉及物理学、数学、计算机科学、定量生物学和统计学等学科，网址为 http://arxiv.org/。

（4）bioRxiv 预印本文献库。

2013 年冷泉港实验室建立了 bioRxiv 预印本文献库，收录和发表生命科学领域未在其他正式刊物上发表的预印本，由非营利研究和教育机构冷泉港实验室运营。所有稿件都经过基本筛查，文稿在提交的同时可以给其他期刊投稿，但是如果已经被期刊接收发表，则不能发布。网址是 https://www.biorxiv.org/，首页如图 8-9 所示。

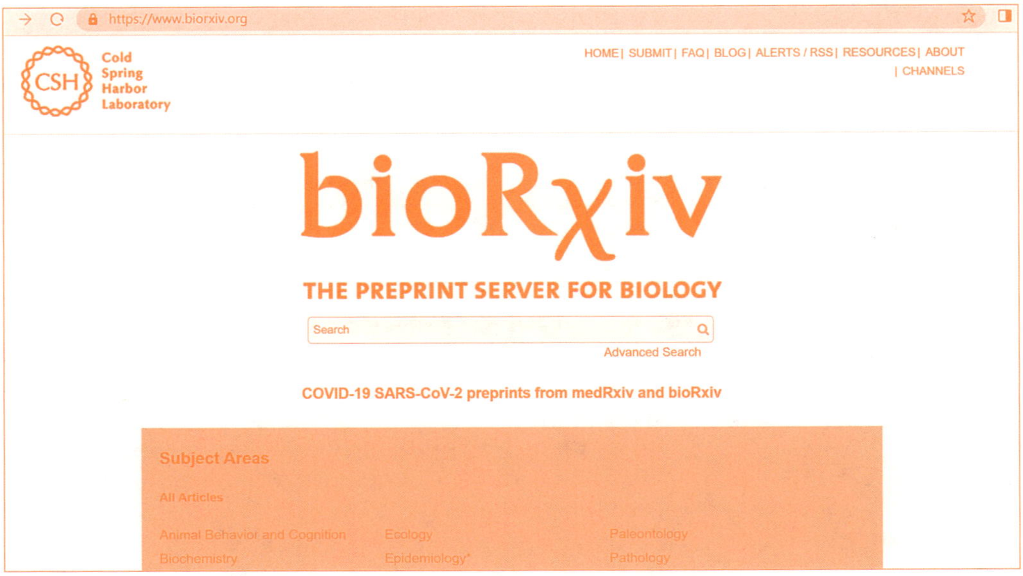

图 8-9　bioRxiv 预印本文献库首页

bioRxiv 收录涵盖生命科学研究各个方面的文章的预印本，物理科学、数学或社会科学方面的文章只有在与生命科学有直接关系的情况下才能发表在 bioRxiv。此外，medRxiv 是 bioRxiv 为临床医学稿件提交而成立的预印本平台。

第 2 节　小木虫学术科研互动社区

一、小木虫学术科研互动社区概述

小木虫学术科研互动社区涵盖小木虫论坛、小木虫期刊等，论坛是独立、纯学术、非经营性的免费论坛，致力于打造国内学术前沿站点，为中国学术研究提供免费动力，倡导学术的交流与共享。

二、小木虫网站资源的利用

小木虫的网址为 http://muchong.com/，首页有网站导读、期刊、发现、社区等链接，根据需要浏览感兴趣栏目。读者按照要求实名注册后，才可以参与发帖等。

点击首页上方的“社区”，进入小木虫论坛。界面划分为学术交流区、化学化工区、材料区、计算模拟区、生物医药区、专业学科区、注册执考区、文献求助区、资源共享区、科研市场区、科研生活区、出国留学区等板块。每个区域板块再分成更细的论坛板块，读者可以根据自己的兴趣选择论坛主题，查看其他用户发帖、跟帖讨论、获取信息等。例如，材料区又细分为材料综合、金属、生物材料、复合材料、材料工程、晶体、无机非金属、功能材料等。

文献求助区是通过互助方式获取文献资料的论坛区。用户可以在这个区域进行文献求助、外文书籍求助，查找标准与专利、代理资源和检索知识等（见图 8-10）。

图 8-10　小木虫论坛文献求助区界面

第 3 节　丁香园网站

一、丁香园概述

丁香园是中国领先的数字医疗健康科技企业，通过专业权威的内容分享互动、丰富全面的医疗数据积累、高质量的数字医疗服务，连接医生、科研人士、患者、医院、生物医药企业和保险企业。在大众端，丁香园覆盖了优质健康科普、大众知识服务、在线问诊平台、健康产品电子商务及线下诊疗等多个健康应用场景；在医生专业端，丁香园围绕医生的职业成长路径，满足学术交流、继续教育、用药指导、职业发展等多个专业需求。

二、丁香园资源的利用

丁香园的网址为 http://www.dxy.cn/，网站各板块资源如图 8 - 11 所示。

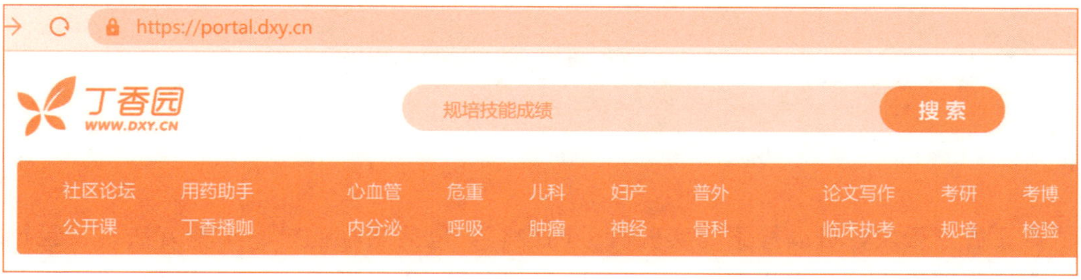

图 8 - 11 丁香园网站上的板块内容

网站具有丰富的学术资源，例如社区论坛、用药助手、公开课等。丁香园社区论坛采用浏览模式查看，可以按照医学科室浏览，如图 8 - 12 所示。每个医学科室下包含的栏目有最新资讯、手术技巧、临床综述、指南共识、经典病例、精彩幻灯、丁香公开课等。

图 8 - 12 丁香园论坛首页

丁香园用药助手的网址是 https://drugs.dxy.cn/，网站首页如图 8 - 13 所示。可以按照药品名称、适应症、用药禁忌等进行检索，也可以按照药理分类，逐个类别浏览对应的药物。主要分类有消化道及代谢、血液和造血器官、心血管系统、皮肤病用药、抗肿瘤药物和免疫机能调节药、神经系统、抗寄生虫药等。

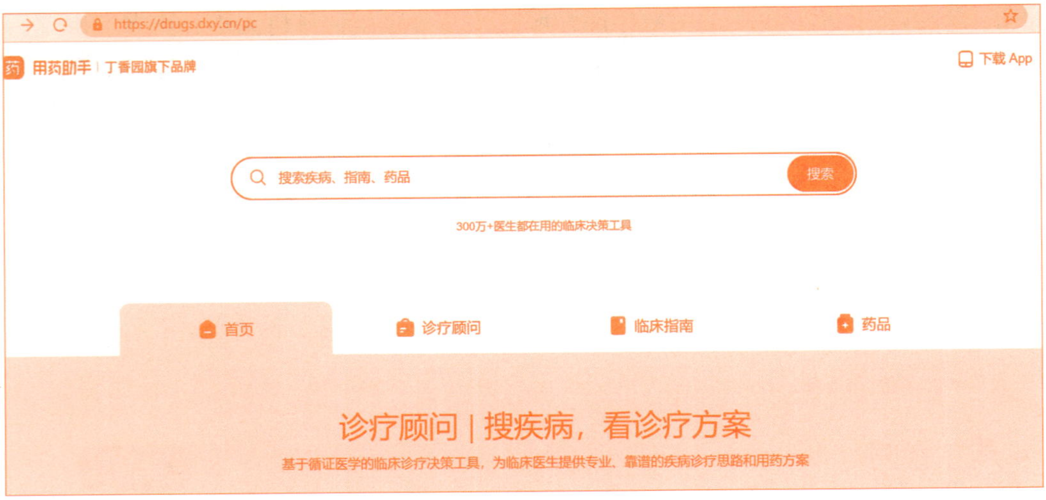

图 8-13　丁香园用药助手网站首页

在丁香通板块，可以检索与实验有关的内容，包括实验耗材、实验方法、实验技术等。在丁香医生板块，可以查询疾病、药品、疫苗、急救指南、医院、检查和手术、科普视频。在丁香人才板块，可以发布招聘或者求职信息等。此外，丁香园网站还提供公开课、经验分享视频、直播视频等资源。

第 4 节　国家自然科学基金大数据知识管理服务门户

一、国家自然科学基金大数据知识管理服务门户概述

国家自然科学基金大数据知识管理服务门户是面向基金委工作人员、科研管理部门、科研人员及公众的服务系统，提供包括科学基金资助项目、结题项目、项目成果的检索和统计，项目结题报告全文和项目成果全文的浏览，相关知识发现和学术关系检索等服务。主要实现功能包括：基于网络的简单数据检索，如对科研项目、科研成果、科研人员、科研单位的检索；基于关系的关联检索，如论文引用、项目合作等关联检索；基于知识网络的知识发现，如人员合作网络分析、单位合作网络分析、科研人员关联路径发现等；基于多维数据的统计分析，如基金资助项目申请与资助情况多维统计分析、结题项目成果产出情况多维统计分析；基于知识网络关系数据的分析挖掘，如项目和成果的影响分析等。

二、网站学术资源的利用

登录网址 https://kd.nsfc.cn/，无须注册即可直接查询，也可以按照要求实名注册，方便在线保存重要资料。

1. 信息检索

点击首页上方的“信息检索”，进入信息检索界面，如图 8-14 所示，可以看到结题

项目、项目公布、科研成果三个选项卡。在结题项目中，可以根据网站推荐的热词分类浏览，还可以输入关键词、姓名、依托单位进行初级检索，得到结果列表。

图 8-14　结题项目信息检索界面

点击进入高级检索，如图 8-15 所示，提供更多检索框，包括结题年度、资助类别、申请代码、批准年度、项目名称、项目关键词、项目批准号、项目负责人、依托单位，其中带星号的为必填项，高级检索可以得到更加精准的结果。

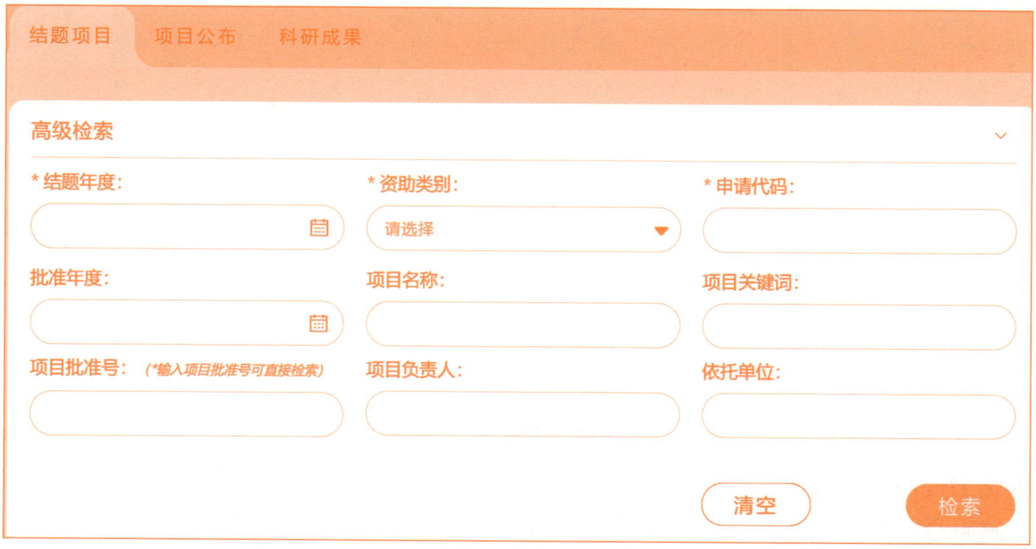

图 8-15　结题项目高级检索界面

检索结果以列表形式呈现，检索结果界面左侧有自动分类，主要按照结题年度、资助类别、项目关键词、申请代码、依托单位等进行分类，可以对结果进行排序，点击某条检索结果的标题，则进入详情界面，可以看到项目的基本信息、项目参与人、项目摘要、结题摘要、结题报告、成果统计、成果产出、科研影响力分析等详细内容。可以浏览结题报告查看该项目详细研究内容和实验结果等。

在信息检索栏中，点击“项目公布”，输入项目负责人姓名、依托单位、批准年度，输入验证码，则可以精确查看该负责人获得资助的项目名称、资助金额等信息。在信息检索栏中，点击“科研成果”进入科研成果初级检索界面，可以在检索栏中输入成果名称、关键词、作者、单位等进行检索，多个检索词之间用空格隔开。检索结果则是成果的列表，成果主要包括论文、专利等。点击检索框右侧的“高级检索”进入高级检索界面，如图 8-16 所示。用户可以在成果类型、成果标题、作者、年份、项目名称、BRID、依托单位、资助类别、申请代码等字段中输入或者选择检索词，其中 BRID 是 Basic Researcher ID 的缩写，即基础研究科研人员标识。成果类型主要包括期刊论文、会议论文、专著、专利、奖励等。资助类别主要包括面上项目、重点项目、重大研究计划、联合基金项目、青年科学基金项目、地区科学基金项目、专项基金项目、数学天元基金项目等。点击结果列表中的成果题目进入详情界面，可以看到基本信息、科研影响分析、相关项目、所述项目其他成果等。

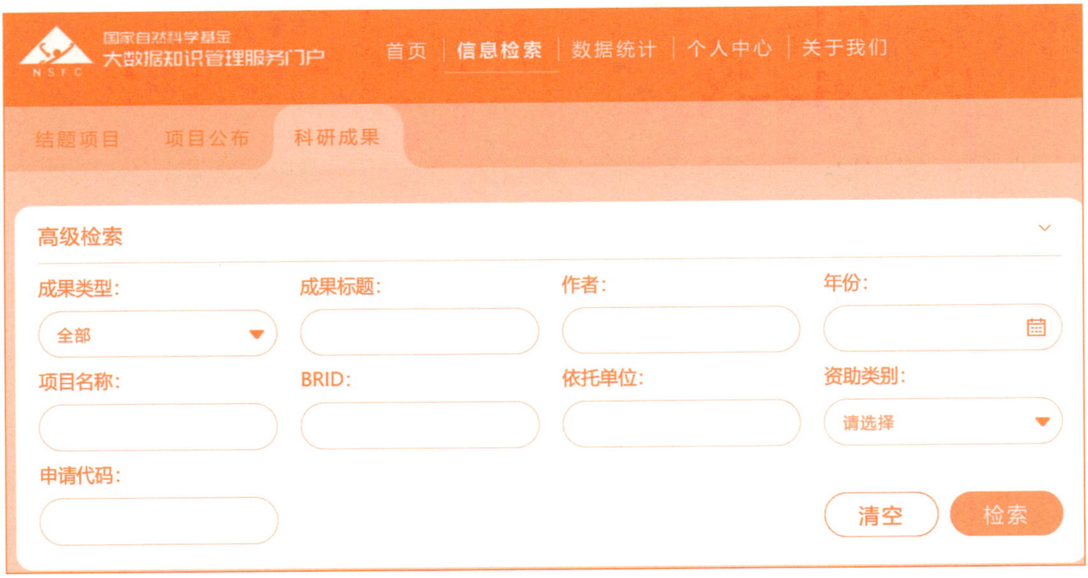

图 8-16 科研成果高级检索界面

2. 数据统计

数据统计包括资助项目统计、结题项目统计、成果产出统计等 3 个板块，每种类型的统计结果按照学部分类，包括数理科学部、化学科学部、生命科学部、地球科学部、工程与材料科学部、信息科学部、管理科学部、医学科学部等 8 个学部。此外也可以按照项目类型给出统计数据，按照年份给出各学部数量变化趋势。

三、关联网站

国家自然科学基金大数据知识管理服务门户为其他几个网站提供数据支撑，例如，国家自然科学基金资助科研仪器展示传播平台 http://yiqi. nsfc. cn/；国家自然科学基金委员会科学传播与成果转化中心网站 https://www. nsfc. gov. cn/csc/20292/index. html，可以查询国家自然基金资助项目的研究成果等信息。

国家自然科学基金委员会的官方网站是 https://www. nsfc. gov. cn/，也有链接可以查询项目等信息。科研人员申请或者评审基金需要登录 https://grants. nsfc. gov. cn/pmpweb/login，即科学基金网络信息系统登录平台。该平台为工作平台，用户需要实名注册，且经过所在单位审核。

第 5 节　百度学术

一、百度学术概述

百度学术于 2014 年 6 月上线，是百度旗下的免费学术资源搜索平台，提供海量中英文文献学术资源，涵盖各类学术期刊、学位论文、会议论文，致力于将资源检索技术和大数据挖掘分析能力贡献于学术研究，优化学术资源生态，引导学术价值创新，为国内外学者提供良好的科研体验。

二、百度学术的使用

1. 登录

可以直接登录百度学术网站 http://xueshu. baidu. com，也可以先登录百度，搜索“百度学术”。首页如图 8 - 17 所示，一般不需要登录，如果登录，其用户名与百度文库或者百度网盘为同一个账户，可以相互通用。

图 8 - 17　百度学术首页

2. 初级检索

在百度学术首页可以看到初级检索框，输入检索词，可以在主题、标题、关键词、作者、出版物名称中进行检索。不需要选择检索字段，系统自动识别并在对应检索字段中检索，给出检索结果列表。

3. 高级检索

在百度学术首页的检索框左侧，点击“高级检索”则弹出高级检索对话框，如图 8-18 所示。高级检索中检索栏目主要有：包含全部检索词、包含精确检索词、包含至少一个检索词、不包含检索词；作者、机构、出版物；限定发表时间范围、语言检索范围；可以选择检索词出现的位置为“文章任何位置”或者“文章标题位置”；可以选择出版物类型为期刊或会议。

图 8-18 百度学术高级检索对话框

4. 检索结果

例如，检索“风湿性关节炎为例”，得到检索结果列表，如图 8-19 所示。检索结果按照论文发表时间、研究领域、核心期刊、获取方式、文献类型、作者、期刊、机构等进行自动分类，读者点击相关类别，可以进一步精炼检索结果。检索结果可以按相关性、被引量、时间降序等进行排序。在检索结果右侧会自动推荐有关文献，读者可以直接点击，快速查看。

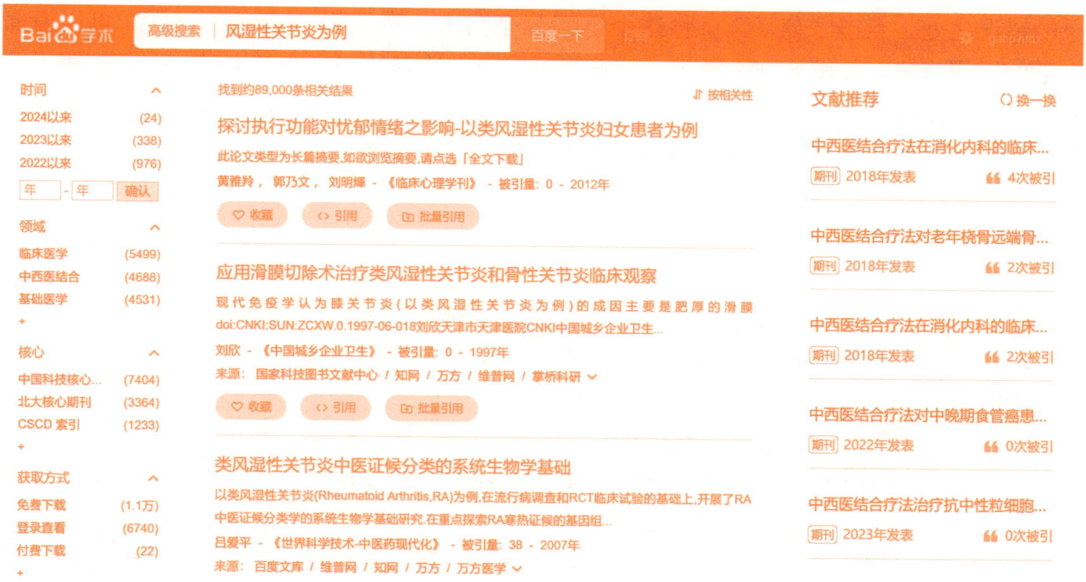

图 8－19　百度学术检索结果列表

5. 单篇文献检索结果

点击结果列表中某一篇论文题目，可查看单篇文献检索结果，如图 8－20 所示，可以看到文章题目、作者、摘要、关键词、文章 DOI、被引量、发表年份、获取全文途径。点击被引量，可以打开直接引证文献列表。点击论文来源，可以链接至维普、知网、万方等全文网站，如果有使用权限则可以直接下载论文全文。

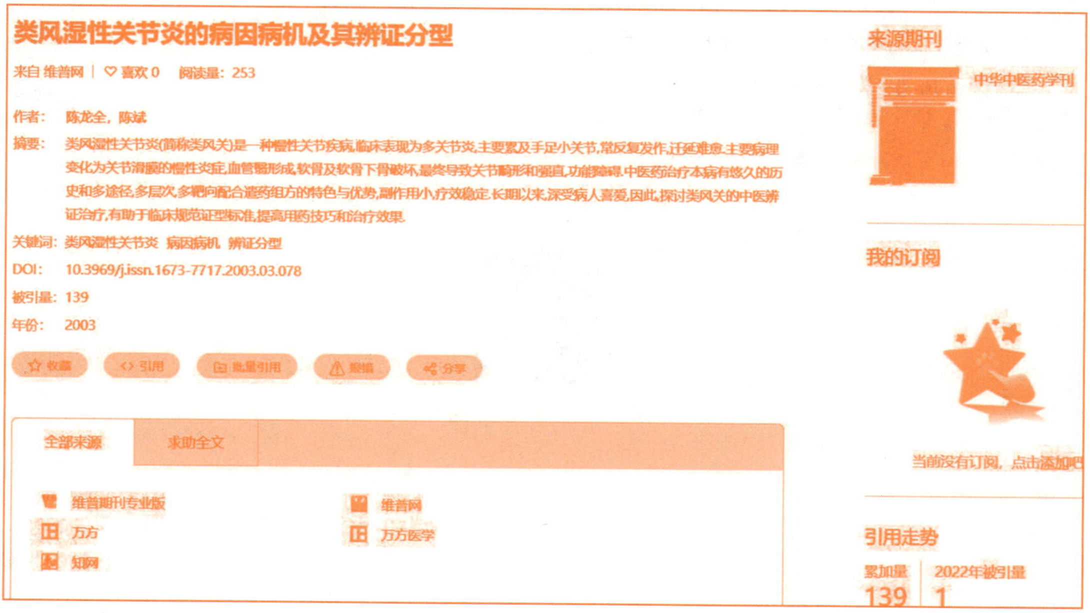

图 8－20　百度学术单篇检索结果详细情况

在单篇结果页面，点击“收藏”可以将该论文收藏，点击“报错”可以纠正论文题录的错误之处，点击“分享”可将这个链接分享出去。在此界面点击“引用”可以查看文章的引用格式，如图 8 - 21 所示。该功能可以帮助读者整理出参考文献，也可以将参考文献导出为 BibTex、EndNote、RefMan、NoteFirst、NoteExpress 等格式，当然有时参考文献列表可能不完整，缺少期号、起止页码等，需要读者自己查阅全文补充。

图 8 - 21　百度学术文献引用格式

习题

1. 简述开放获取的类型和主要特征。
2. 请举例介绍你所熟悉的开放获取资源。
3. 请利用百度学术检索 5 篇文章摘要。

学习资源

第 9 章 › 循证医学文献检索

第 1 节　循证医学概述

一、循证医学产生的背景

1. 传统医学模式

传统医学是以经验医学为主，即根据非实验性的临床经验、临床资料和对疾病基础知识的理解来诊治病人。传统医学以个人经验为主，医生以自己的实践经验、高年资医师的指导、教科书和医学期刊上零散的研究报告为依据来处理患者。传统医学模式以疾病和医生为中心，病人一般不参与治疗方案的选择。

2. 人类疾病谱的变化

随着经济发展和医学进步，传染性疾病发病率已经大大下降，与心理和社会因素有关疾病则显著增加，人类的主要健康问题已经从传染病、营养缺乏等疾病转变为肿瘤、心脑血管疾病、糖尿病、肥胖等多因素疾病。人类疾病谱已经从单因性疾病向多因性疾病改变，二者在疾病的发病机制、病理表现、临床预后等方面都有较大差异。因此，需要获取最新的临床证据，针对具体病例作出切合实际的临床决策，疾病的治疗也变成综合性治疗。

3. 随机对照试验（RCT）

在综合性治疗中，每一种干预措施可能都只产生很小的疗效，因此对其评价就必须借助特定的方法——大样本、多中心临床随机对照试验。1948 年，英国进行了人类第一项链霉素治疗结核病的随机对照试验，结果证实链霉素疗效非常好。确切的疗效加上严格的实验方法，使该研究结果很快得到公认。目前，随机对照试验被确立为评价临床疗效的最佳方法，大规模的临床随机对照试验研究已经成为一种临床科研方法和标准。

4. Meta 分析的兴起

Meta 分析又称为荟萃分析，是一种统计学方法，应用特定的统计方法定量地进行系统分析。1976 年心理学家 Glass 首次提出该方法，并将其运用于教育学研究领域，对多个研究结果进行了综合定量分析。Meta 分析目前已经被应用在临床随机对照试验中，高质量的临床随机对照试验的 Meta 分析结果成为循证医学高级别证据。

5. 国际 Cochrane 协作网的发展

国际 Cochrane 协作网和世界各国 Cochrane 中心网的建立与发展，为临床医生快速从网络数据库中获取循证医学证据，提供了现代化技术手段。

6. 临床流行病学

流行病学研究为预防医学提供开展人群研究的技术，也为临床各学科开展研究提供参考方法。临床流行病学成为循证医学的基础之一，也为开展循证医学提供了高质量的证据来源。

二、循证医学的定义

循证医学（evidence-based medicine，EBM）意为“遵循证据的医学”，又称实证医学或者证据医学。1996 年，David Sackett 教授《英国医学杂志》（*BMJ*）上对循证医学给出了经典定义：慎重、准确和明智地应用当前最佳的研究证据来确定患者的治疗措施。

循证医学基本思想如下：任何医疗决策都要基于临床科研所取得的最佳证据，证据是循证医学的基石，其主要来源是医学期刊的研究报告，特别是临床随机对照试验的研究结果，以及对这些研究的 Meta 分析；运用循证医学思想指导临床实践时，关键的步骤是根据临床所面临的问题进行系统的文献检索，了解相关问题的研究进展，对研究结果进行科学评价从而获得最佳证据。

循证医学组成板块包括：医生、病人、证据。具体而言，医生的临床经验、病人的意愿、最佳的外部证据三个板块的交集共同构成循证医学的核心，证据及其质量是循证医学的关键。慎重、准确和明智地应用现有的最好证据，同时结合医生的个人专业技能和临床经验，考虑患者的愿望，从而作出医疗决策。

三、循证医学的发展概况

20 世纪 80 年代，循证医学的理论体系逐渐形成和完善。1987 年，科克伦（Cochrane）根据产科临床随机对照试验，揭示了循证医学的实质。1992 年，英国成立了 Cochrane 中心，并提出了循证医学的概念。1993 年，国际 Cochrane 协作网成立。1995 年，英国牛津大学建立循证医学中心，全世界许多国家也陆续成立了循证医学中心。随着专著《循证医学》和杂志《循证医学》的出版发行，循证医学的理念得到进一步传播。

1997 年中国循证医学中心正式成立，成为世界上第 15 个 Cochrane 中心。2001 年开始发行我国循证医学杂志——《中国循证医学杂志》。

四、循证医学证据及其分类

循证医学强调当前最佳证据，主要是与临床密切相关的研究，以人体/人群为研究对象的证据。当前最佳证据并非始终是最好证据，随着新证据出现，最佳证据不断更新。

目前，循证医学证据分为九级，呈金字塔形，从高到低依次为：系统综述和 Meta 分析，随机对照试验，队列研究，病例对照研究，系列病例报告，个案病例报告，专家意见（想法、评论、观点），动物实验，体外（试管）研究。可以看出，系统评价和 Meta

分析、随机对照试验是处于金字塔顶端的较高等级的证据，其次是队列研究、病例对照研究等，而病例报告、专家意见、动物实验和体外（试管）研究等则是处于金字塔底部的较低等级证据。

五、循证医学的文献类型、资源分布与检索

1. 循证医学的文献类型

（1）随机对照试验。

随机对照试验是一种对医疗卫生服务中的某种疗法或药物的效果进行检测的手段。随机对照试验的基本方法是：将研究对象随机分组，对不同组实施不同的干预措施，在严格的条件下分析对照效果的差异。在研究对象数量充足的情况下，该方法可以抵消已知和未知的混杂因素对各组的影响。

（2）荟萃分析（Meta-analysis）。

荟萃分析也称为 Meta 分析，是一种统计学方法，可以针对同一个问题的不同研究结果进行统计分析，常用于系统综述中的定量合并分析。通过整合所有相关研究进行 Meta 分析，可更精准地评估医疗效果，有利于探索各研究证据的一致性及研究间的差异性。而当多个研究结果不一致或都无统计学意义时，采用 Meta 分析可得到接近真实情况的统计分析结果。

综合高质量随机对照试验的 Meta 分析被认为是循证医学的高级别证据，具有以下功能：1）实现定量综合；2）对同一问题提供系统的、可重复的综合方法；3）通过对同一主题多个小样本研究结果的综合，提高原始结果的统计效能；4）解决研究结果的不一致性，改善效应估计值；5）回答各项原始研究未提出的问题；6）探究现有文献发表偏倚的程度；7）提出新的研究问题，为进一步研究指明方向。

（3）系统综述（systematic reviews）。

针对某一具体临床问题，通过全面收集所有相关的研究，应用标准化方法对其逐个进行严格评价和分析，筛选出符合质量标准的文献，通过定性或定量研究，得出综合结论的方法，称为系统综述。高质量的系统综述可以为临床医生、病人和其他决策者提供科学依据。高质量的系统综述需具备以下特征：1）有清晰的题目和明确的目的；2）采用综合、全面的检索策略检索文献；3）研究入选和排除标准明确；4）列出所有入选研究；5）清楚表达每个入选研究的特点，并对研究方法学的质量进行评价；6）阐明所有排除研究的原因；7）针对定量分析，采用 Meta 分析整合高质量的研究结果；8）对结果进行敏感性分析和亚组分析；9）采用统一的格式报告研究结果；10）评估发表偏倚的可能性。

（4）科克伦评述（Cochrane reviews）。

清晰系统地阐述问题，针对特定的疾病或其他健康方面的问题给予系统评述，并裁定这项治疗方法是否有效。运用综合明确的方法探索、选择及确定相关研究的品质。科克伦评述采取精密严格的设计，确保所获得的结果具有可信度。

（5）回顾性临床研究。

回顾性临床研究是指从临床工作积累的病例资料中，选择某一时期同类临床资料进行整理分析、总结经验、找出规律。回顾性临床研究一般采用随机抽样的方法确定所要分析病例的范围和期限，采用统一的观察条件、病例诊断标准、病例收集标准、疗效判

断标准。常用回顾性临床研究方法主要是病例对照研究、回顾性队列研究。回顾性临床研究可为后续的前瞻性研究、随机对照试验研究提供依据；虽然回顾性临床研究在循证医学中的证据等级不高，但是它对临床仍有很好的指导意义。

2. 循证医学资源分布

循证医学资源分布广泛，其来源通常包括：（1）系统综述和实践指南；（2）概述性循证医学资源；（3）问题性质、证据来源、评估标准、评估结果；（4）综合性生物医学文献数据库；（5）正在进行的科学研究。

3. 循证医学资源检索

主要检索技术和常规文献检索类似，选择合适的数据库，明确检索条件，制定循证医学资源检索策略。例如，PICOS 格式化检索，它是基于循证医学理论的一种将信息格式化的检索方式。PICOS 是 Patient/Population/Problem，Intervention，Comparison/Control，Outcome，Study Design/Setting 的缩写。其中：（1）P（Patient/Population/Problem）指研究对象的特征，包括患者的年龄、性别、疾病类型、病情严重程度等。它明确了研究的目标人群或问题背景。（2）I（Intervention）指研究中所采取的干预措施，例如药物治疗、手术、康复训练、预防措施等。这是研究的核心行动。（3）C（Comparison/Control）指与干预措施进行比较的对照组或替代措施，例如安慰剂、常规治疗、其他药物等。这一部分用于明确研究的对比基础。（4）O（Outcome）指研究期望观察的结果或结局指标，例如治愈率、生存率、并发症发生率、生活质量改善等。明确结局指标有助于聚焦研究目标。（5）S（Study Design/Setting）指研究的设计类型或研究背景，例如随机对照试验（RCT）、队列研究、病例对照研究、系统评价等。

例如：某消化科一个幽门螺杆菌感染的患者，常规抗幽门螺杆菌治疗两周后，患者复查呼气试验仍然为阳性，是否需要继续治疗呢？一个具备循证医学素养的医生，通常需要检索文献，查找更好的证据，可以采用 PICOS 格式化检索。需要确定如下几个要素：

P：幽门螺杆菌感染常规治疗 2 周无效的患者。

I：继续进行抗幽门螺杆菌治疗。

C：停止治疗/变更治疗。

O：幽门螺杆菌感染转阴。

S：Meta 分析/RCT/队列。

拆分之后，可以检索文献寻找证据，然后进行证据评价，接着使用相应的证据确定治疗方案。

六、循证医学证据来源

1. 原始研究证据来源

循证医学证据来源包括：PubMed 数据库、Embase 数据库、中国生物医学文献数据库等。

2. 二次研究数据库

二次研究数据库是循证医学证据的重要来源，例如：科克伦图书馆（Cochrane Library，CL）、Ovid 循证医学数据库、BMJ Best Practice 临床实践数据库。

3. 循证医学有关期刊

循证医学有关期刊也是重要证据来源，例如：循证医学杂志 *Journal of Evidence-Based Medicine*（*JEBM*）、*ACP Journal Club*、*Worldviews on Evidence-Based Nursing*、中国广东省循证医学科研中心主办的《循证医学》、四川大学主办的《中国循证医学杂志》等。

4. 指南

指南也是重要证据来源，例如，Guidelines and Measures（指南与评估指标）是由美国卫生健康研究与质量机构（Agency for Healthcare Research and Quality，AHRQ）维护的一个在线资源平台，旨在提供高质量的临床实践指南和评估指标。

中国也发布许多疾病防治指南，都可以作为循证医学的证据参考。例如，中国脑血管病防治指南、高血压防治指南、丙型肝炎防治指南、糖尿病防治指南、慢性乙肝防治指南、血脂防治指南等。

5. 循证医学证据网络资源

常见的循证医学证据网络资源包括：

《循证医学》杂志，http://www.jebm.cn/。

NIH 所属临床对照试验站，https://clinicaltrials.gov/。

Cochrane 协作网，http://www.cochrane.org/index0.htm。

EBM online，http://ebm.bmj.com/。

Cochrane 图书馆，https://www.cochranelibrary.com/。

第 2 节　科克伦图书馆

一、科克伦图书馆数据库概述

科克伦图书馆（Cochrane Library）由 Wiley 公司负责出版和发行，所有用户都可以免费浏览该网站上的文献摘要，只有注册付费用户才能查看文献全文，科克伦图书馆的网址是 https://www.cochranelibrary.com。

科克伦图书馆由多个子数据库组成，是循证医学领域的重要资源。以下介绍它的几个主要子数据库：

（1）Cochrane 协作网系统评价数据库。

收集了 Cochrane 系统评价小组对各种医疗卫生服务效果的系统评价，内容包括已经完成的系统评价全文和正在或将要进行的系统评价的研究方案。研究方案包括背景、目的和方法。系统评价根据随机对照试验的研究而进行，并随着新的临床试验的出现不断更新。

（2）疗效评价文摘库。

收录了世界各国非 Cochrane 协作网（例如医学杂志）发表的系统评价的论文摘要。由英国约克大学的国家卫生服务评价和传播中心相关专家对全世界各种医学期刊上的系统评价进行严格评估，涉及诊断、预防、康复、普查和治疗等主题。

（3）Cochrane 临床对照试验中心注册数据库（CENTRAL）。

CENTRAL 在 OVID 平台中称为 CCTR，是收集医疗卫生领域干预效果研究的随机对照试验（RCT）和准随机对照试验（q-RCT）的文摘型数据库。

（4）Cochrane 方法学评价数据库（CDMR）。

该数据库收录 Cochrane 方法学评价小组提供的用于系统评价的方法学研究报告、与系统评价直接相关的临床试验方法学研究报告。

（5）Cochrane 方法学注册资料数据库（CMR）。

收录所有关于保健和社会干预系统评价方法研究的注册资料库，范围涵盖期刊文章、著作节选、会议记录、会议摘要、正在进行的方法学研究报告。

（6）卫生技术评估数据库（HTA）。

该数据库收录了卫生保健干预的医学、社会学、伦理学和经济学意义的研究，包括疾病的预防、筛查、诊断、治疗和康复的药物、疫苗、器械设备、医疗方案、手术程序、后勤支持系统和行政管理组织等具体内容。

（7）英国国家卫生服务部卫生经济评价数据库（NHS EED）。

该数据库由英国国家卫生服务部评价与传播中心开发制作，主要提供关于卫生保健干预措施的成本效益分析。

二、科克伦图书馆数据库的使用

1. 登录和浏览

所有用户都可以直接登录 https://www.cochranelibrary.com，进入主页，如图 9-1 所示，可以看到 Cochrane reviews（科克伦评述）、Searching for trials（试验检索）、Clinical Answers（临床答案）等主要栏目。

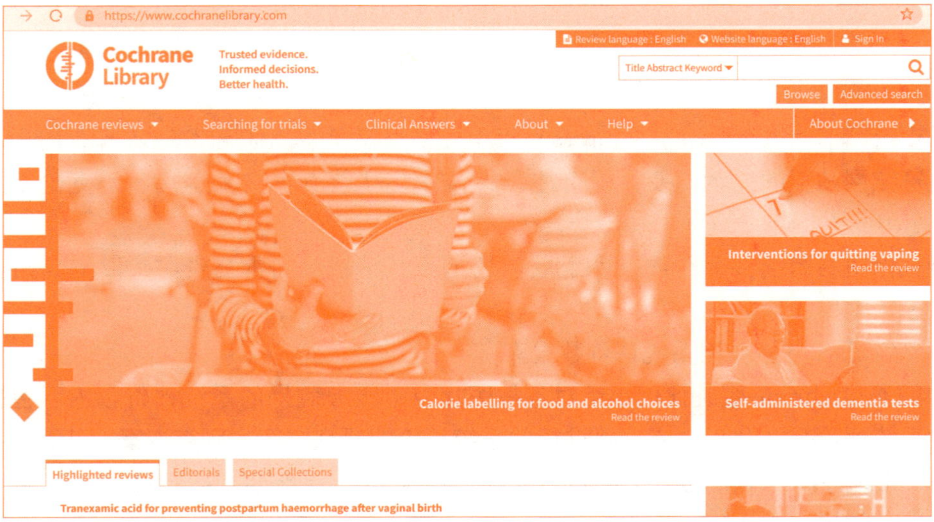

图 9-1　科克伦图书馆网站首页

点击“Cochrane reviews”（科克伦评述）可以打开其二级菜单，主要包括：Search reviews（搜索评述）、Browse reviews（浏览评述）、Issues（期号）、Editorials（社论评

述）、Special Collections（特色馆藏）、Supplements（补充）、About Cochrane reviews（关于科克伦评述）。Searching for trials 中主要包括检索临床试验的核心资源——CENTRAL 数据库，以及相关检索策略和方法。Clinical Answers 主要有 Browse Clinical Answers（浏览临床答案）和 About Clinical Answers（关于临床答案的介绍）两个栏目。点击网站首页右上角的“Browse”可以进入 Browse by Topic 页面，可以按照主题浏览科克伦评述、方案和临床答案等。

所有用户都可以浏览网站内容，阅读内容摘要，只有注册付费用户才可以下载全文内容。

2. 简单检索

在首页右上方可以看到检索框，提供检索字段主要有 Title Abstract Keyword（标题摘要关键词）、Record Title（记录标题）、Abstract（摘要）、Author（作者）、Keyword（关键词）、All Text（全部文本）、Publication Type（出版类型）、Source（来源）、DOI、Accession Number（入藏号）、Trial Registry Number（试验注册号）等。选择合适字段，在检索框中输入对应的检索词，即可以进行检索。

3. 高级检索

在首页右上角点击“Advanced search”，进入高级检索界面，如图 9-2 所示，可以看到选项有 Search、Search manager（检索管理）、Medical terms（医学主题词）、PICO search（PICO 检索）。在高级检索界面，可以点击“+”或“—”增加或者删除检索框。每个检索框可以选择检索字段，与简单检索时字段相同。不同检索框之间需要选择检索逻辑，例如 AND、NOT、OR 等。在高级检索界面，可以选择 Search limits 进行检索内容的限定，主要限定内容类型（Content type）、在科克伦图书馆的出版日期（Cochrane Library publication date）、原始出版时间（Original publication year）、科克伦分组（Cochrane Group）等。可以选择的内容类型主要有 Cochrane Reviews、Cochrane Protocols、Trials、Clinical Answers、Editorials、Special Collections 等。

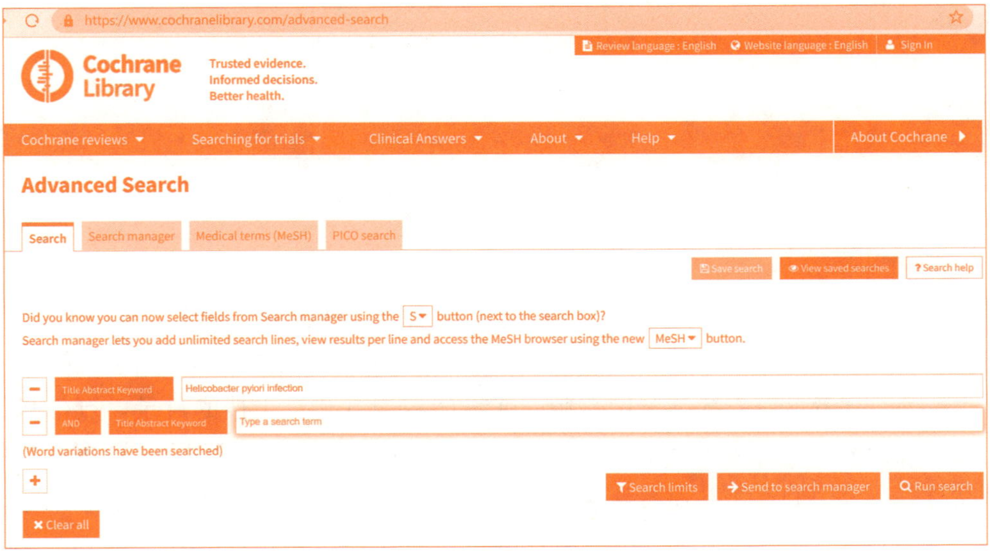

图 9-2　科克伦图书馆高级检索界面

在 Search manager（检索管理）中可以管理检索历史，方便多次检索时调用检索历史，进行快速检索。在 Medical terms 中可以按照医学主题词进行检索，检索更加精准。在 PICO 检索中，可以输入 PICO 词汇进行格式化的检索。

4. 检索结果

例如，检索“Helicobacter pylori infection”（幽门螺杆菌感染），多个单词组成一个词组时需要用双引号将该词组括起来，按照整个词组进行检索。结果分类显示，如图 9-3 所示，主要包括 Cochrane Reviews（科克伦评述）、Cochrane Protocol（研究计划）、Trials（试验）、Editorials（社论评述）、Special Collections（特色馆藏）、Clinical Answers（临床答案）等，在检索结果界面还显示每种类型内容的数量。界面左侧是筛选工具，可以对检索结果按照出版日期、状态（新研究、结论改变）、语言、文章类型、研究主题等进行筛选。可以对检索结果进行排序，主要按照标题、相关性、出版日期、数据库收录日期。

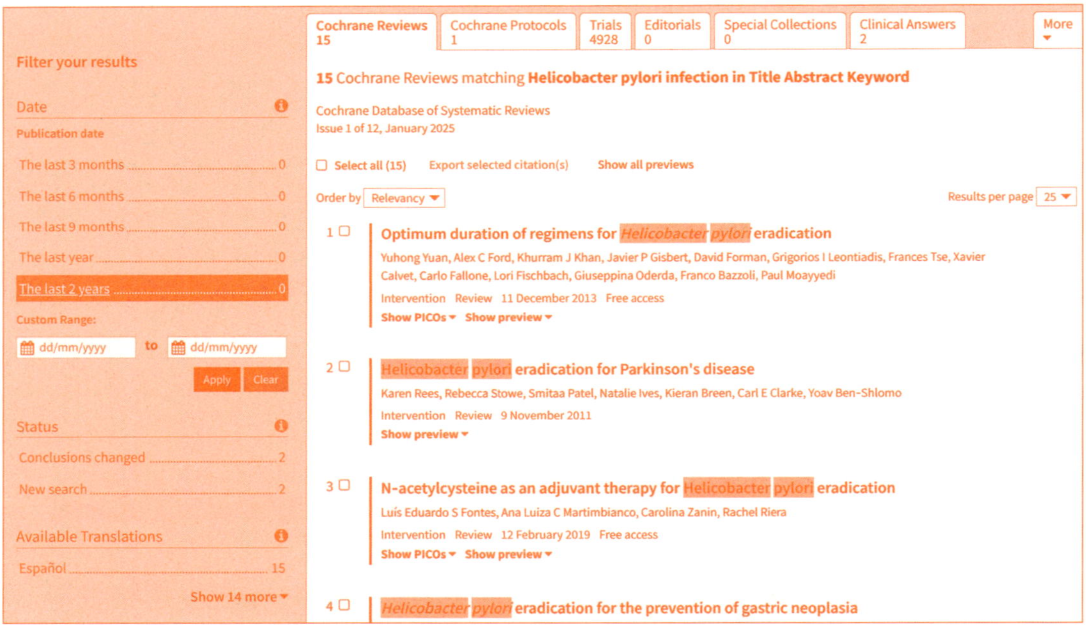

图 9-3 科克伦图书馆检索结果界面

5. 单篇检索结果

点击结果列表中标题，可以进入单篇检索结果的详情界面，如图 9-4 所示。可以看到更加详细的内容，主要包括题目、作者、作者单位、论文发表日期、论文 DOI、论文摘要等。读者可以直接浏览网页版，在界面右侧有整个文档的目录，点击目录可以进入对应内容。详细结果界面右上方，可以看到“Download PDF”，点击可以打开 PDF 文件，有的 PDF 可以免费下载。也可以对该条文献进行引用、评论、打印和分享。

图 9-4 科克伦图书馆单篇文献结果详情界面

第 3 节 中国循证医学中心

一、中国循证医学中心概述

1996 年 7 月，华西医科大学附属第一医院筹建中国循证医学中心。该中心在 1997 年经过卫生部认证，1999 年经过国际 Cochrane 协作网指导委员会批准，成为国际 Cochrane 协作网的第十五个中心。中国循证医学中心主办/承办《中国循证医学杂志》和 *Journal of Evidence-Based Medicine* 2 本学术期刊。

中国循证医学中心的主要任务是：

（1）负责收集、翻译本地区发表的和未发表的临床试验报告，建立中国循证医学临床试验资料库，并提交国际临床试验资料库，为中国和世界各国提供中国的临床研究信息。

（2）开展系统评价，并为撰写系统评价的中国作者提供支持和帮助，为临床医生、临床科研和教学、政府的卫生决策提供可靠依据。

（3）培训循证医学骨干人才，推动循证医学在中国的发展。

（4）翻译循证医学知识、宣传循证医学学术思想，使中国循证医学中心成为一个卫生技术评价、临床研究及教育的中心。

（5）组织开展高质量的随机对照试验及其他临床研究，并进行相应的方法学研究，提供培训咨询、指导和服务，促进临床医学研究方法学的改善和质量的提高。

二、《中国循证医学杂志》

1. 《中国循证医学杂志》概述

该期刊创建于 2001 年 6 月，其办刊宗旨是报道循证医学的最新研究成果，反映循证医学学科发展趋势，引领循证医学发展前沿，促进循证决策、循证实践和循证教育。期刊为月刊，国内外公开发行。刊号 CN 51 - 1656/R，ISSN 1672 - 2513，邮发代号 62 - 245。期刊网址是 http://www.cjebm.com/journal/zgxzyxzz。

2. 期刊论文查询和下载

登录该期刊网站，如图 9 - 5 所示，可以看到期刊首页、期刊简介、投稿指南、在线期刊、本刊动态、期刊订阅、联系我们等栏目，还可以看到投审稿系统链接。

在首页主要展示期刊“当期目录”和“优先发表”，读者可以直接浏览，也可以点击目录中文章标题，进入详情界面直接下载期刊论文的 PDF 版。

图 9 - 5 《中国循证医学杂志》网站首页

点击“在线期刊”进入检索期刊文章模式，如图 9 - 6 所示。读者可以看到网页上有搜索框，选择期刊发表年份范围或者具体发表年份；选择检索字段，主要字段有标题、关键词、作者、摘要等；在检索框中输入对应的检索词，点击“搜索”，就可以搜到具体论文列表。读者还可以点击网页左侧的“刊期”，按照期刊年份和卷期，逐本浏览期刊文章。也可以点击“栏目”，按照期刊栏目逐步浏览期刊内容。

点击文章题目，可以进入论文详情界面，如图 9 - 7 所示，可以看到论文题目、论文发表时间、作者、关键词、文章 DOI、摘要、全文、图标、参考文献、施引文献等。点击“下载”可以直接下载文章 PDF 全文，点击“导出”则导出该文献的引用格式。注册用户可以点击“收藏”将该文献收藏到读者文件夹下。点击“扫码”则弹出二维码，用手机扫描二维码，可以在手机上查看论文，也可以将论文 PDF 下载到手机上。点击“分享到”则可以把该文章信息分享到微信、微博、QQ 空间或者其他社交软件。

图 9-6 《中国循证医学杂志》期刊检索页面

图 9-7 《中国循证医学杂志》单篇文章结果详情界面

三、*Journal of Evidence-Based Medicine*

1. *Journal of Evidence-Based Medicine* 概述

Journal of Evidence-Based Medicine（*JEBM*）创刊于2008年，办刊目标是成为具有重要国际影响力的综合性医学期刊。*JEBM* 在 Wiley Online Library 数据库发布，凡是拥有数据库使用权限的用户都可以下载和阅读 *JEBM* 期刊全文，该期刊上的 OA 论文则可供所有读者下载和阅读。期刊官方网站为 https://onlinelibrary.wiley.com/journal/17565391。

JEBM 由中国循证医学中心创建主任李幼平教授和英国贝尔法斯特女王大学 Mike Clarke 教授担任联合主编，编辑部设在四川大学华西医院。*JEBM* 编委会成员包括来自中国、英国、加拿大、澳大利亚、美国等10余个国家的循证医学国际顶级专家。*JEBM* 自创刊以来在编委会团队、作者和读者的大力支持下，国际影响力逐步提升，陆续被 MEDLINE/PubMed、Embase 和 SCIE 收录。*JEBM* 发文范围涵盖临床医学、公共卫生与预防医学等领域。发文类型包括论著、综述、述评、评论、指南、方法学等。

2. 期刊网站的使用

读者登录 https://onlinelibrary.wiley.com/journal/17565391，可以直接进入该期刊网站首页，如图9-8所示，读者可以站内搜索，也可以点击“BROWSE”直接浏览 Current Issue（当前期刊）和 All Issues（所有期刊）。

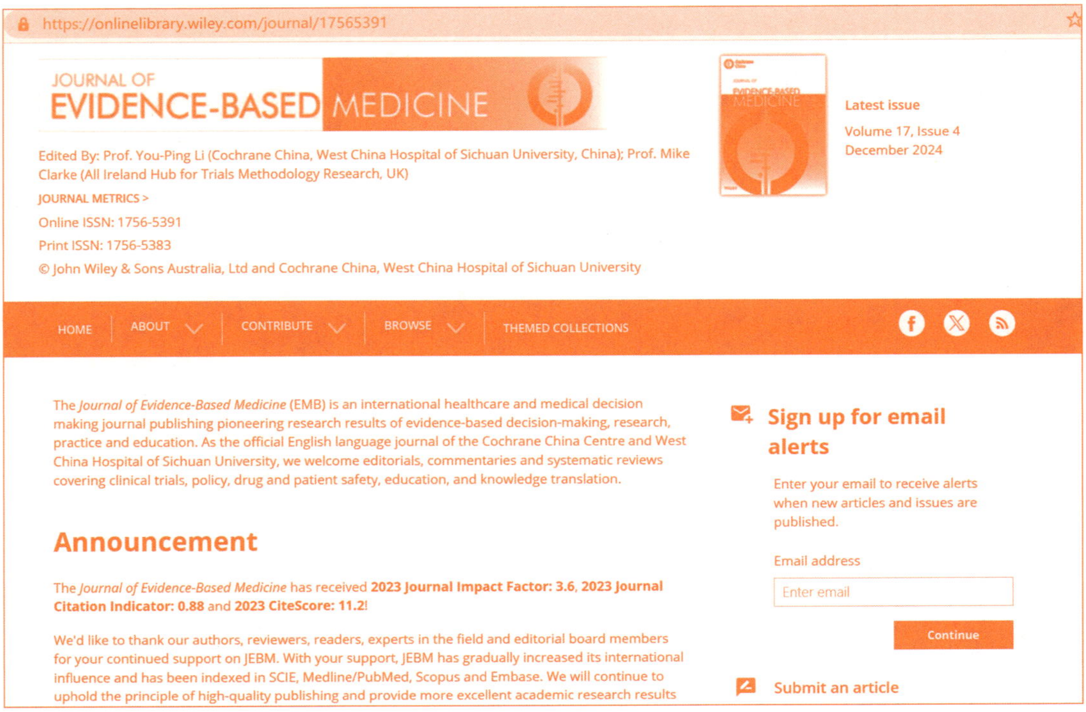

图9-8 *JEBM* 网站首页

文章浏览界面如图 9－9 所示，可以看到期刊目录，主要包括文章题目、作者、起止页码、发表时间。其中，开放版权论文标注“Open Access”，所有读者都可以免费下载。还可以看到 Full text（全文文本）、PDF、References（参考文献）等链接。

图 9－9　JEBM 文章浏览界面

第 4 节　*BMJ Evidence-Based Medicine* 期刊

一、*BMJ Evidence-Based Medicine* 期刊概述

BMJ Evidence-Based Medicine（*BMJ EBM*）发表与医疗卫生事项相关的原创性循证研究、见解和意见，旨在为循证医学实践提供值得信赖和有影响力的证据。该期刊聚焦于循证医学教学和实践中的核心工具、方法和理念。*BMJ EBM* 期刊纸质版本 ISSN 为 2515－446X，线上期刊 ISSN 2515－4478。读者可以登录期刊网址 https://ebm.bmj.com/，进入官方网站。

二、*BMJ EBM* 期刊网站的使用

1. 登录与浏览

登录网站进入首页，如图 9－10 所示，可以看到 Latest content（最新内容）、Current issue（现刊）、Archive（归档）、Authors（作者）等链接，点击可以查看对应的内容。

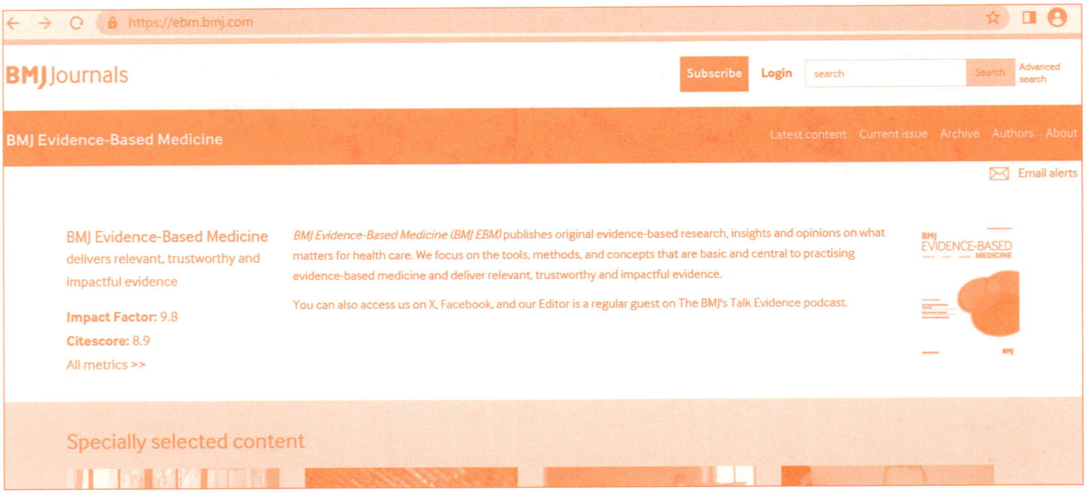

图 9-10　BMJ EBM 期刊网站首页

2. 简单检索和高级检索

在首页右上角可以看到“Search”，输入检索文段可以直接进行网站内简单检索。点击“Advanced Search”，进入期刊网站的高级检索界面（见图 9-11）。

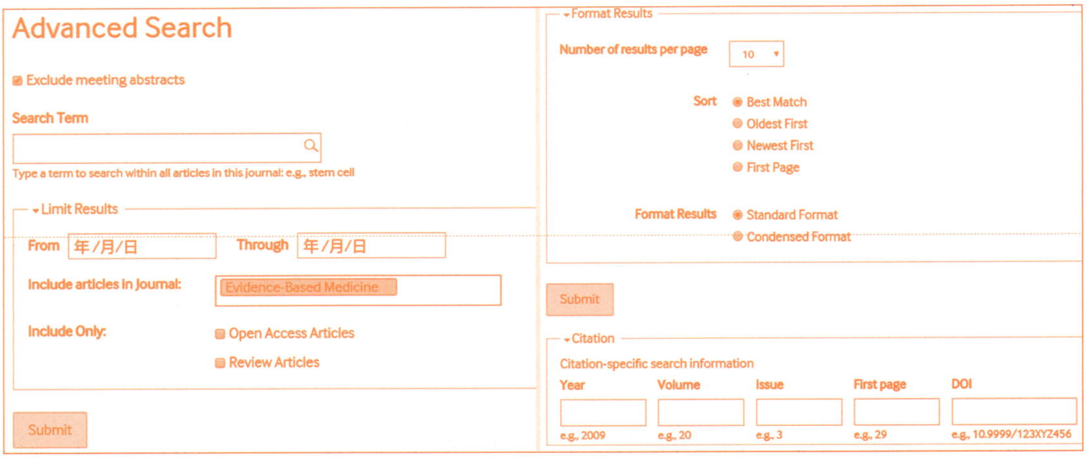

图 9-11　BMJ EBM 高级检索界面

在高级检索界面有若干检索框和检索限定，输入检索词，限定发表时间范围，选择文章是“Open Access Articles”或“Reviews Articles”，选择结果列表数量、呈现顺序和结果格式。可以选择的顺序有 Best Match、Oldest First、Newest First、First Page 等。在高级检索中还可以通过输入年、卷、期、首页、文章 DOI 等方式实现精确检索。读者还可以在作者、标题、摘要或标题、全文或摘要或标题等检索框中输入对应的关键词，进行高级检索。

3. 检索结果列表

以检索“Arthritis”（关节炎）为例，检索结果如图 9-12 所示，以列表形式呈现，可以选择每个页面显示检索的数量、结果的排列方式等。结果列表中可以看到论文题目、期刊名、发表日期、年卷期、起止页码、文章 DOI、摘要等信息。如果在结果列表题目右侧有“FREE”，则表明可以免费打开和下载该论文的全文。

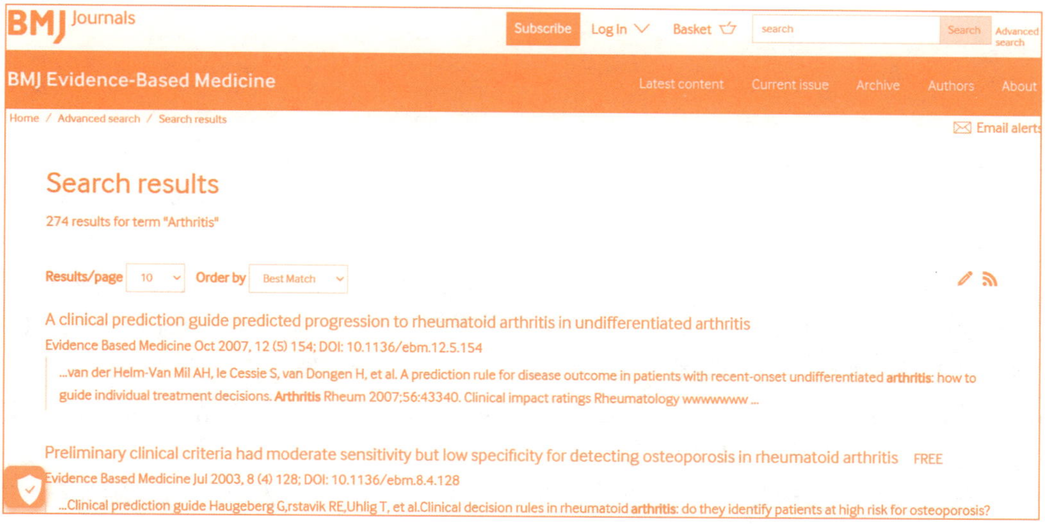

图 9-12　BMJ EBM 检索结果列表

4. 单篇文献检索结果

点击结果列表中文章标题，可以打开单篇文献检索结果的详情界面，如图 9-13 所示。可以看到文章题目、作者、作者单位、DOI，点击右侧 PDF 图标，可以打开文章 PDF 全文，有权限时则可以下载论文的 PDF。左侧是浏览导航，包括 Article Text（文章文本）、Articles Info（文章信息）、Citation Tools（引用工具）、Share（分享）、Rapid Responses（快速回应）、Article metrics（论文计量）、Alerts（通告）。点击图标进入对应栏目，查看更加详细的信息。可以分享、引用和回应文章。

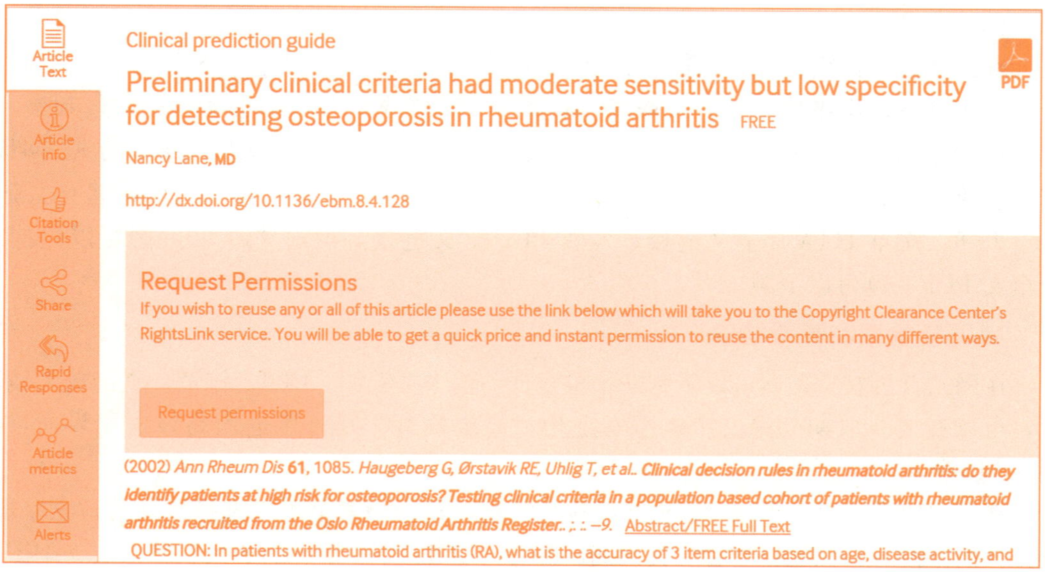

图 9-13　BMJ EBM 单篇文献结果详情界面

第5节 《循证医学》期刊

一、《循证医学》期刊概述

《循证医学》是广东省卫生健康委员会主管，由广东省循证医学科研中心、广东省人民医院和中山大学附属第三医院主办的医学学术期刊。国际连续出版物标准刊号 ISSN 1671－5144，国内统一刊号 CN 44－1548/R。

《循证医学》杂志创刊于2001年，办刊宗旨为宣传党和国家的科技方针、政策，传播循证医学的概念、信息、科技成果，交流学术思想，促进我国临床研究走向世界。《循证医学》杂志以广大医药卫生技术人员和医疗、教学、科研管理工作者为读者对象，立足临床医学，介绍循证医学的理念、方法及相关知识，探讨符合中国国情的循证医学实践，促进国内外医学学术交流和医学科学发展。

该杂志以临床实践指导性为特色，设置的主要栏目有：述评、临床肿瘤研究进展、循证评价、论著（主要覆盖肿瘤学临床研究、基础研究和转化应用研究等）、循证医学理论与方法研究、综述与讲座、临床指引与共识、教育与争鸣、循证病例讨论等。

二、《循证医学》期刊网站的使用

1. 登录

《循证医学》的官方网站是 http://www.jebm.cn，读者可以浏览和免费下载该期刊上的文章。进入网站首页，可以看到主要选项有：关于本刊、期刊在线、投稿指南、作者投稿、专家审稿、自荐为审稿专家等。

2. 浏览期刊论文

点击“期刊在线”，可以看到的选项有：当期目录、过刊浏览、浏览排行、下载排行、引用排行、高级检索。可以查看当期目录，浏览或下载最新论文；进入过刊浏览，可以按照年和期号，逐本浏览期刊内容，如图9－14所示。点击需要查看的某一期期刊，直接进入期刊目录，看到文章列表，包括论文题目、作者、年卷期、起止页码、文章 DOI、文章 HTML 全文链接、文章 PDF 全文链接。点击“PDF”，则可以直接打开全文 PDF，也可以下载。

3. 基础检索和高级检索

在网站首页右上角，可以看到一个检索框。输入关键词、DOI、作者，点击放大镜图标，可以直接获取期刊论文。点击右上角“高级检索”则直接进入高级检索界面，如图9－15所示。

在高级检索界面，可以增加或者减少检索框，每个检索框可以选择不同的检索字段，供选择的字段有：标题、作者、关键词、摘要、DOI、年、期、起始页、结束页、中图分类号、栏目、作者地址、基金。检索框之间选择“与”或者“或”逻辑关系；在检索框的最右侧选择模糊检索或者精确检索；在对应检索框中输入与字段匹配的检索词，点击“搜索”，可以获得检索结果。

图 9－14　浏览模式查阅《循证医学》期刊论文

图 9－15　《循证医学》高级检索界面

4. 检索结果

如图 9－16 所示，可以看到检索结果列表，包括论文题目、作者、关键词、年、期、起止页码、文章 DOI 以及摘要、HTML 全文、PDF 全文链接等信息。点击进入详情，可以查看摘要、HTML 全文，点击“PDF”可以查看或下载 PDF 全文。

图 9-16 《循证医学》检索结果列表

习题

1. 什么是循证医学？请简述循证医学发展概况。
2. 循证医学证据的主要来源有哪些？

学习资源

第 10 章 › 文献信息的管理和分析

第 1 节　文献信息的管理

文献信息管理包括文献收集、存储、阅读和论文写作等诸多环节和过程。随着数据库中的文献信息日益繁杂，检索、收集、存储和阅读的文献工作量不断增加，文献管理也变得更加复杂。这一过程中，需要阅读的文章增多，写作时引用的参考文献也需要排序和整理。在文献收集、存储和阅读阶段，涉及全文下载或在线阅读等，然而，传统的文献信息管理方式容易造成重复下载、文献遗忘或丢失等问题。即便耗费大量精力进行文献阅读，也难以有效整合庞杂文献中的有用信息。此外，在撰写论文时，手工排版参考文献目录不但枯燥费时，还很容易出错。因此，必须提高文献查找、整理及利用的效率。科研工作者如何管理所检索到的海量文献，并将其应用于实验研究呢？借助文献管理软件进行科学的文献信息管理是一个有效的方法。

一、文献信息管理概述

文献管理的发展历程可以分为四个阶段：卡片式管理、非专业工具管理、专业工具管理和网络工具管理，如图 10－1 所示。其中，卡片式管理和非专业工具管理出现较早，但是管理效率相对较低；借助专门的文献管理工具对电子文献进行管理，比如文献管理软件，可提高管理效率；通过网络管理工具实现电子文献的网络化管理，其管理效率最高。

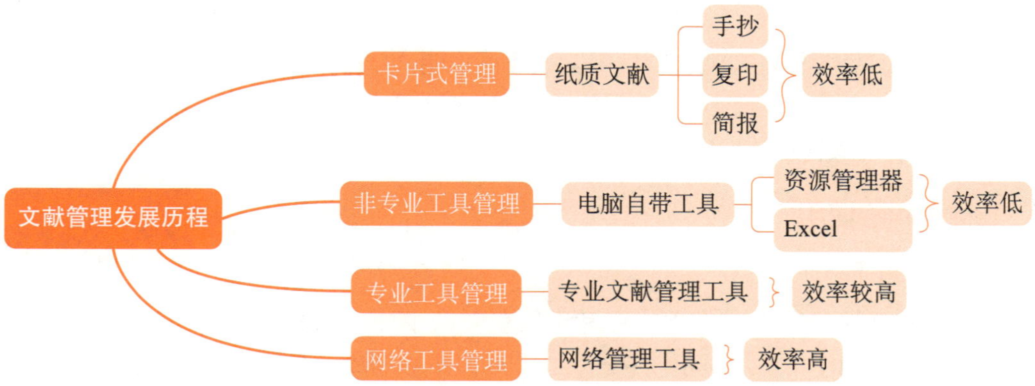

图 10－1　文献管理发展历程及不同管理方式的特点

文献管理软件是常用的专业文献管理工具，它集文献检索、导入、整理和导出功能于一体，能帮助用户高效管理文献。有的文献管理软件还具有添加附件、笔记、查找、分析等功能，从而实现文献的更加高效的管理。

文献管理软件的种类有很多。常用的英文管理软件有 EndNote、Mendeley、Zotero、RefWorks 等。它们起步早、历史久、功能全面，但有的管理软件不兼容国内的软件环境和使用习惯，学习成本较高。常用的中文管理软件有 NoteExpress、NoteFirst、新科学等。中文软件能够很好地匹配中文操作系统，易学易用，但是有些功能不够全面。

NoteExpress 是一款专业级别的文献检索与管理系统，其核心功能包括知识采集、管理、应用、挖掘等知识管理环节，例如文献检索、管理、分析、发现与写作。该软件功能非常全面，是学术研究、知识管理、发表论文的好帮手。

Mendeley 是一款免费的文献管理软件，有单机版和网络版两种版本。其主要功能有参考文献管理、PDF 文件阅读与标注、添加与组织、与全球同行协作（使用者可以将数据上传云端，实时同步）、备份同步与移动、网络与发现等。此外，可以将网页上的文本添加到个人文库中，安装插件后还可以编辑文本。

Zotero 是一款免费开源的文献管理软件，具有文献收集、组织、引用和共享功能，例如附件重命名与分类、一键导入条目等。此外，Zotero 可内嵌在 Firefox（火狐）等浏览器中在线同步，在多种文字处理软件中均可交叉使用。

RefWorks 是基于网络浏览器的个人文献管理应用程序，能帮助有效管理和利用文献信息。其功能和特点包括：(1) 创建位于远程服务器端的个人文献数据库；(2) 通过网络浏览器访问个人文献数据库；(3) 将个人文献数据库中的内容以压缩文件的形式备份到个人电脑，或利用已备份的文件恢复个人文献数据库中的内容；(4) 在个人文献数据库中建立文件夹的数目不受限制；(5) 在个人文献数据库中存放文献的数目不受限制；(6) 从个人文献数据库中快速查找特定文献；(7) 在写作文档中快速、准确插入符合出版社要求格式的参考文献；(8) 相应程序在服务器上升级，用户始终使用最新版本程序；(9) 用户可以在任何时间、从任何地点通过网络访问个人文献数据库；(10) 可将个人的文献记录与他人共享；(11) 支持英文、中文简体或繁体、法文、韩文等多种不同语种文字，用户可以在撰写文稿时直接插入参考文献。

NoteFirst 具有文献收集、管理、引用、校对等功能，还可以自动生成论文的参考文献列表。其特点是将科技文献管理和开放存取、资源交流相结合，具有科研协作交流、传承经验、获取免费科技文献、管理团队任务等功能。

虽然各种文献信息管理软件在具体功能上存在差别，但基本功能类似。本节以 EndNote 为例讲解文献管理软件的使用方法。

二、EndNote 的使用

1. EndNote 简介

文献管理软件 EndNote 有单机版和网络版，两个版本均具备齐全的功能。EndNote 功能十分强大，如图 10-2 所示。它连接 1 500 多个数据库，具有 600 种过滤器，用户可从数据库（如 Web of Science、PubMed、SpringerLink 等）中直接导入文献，建立个人数字图书馆。它支持多类型文献存储（如书目、图像、PDF 文件等），可对存储文献进行多种操作，例如检索、分组、编辑、排序、统计、查重、添加笔记、共享等。所采用的“Cite While You Write”技术可实时在 Word 文档中插入参考文献，“即写即引”，并自动生成引用标记和参考文献目录。它提供超过 3 300 种重要期刊的引用及参考文献著录格式，涵盖多个学科领域。当对参考文献格式有特殊要求时，可直接新增或编辑已有的参考文献著录格式。

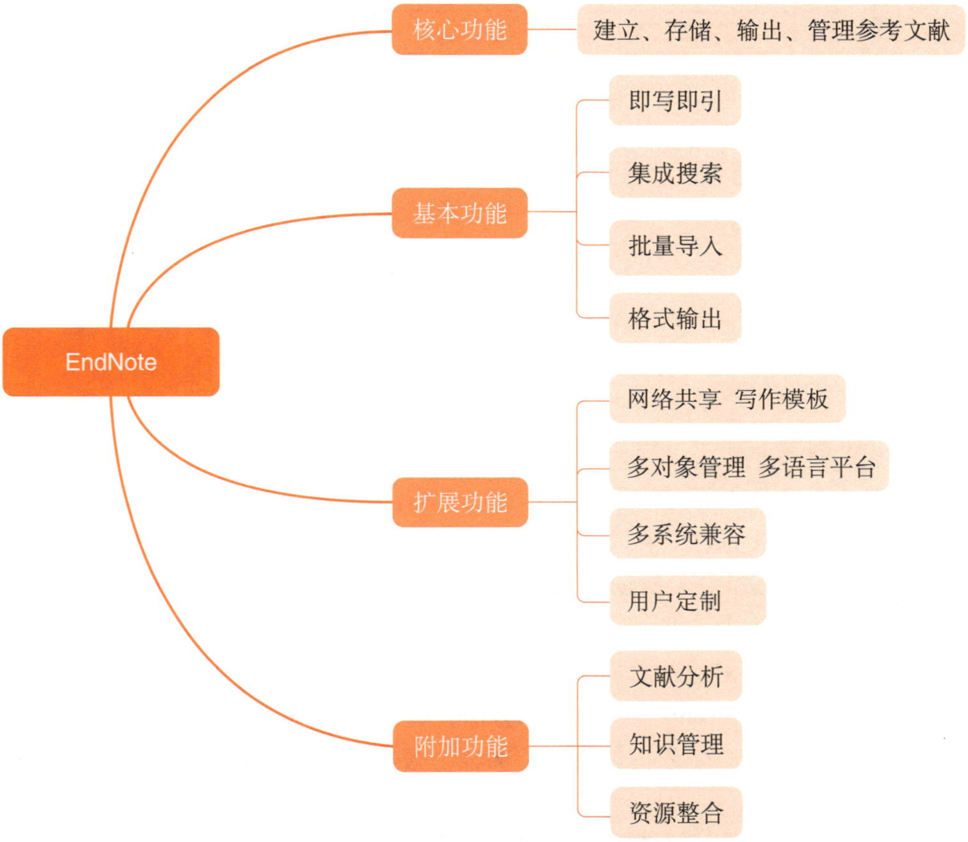

图 10-2　EndNote 的功能

尽管 EndNote 拥有强大的英文文献管理功能，但目前尚不支持中文文献的检索。用户可从中国知网、万方等中文数据库中检索文献，并下载格式为 txt 的文献列表或下载文献引用文件，再将文献批量导入 EndNote 中。

EndNote 用户界面如图 10-3 所示。方框 1 区域为快捷工具栏，方框 2 区域为分组管理/在线搜索窗口，方框 3 区域为文献浏览窗口，方框 4 区域为全文导入/预览/批注窗口。快捷工具栏可实现多种操作，方便用户使用，各种图标及其作用如图 10-4 所示。文献浏览窗口显示的文献信息主要有标题、出版年份、期刊名称、作者、文献更新日期等。分组管理窗口可以查看未被分类的文献数据（Unfiled）和回收站（Trash）。通过方框 4 区域中的预览窗口（Attached PDFs），可在标记工作栏对文献的 PDF 版进行阅读标记。

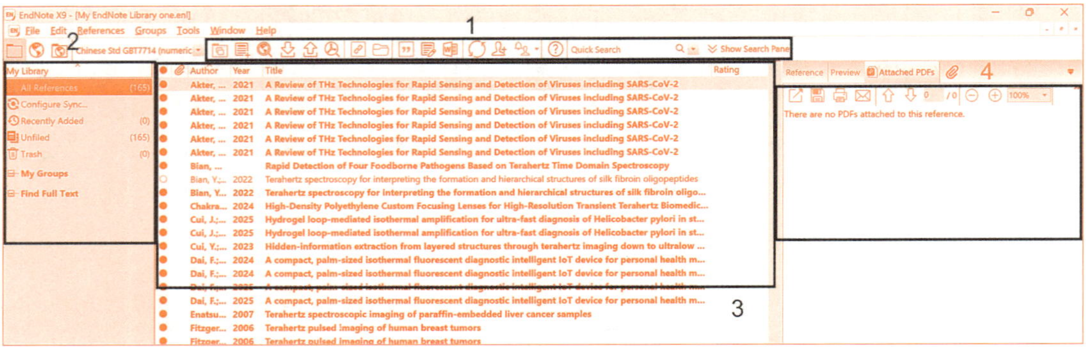

图 10-3　EndNote 界面

图 10-4　EndNote 快捷工具栏界面

2. EndNote 的题录和全文管理功能

（1）建立个人参考文献数据库。

首先运行 EndNote 程序，在 EndNote 主程序中的“File”下拉菜单中点击“New”，选定文件保存位置。然后命名所创建 EndNote 数据库并保存，此时系统会自动生成扩展名为 . enl 的文件，即为个人 EndNote 参考文献数据库，所生成的 EndNote 个人参考文献数据库称为 Library。其对应的数据文件存储在同名的文件夹 * . Data 中。数据库中的每一条文献记录，称为 Reference。具体操作方法：

1）新建 Library：点击菜单“File”，选择“New”，输入数据库名，完成新建，如图 10-5 所示。

图 10-5　建立个人参考文献数据库界面

2）打开 Library：点击菜单“File”，选择“Open Library”，选择想要打开的个人参考文献数据库，点击则直接打开。

3）新建记录：点击菜单“References”，选择“New Reference”，如图 10－6 所示。

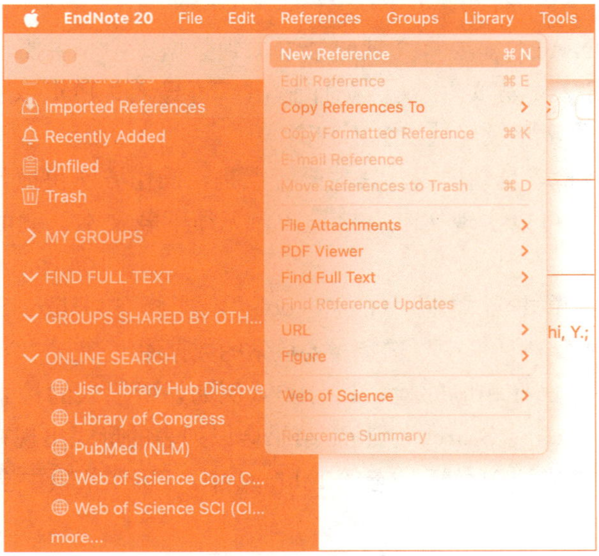

图 10－6　新建记录界面

4）编辑记录：在 Reference Library 窗口中选择需要编辑的文献记录，单击菜单“References”，选择“Edit Reference”，或者点击右键选择“Edit Reference”。编辑记录界面如图 10－7 所示。一般需要用到的信息包括 Title（题目）、Author（作者）、Year（年）、Journal（期刊名）、Volume（卷）、Issue（期）、Pages（页码）、Keywords（关键词）、Abstract（摘要），如果需对文献进行摘记或点评，则可记录在 Notes 或 Research Notes 中。

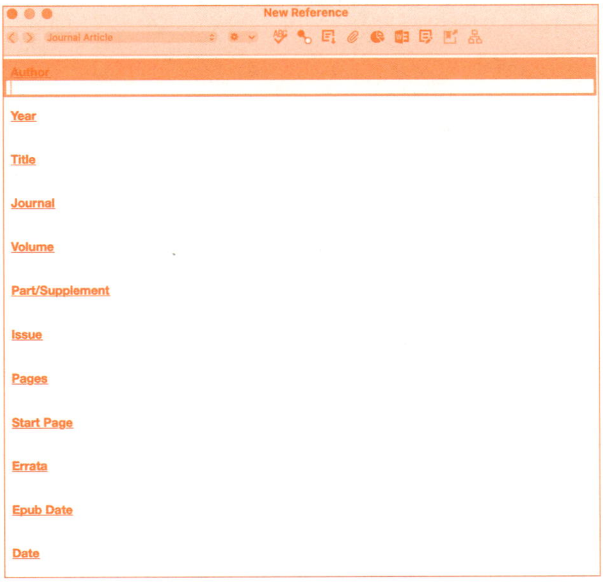

图 10－7　编辑记录界面

有时导入的文献信息不完整或格式不规范，则需要手动修改或补全信息。例如，文献缺少作者、标题等信息，可以通过手动输入作者、标题，使该文献题录更加完整和规范。

（2）数据导入。

用户在使用 EndNote 时需要将文献题录添加到数据库中。主要录入方式包括：EndNote 在线检索自动导入、英文/中文数据库输出后再导入、PDF 文件导入、手工录入。不同的录入方式其操作步骤及优缺点各不相同。

1）EndNote 在线检索自动导入。其主要特点是，操作方便快捷，EndNote 可链接的数据库内容广泛。而且可以实现文献直接导入，无须下载文本，就可以将多篇文献批量导入。

具体操作方法：单击菜单栏中的“Tools”，选择“Online Search”；在弹出的“Choose A Connection”对话框中，选定需要检索的数据库，点击“Choose”（见图 10 - 8）；在检索栏输入检索词，选择相应的检索词分类（例如，所输入的检索词为文献题目、摘要、作者、期刊等），点击“Search”；检索结果会以列表的形式出现在检索栏下方，可选中相应的文献，加入当前处于激活状态的 Library 中，URL 条项中会显示每条文摘在数据库中的链接地址。

图 10 - 8　选定数据库界面

2）英文/中文数据库输出后再导入。目前 Google 学术搜索、百度学术搜索等可提供此类服务，但提供的参考文献的格式比较单一，还存在文献信息缺漏的情况，因此输出后还需进行 EndNote 二次转换，或在导入 EndNote 后对相应文献信息进行补充和修正，操作比较烦琐。

以中国知网为例导入文献。获取文献题录：在中国知网检索框中输入关键字，检索并选中检索结果中的文献，导出题录，选择导出 EndNote 格式，导出后下载 txt 文件。EndNote 导入题录：打开 EndNote，点击工具栏中的“File”，在下拉菜单中选择“Import”（见图 10 - 9），找到已下载好的参考文献列表 txt 文件，完成导入。

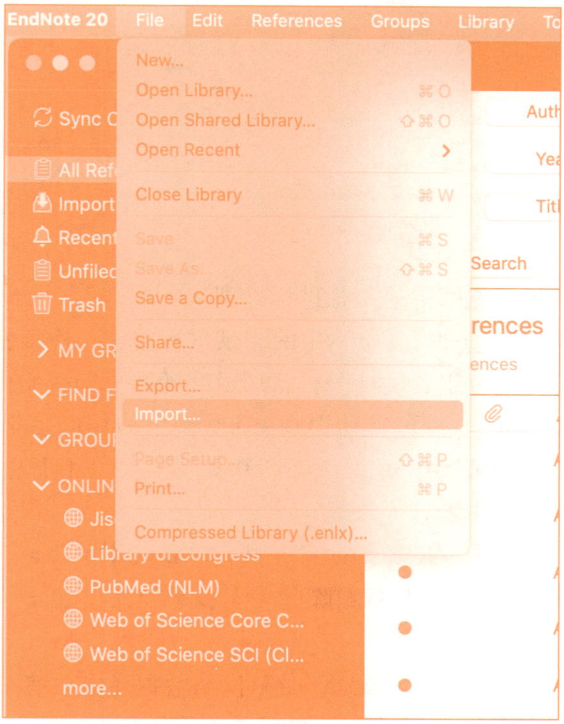

图 10 - 9　导入题录界面

3）PDF 文件导入。可以导入单个 PDF 文件，也可批量导入 PDF 文件。该方法的主要缺点是：需要采用 DOI 编码识别文献进行导入，没有 DOI 编码的文献则无法正确导入，并且导入时需要连接网络，对于中文文献不能正确识别。不是所有的 PDF 文件都能正确导入，有一定的出错率。

具体操作方法：点击工具栏中的“File”，在下拉菜单中选择“Import”，再点击“File…”选择相应的需导入的文件进行单个 PDF 文件的导入，如果选择“Folder…”则选择文件夹，批量导入该文件夹中的所有 PDF 文件，如图 10 - 10 所示。

4）手工录入。该方法对于中文和英文的文献均适用。如果无法通过前面所述的三种方法自动导入文献，那么只能通过手工录入文献信息。该方法需要输入的内容较多，耗费时间，且容易出错。

具体操作如下：依次点击“References”和“New Reference”，新建 Reference 窗口，然后填写作者、标题、期刊名、论文名、年卷期、起止页码等信息，与新建文献记录操作完全相同。

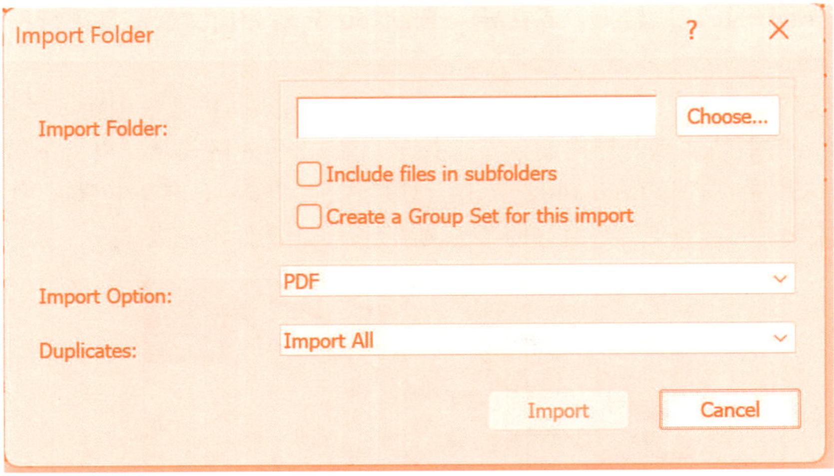

图 10-10　PDF 导入界面

(3) 对个人参考文献数据库中的文献进行管理。

使用 EndNote 可对所建立的 Library 中的文献进行去重、检索、删除或增加等管理操作。还可以对文献进行自动分组、统计分析、形成统计图表等智能化管理。

1) 去重功能。EndNote 软件可自动识别 Library 中的相同参考文献，生成相同文献标号。该功能可以避免论文撰写中对同一篇参考文献多次引用而出现参考文献重复列出的现象，可以减少作者的工作量。

去重操作步骤如下：点击 "References"，选择 "Find Duplicate"，可以查看库内重复文献。在题录信息显示窗口选中需要删除的重复文献条目，点击 "Move References to Trash" 则完成去重。

2) 库内检索功能。用户可通过 EndNote 从网络数据库中快速而精确地搜索到所需要的参考文献。可以采用作者、出版时间、期刊名称等信息的任意组合搭配方式作为检索词来进行检索。该功能大幅度减少了用户查找文献的时间。此外，文献信息可按照出版时间、作者、期刊名称等不同关键字段进行排序，使得库内文献的查找更加方便快捷。

3) 删除功能。若需要对 Library 中的文献进行删除，在题录信息显示窗口，选中需要删除的文献条目，点击 "Move References to Trash" 即可。如果发生误删，选中回收站 (Trash) 内的文献条目，拖拽到相应分组中即可恢复误删条目。此外，在回收站点击 "Empty Trash"，即可清空回收站，清空后无法恢复。

4) 智慧分组。EndNote 还可以进行智慧分组，即从现有文献分组中分出满足用户限制条件的组。Group 群组管理分为 Custom Group (自定群组) 和 Smart Group (智慧群组) 两种。

利用 Custom Group 功能，可将文献按照不同标准分成多个 Group，也就是根据使用者的需要所设置的群组分类。同一篇文献可以归属到多个 Group (Group 下面的文献相当于链接)，可以根据双重或者多重标准对文献进行分类，方便用户对文献的使用。

建立 Group 的方法：单击菜单栏中的 "Groups"，如图 10-11 所示，再点击 "Create Group"，输入分组名。选中归入该组的文献，单击右键，选择 "Add Reference To" 划分到相应的分组，或者选中文献后直接拖拽入相应的分组。

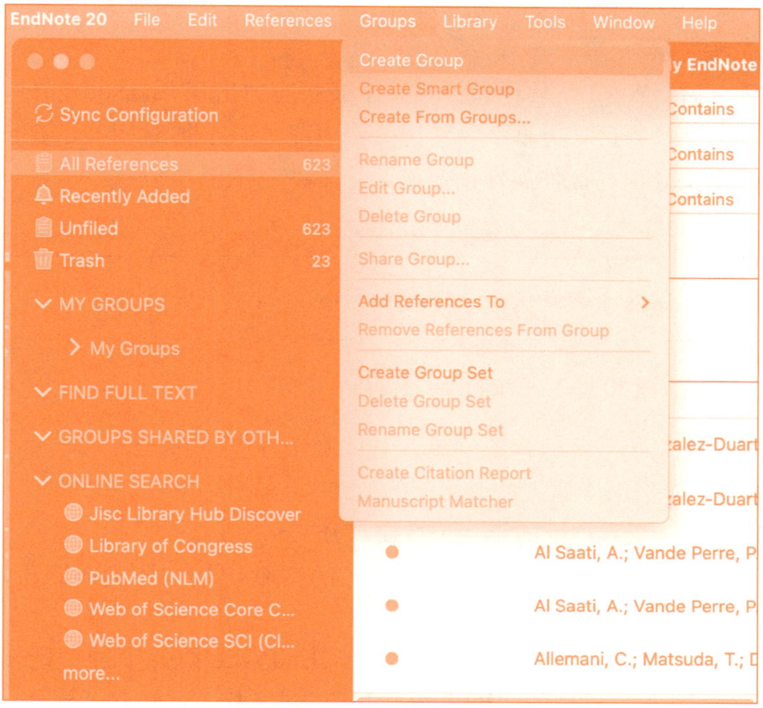

图 10-11　建立 Group 界面

Smart Group 指基于搜索而自动整合、产生的群组。依次点击菜单栏中的“Groups”和“Create Smart Group”，在弹出的“Smart Group”对话框中输入搜索条件，再单击“Create”，符合搜索条件的文献将被纳入一个 Smart Group。

5）其他功能。EndNote 软件还具有题录信息的导出与交换、笔记评录、统计分析等功能。用户熟练掌握后，可以高效地实现参考文献的管理和分析。

此外，EndNote 针对不同期刊的参考文献格式制定了不同的输出样式，EndNote 有上百种参考文献格式，用户在书写论文时可以根据期刊要求选择相应参考文献样式进行输出。EndNote 还允许用户自主修改格式文件，以便灵活满足用户多样化的论文撰写要求。在打开的 EndNote “Library” 窗口中，先选择需要列出的参考文献，再点击 File 菜单下的 “Export Style”，找到所要投稿的期刊，或找到其引用和参考文献注录格式相近的期刊并进行适当的手工修改。然后点击 File 菜单下的 “Export”，即可把所选择的参考文献按照一定的格式要求输出到文本文件中。

（4）附件管理。

在 EndNote 中可以通过 “File Attachments” 对文献信息进行附件添加。EndNote 支持任意格式的附件，例如 PDF、Word 等。如果没有全文，可以通过 “Find Full Text” 来查找全文。如果能够下载全文，则全文就会自动和题录关联。

3. EndNote 的引文管理功能

文献库建立完备后，论文写作时可以直接使用。EndNote 允许在文献引用过程中自由地插入和调整引用。这个功能在论文写作中，特别是大文献量的综述类论文写作中非常有用。

(1) 插入参考文献。

安装 EndNote 后，Word 工具栏和工具菜单会相应地出现 EndNote 插件，如图 10－12 所示。方框 1 为引文插入区，方框 2 为输出风格更改区，方框 3 为引文分类、实时更新设定区，方框 4 为引文导出与插件属性设定区。

图 10－12 EndNote 在 Word 工具栏中的显示界面

若需要在论文中引用或插入一篇文献，具体操作方法如下：

1) 光标移至需要引用或插入参考文献的位置。

2) 点击 EndNote 工具栏中的第一个按钮打开 EndNote。

3) 在 EndNote 的 Library 窗口选中要插入的文献记录，回到 Word 后单击菜单栏 EndNote 插件中的“Insert Selected Citation(s)”。

4) 如果引用的显示格式不对，单击菜单栏 EndNote 插件中的“Format Bibliography”，或者 EndNote 工具栏中的“Bibliography”，进入格式选择对话框。在 Format 窗口的 With Output 下拉菜单里有备选的格式类型，如果没有所需的格式，则点击“Browse”，可弹出所有格式列表，选择一项并确定，所有引用文献格式都将被批处理为该显示格式。

5) 如需移动某条引用，只需选中该引用，并拖放到新的位置，其文末参考文献及序号都将随之自动更新。

6) 需要删除某条引用时，其操作与普通文本完全一样。该引用被删除后，文末参考文献及序号同样会自动更新。

7) 论文中插入注释 (Note) 的操作方法是：单击菜单栏 EndNote 插件中的“Insert Citation”，在下拉菜单中选择“Insert Note”。这些插入的 Note 也将出现在文末参考文献列表中。

8) 论文写作完成后，确认全部引用无误的情况下，可以单击菜单栏 EndNote 插件中的“Convert Citations and Bibliography”，在下拉菜单中选择“Convert to Plain Text”，将所有引用的格式宏移去并另存为一个 Word 文档，再进行相应的参考文献格式修改，完成 Reference 的编辑。

除此之外，还有其他文献引用的方法。

方法一：

打开 Word 工具栏中的 EndNote 并将光标置于要插入的文献后。点击引文插入区的“Go to EndNote”，跳转至 EndNote，选中相应文献。点击“Insert Citation”，程序会自动返回 Word 并将选中的文献插入到相应位置。

方法二：

打开 Word 工具栏中的 EndNote 并将光标置于要插入的文献后。点击引文插入区的

“Insert Citation”，在弹出的对话框内输入需要插入的文献名称并将其通过 Insert 按钮输入至原文相应位置。结果如图 10－13 所示。

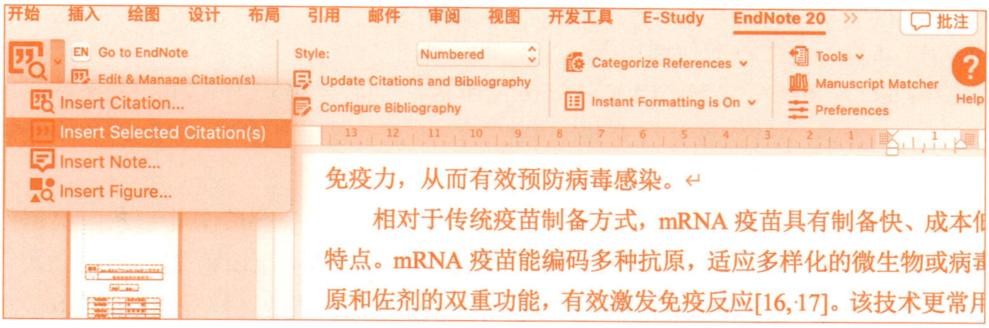

图 10－13　文献引用

（2）删除参考文献。

可以使用 “Edit & Manage Citation(s)” 功能删除引文。点击引文插入区的 “Edit & Manage Citation(s)”，点击参考文献右侧的 “Edit Reference”，选中弹出的 “Remove Citation”，则完成文献的删除。

使用 EndNote 在所撰写的文章中增加或删除参考文献时，文献标号将被自动重新调整和排序，不会引起文中其他参考文献标号的错乱。与此同时，在文末的参考文献清单中也会即时实现相应条目的增减和标号的重排。避免因个别地方的修改而引起参考文献的错乱。

4. EndNote 的不足之处和常见问题

（1）不足之处。

EndNote 文献管理软件极大地提升了用户的工作效率，但是它也存在不足，若能有效改进这些问题，EndNote 的用户群可能会进一步增加。

1）EndNote 与 Word 的兼容问题。在安装过程中因为没有先关闭 Office 等原因，可能会导致 EndNote 在 Word 中不显示。根据众多用户分享的经验，其解决方法是：在 EndNote 安装目录里找到 EN9CWYW. dot 和 EN9Cwyw. WordXP. wll，将这两个文件复制到 “C:\Documents and Settings\用户名\Application Data\Microsoft\Word\STARTUP” 文件夹里即可（或者 Word 软件所安装的其他位置路径）。

2）EndNote 与中文适配性较弱，所以一些国内使用者抛弃 EndNote 转而使用 NoteExpress。

3）EndNote 兼容的办公软件较少，仅与 Word 兼容，这无疑会减少用户量。

（2）常见问题和解决办法。

1）如何改变期刊的输出格式，使得文献页码只保留起始页？

可以设置期刊的 “Output Styles”，在 “Page Numbers” 中选择 “Show only the first page number”。

2）图书信息怎样录入到 EndNote 个人参考文献数据库中？

手工录入，或通过 www. wordcat. org 和 Google Scholar 查找导入。

3）脚注文字如何插入，如何编辑？

在 Word 中插入脚注。在 EndNote 中，通过编辑“Output Styles”中的脚注部分，可以选择类似引用格式、参考文献格式或者自编格式。

4）用 LaTeX 写文章如何调用 EndNote 的文献库？

使用 LaTeX 系统写文章调用 EndNote 文献库时，需要格式为 *.bib 的文件。因此，需要先将 EndNote 中的文件另存为 bib 格式。

5）如何编制个性化的输出格式？

编辑期刊的输出格式，包括格式介绍、匿名作者写法、期刊的书写形式、页码形式、引用格式、参考文献格式、脚注格式、图表格式等方面。其中引用格式（citation）、参考文献格式（bibliography）和脚注格式（footnotes）的核心都是对模板（templates）的编辑。用户可以到期刊官方网站上下载其参考文献的投稿格式要求，对照要求编辑模板，也可以选择 EndNote 中已有的类似的期刊输出格式加以修改。

6）写作过程中，如何编辑文中和文后参考文献？

参考文献格式更改可以通过修改“Output Style”实现，引用过程中的引文修改通过“Edit Citation”实现，切忌直接删除。写作完成要投稿前，需去掉域代码，这个过程不可逆，切记要保存一个留有域代码的版本，以便改投其他期刊时再次进行修改。

7）Endnote 与 EndNote Web 如何共享文件？

可以在 EndNote 左边导航栏“EndNote Web Configuration”中构造 EndNote Web 的账户名和密码，构造好后 EndNote 就可以与 EndNote Web 互相共享数据。

第 2 节　文献信息的分析

在课题研究中，往往需要对所研究的课题进行文献调研分析，获得研究背景、研究趋势、存在问题等信息。掌握分析文献、搜集信息、有效管理信息的技能，有利于快速了解研究热点和研究前沿。在针对某个研究方向检索到大量的文献信息之后，需要进行信息分析，仅仅凭借大脑记忆难以清晰剖析如此大量的信息。因此，只有熟练掌握分析信息的工具，才能有效分析文献信息。

文献分析是对所收集到的文献资料进行研究，从而明确研究对象的性质和状况，通过不断思考，从中归纳出自己观点的分析方法。我们通常会浏览大量文献的篇名、目次、摘要、引言、结论以及正文，对文献内容进行调研，其中包含大量的内部信息和外部信息。因此，面对海量的文献信息，需要进行高效率的处理分析，获得有价值的信息。

文献分析方法众多，通常结合文献计量学、社会计量学、统计学、图形学、信息科学、计算机科学的技术和方法，帮助用户快速地获取高价值信息，高效追踪学科前沿。文献分析工具可以把需要分析的大量文献视为一个整体，从中找出特定的规律，从而使研究人员更好地把握科研的动向。现有的文献分析工具主要包括基于统计的分析工具、基于文献计量的分析工具、基于社会网络的文献分析工具，常用的软件有 RefViz、CiteSpace、OmniViz、Bibioscape 等，其方法基于引文分析、聚类分析、引文耦合等。下面以 RefViz 分析软件为例进行工作原理及功能介绍。

一、文献信息分析工具 RefViz

1. RefViz 概述

RefViz 文献分析软件是一款非常实用的文献分析工具，它能对大量文献进行组织、分析，方便用户对参考文献的理解，是典型的共篇分析工具。所谓的“共篇分析”就是以应用“文献的关键词链”概念为基础的一种文献计量方法。RefViz 可以快速地帮助用户管理参考文献，能将参考文献库中的文献主题内容进行组织排列，还支持发现文献之间的关联性，即文献的关键词链。RefViz 可以通读所有文献，找出关键信息进行归类，便于用户从海量参考文献中找出所关注领域的热点问题、该领域的研究与发展趋势，并以可视化的图形方式将归类的结果展示出来。RefViz 可以实现与 EndNote 的无缝连接，支持 EndNote 数据库、Reference Manager 数据库的直接导入。

2. RefViz 的工作原理

RefViz 的工作原理是按照文献的主题内容对文献进行挖掘和分类，为不同的研究方向标注其关键词，利用这些关键词对检索文献进行标识，通过数学统计模型 Reading-Finding-Dividing 找出关键词的关联程度，后续按照检索的主题内容分成不同的组，每组文献通过关键词的标识构建概念的联系。RefViz 以直观的图示方式呈现各组文献之间的关系，例如，基于文献关联的程度排列，以图标大小及其分布位置表示内容相似程度等。按照 RefViz 直观图表中图标的密集分布和文献数量，可以筛选出研究的热点方向。

RefViz 软件对导入的文献集合进行自动分析，根据文献内容（题目、摘要等）标引需要分析的主题词及描述词，其中标引的方法是按照一个统计模型，根据整个文献集合之间的关系提炼文献所论述的主要概念，运用标准的数学聚类算法，按照主题词将文献分类予以标识，最终将分析的结果显示出来，分析的结果以不同的形式显示在主界面的视图窗口中。

3. RefViz 的使用

（1）建立 RefViz 数据库。

RefViz 中的文献数据来源有三条途径：一是直接从数据库中检索读取文献数据；二是通过文献管理软件中已经建立好的数据库导入，如 EndNote、Reference Manager 等；三是直接在 RefViz 中输入文献数据。下面以数据库检索为例说明在 RefViz 中建立文献数据库的方法。

依次点击 RefViz 菜单栏中的“File”和“New view”，在打开的 Create new view 窗口选择“Searching database(s) using Reference Retriever”（检索网上数据库创建视图）。在数据库文献检索界面输入检索词，如图 10－14 所示，本例中输入的检索词为 osteoporosis、treatment 和 aging，检索式显示在检索框中（Query）。可通过 Field 处的下拉菜单对检索字段进行限制；各检索词间的逻辑关系可在 where 处的下拉菜单中选择（AND、OR 或 NOT）。本例的检索字段为默认的 Full Content，检索词之间的逻辑关系为 AND。可通过 Add/Edit Data Sources 按钮更改所选择的检索数据库（本例中选择的数据库是 Library of Congress）。点击 Search 按钮，则开始自动检索，检索结束后 RefViz 返回所检索到的文献数量。如果检索到的文献数量过多，则需要删除部分数据或者加限制条件检索，若检索数量较少，则需要扩展检索条件进行文件数量的扩充，直到获取满意的文献信息数量。在 View name 载入视图名称，点击“Retriever”下载检索的文献。文献数据库建立后，可以选定一部分文献或特定目标文献，通过 Create Subset View 建立子数据库，针对这部分文献进行再分析。

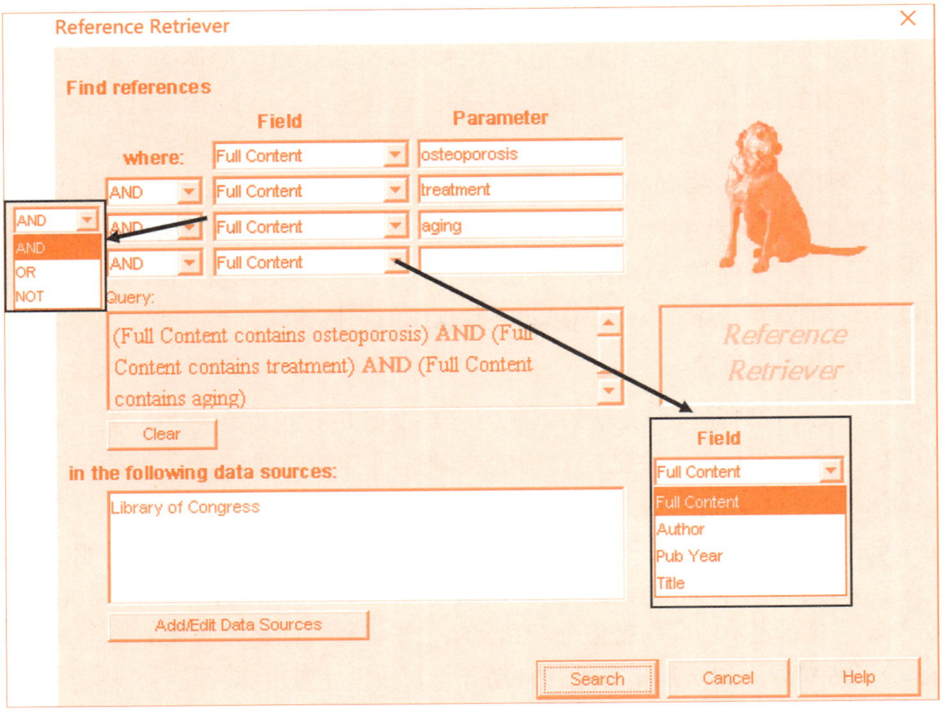

图 10-14　RefViz 文献检索界面

（2）RefViz 的操作界面及功能。

RefViz 主界面如图 10-15 所示，具体而言，图中区域 1 为菜单条，区域 2 为视图窗口，区域 3 为主题/检索窗口，区域 4 为参考文献浏览窗口，区域 5 为顾问窗口。

检索窗口位于 RefViz 主界面的右上角，具有主题和搜索两个工具。其中，主题关键词是 RefViz 软件对文献进行分组的依据，帮助用户清晰认识所检索到的文献研究主题。主题显示区进一步分为三列窗口：最左侧为一级主题词区（Major），中间为次级主题词区（Minor），最右侧为描述性关键词（Other descriptive terms）。对三个级别的主题词，用户可以进行级别更改，并通过 Reprocess 功能改变初始的文献分类状态。例如，选中所有文献后，用户可以根据自己的专业判断，将研究意义不大或不足以作为分类依据的主题词通过 Demote 键降级（Major 可降为 Minor，Minor 可降为 Other descriptive terms），同理，可以对认为重要的主题词通过 Promote 按钮进行升级。通过这种修改，用户可以进一步按照自己的专业需要限定和细分文献。

文献关联信息显示在视图窗口，它是 RefViz 在最初建库时根据文献中某个词的出现位置及概率自动生成的。其中，Galaxy 视图显示文献分类情况（RefViz 通过数学统计模型对于文献分析以可视化形式呈现），视图区文件夹图标表示一组文献，图标越大则代表所含文献数量越多，文件夹周边的小方点代表一篇文献。文件夹图标或小方点的位置代

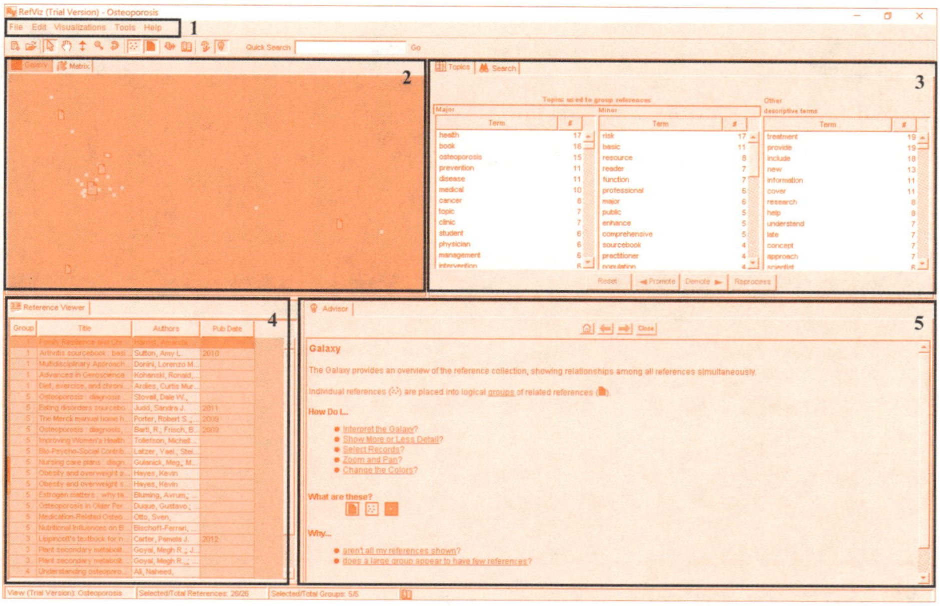

图 10-15 RefViz 主界面

表文献间的相互关系，文件夹图标分布的位置越近则文献内容越相近，图标或小方点密集处为该主题的研究热点。每个文件夹具有序号，点击后可显示其序号、文献数目及文献所包含的主要主题词信息，点击小方点则可显示相应文献的标题及所属组号。

主题词之间组合后的关联性则显示在 Matrix 视图窗口，如图 10-16 所示。在该窗口下，可分析主题词与文献组、主题词与主题词之间的关系。色标（Color by）可以表示相关性（Relevance）或主题词出现的频率（Counts），颜色越红，则表示 Major Topic 与 Group 的相关性越强，越蓝则表示相关性越弱；排序（Order）可按字母顺序（Alphabetical）或相似度（Similarity）进行；行（Rows）可按主题词（Major Topics）或文献组（Groups）来排列，当按 Groups 排列时，行标显示的是每组中的三个排序最靠前的 Major Topics，列标显示的是用于区别每组文献的 Major Topics。点击 Matrix 视窗中不同颜色显示的小方块（即行与列交汇点），则可显示相关性；相关性越大则说明文献之间的内在联系越紧密。这种排列可以揭示文献的研究热点和趋势，与单纯的文献检索系统相比，RefViz 能为用户提供更重要的信息。

用户可以利用搜索窗口对文献列表中的文献进行查找，如图 10-17 所示。例如，查找包含“health”的文献，在 Parameter 处输入检索词“health”，检索式显示在检索框中（Query），点击“Search”后则在参考文献浏览窗口显示当前文献库中包含“health”的所有文献，在 Galaxy 窗口中检中文献也会被高亮显示。用户可以进一步通过 Field 处的下拉菜单选择检索字段，也可以使用多个检索词的组合进行检索，检索词间的逻辑关系可在 where 处的下拉菜单中选择，逻辑关系包括 AND、OR、NOT。在文献浏览窗口，双击某一篇文献，则可显示该单篇文献的具体信息，其中检索词部分被高亮（绿色）显示。利用菜单栏的快速检索（Quick Search）也可进行检索，但快速检索不支持逻辑算符，多个词汇间默认为 AND 的关系，词组检索需要用双引号。

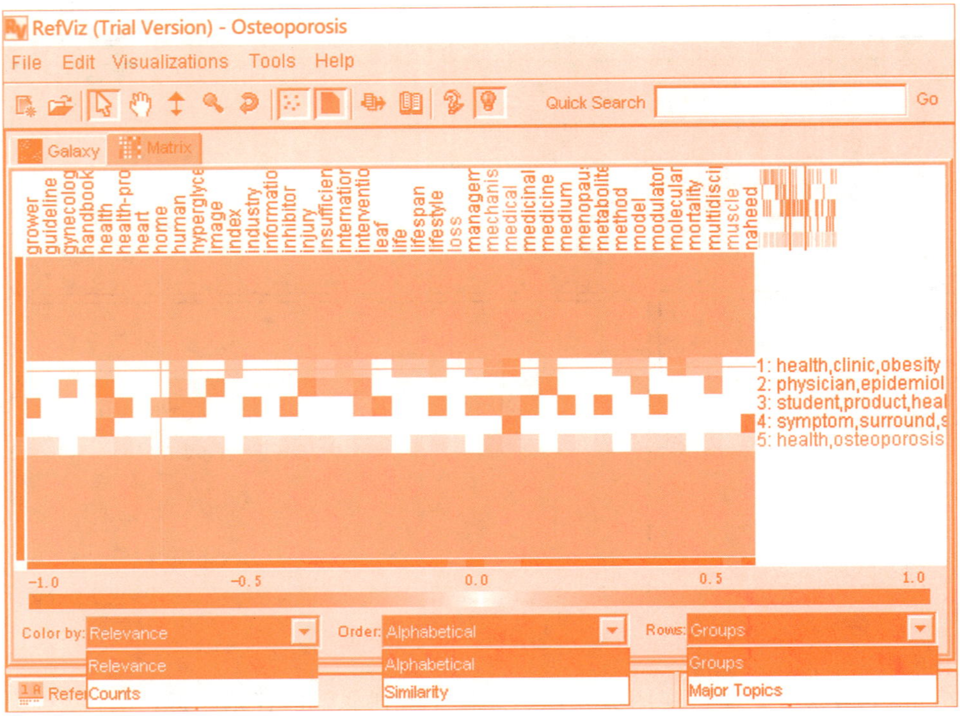

图 10-16 RefViz 主界面中的 Matrix 视图窗口

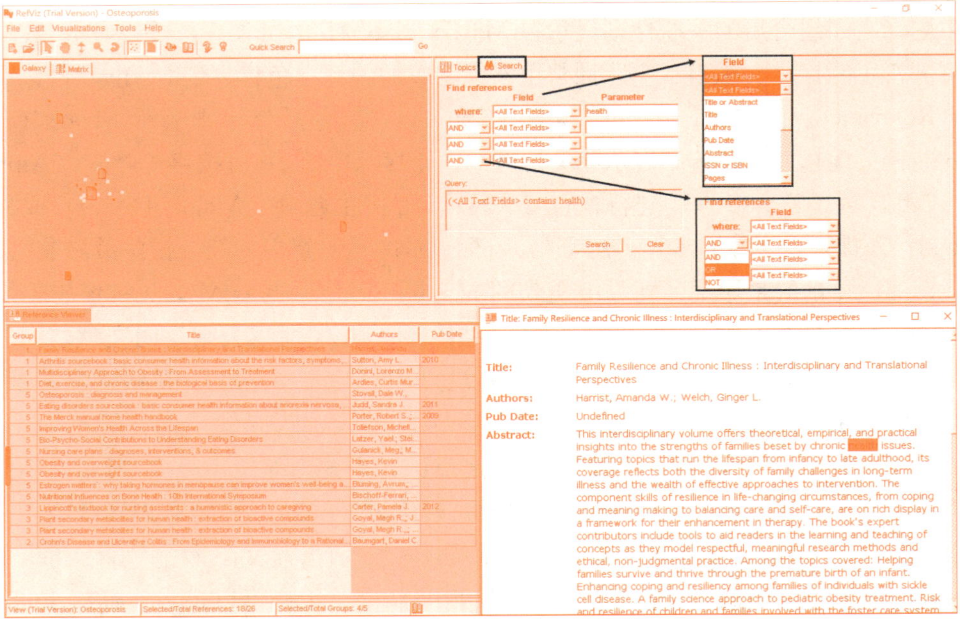

图 10-17 RefViz 主界面中的搜索窗口

参考文献浏览窗口位于 RefViz 软件主界面右下方，可显示全部参考文献的列表，也可显示通过 Galaxy 或 Matrix 窗口选择的特定文献，还可以显示通过检索窗口检索出的文献的列表。其显示的参考文献信息通常默认为题目（Title）、作者（Author）和发表日期

(Pub Date)，也会显示文献的分组信息（Group）。用户可通过工具栏对文献列表中显示的信息进行修改，步骤为：在菜单条中依次选择“Tools”和“Choose Reference Fields”，然后在弹窗中选择需要显示的栏目。字段命令向上或向下两个箭头表示升序或降序。

RefViz 软件还具有 Advisor 顾问功能，在主界面右下方，帮助用户熟悉使用 RefViz 软件，若不使用该功能可进行隐藏。

分类词定义工具（Thesaurus Tools）是 RefViz 软件的特色功能，通过定义分类词，可以使检索更加完整，同时省去了重复的分类。操作步骤是：在菜单栏中依次点击“Tools”和“Thesaurus”，在主题词查找框（Term）中输入相应词汇，点击“Look-up/Create”在叙词表中检索；若没有该主题词，则需要增加。例如：在 Term 框中输入“osteoporosis”，检索后发现叙词库中无该主题词，点击确定后，该词自动出现在 Headword（中心词）框中；点击“Add Synonym”添加同义词，在新出现的对话框中添加与中心词意义相同的词汇或短语，点击“OK”，再点击“Save Entry”，这时新定义的同义词就会出现在叙词库中，如图 10-18 所示。点击“Reprocess”，就会对文献库中全部文献的分类进行重排。Thesaurus 也可用于增加下位词、调整上位词和下位词。

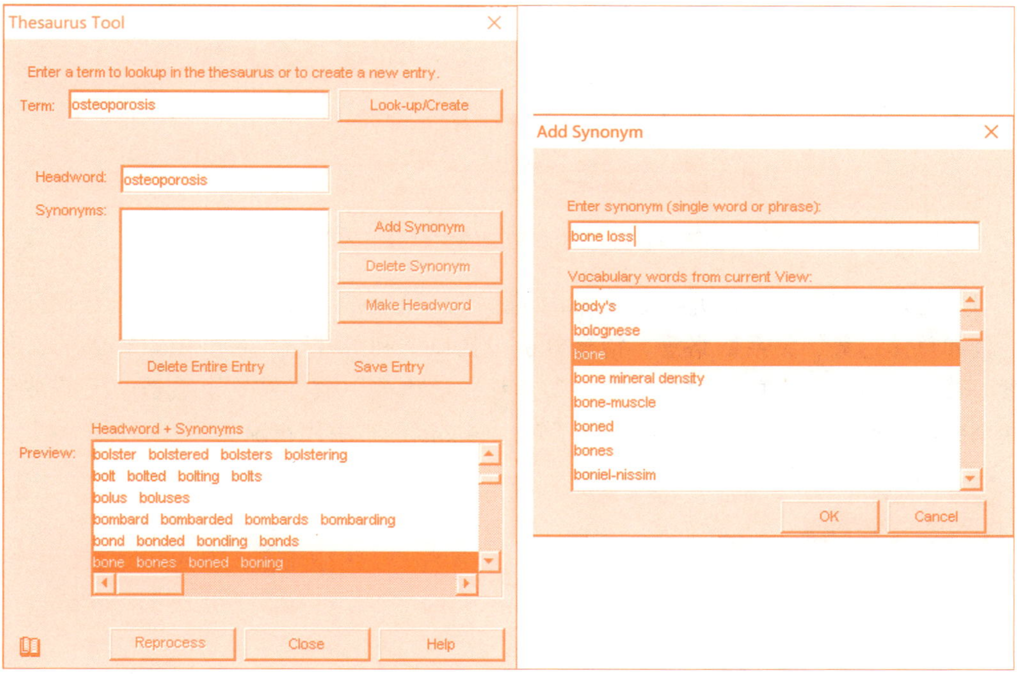

图 10-18　Thesaurus 界面

二、其他文献分析工具

中文文献与外文文献分析使用不同的分析软件及数据库，例如中文文献数据库使用频率最多的是中国知网、万方数据库，外文数据库则是 PubMed、Web of Science 等。

1. 中国知网

中国知网是一个为读者提供中文学术文献、外文文献、学位论文、报纸、会议、年鉴、工具书等文献资料的网络知识平台。进入中国知网，检索想要了解的主题词，以“利鲁唑”为例，得到检索结果文献列表，如图 10－19 所示。可通过界面上的“导出与分析”按钮进行可视化分析，点击该按钮后，选择“可视化分析”，再选择文献分析范围，可以对已选结果或者全部检索结果进行分析。其中已选结果分析可以进行文献共引关系分析，但是对文献的篇幅数量有限制，最多 500 篇；而全部检索结果分析，则可以分析主题、文献来源等，但无法实现文献共引关系分析。

图 10－19　中国知网的文献分析界面

对所选定的文献进行分析，得到结果如图 10－20 所示。在界面左侧可以选择分析对象，例如总体趋势、关系网络等。指标分析包括以“利鲁唑”为主题检索得到的文献的总参考数、总被引数、总下载数、篇均参考数、篇均被引数、篇均下载数、下载被引比等几个数值。通过这些数值，用户可以了解这些文献的被引用情况。

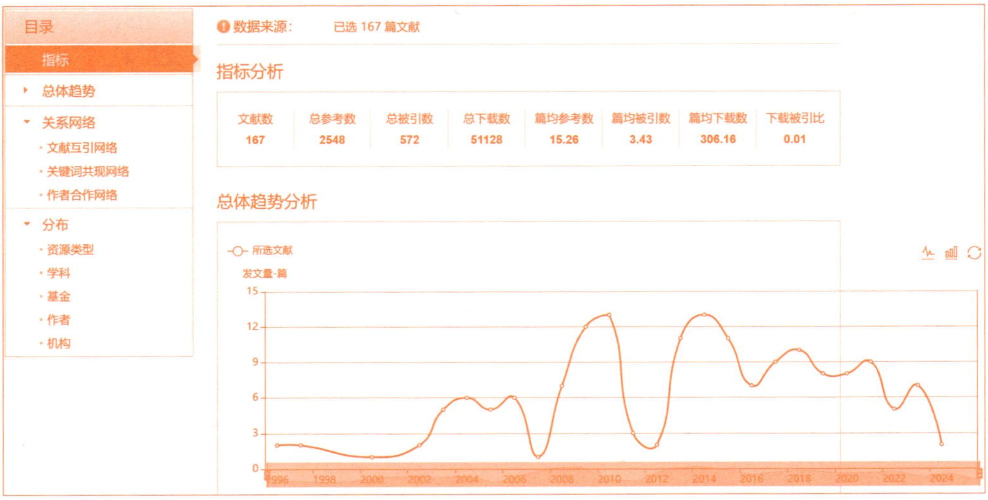

图 10－20　中国知网文献分析界面——指标分析

文献互引网络分析图可直观显示所检索到的文献间的互引网络，如图 10－21 所示。图中节点大小表示该篇文献与研究主题的相关性，越大则表示相关性越强；最大的一个节点表示该篇文献与研究主题关系强度最大。

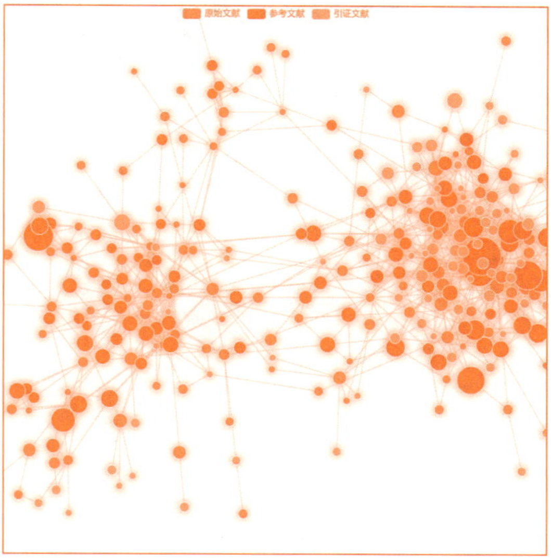

图 10－21　中国知网分析界面——文献互引网络

关键词共现网络显示研究文献的关键词共现的情况。可以限定关键词频次进行过滤，并调整关键词节点之间的距离；也可进行聚类分析，调整聚类的大小。显示中心点可以迅速找到这些文献的中心关键词，如图 10－22 所示。

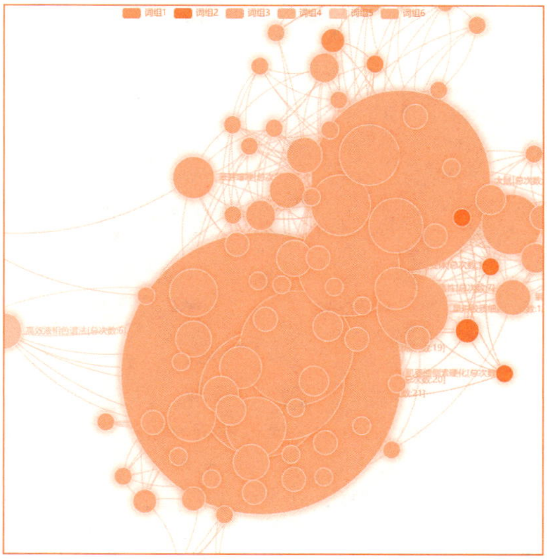

图 10－22　中国知网分析界面——关键词共现网络

在作者合作网络分析中，用户可以采用节点对比方法，分析领域内研究机构和作者的论文发表数量，节点越大，则说明该研究机构或作者论文越多，从而方便用户对选定研究方向中的特定机构或作者进行持续追踪，如图 10－23 所示。

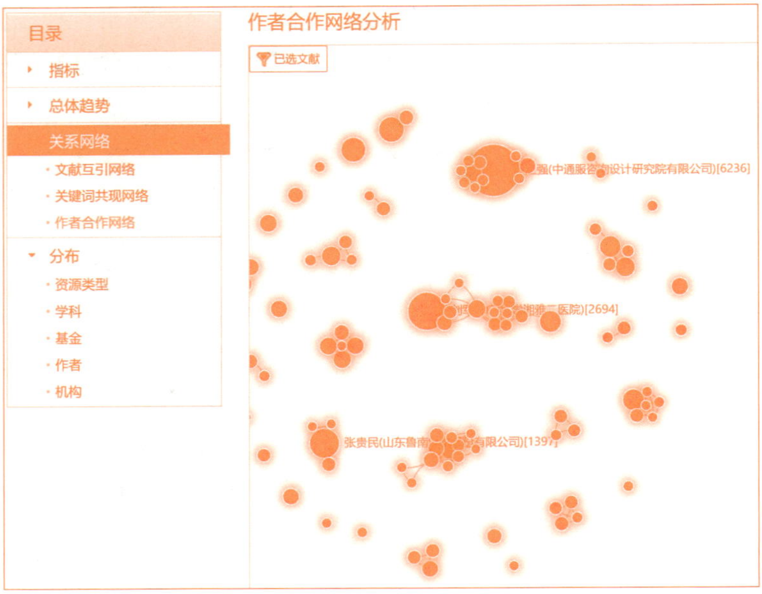

图 10-23 中国知网分析界面——作者合作网络

2. 万方数据库

可利用万方数据库对检索到的文献进行分析。进入万方首页，如图 10-24 所示，在创研平台区中列出了科慧、万方选题、灵析、学科评估、学者知识脉络、标准管理等栏目，这些栏目都具有一定的文献管理和分析功能。此处以灵析为例介绍万方数据库的文献分析功能。

图 10-24 万方数据库首页

灵析是万方数据库推出的具有文献分析功能的应用。它基于分布式大数据云计算，满足多场景分析需求；可以提供多维度个性化对比分析，用数据支撑决策；拥有更全面的数据基础，可以支撑更准确的分析结果；可以实现一键导出专业的数据分析报告，方便快捷。

点击“灵析”进入万方学术分析云，点击“开始使用”进入分析界面，如图 10－25 所示，在左侧可以选择需要分析的对象，包括：主题分析、学者分析、机构分析、学科分析、期刊分析、地区分析等。

图 10－25　灵析分析界面

以主题分析有关利鲁唑的论文为例，输入“利鲁唑”，点击“开始分析”，得到检索结果如图 10－26 所示，可以看到总发文量、核心论文量、基金论文量、总被引频次、总下载频次等信息，查看文献类型分析饼状图、发文趋势图等，也可以查看该主题的发文热度、影响指数、代表学者、代表机构、期刊分布、资助分布、高价值成果等信息。

图 10－26　灵析主题分析结果详情界面

3. Web of Science

Web of Science 数据库收录内容涵盖自然科学、工程技术、生物医学等，它包括全球万余种权威的、高影响力的学术期刊，是读者获取全球学术信息的重要数据库。通过独特的引文索引，用户可以用一篇文章、一个专利号、一篇会议文献、一本期刊或者一本书作为检索词，检索它们的被引用情况，追溯某一研究的起源与历史，追踪其最新的进展；可以越查越广、越查越新、越查越深。

首先利用 Web of Science 进行检索，例如输入关键词“Riluzole”，进行检索得到检索结果列表，如图 10 - 27 所示，点击结果界面中的“Analyze Results”，则可以对检索结果进行分析。

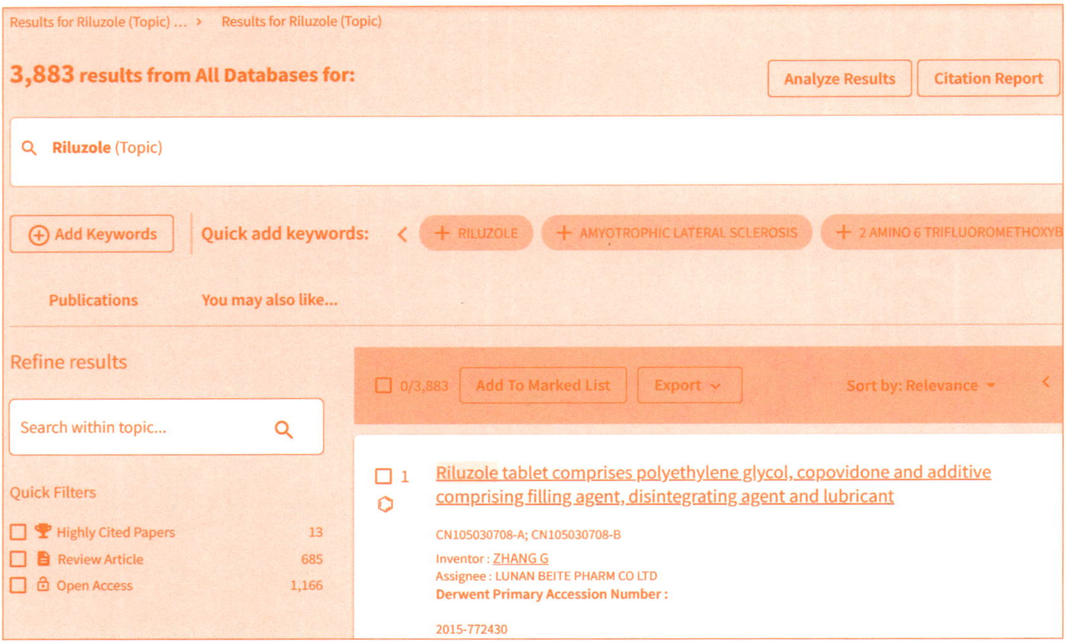

图 10 - 27 Web of Science 检索结果

可以按照主题词、出版年、文献类型、数据库、研究方向、作者等对检索结果进行分析。用户选择好筛选方式之后，可以在可视化数据中选择柱状图、树状图和隐藏可视化分析的方式进行分析，如图 10 - 28 所示。

4. CiteSpace 软件

CiteSpace 是一款可视化文献分析软件，它通过构建知识图谱来揭示研究领域的热点、趋势和前沿，帮助研究者快速锁定关键信息和核心主题，理清学科的发展历程。CiteSpace 广泛应用于自然科学、社会科学、工程技术等领域，适用于技术发展与专利分析和不同学科的学术研究。读者可以自学此软件，不再详细介绍。

综上所述，在文献检索过程中，读者需要掌握快速收集的信息和分析信息的方法，利用各种高效的文献分析软件快速找到自己需要的信息，并高效地分析庞杂的文献信息，发现有价值的信息。

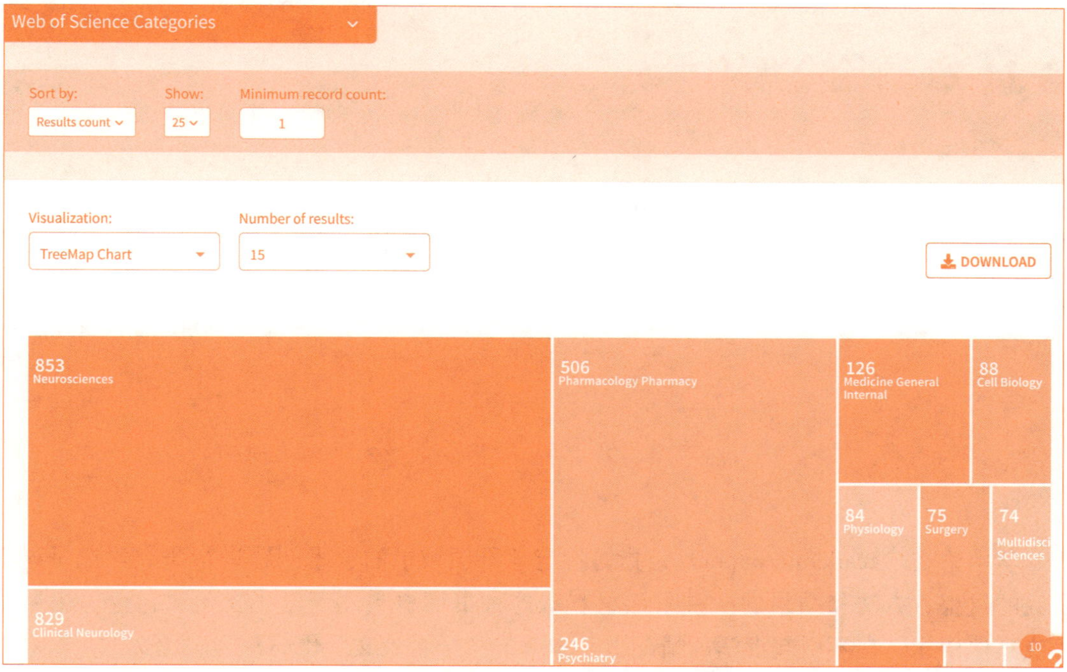

图 10 - 28　Web of Science 分析结果

习题

1. 请尝试使用文献管理软件 EndNote 并总结使用经验。

2. 课题研究初始阶段怎样用 RefViz 对大量的文献进行分析？如何利用 RefViz 分析研究交叉点？

学习资源

第 11 章 › 论文写作

第 1 节　学术论文写作

学术论文（academic paper）是指对特定学科领域中的学术问题进行研究，记录科学研究的过程、方法和结果的一种书面材料。这种书面材料用于学术交流、讨论、出版发表或其他用途。在不引起混淆的情况下，本节的"学术论文"也简称为"论文"。

一、学术论文的组成部分

按照 GB/T 7713.2—2022《学术论文编写规则》，学术论文一般包括前置部分、正文部分、附录部分。

1. 前置部分

（1）题名（必备）。

题名是论文的总纲，是反映论文中重要特定内容的恰当、简明的词语的逻辑组合。题目中的词语应当有助于选定关键词，并为编制题录、索引以及其他二次文献所需的实用信息提供参考。同时，题目应该使用标准术语、学名全称、药物和化学品通用名称等，不应使用广义术语、夸张词语等。为便于交流和利用，题名应简明，一般不宜超过 25 字。为了国际交流，论文一般有外文题名（常用英文）。题名在论文中不同地方出现时应保持一致。

下列情况的论文还会有副题名：1）当题目本身无法完全涵盖论文中的特定内容时，可以使用副题名来补充说明。2）当研究成果需要分为多篇文章进行报道，或者是阶段性的研究结果，可以使用不同的副题名来区分它们的特定内容。3）其他需要通过副题名进行引申或说明的情况。

（2）作者信息（必备）。

作者信息是论文的必要组成部分，内容一般包括作者姓名、工作单位和通信方式（可标注通讯作者的有关信息）等。为了国际交流，中文论文应当有与中文对应的外文版作者信息（多使用英文）。完整完善的作者信息具有如下意义：1）拥有著作权的声明；2）文责自负的承诺；3）联系作者的渠道。

对论文有实际贡献的责任者应被列为作者。这些责任者包括参与选定研究课题和制定研究方案的人员，直接参与全部或主要部分研究工作并作出相应贡献的人员，以及参与论文撰写并对内容负责的个人或单位。如果是一个人的研究成果，应当标注该作者的信息。对于集体的研究成果，应列出所有作者的姓名，一般不能只列出课题组的名称。标注集体作者的信息时，应按研究工作贡献的大小排列作者的名次。如需标注中国作者的汉语拼音姓名，应执行 GB/T 28039 的规定（姓在前，名在后，其间不加短横线，名不准许缩写等），同时也应参考所投稿的学术期刊的具体要求。国外作者的姓名，应尊重其各自的姓名拼写规则。作者信息的位置一般置于题名之下，有时根据发表期刊杂志的要求也可标注在文末。

（3）摘要（必备）。

论文应该包含摘要，摘要只是对论文内容进行简短陈述，摘要中不添加注释或评论。摘要应具备独立性和自明性，即读者可以在不阅读全文的情况下获取有关论文的必要信息。为促进国际交流，使用中文撰写的论文需要附带外文摘要，通常使用英文。

摘要的撰写应遵照相关的国家标准（GB/T 6447）的规定，摘要的内容通常包括研究的目的、方法、结果和结论。可采用报道性摘要、指示性摘要、报道/指示性摘要三类形式进行书写。其中，报道性摘要可采用不分栏目的非结构式摘要，也可采用结构式摘要，即分为目的、方法、结果和结论等具体的部分进行撰写。

摘要部分一般不包含数学式、化学式、插图、表格等内容，同时应避免使用非公知公用的符号和术语。对于首次在摘要中出现的非公知公用的简称、外文缩略语和缩写词，应提供其全称、中文翻译或解释。

摘要的字数应根据论文内容和所投期刊的要求来确定，一般而言，中文报道性摘要的长度在 400 字左右，报道/指示性摘要在 300 字左右，指示性摘要在 100 字左右。外文（一般为英文）报道性摘要一般为 250～500 个单词，报道/指示性摘要为 200～300 个单词，指示性摘要则在 150 个单词以内。中文摘要和外文摘要的内容应当保持对应，为促进国际交流，外文摘要可以比中文摘要包含更多的信息。摘要通常置于作者信息之后，外文摘要可置于中文摘要之后，也可根据发表期刊杂志的要求置于正文部分之后。

（4）关键词（必备）。

论文应当有关键词。关键词是为便于文献检索，从题名、摘要或正文部分选取出来用以表示论文主题内容的词或词组。关键词要有检索意义，不应使用太泛指的词，例如“方法”“理论”“分析”等。关键词的撰写应符合 CY/T 173 的规定，中文关键词一般需要从《汉语主题词表》或专业词表中选取。未被词表收录的新学科、新技术中的重要术语以及地区、人物、产品等，也可选作关键词。每篇论文以选取 3～8 个关键词为宜。为便于国际交流，应当标注与中文关键词对应的外文关键词（多使用英文），关键词一般置于摘要之后。

（5）其他项目（可选）。

论文前置部分可标注的其他内容还包括：1）基金资助项目产出的论文，应标注该基金名称及项目编号（该部分也可放在致谢中）。2）标注收稿日期，标注修回日期。此项目也可标注在文末，一般由发表论文的期刊杂志编辑列出。3）可标注引用本论文作为参考文献的引用格式。4）可标注论文增强出版的元素以及相关声明，如二维码、网址链接、作者声明等，此类信息也可标注在论文其他合适位置。

2. 正文部分

正文部分即论文的核心部分，详细描述相关理论、实验或试验（以下统称“实验”）、方法、假设和程序，陈述结果并进行讨论分析，阐明结论，一般以参考文献结尾。正文部分通常包括引言、主体、结论和参考文献等。正文的表述应科学合理、客观真实、准确完整、层次清晰、逻辑严密、文字顺畅。

（1）引言（必备）。

引言部分作为学术论文的开头，内容通常包含研究的背景、目的、理由、预期结果及其意义和价值。引言的编写需要切合主题、言简意赅、突出重点和创新点，客观评价前人的研究，如实介绍作者自己与本论文相关的研究基础和已有成果。

（2）主体（必备）。

主体部分是论文的核心，占论文的主要篇幅，论文的论点、论据和论证均在此部分阐述或展示。主体部分应完整描述研究工作的理论、方法、假设、技术、工艺、程序、参数选择等，清晰说明使用的关键设备装置、仪器仪表、材料原料，或者涉及的研究对象等，以便于本专业领域的读者可依据这些描述重复研究过程；应详细陈述研究工作的过程、步骤及结果，提供必要的插图、表格、计算公式、数据资料等信息，并对其进行适当的说明和讨论。

主体部分的结构，一般由具有逻辑关系的多章构成，如理论分析、材料与方法、结果和讨论等内容，均可以独立成章。

（3）结论（有则必备）。

结论是对研究结果和论点的提炼与概括，宜做到客观、准确、精练、完整。结论不是摘要或主体部分中各章、节小结的简单重复。结论应独立成章。如果研究内容无法得出具体的结论，论文可以不包含“结论”部分，而使用“结束语”代替，用于进行必要的总结和讨论，在结束语中可以提出建议或待研究解决的问题等。

（4）致谢（可选）。

致谢是作者对为论文的生成作过贡献、提供资助和帮助的组织或个人（未被列为论文的作者）予以感谢的文字记录，内容应客观、真实，语言宜诚恳、真挚、恰当。致谢内容可采用与正文部分相区别的字体，排在结论或结束语之后，一般不编章编号。

（5）参考文献（必备）。

参考文献（reference）是对信息资源或其中一部分进行准确和详细著录的数据，位于文末或文中。论文应该引用与研究主题密切相关的参考文献。参考文献的著录项目、著录符号、著录格式以及参考文献在正文中的标注法，应符合 GB/T 7714 的规定。参考文献表可以采用顺序编码制，也可采用著者-出版年制，但全文应统一，也应符合论文所发表的期刊杂志的具体要求。采用顺序编码制组织的参考文献表应置于文末，也可用脚注方式将参考文献放在页脚处。列于文末的参考文献表需要依次编号。

3. 附录部分（有则必备）

附录部分是以附录的形式对正文部分的有关内容进行补充说明。编入正文部分会影响编排的条理性和逻辑性、有碍论文结构的紧凑性，但对突出主题有较大价值的材料，以及某些重要的原始数据、数学推导、计算程序、设备、技术等的详细描述，可作为附录编排于论文的末尾。

二、摘要的写作方法

摘要的作用是提供文献内容的概要，不包含评论和补充解释。它是一篇简明、准确叙述文献重要内容的短文。摘要基于对论文的总结，用简洁、明确、易懂、精练的语言概括全文内容，去除冗长细节，提取论文的主要信息。摘要应体现作者的观点、论文的主要内容、研究成果和独到的见解。

1. 摘要的作用

摘要具有两个主要作用：(1) 帮助读者快速判断是否需要阅读完整的论文；(2) 为二次文献的选录和汇编提供方便。只阅读摘要，读者能够节省大量时间，而高质量的学术论文也能够广泛传播。因此，摘要在资料交流方面承担着至关重要的作用。

2. 摘要的类型

(1) 报道性摘要 (informative abstract)。

报道性摘要就是指明文献的主题范围及内容梗概的简明摘要，包括论文的目的、方法及主要结果与结论等。学术性期刊（或论文集）多选用报道性摘要。一般而言，中文报道性摘要的长度在 400 字左右，外文报道性摘要为 250～500 个单词。报道性摘要分为非结构式摘要和结构式摘要两大类型。非结构式摘要不分栏目，一般为一个完整的自然段。

1990 年，加拿大 McMaster 大学临床流行病学和生物统计学教授 Haynes 博士等人对一些医学杂志上的论文摘要进行了归纳总结，首次提出结构式摘要应包含的要点及其撰写方法。美国《内科学纪事》(*Annals of Internal Medicine*) 在国际上率先应用结构式摘要，随后很多学术期刊都采用了结构式摘要。结构式摘要分为全结构式摘要和半结构式摘要，全结构式摘要包括研究目的、研究设计、研究单位、研究对象、处理方法、检测方法、结果及结论共 8 项。半结构式摘要包括四个主要部分：目的、方法、结果和结论。目的部分用于指出研究的范围、目的、重要性、任务和前提条件，并不仅仅是对主题的简单重复。方法部分需要简述课题的工作流程，包括研究的主要内容、所进行的工作以及涉及的对象、原理、条件、程序和手段等。结果部分应当陈述研究后的重要新发现、新成果及其价值。这包括通过调研、实验、观察获得的数据和结果，并对其不理想的局限部分进行剖析。结论部分是对研究课题得出的重要结论的总结，包括确认的正确观点、分析研究，以及对在实际生活中应用的意义和理论与实践相结合的价值进行比较和预测。

(2) 指示性摘要 (indicative abstract)。

指示性摘要通常只摘录论文主题，有时只报道一个结论，不具体介绍研究方法与结果，其篇幅较短，一般在 100 个汉字或 150 个单词以内。撰写英文的指示性摘要需要使用一般现在时或现在完成时进行表达。

(3) 报道/指示性摘要 (informative-indicative abstract)。

报道/指示性摘要是指把文献的主要部分写成报道性摘要，而将其次要部分写成指示性摘要，此类摘要的篇幅介于报道性摘要和指示性摘要之间。

3. 撰写摘要的步骤

摘要是一种特殊的陈述性短文，其书写步骤与文章正文有所不同。通常在论文完成之后再撰写摘要，但也可以提前撰写摘要，然后在写论文的过程中不断地修改摘要。

首先，根据论文的目的、方法、结果和结论四个要素，全面阅读论文并仔细整理其中的重要内容。特别关注每一段的主题句和论文结尾的总结部分，保留摘要所需的核心信息和要点。

其次，检查这些信息是否能够完整、准确地回答上述四个要素所涉及的问题，并确保语句简明扼要。如果信息不足以回答这些问题，则重新阅读论文并摘录相应内容进行补充。

最后，将这些分散的信息组织成符合语法和逻辑规则的完整句子，进而构建连贯的短文。通读所写的摘要，并进行反复修改，以满足摘要的要求。

三、引言的撰写方法

引言又称前言、序言、绪论，一般只介绍论文总纲，起到定向引导的作用，长度约占正文的 1/10～1/8，字数不宜过多。

1. 引言的写作内容

引言的写作内容包括以下三个部分：(1) 对研究背景进行综述，即概述本项工作的研究或观察所依据的理论基础。提供简明扼要的理论或研究背景，并列举与之相关的重要文献。(2) 指出当前研究存在的问题，阐明进行此项工作的动机和必要性。说明为什么需要着手解决这个问题，以及这个问题的重要性。(3) 阐述研究的目的，明确与其他研究观点的差异。说明本研究的独特性，并明确所追求的具体目标或研究思路。同时，引言要与结果讨论部分形成呼应关系，因此撰写引言和结果讨论部分可以按照相互呼应的提纲进行撰写。

2. 引言写作的注意事项

引言写作的注意事项包括：(1) 在论文中，需要对使用的专门术语或缩写词进行解释或定义，以协助编辑、审稿人和读者更好地阅读和理解。(2) 在引用文献时，应选择“最相关”的文献来引导读者。不应有意回避引用最重要的相关文献，同时也要避免过度引用作者本人的文献。在选择引用文献时，要进行权衡，并确保选择具有代表性和权威性的文献。(3) 在叙述前人工作的不足之处时，需要谨慎并留有余地，并突显自己研究的创新。避免使用诸如“首次提出”“重大发现”等词，而是采用更谨慎和客观的表述。这样可以避免夸大和过度宣扬，并展示自己研究与前人工作的差异和独特之处。

四、主体部分的撰写

主体部分一般由具有逻辑关系的多个章节构成，如材料与方法、结果和讨论等内容，均可以独立成章。论文主体的文字表达应该做到题文相符、结构严谨、符合逻辑、用词准确、语言通顺。论文涉及的编号、量和单位、插图、表格、数字、数学式、注释、科学技术名词的表达，均应符合规范性引用文件的规定。

1. 材料与方法的撰写

材料与方法部分只叙述使用的材料、采用的方法，不必做任何解释。

（1）材料部分的撰写。

作者需要对本论文涉及的研究工作中使用的材料的性质、质量、来源，材料的选取与处理等加以详细的说明，以方便同行科研人员重复实验、验证本论文结果。

实验研究型论文的材料部分应包括以下内容：实验研究对象、所使用的试剂和试样（需注明制造厂商或提供单位、规格等）、使用的实验仪器和设备（需标明制造厂商、出厂年份、型号等）。调查研究型论文的材料部分应包括以下内容：调查对象（包括总体标准、调查数量、地区、分组情况等）、调查指标。

（2）方法部分的撰写。

方法部分又称为实验过程或操作步骤，主要包括观察或调查的目的、时间、地点、方式和方法。方法部分需要描述作者所进行的具体操作和实验过程。在描述方法时，需要清楚交代具体的实验方法、观测指标、对照设置、数据处理方法等。

针对具体的实验方法，根据情况可以采取以下方式：一是使用众所周知的方法，只需指出方法名称和参考文献即可。二是对原有方法进行修改而提出的方法，则需提及方法名称，说明修改的部分，并解释为什么进行了修改。三是采用他人的方法（非常规方法），需要对该方法进行简要介绍并引用参考文献。四是使用作者自行设计和创造的新方法，应进行详细的描述和说明。除实验方法外，如包含分组设计及对照设置，应说明具体分组方法、设计方法、设置何种对照、每组数量等；如包含观测指标，应说明指标名称、测试方法和使用的仪器等；如涉及数据处理和统计方法，应指明采用的软件和数学处理方法。

在叙述实验方法时，也可以详细介绍实验的仪器、设备、条件，以及实验过程中出现的正常或异常现象及问题等。

2. 结果部分的撰写

论文中一般以文字、插图、表格、照片来表达结果。结果部分对实验或观察结果进行高度概括和提炼，应该简明扼要。通常按照逻辑顺序描述或总结重要的观察结果，并通过分段和小标题使得结构清晰。

结果部分仅描述作者在本次实验中的研究结果，不应混入之前的数据或他人的数据，也不包含研究者的评论、评价、分析和推理。在结果部分，需要写明成功的经验，并真实反映失败的教训和不足之处。结果部分的撰写顺序一般根据“材料与方法”中的观测指标逐项叙述，与“材料与方法”相呼应，并以文字、插图、表格、照片来表达结果。结果部分所包含的数据表达可采用文字与图表相结合的形式，要尽可能列出实验的原始数据，而不能只报道统计处理后的数据。

3. 结果部分的插图与表格

（1）插图与表格的编号。

插图、表格等一律用阿拉伯数字分别依序连续编号。一般按出现先后顺序全文统一编号，例如：图 1、图 2、表 1、表 2 等。只有 1 幅插图或 1 个表格时，应编为“图 1”“表 1”。

(2) 插图。

插图是论文重要的组成部分，包括坐标曲线图、构造图、示意图、框图、流程图、记录图、地图、照片等。插图应具有自明性、简明性、科学性和艺术性。图的大小适当，图中文字清晰可见，其编排应符合 CY/T 171 的规定。

插图应有图题，置于图编号之后，并空 1 个汉字的间隙。图编号与图题需要居中置于图的下方。必要时，可有简明的图例、图注或说明，图注和说明为多条并需编序号时，宜采用阿拉伯数字加后半圆括号或圈码，置于被标注对象的右上角。插图应当放置在首次提及该图编号的正文之后，先见文字后见图。由几个分图组成的插图，如果需转页接排，可在所有分图都排完之后排图编号、图题。

(3) 表格。

表格是论文重要的组成部分，应具有自明性、简明性、规范性和逻辑性，其编排应符合 CY/T 170 的规定。

表格应该包含表题，位于表编号之后，并留出一个汉字的空隙。表编号和表题应在表格顶线上方居中排列。如果需要，可以使用简练的文字对表格中的符号、标记、代码以及需要说明的事项进行解释，作为表格备注置于表的下方。表注为多条时，需要编序号，应当采用阿拉伯数字加后半圆括号或圈码，置于被标注对象的右上角。

表格应有表头，表头中不准许使用斜线。表格的编排，宜将内容和测试项目由左至右横排，数据依序竖排。表头栏目的标注应正确、齐全，表格中内容相同的相邻栏或上下栏，应重复写出，或以通栏表示，不应用“同左”“同上”等字样代替。表身中的空白表示无此项或未测量，“—”表示测量过而未发现，“0”表示实测结果为零（当“—”可能与代表阴性相混时，可用“…”代替）。

表格宜紧置于首次提及该表编号的正文之后，先见文字后见表。如果某个表格需要转页接排，则应在随后接排该表的表格上方加“表 X（续）”或“续表”字样，续表应重复表头。

4. 讨论部分的撰写

讨论部分是论文中最具创新性和严谨性的部分，通过理论分析和综合实验、调查或观察结果，对研究进行深入探讨。讨论部分的目标是通过逻辑推理和理论分析，提出科学的结论，解答以下两个问题：“为什么会得到这样的结果”和“这样的结果意味着什么”。

(1) 讨论部分的基本内容。

讨论部分应撰写以下内容：1) 对结果提出说明、解释或猜测；2) 根据已有的实验结果，推导出一定的科学结论或推论；3) 与前人类似的实验结果进行比对，或验证与相关理论的吻合程度并作相应解释；4) 指出研究结果的理论意义，支持或反驳相关领域中现有的理论，或对现有理论予以修正；5) 指出论文的实际应用价值；6) 指出目前研究的局限性以及这些局限对研究结果的影响；7) 建议进一步的研究题目或方向。

(2) 讨论部分撰写时的注意事项。

在撰写讨论部分时，需要注意以下要点：1) 对论文结果的解释要着重强调，保持简洁和清晰；2) 重点讨论本研究的重要发现以及由此得出的结论，避免过多重复引言或结果中的数据和资料；3) 推论必须符合逻辑，避免得出实验数据无法支持的观点和结论；4) 讨论部分应突出重点，围绕核心问题进行讨论，可以使用几个小标题来分别进行讨论，以提高层次清晰度；5）在描述实验结果和讨论时，必须说明现象发生的原因和机制，以加深对研究结果的理解；6）在表达结果的科学意义和实际应用时，务必实事求是，在提出或总结观点时，适当留有余地，不过度夸大或过分简化问题；7）讨论不宜过长，通常占全文的1/3～1/2；8）在讨论部分的最后一般可引出论文的重要结论。

5. 结论部分的撰写

结论部分是论文从实验或观察结果中抽象概括出来的判断，它要回答论文立论时建立的假设是否正确，从而对该研究所提出的问题作出解答。撰写结论部分需要帮助读者快速了解文章的核心要义、核心结论。结论的撰写可与引言和讨论等部分相呼应，同时与摘要、正文各部分的基本观点相一致。

（1）结论部分的基本内容。

结论部分包含如下基本内容：1）作者本人对研究的主要认识、结果或论点、依照科学和逻辑推导出的最终科学结论；2）总结性地阐述本研究结果可能的应用前景、研究的局限性及需要进一步深入的研究方向。

（2）结论部分的撰写要求。

结论部分的撰写要求主要包括：1）结论应简明扼要，精练完整，一般为一个完整的自然段；结论部分不宜过长，字数一般控制在100～300字；2）在实验结果中，不能将不确定的内容写入结论部分；3）结论应当观点鲜明，必须基于可靠的数据、可靠的逻辑推理和肯定的证据进行撰写，不能使用模棱两可的词汇，如“可能”“大概”等；4）结论中不应涉及新的实验结果或事实；5）结论应单独撰写，应避免与摘要部分简单重复，也不能简单地重复引言、结果或讨论等部分的已有内容；6）结论部分应与全文各部分的基本观点一致，不应出现自相矛盾的论点。

五、论文撰写的其他注意事项

为使论文条理清晰，易于辨认和引用，章、节、条、款、项、段以及插图、表格、数学式等的编号方法应符合CY/T 35的规定；论文中使用量和单位的名称、符号、书写规则都应符合GB 3100、GB/T 3101、GB/T 3102的规定；数字用法应符合GB/T 15835的有关规定；数学式的书写应符合GB/T 3102.11的规定；注释的标注应符合CY/T 121的规定；科学技术名词的使用应符合CY/T 119的规定。此外，学术论文的格式也需按照所投稿的期刊杂志的格式要求进行撰写。

第2节 综述论文撰写方法

一、综述论文概述

1. 综述论文的含义

综述论文（review paper）是学术界中一种重要的学术论文类型，它主要是对某一特定领域的研究进展进行总结、归纳和评价，提出对该领域未来发展的建议和见解。综述论文的研究对象是一个领域，而不是一个具体的研究问题，具有高度的综合性和评价性。因此，综述论文对研究领域内某一方面的研究状况进行详尽综合的论述和总结，是一种语言精练、结构严谨、思想深刻、理论完整的学术论文。

2. 撰写和阅读综述论文的意义

综述论文通常是对现有的各类文献进行综述，对应的英文为 review、survey、overview 等，篇幅较短的也可以称为 minireview。综述是在对某研究领域的文献进行广泛阅读和理解的基础上，对该领域研究成果的综合和思考，是一种概括和评价现有文献的方法。

综述论文不仅可以评估现有的研究，也可以总结归纳出该研究领域目前存在的问题，并为进一步的研究提出新方向。综述论文可以提供该研究方向的主要参考文献列表，阅读综述论文可以帮助读者快速了解该领域最新文献和最新进展。在进行开题报告之前，本科生和研究生都需要大量阅读综述论文，快速而全面地了解课题。

3. 综述论文的分类

根据论文长度，综述论文可以分为小综述（minireview）和大综述（full review）。小综述的内容简洁，在字数和引用文献数量上有限制，通常只包括最近几年的研究进展。小综述通常不会详细列出研究进展的细节，大综述则可以包括一些研究进展的详细内容，并列出一系列文献供有兴趣的读者进一步阅读。

根据论文内容和写作形式，综述论文可以分为描述性综述（descriptive review）和整合性综述（integrative review）。描述性综述侧重于介绍方法、进展及其解释，整合性综述则着重于研究思想和概念，基于对大量文献的总结得出总体结论。

根据论文所综述的文献范围，综述论文可以分为叙述性综述（narrative review）和系统性综述（systematic review）。叙述性综述对文献的选择较为主观，一般由其作者确定所选文献的主题和范围，并以作者的视角和思路进行综合叙述，得出较为定性的结论。系统性综述对文献的选择则较为客观，一般基于某一主题设置纳入和排除文献的范围，穷尽现有已知的信息和文献数据，最大限度地减少主观因素和偏见，同时还会使用整合分析等常用的数据分析方法得出较为定量的结论。

以上各种综述类型之间并没有明确的界限，选择时需要根据问题、文献、作者和期刊等因素进行灵活决策。

4. 综述论文的内容

综述论文正文通常包含五个方面的内容：（1）该领域研究的重要性和意义；（2）该领域的研究背景、历史和发展脉络；（3）目前的研究水平、最新成果、存在的问题和可能的原因；（4）需要深入研究的课题和未来发展方向概述；（5）作者对该领域研究的观点和感受。

5. 综述论文的特点与难点

首先，综述论文以综合叙述的语气撰写，全面系统地介绍学科或专业领域发展来源、规律和趋势，写作内容以汇集文献为主，对于一些较为专业的知识点辅以注释，总体而言在内容上没有太多的创新性。其次，综述论文一般以“述”为主，以“评”为辅，它通常只是作者对原始文献进行的客观分析，而不作过多主观的评论。但是，综述论文不只是原始文献的罗列，作者可以凭借自己的学识和判断力对某一领域的研究作出综合性的介绍，这是体现作者归纳思路的创造性的研究成果，是一种很有价值的科技信息。

就综述论文而言，“综”的难度并不太大，作者只需根据大量文献的归类、提炼和概括即可完成。然而，“述评和分析”则是决定综述质量的关键因素。作者需要结合自身的理论水平和专业基础，以及分析问题和解决问题的能力，在对问题进行合理剖析的基础上，提出独特的见解，对学科领域的发展作出贡献。

二、综述论文的写作步骤

1. 撰写综述论文

一般按照以下步骤进行写作：

（1）确定综述的研究方向：明确研究领域和研究方向，确定综述的写作范围和内容。

（2）收集资料：通过各种渠道，例如图书馆、在线数据库、网络搜索引擎等，收集所需文献资料。

（3）阅读文献：仔细阅读每一篇文献，对所收集的文献资料进行筛选，挑选出该研究方向有意义的文献资料。

（4）分析文献：对已经筛选出的文献资料进行分析，把它们归纳为几个小的主题分类。

（5）整理结果：将上述分析的结果按照一定的逻辑和结构进行整理和排序。

（6）开始写作：按照一定的格式，开始写作综述论文。内容应包括引言、文献概述、分析和结论等。

（7）修改与完善：修改完成后的论文，检查语法、拼写、格式等错误，确保论文内容完整、准确且易于读者理解。

（8）列出全部参考文献：完整列出所有参考文献，并确保资料来源的准确性。

2. 综述论文的选题

综述论文的选题一般需要具有科学性和一定的延展性。科学性是指选题为亟待解决的课题、科学上的新发现新创造、学科上短缺或空白的填补、通行说法的纠正、前人理论的补充等。而延展性指的是作者对本研究方向有浓厚的兴趣，能发挥业务专长，选题范围大小适中，较易获得文献资料，在一定时间内能完成。

综述论文选题一般遵循以下原则：

（1）属于作者感兴趣的领域，该领域研究比较活跃，近期出现一些新的研究论文，或出现新的亟待解决的问题。

（2）该领域对于学科发展是非常重要的，参考文献较多，潜在读者群体比较专一，或者读者群体数量比较大（这两者并不矛盾）。

（3）有非常明确的主题，太宽泛的综述对于读者的帮助不大。选择文献综述的主题范围可以大也可以小，可以涵盖整个领域或学科，也可以限定在某个方法或理论上，具体取决于研究需求。对于初次撰写文献综述的人来说，建议选择较小的题目，查阅的文献数量相对较少，便于整理和归纳。如果选取的题目范围过大，需要花费较多的时间来查阅文献，同时整理和归纳的过程也会更加困难，最终可能导致综述的篇幅过长或内容与主题不符。

3. 文献的检索、阅读、分析和整理

确定综述题目和方向后，作者可以开始收集和研读文献，凡是与课题有关的资料都应该

收集，要在多种不同数据库中检索，确保准确而全面，还要留意相关文献被引用的情况。

检索文献需要做到以下几点：

（1）记录检索的过程，以便可以重复检索。

（2）对于暂时找不到原文全文的文献，要记下题目、作者和期刊，之后再通过其他方式获取。

（3）建议使用文献管理系统，如 EndNote 等。

（4）尽早确定所查询得到文献的取舍标准。

这一标准，也就是文献检索涵盖的范围，与上述选题部分相呼应，同时也可以在综述中作出相应介绍。

（5）在撰写综述时，不仅要仔细阅读最新的研究论文，还应该关注之前的综述。

即使在某个领域已经存在相关的综述，也不要轻易忽视，可以考虑在自己的综述中讨论之前综述中的研究方法、不足和结论。同时，努力发现之前综述未涉及或讨论不够深入的方向，并整合新的研究成果，以完善自己的综述。

（6）综述写作的目的是指出现有研究中的不足和未来的研究方向，因此需要重新评估一些很久以前的文献，即使这些文献很少被引用。

在撰写综述时，需要综合考虑新旧文献，以确保综述的全面性和准确性。文献资料检索完成之后，需要整理这些文献，也就是将散乱的文献资料条理化，使之具有逻辑顺序和可用性。一般在阅读文献时可以做电子读书笔记。读文献时，最好能将重要的内容和自己的想法记录下来，有了文献阅读笔记，再进一步撰写正文就比较容易。文献阅读笔记需要用自己的语言记录，避免直接复制原文中的句子。笔记要写清楚文献的作者、论文发表年份、论文题目等，方便随时查阅全文。

三、综述论文的结构和修改与完善

1. 综述论文的结构

综述论文通常包含以下几个部分：

（1）题目。

论文题目是一篇论文内容的高度概括，它有助于选定关键词和编制题录、索引等二次文献，题目还可以提供检索需要的特定实用信息。综述论文的题目必须准确得体、简短精练、醒目、外延和内涵恰如其分。

（2）摘要。

摘要应包含三个方面：1）综述论文所涉及的主要研究内容、领域与方向；2）该研究的主要目标和重要性；3）获得的基本结论和该结论的意义，突出本综述论文的新见解。

（3）关键词。

关键词是从论文中选取出来的用以表示全文主要内容信息的 3～5 个重要的单词或术语，以便于读者检索。综述论文的关键词应当与所撰写的研究内容、领域、方向高度一致。

（4）引言（前言）。

引言部分需要介绍综述论文的背景、目的和意义，要有清晰的逻辑，同时要传递最重要信息。引言部分对研究的课题进行简要概述，并陈述写此综述的理由，即必要性，或指出所述问题具有普遍性或典型性。引言的具体写作内容包括：研究的理由、目的、背景、起始，前人的主要工作和知识空白，理论依据和实验基础，小领域在相关大领域里的地位、作用和意义。有时也需要包括对前人已撰写的该领域综述文章的介绍。

（5）综述方法。

综述方法部分需要介绍文献检索和内容整理的方法和过程，包括文献收集、读取、分析等。例如，介绍用了哪些数据库，用了哪些检索关键词，检索的时间范围等。

（6）文献综述（正文）。

文献综述部分是综述论文的主体，即综述已有的文献，对研究的课题进行全面的评述，该部分的格式没有固定的规定。正文的撰写顺序可以根据年代顺序，也可以根据不同的问题或观点。对所收集到的文献资料按照顺序进行归纳、整理和分析比较，以阐明主题的历史背景、现状、发展方向以及对这些问题的评述。在正文部分，需要特别注意引用和评述代表性强，具有科学性、创造性和突破性的文献。

为了使综述的结构更清晰，可以绘制一个流程图，确定各部分的内容，分别进行撰写，然后将各部分有机地串联起来。流程图不仅对于撰写综述非常有用，也可以作为综述的一部分，它能够吸引读者的兴趣，还能引导读者阅读，帮助读者更好地理解综述的内容。

（7）结论、建议与总结。

结论部分要对研究的课题进行总结，得出有意义的结论。建议部分是根据结论提出对今后研究的建议和指导意见。在综述论文的结尾还需要对研究的课题进行总结。

（8）参考文献。

按照期刊规范格式列出全部参考文献，其作用是：1）能反映出真实的科学依据；2）体现严肃的科学态度，分清是自己的观点或成果还是别人的观点或成果；3）对前人的科学成果表示尊重，同时也可以指明引用资料出处，便于追溯和检索。

总体而言，综述论文的结构应该清晰、严密、层次分明，以便读者能够清晰地理解研究的课题。

2. 综述论文的修改与完善

综述论文和研究论文一样，都需要经过审稿和同行评议。在撰写综述时，由于涉及内容广泛，容易出现一些错误，审稿人也经常发现综述稿中表达模糊、不准确或前后不一致的地方。因此，在投稿之前，需要仔细检查稿件中的字词、语法等错误。此外，可以先将写好的稿件发给同事或合作者，征求他们的意见。获取不同合作者的反馈对于有争议的观点非常重要，通过修改可以进一步提高综述论文的质量。需要注意的是，综述论文的撰写、发表、被数据库收录，需要几个月甚至更长的时间。因此，当稿件投出时，所引用的文献可能已经过时，在稿件修改阶段需要继续增加新发表的文献，以涵盖最新的研究进展。

第 3 节 SCI 论文投稿——以 ACS 出版社期刊为例

目前绝大多数 SCI 期刊都使用网络投稿系统来接收论文投稿，每一本期刊都有投稿指南。在论文投稿前，必须仔细阅读所投期刊的投稿指南，了解期刊接收稿件范围，了解该期刊的投稿系统如何操作。下面以美国化学会（ACS）出版社为例，介绍一下 ACS 旗下 SCI 期刊的论文投稿的一般步骤。

1. 寻找投稿官方网站

找到投稿官方网站，例如，ACS 的投稿网址是 https://acs.manuscriptcentral.com/acs。寻找期刊或出版社的投稿网站，一般从该期刊或所在出版社的官方网站进入。例如，进入 ACS 出版社的 *Journal of the American Chemical Society*（*JACS*）杂志主页，如图 11－1 所示，找到期刊首页界面内的“Submit Manuscript”，点击之后就进入了该期刊的投稿网站。

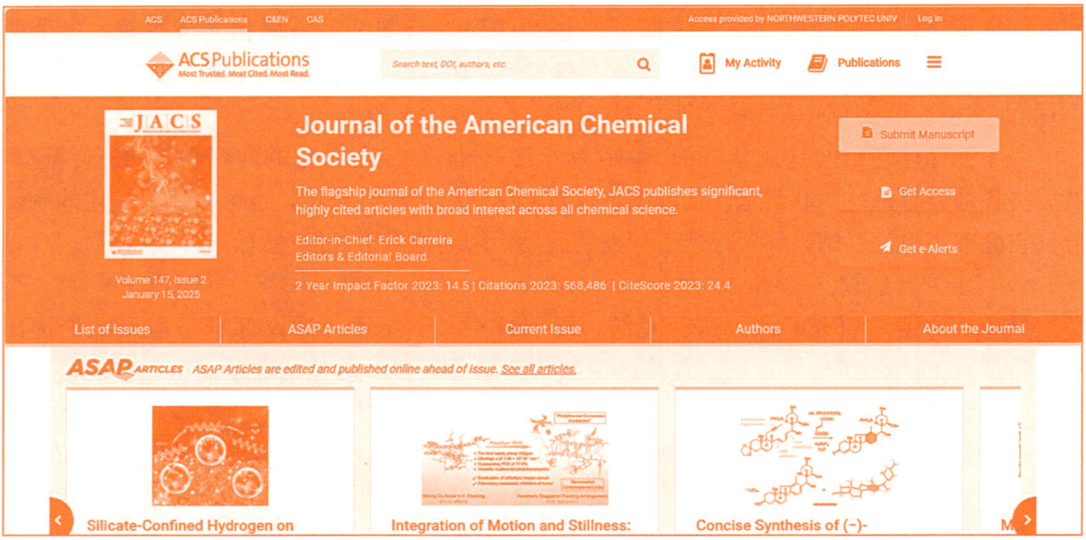

图 11－1 *JACS* 杂志主页

2. 登录 ACS Publishing Center 投稿系统

需要登录网站投稿系统才能进行投稿。如果还没有该系统登录账户，请先注册账户；如果已经有注册账户，则使用账户和密码直接登录该投稿系统，如图 11－2 所示。

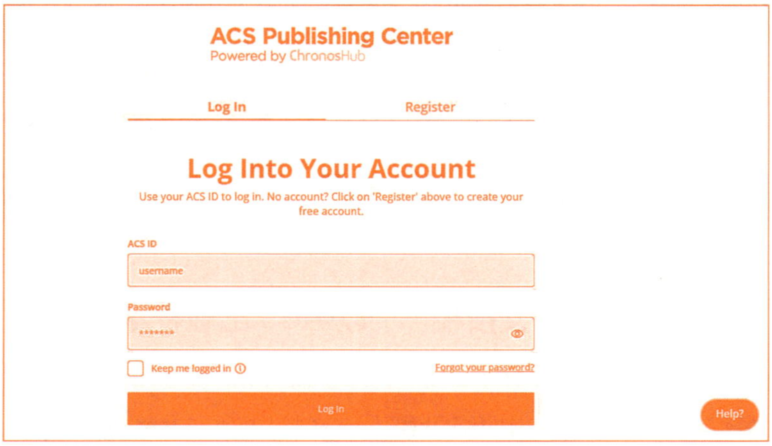

图 11－2 ACS Publishing Center 投稿系统登录界面

3. 选择投稿期刊

该出版社同时出版发行若干种期刊，投稿前需要选定计划投稿的目标期刊，如图 11-3 所示，在检索框中输入想要投稿的期刊名，或在页面中直接选择目标期刊，例如 *JACS*，选中之后即可进入所选期刊的投稿界面。

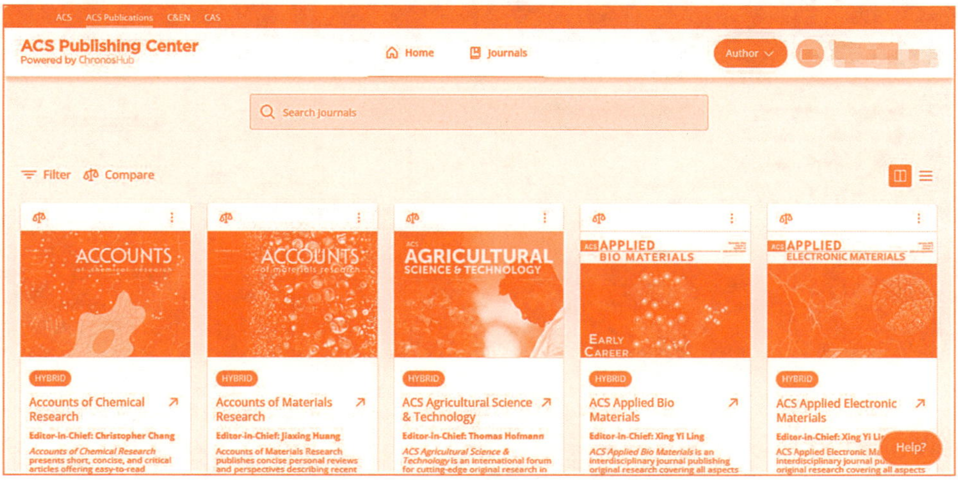

图 11-3　ACS Publishing Center 投稿系统投稿初始界面

4. 选择文章类型

界面如图 11-4 所示，选择文章类型（Type），例如：Additions and Correction（论文增补和修正）、Article（研究论文全文）、Comment（评论）、Letter（快讯论文）等。

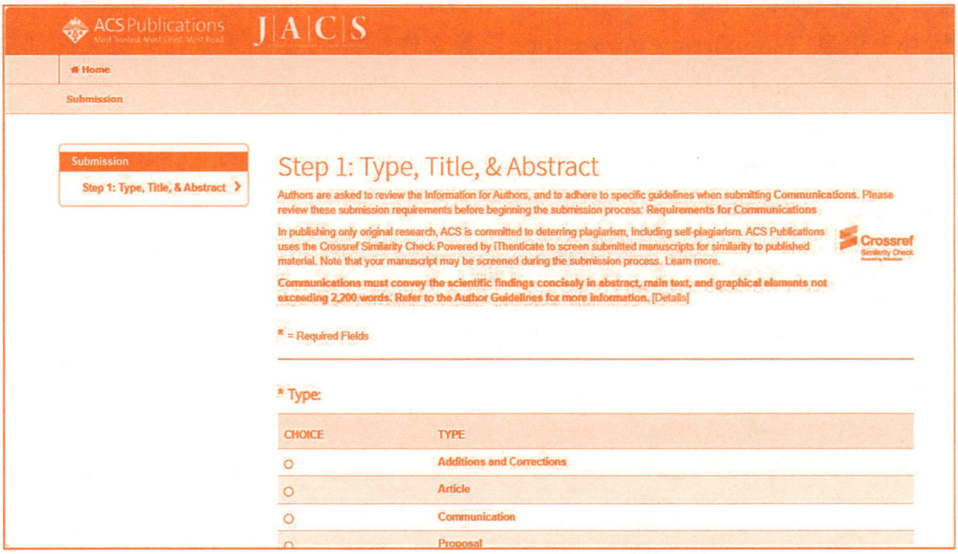

图 11-4　ACS Publishing Center 投稿系统选择文章类型界面

5. 填写论文题目摘要

按照网站提示，一步一步操作，填写论文的题目和摘要（须与论文正文保持完全一致)，如图 11－5 所示，有时须确认文章接收后是否同意以 Just Accepted 形式发布在期刊网站上。该界面下的所有内容都填写确认之后，点击“Save & Continue”。为了防止断网、电脑死机等突发状况的出现，建议在投稿过程中每次填入相关内容后都点击“Save”，及时保存所填内容。

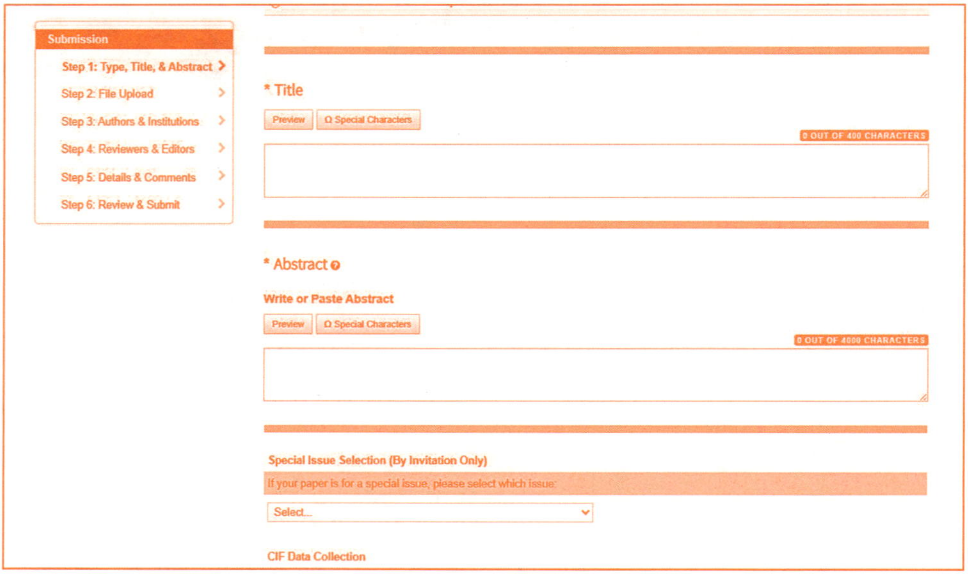

图 11－5　ACS Publishing Center 投稿系统填写题目和摘要界面

6. 上传全文文件

论文基本信息填写完成后，如图 11－6 所示，上传论文正文全文（manuscript)、支撑信息/补充信息（supporting information）等文件，特别注意每个上传的文件都要选择它所对应的类型。全部上传好之后，点击“Save & Continue”。

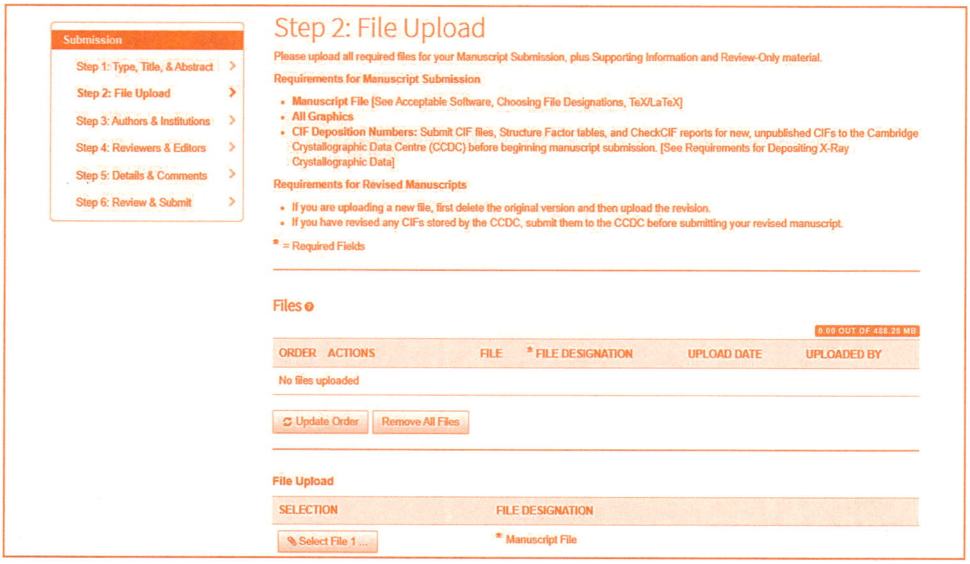

图 11－6　ACS Publishing Center 投稿系统文件上传界面

7. 填写作者信息和研究单位

如图 11－7 所示，通过电子邮箱地址逐个添加论文的作者，如果作者在该投稿系统中有注册信息，则直接通过电子邮件检索出作者的信息，系统会自动填入。如果无法查找到该作者，则需要填写作者单位和地址等信息。在该界面下，可以调整作者顺序，请务必严格按照论文原稿中的作者排序填写，所有作者信息都填写之后，点击“Save & Continue”。

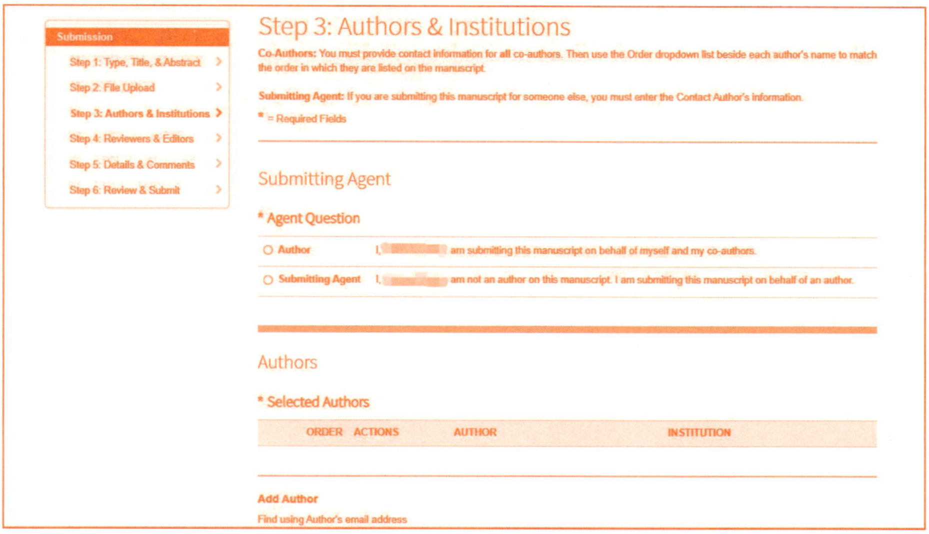

图 11－7 ACS Publishing Center 投稿系统填写作者信息界面

8. 添加推荐审稿人和编辑

如图 11－8 所示，添加推荐审稿人（Preferred Reviewers）和编辑（Editors），确保名字和邮箱准确。此处填写的审稿人和编辑信息仅供期刊编辑部参考，编辑部不一定会采纳。以上都填好之后点击“Save & Continue”。

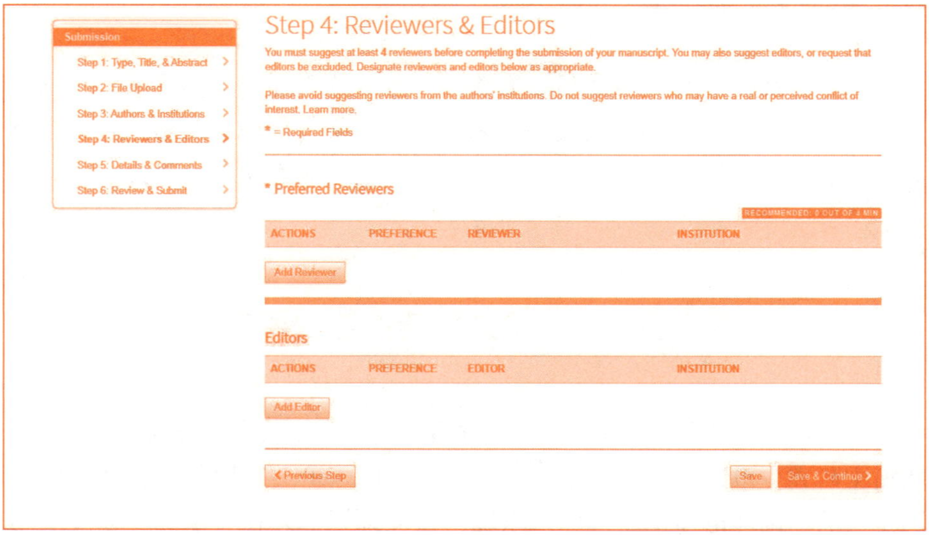

图 11－8 ACS Publishing Center 投稿系统填写推荐审稿人和编辑信息界面

9. 填写投稿信等信息

如图 11-9 所示，填写并上传投稿信（Cover Letter），然后填写支持本论文研究的基金（Funding），包括基金号码，且与论文致谢部分填写的基金项目一致。确定文章被拒之后是否接受转投（transfer），也就是说，如果文章被该期刊拒稿，编辑会发邮件要求作者确认系统可否直接将所投的稿件转投至 ACS 旗下的另外一个期刊，无须作者重新投稿，该选项对稿件是否接受并没有影响。还需要确定作者之间有无利益冲突，确定是否引用了未正式发表的参考资料等。如果之前投过同一期刊或者 ACS 的其他期刊，要在系统中作出说明，并在 Cover Letter 里面说明你做了什么改进。此处严格按照要求填写确认即可，不要隐瞒论文的投稿历史。以上全部填写好之后，点击“Save & Continue”。

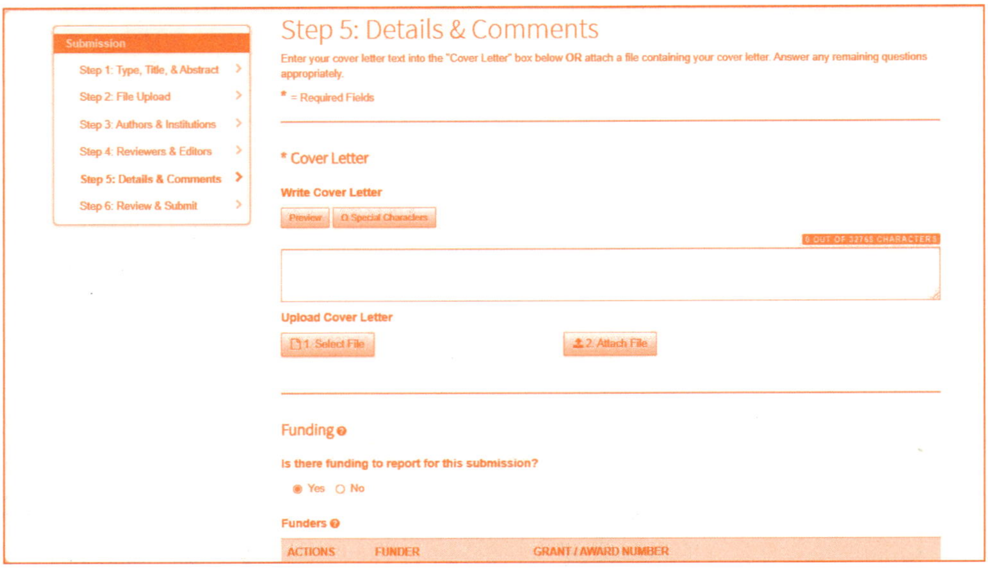

图 11-9 填写 Cover Letter 等信息的界面

10. 生成投稿论文草稿 PDF 文件

投稿的每一步都按照要求完成后，需要投稿人在系统上生成投稿论文草稿（draft）的 PDF 文件，并仔细检查所有填写的内容和生成草稿文件的内容与格式，如果有需要修改的内容，则点击“Edit”进行修改，如所有信息和内容确认无误，则点击“Submit”完成投稿。

第 4 节 学位论文的结构与撰写方法

学位论文（thesis 或 dissertation）是指作者提交的用于获得学位的文献。其中，博士论文是指博士研究生申请博士学位要提交的论文，博士论文表明作者在特定学科领域具备广泛而坚实的基础理论知识以及深入系统的专业知识，并在科学和专业技术领域取得了具有创造性的成果。这表明作者具备独立从事创新科学研究或承担专业技术开发工作的能力。硕士论文是指硕士研究生申请硕士学位要提交的论文，硕士论文表明作者在特定学科领域掌握了扎实的基础理论和系统的专业知识，对所研究的课题有新的见解，并具备从事科学研究或独立承担专业技术工作的能力。学士论文是大学本科毕业生申请学士学位要提交的论文。学士论文或设计应反映出作者具有专门的知识和技能，具有从事科学技术研究或担负专门技术工作的初步能力。

一、学位论文的基本要求

学位论文的撰写具有以下基本要求：

（1）学位论文的内容必须完整和准确。

学位论文通常使用中文或英文为主要撰写语言，如果使用其他语言撰写，需要提供详细的中英文摘要，同时配有中英文标题。

（2）学位论文应使用国家法定的计量单位，学位论文中使用的术语、符号和代号必须统一，并符合规范要求。

专业术语和缩略词在首次出现时应进行注释。

（3）学位论文中的插图和照片必须清晰完整，学位论文应使用 A4 标准纸（210mm×297mm），必须是打印、印刷或复印的。

（4）学位论文需要遵循学校或学术机构的具体要求和格式规范。

二、学位论文的组成部分

按照 GB/T 7713.1—2006《学位论文编写规则》，学位论文一般包括以下 5 个组成部分：前置部分、主体部分、参考文献、附录、结尾部分。

1. 前置部分

（1）封面。

封面（cover）是学位论文的外表面，对论文起装饰和保护作用，并提供相关的信息。学位论文封面应包括论文的主要信息，如论文题目、论文作者、指导教师，其他信息可由学位授予机构自行规定。学位论文封皮通常由授予机构统一印制，确保本单位论文封皮格式统一且规范。

（2）封二（可选）。

学位论文可有封二，封二包括学位论文使用声明和版权声明等，其内容应符合我国著作权相关法律法规的规定。

（3）题名页。

学位论文应当有题名页，题名页（title page）包含论文全部书目信息，单独成页。其主要内容包括：

1）中图分类号，即采用《中国图书馆分类法》或《中国图书资料分类法》标注。例如，中图分类号 G250.7。

2）学校代码，按照教育部批准的学校代码进行标注。

3）UDC，按《国际十进分类法》（Universal Decimal Classification）进行标注。可登录 www.udcc.org 进行查询。

4）密级，按 GB/T 7156 标注。

5）学位授予单位，指授予学位的机构，机构名称应采用规范全称。

6）题名和副题名。题名应以简明的词语准确地概括论文的最重要特定内容，长度一般不超过 25 个字，并提供中英文对照。题名通常由名词性短语构成，应尽量避免使用不常见的缩略词、首字母缩写、特殊字符、代号和公式等。如果题目内容非常复杂，难以简化，可以采用题名和副题名结合的方式，其中副题名用于补充和阐明主题。题名的选择应该能够准确传达论文的核心内容，吸引读者的兴趣，并符合学术规范和要求。

示例 1：斑马鱼和人的造血相关基因以及表观遗传学调控基因——进化、表达谱和功能研究；

示例 2：阿片镇痛的调控机制研究：Delta 型阿片肽受体转运的调控机理及功能。

题名和副题名在整篇学位论文中的不同地方出现时，应保持一致。

7）责任者，包括作者姓名、指导教师姓名、职称等。如责任者姓名有必要附注汉语拼音时，遵照 GB/T 16159 著录。

8）所申请的学位，包括申请的学位类别和级别。学位类别参照《学位授予和人才培养学科目录》及相关规定标注，包括以下门类：哲学、经济学、法学、教育学、文学、历史学、理学、工学、农学、医学、军事学、管理学、艺术学、交叉学科。学位级别参照《中华人民共和国学位法》的规定标注，包括学士、硕士、博士。

9）学科专业，参照国务院学位委员会颁布的《研究生教育学科专业目录》进行标注。

10）研究方向，指本学科专业范畴下的三级学科。

11）论文提交日期，指论文提交到授予学位机构的日期。

12）培养单位，指培养学位申请人的机构，机构名称应采用规范全称。

（4）英文题名页。

英文题名页是题名页的延伸，必要时可单独成页。

（5）勘误页。

学位论文如有勘误页，应在题名页后另起页。在勘误页顶部应放置题名、副题名（如有）、作者名等信息。

（6）致谢。

致谢对象包括：1）国家科学基金，奖学金基金，合作单位，资助或支持研究工作的企业、组织或个人；2）提供协助和便利条件的组织或个人；3）在研究工作中提出建议和提供帮助的人士；4）提供转载和引用权的资料、图片、文献、研究思想和设想的所有者；5）其他需要感谢的组织和个人。

（7）摘要页。

摘要页（abstract page）包含论文摘要、关键词和分类号等信息，并单独编页。摘要部分在学位论文中具有独立性和自含性，即使不阅读全文，读者也能获得必要的信息。摘要应包含与论文等同量的主要信息，以供读者判断是否有必要阅读全文，并可供二次文献引用。摘要一般应概括研究工作的目的、方法、结果和结论等内容，重点关注结果和结论。中文摘要通常在 300～600 字，外文摘要约为 300 个实词。根据特殊需要，字数可以适度增加。摘要中应避免使用图、表、化学结构式以及非通用的符号和术语。

每篇论文应选取 3～8 个关键词，以显著的字符单独起一行，并排在摘要下方。关键词应反映论文的特色，具有语义性，并在论文中有明确出处。建议采用《汉语主题词表》或各专业主题词表提供的规范词。为促进国际交流，应同时给出与中文关键词对应的英文关键词。

(8) 序言或前言（如有）。

学位论文的序言或前言通常是作者对论文基本特征的简要介绍。它可以包括对研究工作的起因、背景、主旨、目的、意义以及编写方式的说明，同时也可以提及论文在资助、支持和协作方面的经历。这些内容也可以在正文的引言（绪论）部分进行说明。

(9) 目次页。

目次（table of contents）指的是论文各章节的顺序列表，一般都附有相应的页码。目次页是论文中包含各章节标题的清单，其中包括引言（前言）、章节或大标题的序号和名称、结论或讨论部分、参考文献、注释和索引等内容。学位论文应当包括目次页，排在序言和前言之后，并另起一页。

(10) 图和附表清单（如有）。

论文中如图表较多，可以分别列出清单置于目次页之后。图的清单应有序号、图题和页码，表的清单应有序号、表题和页码。

(11) 注释表（如有）。

符号、标志、缩略词、首字母缩写、计量单位、术语等的注释说明，如需汇集，可集中置于图表清单之后，整理形成注释表。

2. 主体部分

学位论文的主体部分撰写的一般要求包括：(1) 主体部分应从新的右页开始，每一章应当另起一页；(2) 主体部分通常从引言（绪论）开始，以结论或讨论作为结束；(3) 引言（绪论）应包括论文的研究目的、方法和流程等内容；(4) 论文的研究领域历史回顾、文献回顾和理论分析等内容应独立成章，并用适当的文字进行详细叙述；(5) 主体部分涉及的学科、选题、研究方法和结果表达方式等差异较大，因此不能作统一的规定，但必须具备实事求是、客观真实、准备充分、逻辑合理、层次分明和简洁易读的特点。

学位论文主体部分可根据需要划分为不同数量的章、节。章、节的划分建议参照 CY/T 35。章、节编号全部顶格排，编号与标题之间空 1 个字的间隙。章的标题占 2 行。正文另起行，前空 2 个字起排，回行时顶格排。当然，具体排版格式还要参考学位授予单位对论文格式的详细规定，或者参考授予单位提供的学位论文格式模板，务必认真排版。

3. 结论

论文的结论是对整个研究工作的综合性的总结，而不是对正文各段小结的简单重复。结论部分应包括论文的核心观点，概述研究工作的局限性，并提出未来工作的建议。结论集中反映了作者的研究成果，表达了对所研究课题的见解和主张，是整篇论文的思想精髓。

结论部分一般包括以下内容：(1) 对整个研究工作进行归纳和综合，得出结论；(2) 将研究结果与已有结果进行比较；(3) 强调研究的学术意义、应用价值以及在实际中推广应用的可能性；(4) 提出在本课题研究中尚存在的问题，并给出进一步开展研究的建议和见解。

结论应该准确、完整、明确、精练地表达，通常篇幅较短。在某些特定情况下，如果学位论文无法得出确定的结论，也可以在结论部分进行必要的讨论。

4. 参考文献表

参考文献表是文中引用的有具体文字来源的文献集合，其著录项目和著录格式遵照GB/T 7714的规定执行。参考文献表位于正文之后，另起一页，所有被引用的文献都必须列在参考文献表中。如果正文中有未被引用但被阅读或提供补充信息的文献，可以集中列在附录中，其标题为“书目”。在使用著作-出版年制标注引文时，参考文献表应按照作者的字母顺序和出版年份进行排序。

5. 附录

附录是对主体部分的补充，但并非必需部分。以下内容可以作为附录编排在论文后面：（1）为了保持论文整体的完整性，但又不适合放在正文中以保持逻辑和条理性的材料。这些材料包括比正文更详尽的信息、对研究方法和技术更深入的描述，以及对理解正文内容有用的补充信息等。（2）由于篇幅过大或来源于复制品而不方便编入正文的材料。（3）不便于编入正文的罕见珍贵资料。（4）对于一般读者来说并非必需阅读，但对本专业同行具有参考价值的资料。（5）正文中未被引用但被阅读或具有补充信息的文献。（6）某些重要的原始数据、数学推导、结构图、统计表等。

附录应按照编号和标题的格式编排，每个附录通常需要另起一页。如果有多个较短的附录，也可以连续编排在一起。编号和标题应各占一行，并置于附录条文之上的居中位置。

6. 结尾部分（如有）

结尾部分可包含：（1）分类索引、关键词索引（如有）；（2）作者简历，包括教育经历、工作经历、攻读学位期间发表的论文和完成的工作等；（3）学位论文原创性声明；（4）学位论文数据集，由反映学位论文主要特征的数据组成。

7. 页码

学位论文的页码，正文和后置部分用阿拉伯数字编连续码，前置部分用罗马数字单独编连续码（封面除外）。

三、学位论文主体部分的撰写规范

1. 图

学位论文中的图包括曲线图、构造图、示意图、框图、流程图、记录图、地图、照片等，图应当具备自我解释的能力。图应该有编号，编号由“图”和从“1”开始的阿拉伯数字组成，如果论文中有多个图，可以按章节进行编号。每个图都应该有一个图题，即图的名称，位于图的编号之后，图的编号和图题应该放置在图的下方。对于照片图，要求主题和主要显示部分的轮廓清晰，以便于制版，照片应该包含一个标尺来表示目标物的尺寸。如果使用放大或缩小的复制品，必须清晰可见，并且具有适度的对比度。

2. 表

表应具备“自明性”，读者在不阅读正文的情况下能够理解其内容。每个表都应该有一个编号，编号由“表”和从“1”开始的阿拉伯数字组成，如果论文中有多个表，可以按章节进行编号。每个表都应该有一个表题，即表的名称，位于表的编号之后，表的编号和表题应该放置在表的上方。表的编排一般按照从左到右横向读取内容，建议采用国际通用的三线表格格式。如果某个表需要跨页排列，后续页需要重复表的编号，编号后跟表题（可省略）和“（续）”字样，续表应保持表头的重复。

3. 公式

在论文中，公式应另起一行，并缩进书写，与周围的文字明显区分开来。如果有多个公式，应按照从“1”开始的阿拉伯数字进行编号，并将编号放置在括号内，公式的编号应右对齐，并可以使用“…”连接公式和编号。如果论文中有多个章节，可以按章节对公式进行编号，当公式较长需要换行时，应尽量在“＝”或者“＋、－、×、/”等符号处回行。分数线的长度应等于或略大于分子和分母中较长的一方。在正文中书写分数时，应尽量将其高度降低为一行，如使用斜线“/”表示分数线，将根号改为负指数。

4. 引文标注

论文中引用的文献的标注方法遵照 GB/T 7714，可采用顺序编码制，也可采用著者-出版年制，但全文必须统一。

5. 注释

当论文中的字词或短语需要进一步解释说明，但没有具体的文献来源时，可以使用注释（notes）。在社会科学领域中，注释的使用较为常见。一般情况下，注释可以分散地记录在页脚（脚注），或集中记录在文末（尾注），或者分散记录在正文中。需要注意的是，在论文中应控制注释的数量，避免过多。由于论文篇幅较长，建议采用文中编号加上脚注的方式来处理注释，最好不要采用文中编号加尾注。注释的标注还应符合 CY/T 121 的规定。

6. 其他

论文中使用量和单位的名称、符号、书写规则都应符合 GB 3100、GB/T 3101、GB/T 3102 的规定，数字用法应符合 GB/T 15835 的规定，数学式的书写应符合 GB/T 3102.11 的规定，科学技术名词的使用应符合 CY/T 119 的规定。此外，学位论文的格式也需按照所在培养单位的具体格式要求进行撰写，使用相应的模板。

四、学位论文撰写的步骤

学位论文的撰写按照以下次序进行：

（1）与指导老师讨论，列出全文的撰写提纲。

（2）按照章节进行撰写，如绪论、实验方法、结果、讨论等。

（3）反复补充完善，仔细阅读并认真修改，形成初稿。

（4）初稿请指导老师及其他相关人员审阅，审核主要内容，提出修改意见。

（5）根据修改意见以及所在培养单位的格式要求进行认真严格的修改。

习题

1. 请简述学术论文的定义和结构。
2. 如何撰写学术论文的“讨论”部分？

学习资源

第 12 章 › 人工智能在文献检索与论文写作中的应用

第 1 节　人工智能在文献检索中的应用

随着学术研究的快速发展，文献检索已成为科研工作的重要环节。然而，传统的文献检索方法面临着信息过载、检索效率低下等问题。近年来，人工智能（artificial intelligence，AI）技术的快速发展为文献检索带来了新的机遇。人工智能是指通过计算机技术模拟人类智能行为的技术。人工智能技术，尤其是自然语言处理（natural language processing，NLP）和机器学习（machine learning，ML），能够帮助研究者更高效地检索、筛选和管理文献，从而提高科研效率。

本节首先介绍常规数据库搭载的人工智能搜索，该功能通常是在原有数据库基础上新增加的智能搜索功能，需要额外付费购买服务才能使用，这里仅做一般介绍。本节还会推荐一些具备人工智能的可以检索文献的网站或者软件，包括 Litmaps、Connected Papers、Elicit、Paper Search Agent（PaSa）、Inciteful 等。还有的人工智能既可检索文献，又可以辅助论文写作，例如 Kimi 人工智能、ChatGPT、DeepSeek、豆包 AI、秘塔 AI 等，本章第 2 节将重点介绍这些工具。人工智能方兴未艾，这些网站或者软件如雨后春笋般诞生，快速更新迭代，功能不断强大，也有的逐渐被淘汰出局。它们有些是免费试用，有些是付费使用。本章内容旨在抛砖引玉，启发读者善于学习，紧跟时代潮流，积极拥抱 AI 时代。

一、常规数据库搭载人工智能检索

1. 中国知网 AI 增强检索

中国知网的 AI 增强检索功能是其 2024 年推出的一种基于人工智能技术的检索优化功能，旨在提升检索的精准度、效率和用户体验。中国知网 AI 增强检索链接界面如图 12－1 所示，需要订购才能使用。

中国知网 AI 增强检索的主要功能及特点包括：

（1）智能语义检索。

AI 增强检索能够理解用户输入的检索词的语义，而不仅仅是简单的关键词匹配。它通过自然语言处理技术，分析检索词的上下文含义，从而更精准地匹配相关的文献。例

图 12-1　中国知网 AI 增强检索界面

如，用户输入“人工智能在医疗影像诊断中的应用”，系统不仅会检索包含这些关键词的文献，还会理解“人工智能”与“医疗影像诊断”之间的语义关系，检索出与该主题高度相关的文献，即使某些文献中没有完全相同的关键词组合。

（2）主题扩展与联想。

当用户输入检索词后，系统会自动联想与该主题相关的其他词汇、概念或主题领域，并提供扩展检索选项。这有助于用户发现更多潜在的有价值文献。例如，用户检索“新能源汽车”，系统可能会自动联想并提示“电动汽车”“氢燃料电池汽车”“新能源汽车电池技术”等扩展主题，帮助用户拓宽检索范围。

（3）智能排序与推荐。

AI 增强检索会根据文献的相关性、权威性、时效性等多个维度对检索结果进行智能排序。同时，系统还会根据用户的检索历史和行为模式，推荐与用户需求高度匹配的文献。对于同一检索主题，系统会优先展示与检索词语义最匹配、引用次数最多、发表时间较新的文献，帮助用户快速找到有价值的资源。

（4）多维度筛选与分析。

AI 增强检索支持多维度的筛选功能，用户可以根据作者、机构、期刊、发表时间、文献类型等条件进行精准筛选。同时，系统还会提供可视化分析工具，帮助用户快速了解检索结果的分布情况。用户可以通过筛选功能快速定位到特定作者或期刊的文献，或者查看某一时间段内的研究成果。可视化分析工具则可以展示文献的年代分布、机构分布、作者合作网络等信息。

（5）智能问答与辅助检索。

AI 增强检索功能还支持智能问答模式，用户可以通过自然语言提问，系统会直接回答问题并提供相关的文献支持。例如用户提问“中国知网中关于气候变化对农业影响的研究有哪些?”，系统会直接给出相关的文献列表，并可能对部分文献进行简要介绍。

（6）跨语言检索。

对于一些涉及多语言文献的检索需求，AI 增强检索可以支持跨语言检索，帮助用户快速找到不同语言的相关文献。

(7) 个性化检索体验。

AI 增强检索会根据用户的使用习惯和偏好，提供个性化的检索建议和界面设置。例如，系统会记住用户常用的检索词、筛选条件等，并在后续检索中提供相应的提示。

(8) 文献关联推荐。

AI 增强检索能够识别文献之间的关联关系，如引用关系、主题相似性等，并为用户推荐相关的文献。这有助于用户深入挖掘某一研究主题的上下游文献。

2. 超星发现的 AI 检索

超星发现的 AI 检索功能是基于超星汇雅大模型的检索增强生成技术（retrieval-augmented generation，RAG）实现的，具有以下特点和功能：

(1) 检索增强生成技术。

超星发现的 AI 检索利用检索规则从海量数据源中检索相关文献信息，将检索到的文字题录信息整合到超星汇雅大模型的提示词模板中，再传送到大模型中生成更准确的答案。这种方式不仅提供传统文献列表，还能帮助用户节省判断文献相关度的时间和精力。

(2) 文献综述生成。

用户输入检索词后，AI 检索可以生成包含研究背景、核心概念、研究现状、存在问题和未来展望等内容的文献综述。例如，检索“信息检索”时，系统会归纳总结出该主题的文献综述。

(3) 多语言支持。

AI 检索支持中英文生成。用户可以选择中文或英文模式，系统会根据选择生成相应语言的文献综述。

(4) 智能辅助功能。

具体包括：1）意图识别。用户可以输入自然语言长文本作为检索式，系统会自动分析并处理信息。2）词条释义。检索词的基本概念会显示在界面上，点击“更多”可跳转至词条详情界面。3）来源文献追溯。在生成的文献综述中，用户可以通过索引序号查看来源文献的详细信息，并跳转到文献卡片页。

(5) 导出功能。

用户可以将生成的内容导出为 PDF 文件，保存到本地或者学习通云盘，便于长期保存和使用。

(6) 用户反馈。

用户可以通过反馈按钮提交使用体验或改进建议，帮助系统不断完善。

(7) 多维度分面聚类。

超星发现还支持多维度分面聚类，用户可以根据语言、时间、文献类型、关键词、学科、作者、机构和地区等维度对检索结果进行筛选。

以检索“利鲁唑”为例得到检索结果如图 12－2 所示。该系统根据关键词“利鲁唑”生成检索结果，界面左侧是检索结果的大纲，中间是正文，内容类似于文献综述，右侧则是知识挖掘功能按钮，包括可视化分析、知识图谱、多主体对比、新方向、超星翻译、会议资讯等。界面还展示了与利鲁唑有关的知识关联。

图 12－2　超星发现 AI 检索结果界面

总体而言，超星发现的 AI 检索功能通过智能化手段，为用户提供了更加便捷、高效和精准的检索体验，助力学术研究和知识发现。

3. Web of Science Research Assistant

Web of Science 推出了基于生成式人工智能的检索工具——Web of Science Research Assistant（研究助手），旨在通过 AI 技术提升文献检索的效率和准确性。该功能需要付费购买才可使用。其核心功能包括：

（1）多语言自然语言检索。

用户可以使用多种语言进行自然语言检索，系统会根据语义理解检索需求，提供与研究主题相关的文献综述。例如，用户可以用中文或英文输入“人工智能在教育领域的应用”，系统会返回相关文献的汇总和分析。

（2）引导式提示与任务。

提供引导式提示，帮助用户改进问题陈述，从而获得更精确的检索结果。支持多种引导任务，如“了解主题”“文献综述”“查找期刊”等，帮助研究人员专注于真正需要的内容。

（3）数据可视化。

提供研究趋势图、主题图、共引网络等动态可视化工具，帮助用户从不同角度探索研究领域的动态。这些可视化工具能够揭示研究主题之间的联系，帮助用户快速掌握研究热点和趋势。

（4）文献总结与分析。

系统会根据检索到的文献生成简明的总结和分析，帮助用户快速了解核心概念和研究现状。例如，输入“风湿性关节炎”，系统会检索相关文献并生成文献概述。

（5）专家与期刊推荐。

用户可以查询特定领域的重要专家或适合投稿的期刊，系统会根据数据库中的数据提供相关建议。

总之，Web of Science Research Assistant 的数据来源可靠，通过检索增强生成技术提供高质量的回答，支持多种语言的查询，降低了语言障碍，方便全球研究人员使用。该功能可以在探索研究领域、文献综述、期刊选择、专家识别等多个使用场景中应用。Web of Science Research Assistant 通过 AI 技术，为研究人员提供了一种全新的文献检索和分析方式，可以极大地提高科研效率。

4. Scopus 数据库的 Scopus AI

Scopus AI 是一款基于生成式人工智能（generative artificial intelligence，GenAI）技术的智能搜索工具，旨在帮助研究人员更高效地进行文献检索和分析。订购该功能后，从 Scopus 主页选择“Scopus AI”标签，输入查询内容后点击“Enter”或选择搜索图标。经过检索，获得检索结果后，可以：1）查看引用文献。选择总结中的编号引用，查看参考文献的详细信息。2）获取可视化结果。选择“Visualize it”以可视化方式呈现搜索结果。3）拷贝结果。选择拷贝图标，将总结和引用文献复制到剪贴板。

以下是其主要功能：

（1）自然语言检索。

Scopus AI 支持用户使用自然语言进行查询，无论是完整的句子还是关键词，系统都能理解并生成相关的研究主题摘要。此外，Scopus AI 支持中文提问，并能自动将非英语提问内容转译为英文进行检索。

（2）智能检索优化（Copilot 功能）。

Copilot 功能结合了关键词搜索和向量搜索技术，能够智能分解复杂问题，优化搜索策略，并生成自然语言检索提示词和关键词检索式。这有助于用户更精准地获取文献，并降低检索门槛。

（3）研究主题总结。

Scopus AI 可以快速生成研究主题的简要总结和扩展总结，帮助用户快速了解研究领域的核心内容。每句描述都提供引用文献，确保信息的可溯源性。

（4）概念图谱（Concept Map）。

通过关键词生成互动式概念图谱，帮助用户从宏观角度了解研究主题及其与其他领域的关联。这种可视化工具可以揭示研究领域的知识框架。

（5）识别领域专家。

Scopus AI 能够快速识别某一领域的专家，并提供其专业领域的介绍。这有助于用户找到特定领域的权威研究者。

（6）新兴主题识别（Emerging Themes）。

该功能通过分析近两年的文献数据，识别新兴的研究主题和趋势。它为每个主题提供简要总结、参考文献和研究假设，帮助用户发现新的研究机会。

（7）核心文献定位。

Scopus AI 能够快速确定某一主题的关键文献，帮助用户把握最新学术研究进展。

(8) 进一步探索 (Go Deeper)。

Scopus AI 提供相关问题建议，帮助用户深入探索特定主题的不同方面。

二、其他人工智能检索工具

1. Litmaps 的功能与使用

Litmaps 是一款 AI 驱动的文献综述助手，旨在帮助研究人员、学生和学术工作者高效地完成文献检索、整理和综述工作。它通过引用网络自动化文献发现过程，使用户能够快速确定与其研究最相关的论文和作者。Litmaps 利用先进的自然语言处理技术，能够自动识别并建立文献之间的引用网络，并以可视化的方式展示文献间的关联。它提供免费的基础服务，也提供付费的高级功能，满足不同用户的需求。

(1) Litmaps 的主要功能。

1) 文献导入。支持从多个来源导入文献记录，如 PubMed、Web of Science、Scopus 等数据库，也可以直接上传 PDF 文件。

2) 自动提取引用关系。基于先进的自然语言处理技术，Litmaps 能够自动识别并建立文献之间的引用网络。

3) 可视化图表生成。生成交互式的文献地图，以图形化的方式展示文献间的关联，包括共引分析、关键词聚类等。

4) 种子地图 (Seed Maps)。用户可以从单一论文出发，生成一个文献地图，通过遍历引用网络，找到最相关的论文。

5) 发现 (Discover)。这一功能可以帮助用户快速扩展文献检索范围，发现更多相关论文。

6) 监控和提醒。通过电子邮件提醒用户所在研究领域的最新出版物，确保用户始终了解最新发现。

7) 协作共享。允许多个用户在同一项目上合作，方便团队成员之间分享文献资源和见解。

8) 集成写作环境。与 Overleaf (在线 LaTeX 编辑器) 深度集成，可以在同一个界面下完成文献查找、引用插入和论文撰写工作。

(2) Litmaps 的使用。

1) 创建账户与设置。访问 Litmaps 官方网站 https://www.litmaps.com/，首页如图 12-3 所示，注册一个新账号，登录后根据提示完善个人信息，选择适合自己的订阅计划。

2) 导入文献。在主界面上点击 Add Papers 按钮，选择要添加文献的方式，如从数据库检索、上传 PDF 文件或批量导入 CSV/Excel 表格。

3) 构建文献地图。当有足够的文献被导入后，可以开始制作文献地图。选择感兴趣的文献作为起点，系统会自动生成一张包含相关文献的网络图。用户可以通过调整参数 (如时间范围、主题领域等) 进一步优化地图布局。

4) 分析与解释。利用提供的工具栏对文献地图进行深入分析，例如查看特定文献的详细信息、探索共同作者关系、跟踪引用链等。

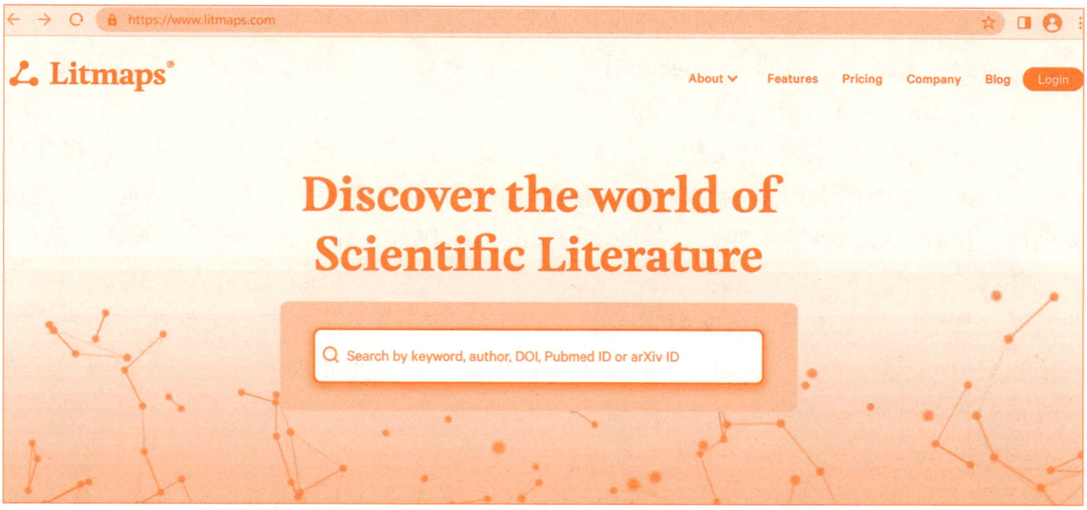

图 12-3　Litmaps 网站首页

5）协作与分享。邀请同事或其他合作者加入同一项目，在线实时编辑和讨论。将文献地图导出为图片或 PDF 文件，便于在报告或演示文稿中展示。

以检索“Riluzole”为例，得到的检索结果如图 12-4 所示，可以看到相关文献、文献引用次数、文献关系图谱等，此处不再详细介绍，读者可自行探索具体使用步骤。

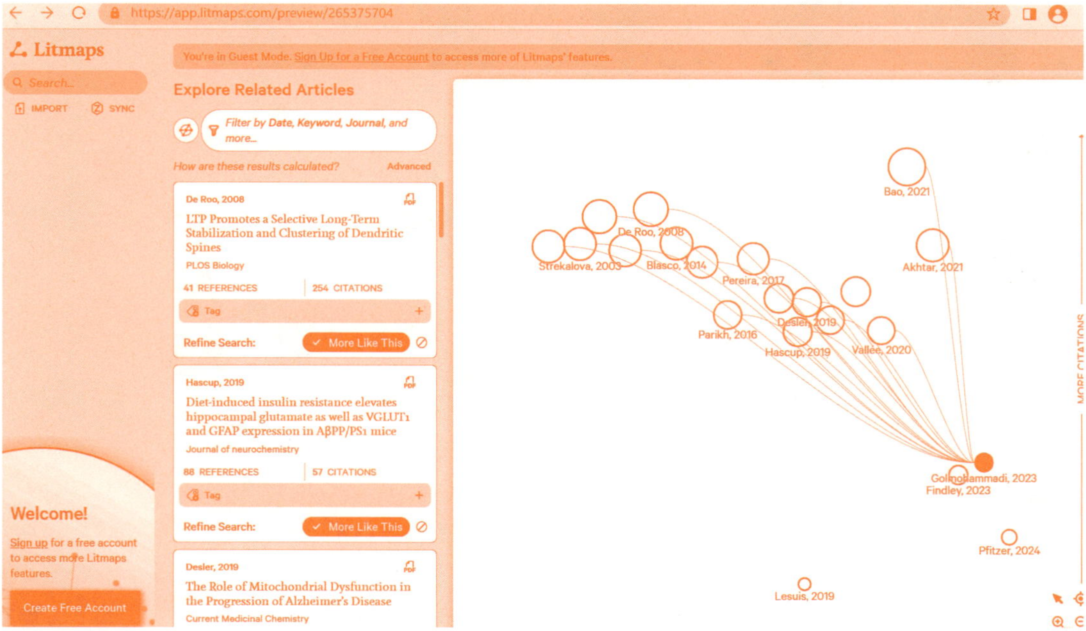

图 12-4　Litmaps 检索结果界面

2. Connected Papers 的功能与使用

Connected Papers 是一款专为研究人员和学术工作者设计的在线可视化学术搜索引擎平台。它通过构建论文之间的关联图谱，帮助用户快速了解某一研究领域的文献脉络和趋势。该工具由一个专注于学术研究辅助技术的团队开发，基于 Semantic Scholar 的数据，支持跨学科研究。目前 Connected Papers 提供免费试用，部分高级功能需要订阅。

（1）Connected Papers 的主要功能。

1）可视化图表。输入论文标题、DOI 或关键词后，生成包含相似论文的可视化图表，展示论文之间的引用关系。2）文献检索与分析。提供高效的文献检索功能，支持按关键词、作者、标题等字段搜索，并展示论文的引用次数、作者、发表年份等详细信息。3）文献管理。用户可以收藏感兴趣的论文，支持导出文献列表，便于后续引用。4）主题拓展。帮助用户发现与输入文献相关的先前作品和衍生作品，支持文献综述和研究方向拓展。5）领域趋势探索。通过分析文献图谱中的节点分布和连线密度，帮助用户快速了解某一领域的热点和趋势。

（2）Connected Papers 的使用。

打开 Connected Papers 官方网站 https://www.connectedpapers.com/，首页如图 12－5 所示。在搜索框中输入论文标题、DOI、关键词或 URL。点击 Build a graph 按钮，系统将生成文献图谱。生成结果界面左侧为相关文献列表，按与原始文献的相似度排序；中间的文献图谱中每个圆圈代表一篇文献，颜色深浅表示发表时间，圆圈大小代表被引用次数。点击任意节点，查看论文的详细信息，包括标题、作者、摘要等。通过 Prior Works 和 Derivative Works 视图，可进一步探索发现此前发表的重要文献和相关衍生文献。

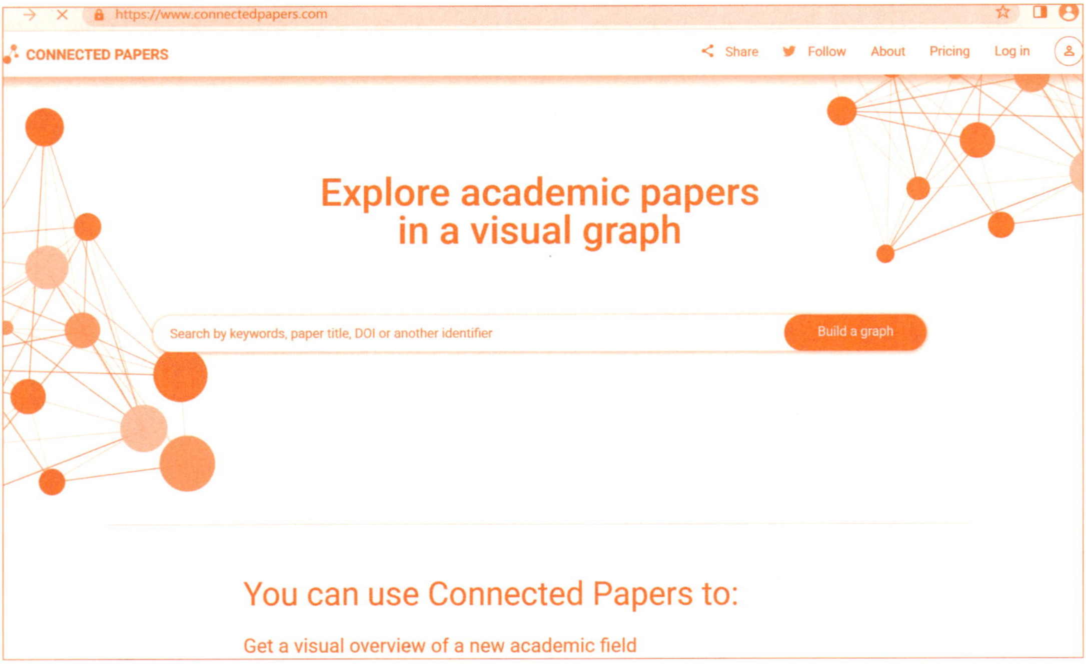

图 12－5　Connected Papers 网站首页

3. Elicit 的功能与使用

Elicit 是一款由 Ought 公司开发的 AI 研究助手，旨在帮助研究人员、学者和学生自动化和优化文献综述过程。它通过自然语言处理技术，能够快速分析和总结研究论文，提取关键信息，并支持跨论文的综合分析。截至 2025 年 2 月，Elicit 覆盖超过 1.25 亿篇学术论文，适用于生物医学、机器学习等实证研究领域。

（1）Elicit 的主要功能。

1）智能文献检索。用户可以通过自然语言提出研究问题，Elicit 会从其数据库中返回相关的学术论文列表。2）自动文献总结。为每篇论文提供一句话的摘要，帮助用户快速了解论文的核心内容。3）数据提取与分析。从论文中提取关键信息，并将其整理成表格，便于进一步分析。4）主题和概念发现。跨多篇论文找到共同的主题和概念，如药物效果或相关数据集。5）上传自己的 PDF。用户可以上传自己的 PDF 文件，Elicit 会提供快速摘要和每个答案的来源。6）问答功能。用户可以直接向论文提出问题，并从论文中获得答案。7）个性化推荐。根据用户的研究兴趣和阅读历史，推荐相关文献和最新研究进展。8）跨学科知识关联。帮助研究者发现不同领域间的潜在联系，促进跨学科研究。

（2）Elicit 的使用。

登录 Elicit 官方网站 https://elicit.com/，首页如图 12－6 所示。可以通过 E-mail 验证方式注册一个新账户，登录后进入平台，选择使用的版本，其中基础版本可免费使用，高级版本则需要付费使用。登录后免费版界面如图 12－7 所示，在搜索栏中输入研究问题或关键词，Elicit 会返回相关论文列表。点击论文标题查看摘要和详细信息，利用数据提取功能整理关键信息。点击 Extract data from PDFs 按钮，上传本地 PDF 文件，Elicit 会自动生成摘要和提取数据。输入多个研究问题或关键词，Elicit 将跨多篇论文寻找主题和概念。高级用户可以使用高精度模式进行更深入的数据提取和分析。

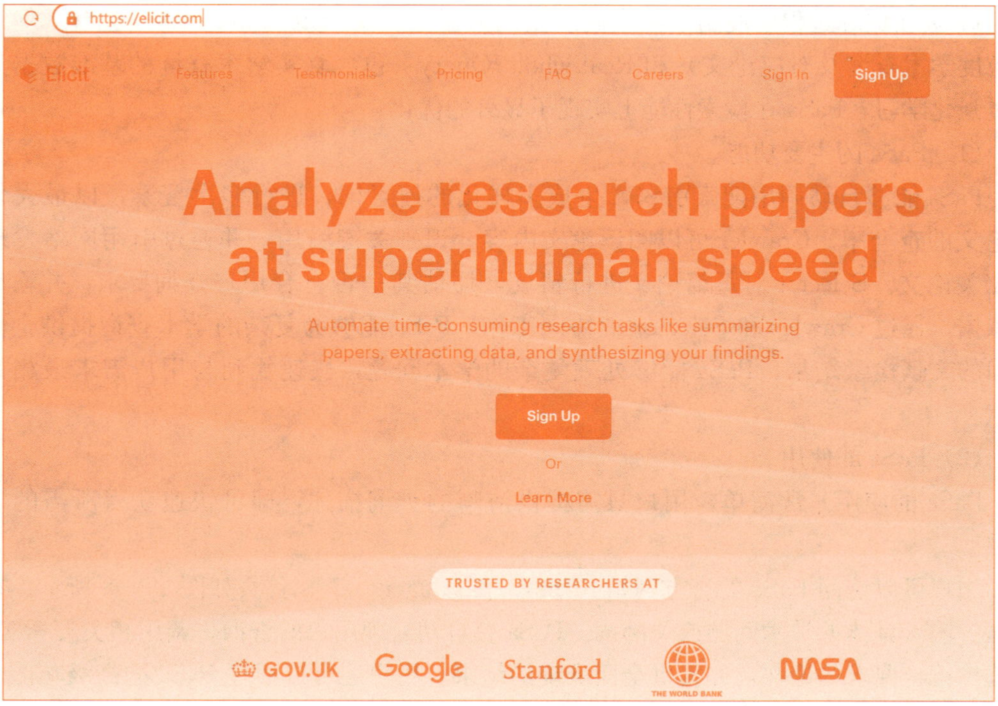

图 12－6 Elicit 网站首页

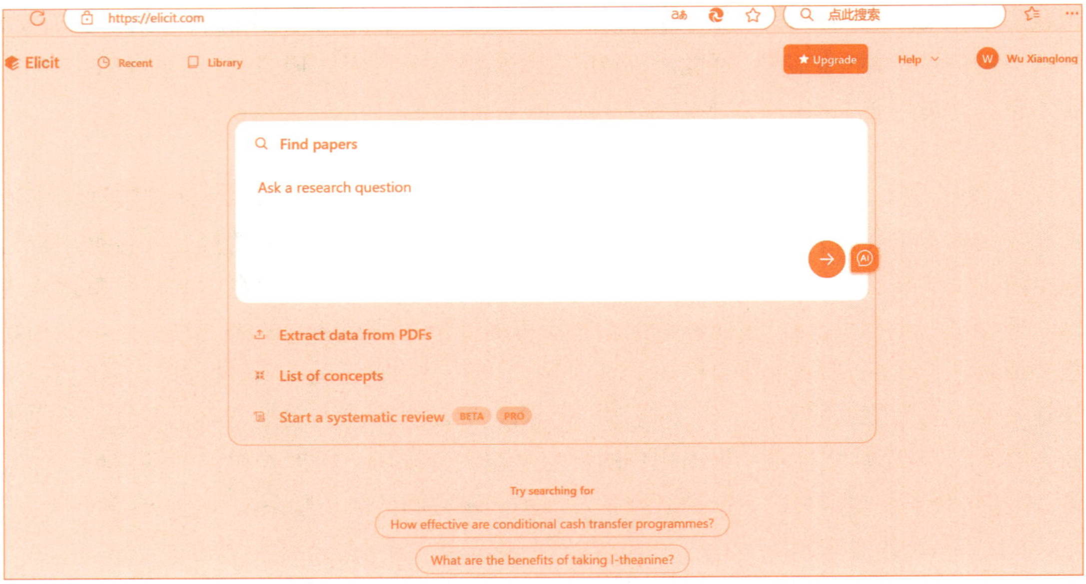

图 12-7　Elicit 检索界面（免费版）

4. PaSa 的功能与使用

Paper Search Agent（PaSa）是由字节跳动公司开发的一款基于大语言模型（large language model，LLM）的高级学术论文搜索代理。它旨在通过模仿人类研究者的行为，为复杂的学术查询提供全面且准确的搜索结果。PaSa 的核心组件是 Crawler（爬虫）和 Selector（选择器），分别负责收集相关论文和筛选符合用户需求的文献。

PaSa 在训练过程中使用了两个高质量的数据集：AutoScholarQuery（包含 3.5 万个细粒度学术查询及对应论文）和 RealScholarQuery（包含真实学术查询的基准数据集）。通过强化学习，PaSa 在检索性能上实现了显著的优化。

（1）PaSa 的主要功能。

PaSa 能够自动调用搜索引擎，生成多样化的搜索词，进行多次搜索，以最大化相关论文的查全率。Crawler 可以阅读论文内容，识别关键引用，并通过引用网络发现更多相关论文。Selector 对每篇论文进行精读，评估其是否符合用户查询要求，并输出决策依据。通过 Crawler 和 Selector 的协同工作，PaSa 能够为复杂的学术查询提供全面且准确的文献检索结果。PaSa 能够处理复杂的学术问题，快速找到与用户需求最相关的文献。

（2）PaSa 的使用。

PaSa 的使用非常简单，用户只需提供清晰的查询描述，即可快速获得所需的学术文献。

用户可以访问 PaSa 的官方网站 https://pasa-agent.ai/，首页如图 12-8 所示。在搜索框中输入具体的学术问题或关键词。PaSa 会自动处理用户的查询，调用相关搜索工具，筛选出符合要求的论文，并提供全面准确的结果。用户还可以通过 PaSa 的高级功能，如高精度模式，进一步优化搜索结果。

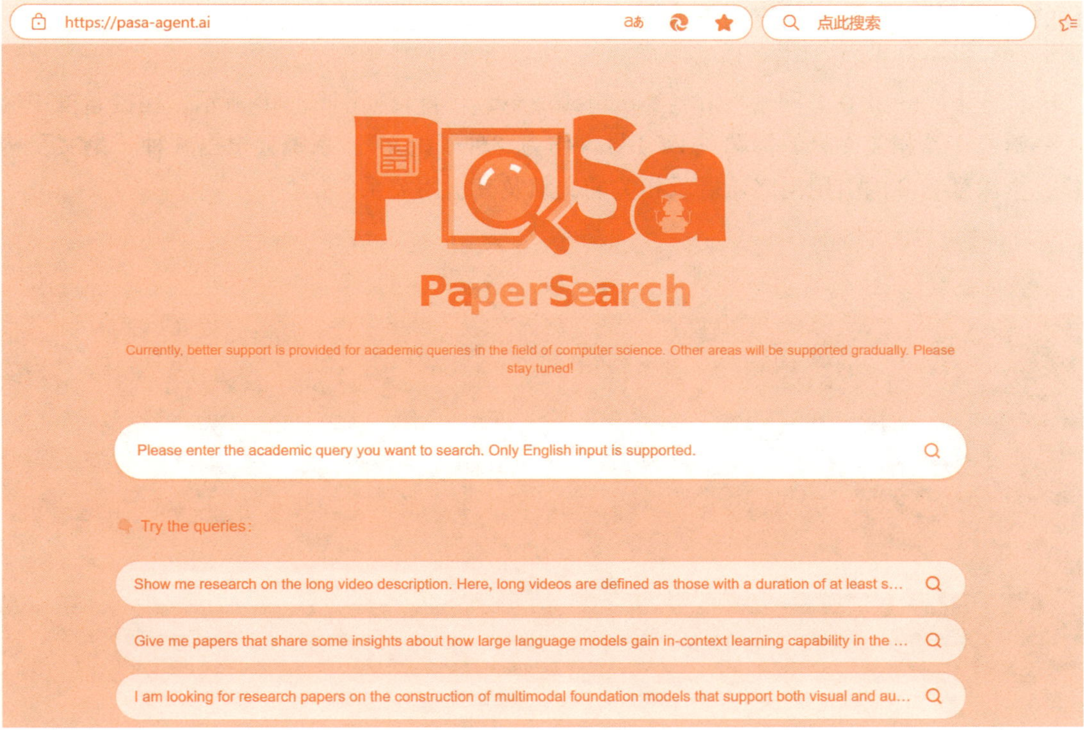

图 12-8 PaSa 网站首页

5. Inciteful 的功能与使用

Inciteful 是一款创新的学术文献检索和分析工具，旨在通过构建和分析引用网络，帮助研究人员快速发现和理解相关学术文献。它特别适合跨学科学者以及需要快速掌握特定领域研究动态的研究人员。Inciteful 的核心在于利用引文关系来构建文献网络，从而揭示文献之间的联系和研究趋势。

（1）Inciteful 的主要功能。

1）构建论文网络。根据引文关系构建学术论文之间的网络，帮助用户快速了解特定研究主题的最新动态。

2）快速定位相关文献。通过算法找到与用户查询最相似的论文、重要论文以及多产的作者和机构。

3）交互式可视化展示。通过 Literature Connector 工具，输入两篇文献即可展示它们之间的引用关系网络，帮助用户理解文献之间的联系。

4）文献检索与分析。用户可以通过输入文献题目、DOI 号等关键词，快速跳转至相关文献，并查看其引用关系网络。

5）智能文献推荐。利用引用网络分析技术，自动推荐与用户所关注的论文相关的研究文献。

6）主题分析工具。通过分析文献的关键词和主题，帮助研究人员了解某一领域的发展动态和研究热点。

7）自定义引用图谱。用户可以通过添加多篇“种子论文”或应用过滤器，定制个性化的引用图谱，以聚焦特定主题。

（2）Inciteful 的使用。

打开 Inciteful 官方网站 https://inciteful.xyz/，首页如图 12-9 所示。在搜索框中输入一篇或多篇相关文献的标题或 DOI 号，作为“种子论文”。系统会根据“种子论文”构建一个深度为 2 的引用网络，展示相关的文献及其引用关系。

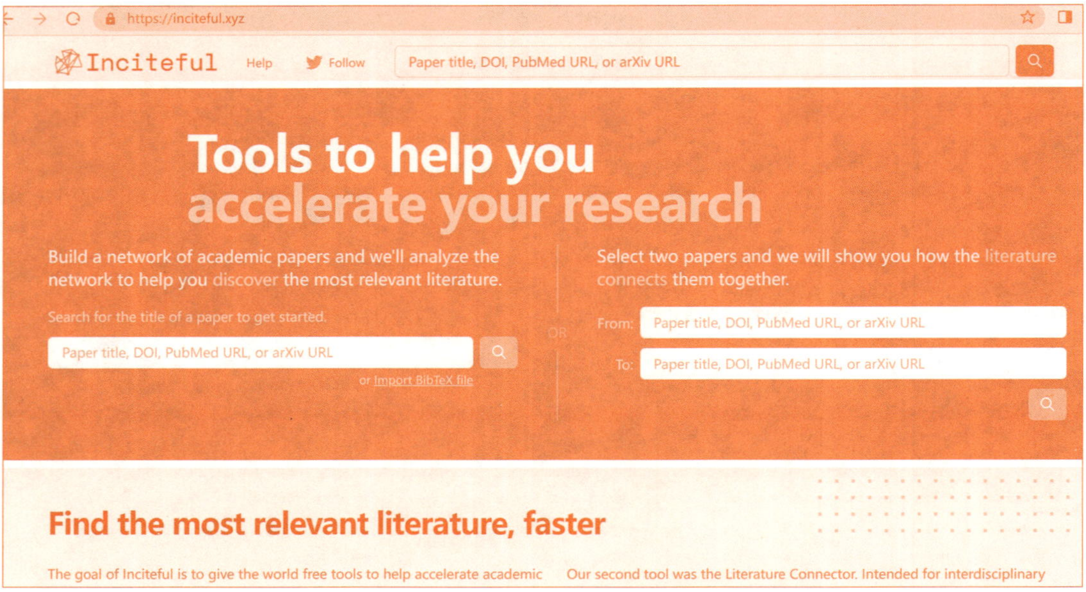

图 12-9　Inciteful 网站首页

该网站还可以查看与“种子论文”引用相同文献的论文。通过 PageRank 算法识别该领域的重要文献。输入两篇文献，可以查看它们之间的连接路径及相关文献。支持 BibTeX 格式的文献导入和导出，方便用户管理参考文献。

此外，Inciteful 还提供了文献管理工具 Zotero 插件，用户可以在 Zotero 中直接使用 Inciteful 的功能，进行引文网络搜索和分析。

三、人工智能在文献检索中的挑战与未来发展方向

1. 存在的主要挑战

人工智能工具的性能依赖于输入数据的质量和可靠性。如果输入数据存在错误或偏差，可能会导致检索结果不准确。因此，研究者需要对检索结果进行仔细验证。人工智能工具在处理用户数据时，需要确保用户隐私和数据安全。研究者在使用这些工具时，需要注意数据的保密性和安全性。虽然人工智能工具提供了许多便捷功能，但它们的使用可能需要一定的技术知识和学习成本。研究者需要花费时间熟悉这些工具的操作方法。

2. 未来发展方向

未来，人工智能工具将支持多模态检索，结合文本、图像、音频等多种数据类型，提供更丰富的检索体验。人工智能工具将支持跨学科应用，帮助研究者发现不同学科之

间的联系，推动跨学科研究的发展。未来的人工智能工具将更加注重用户交互和个性化，根据用户的反馈和需求，提供更精准的推荐和服务。

综上所述，人工智能技术在文献检索中的应用为科研工作带来了新的机遇。通过智能检索工具、关键词扩展、文献分类、自动摘要、引文追踪等功能，人工智能工具能够显著提高文献检索的效率和准确性。然而，人工智能在文献检索中也面临着数据质量、隐私安全和技术门槛等挑战。随着人工智能技术的不断发展，文献检索将变得更加智能化和高效化，为科学研究提供更强大的助力。

第 2 节　人工智能在论文写作中的应用

随着人工智能技术的快速发展，其在学术写作领域的应用越来越广泛。前面已经探讨了人工智能在文献检索中的应用，本节主要介绍主流的人工智能工具，以及它们在写作辅助、语言润色、内容要点生成等方面的应用。本节内容旨在为学术研究者提供有益的参考，帮助他们更好地利用人工智能技术提升论文写作水平。需要强调的是，人工智能是工具，人类的智慧与创造力才是学术研究的核心。我们要善于利用人工智能技术，但更要坚守人类的智慧与道德底线，让科技为人类服务，遵守基本学术规范和学术道德，避免出现学术不端行为。

一、人工智能在论文写作中的应用概述

人工智能包括多个子领域，如自然语言处理、机器学习、计算机视觉等。其中，自然语言处理技术使计算机能够理解和生成人类语言，机器学习则通过算法让计算机从数据中自动学习规律。

人工智能写作辅助工具可以帮助研究者在写作过程中快速生成大纲、组织内容和润色语言。例如，Elicit 和 SciSpace 等工具能够根据用户输入的问题生成文献综述段落，并自动标注参考文献来源。这些工具不仅提高了写作效率，还优化了论文的结构和逻辑。

语言润色是论文写作中的重要环节，尤其是对于母语不是英语的研究者。人工智能写作辅助工具，如 Grammarly 和 QuillBot，能够帮助研究者检查语法错误、优化句子结构和提高语言表达的流畅性。这些工具不仅提高了论文的语言质量，还减少了因语言问题导致的误解。

人工智能内容生成工具能够帮助研究者快速生成论文的部分内容，如引言、方法、结果分析和讨论等。例如，ChatGPT、DeepSeek、Kimi 人工智能、PaSa、文心一言、豆包 AI 等工具可以根据用户输入的主题生成文本。这些工具不仅提高了写作效率，还提供了多样化的写作思路，当然仍然需要论文作者认真审核修改，确保学术规范。

人工智能推荐工具可以根据研究者的写作需求和兴趣，推荐相关的文献和研究方向。例如，Research Rabbit 和 Scite 等工具能够根据用户的研究兴趣提供个性化的文献推荐。这些工具不仅能够帮助研究者发现新的研究方向，还优化了文献的利用效率。

二、辅助论文写作的 AI 工具

1. Kimi 人工智能

Kimi 人工智能在辅助论文写作上具有多方面的应用，能够帮助用户从选题、文献整理、内容撰写到格式校对等各个环节提高写作效率和质量。

Kimi 在论文写作中的具体应用包括：

（1）选题与研究方向。

Kimi 可以根据用户输入的关键词或背景信息，生成相关的研究主题和问题。例如，用户输入“人工智能在医疗中的应用”，Kimi 可以提供更具体的研究方向，如“人工智能在医疗影像诊断中的应用”。Kimi 可以快速检索相关文献，并生成文献综述的初步框架，帮助用户了解研究领域的现状和发展趋势。在此基础上，还需要作者根据自己的学术见解进行修改整理，将作者的写作思路、写作创新、写作智慧融入论文之中。

（2）文献检索与整理。

用户可以通过 Kimi 输入关键词，快速检索到相关的学术文献。Kimi 支持多种高级搜索语法，如限定文件类型（filetype：pdf）、限定搜索网站（site：edu）等。Kimi 可以进行文献管理，帮助用户整理和分类检索到的文献，生成文献列表，并支持 BibTeX 格式的文献导入和导出。

（3）内容撰写。

Kimi 可以根据用户的研究主题生成论文大纲，包括引言、方法、结果、讨论等部分。用户输入论文的某个部分或段落，Kimi 可以帮助生成初稿内容。例如，用户输入“请帮我写一段关于人工智能在医疗影像诊断中的应用的引言”，Kimi 可以生成相关内容的引言。Kimi 还可以对用户撰写的文本进行语言润色，调整句式结构，确保语言表达的准确性和流畅性。

（4）格式校对与质量控制。

Kimi 可以进行格式检查、语法检查、抄袭检测：帮助用户检查论文格式是否符合目标期刊或学校的要求，包括标题格式、参考文献编号、图片编号等；检查论文中的语法错误，并提供修改建议；识别论文中的抄袭内容，确保论文的原创性。

（5）数据分析与图表生成。

如果用户需要对实验数据进行分析，Kimi 可以帮助生成数据分析报告，并提供相关的统计图表。可以生成简单的图表，如柱状图、折线图等，帮助用户更好地展示研究结果。

（6）写作建议与反馈。

Kimi 可以根据论文的内容提供写作建议，例如，如何改进论文的结构，如何增强论点的说服力，等等。在写作过程中，Kimi 可以实时提供反馈，帮助用户及时调整和优化内容。

登录 Kimi 人工智能网站 https://kimi.moonshot.cn/，界面如图 12－10 所示。用户需要明确自己的论文写作需求，例如选题、文献检索、内容大纲撰写等。在 Kimi 的输入框中输入具体的指令或问题，例如“请帮我生成关于人工智能在医疗影像诊断中的研究主题”。Kimi 会根据输入的指令生成相应的结果，用户可以根据需要进一步调整和修改。利用 Kimi 的语言润色、语法检查等功能，对文本进行优化。

图 12-10 Kimi 人工智能网站首页

Kimi 在文献检索和内容撰写方面表现出色，能够快速生成高质量的文本，支持多语言写作，适合学术写作和日常写作。当然，所有 AI 生成内容都需要进一步人工审核和调整，以确保符合学术规范和具体要求。

总体而言，Kimi 人工智能在辅助论文写作方面提供了全面的支持，能够显著提高学术研究和写作的效率和质量。此外，Kimi 还具有强大的 AI 生成 PPT 功能，可以根据文字内容生成 PPT，更多功能可以由读者进一步探索了解。

2. DeepSeek 的功能和使用

DeepSeek（深度求索）是由杭州深度求索人工智能基础技术研究有限公司开发的人工智能模型，是一款功能强大的人工智能工具。在文献检索方面，DeepSeek 通过整合多种学术数据库，能够快速定位与用户研究主题相关的文献资源，基于用户输入的关键词，提供精准的文献推荐。

在论文写作辅助方面，DeepSeek 可以实现以下功能：

（1）选题与研究方向。

DeepSeek 能够根据用户的专业背景和兴趣，结合当前研究热点，推荐创新且可行的论文选题。它还可以通过分析资助趋势和知识图谱，帮助用户找到研究空白点。

（2）梳理总结以往文献。

用户可以上传多篇 PDF 文献，DeepSeek 能够用表格形式对比各文献的研究方法，按“创新点/局限/可借鉴处”三列整理。DeepSeek 可以实时监控特定研究关键词的最新预印本，并定期生成简报。

（3）写作支持。

DeepSeek 提供动态论文模板，能够根据写作上下文推荐相关参考文献，并支持与文献管理工具（如 EndNote、Zotero）联动。它还可以帮助用户润色语言、调整句式结构。

（4）格式与质量管控。

DeepSeek 能够检查论文格式是否符合要求，如标题格式、参考文献编号、图片编号等。它还可以自动识别学术不端行为，如抄袭和图像重复使用。

（5）期刊匹配与投稿。

DeepSeek 能够根据用户的研究领域、创新点和数据量，推荐合适的期刊，并提供“冲刺—稳定—保底”的期刊组合。它还可以帮助用户分析目标期刊的影响因子、审稿周期和格式要求。

访问 DeepSeek 的官方网站 https://chat.deepseek.com/，注册账号并登录，界面如图 12－11 所示。在操作界面的输入框中输入具体指令，如“请推荐与人工智能相关的最新文献”或“请润色以下段落”。根据输入的指令，DeepSeek 会生成相应的结果，用户可以根据需要进一步调整和修改。

图 12－11 DeepSeek 网站首页

DeepSeek 在文献检索和论文写作方面提供了全面的支持，能够显著提高学术研究和写作的效率。

3. 豆包 AI

豆包 AI 是字节跳动公司基于云雀模型开发的一款多功能人工智能工具，旨在通过智能化服务提升用户体验。它支持网页端、客户端、APP、插件等多种形式，提供聊天机器人、写作助手、英语学习助手等功能。

（1）豆包 AI 在论文写作方面的功能。

根据用户输入的关键词或主题，自动生成文本。识别并纠正写作中的语法错误，确保文章准确性。推荐相关素材、例句和参考文献，助力思路拓展。生成文章摘要，帮助读者快速了解主要内容。检查文章原创性，确保写作质量。帮助用户理解文档内容，回答相关问题。搜索学术资料，辅助论文撰写。

（2）豆包 AI 的使用。

登录豆包 AI 的官方网站 https://www.doubao.com/chat/，按照提示实名注册，界面如图 12－12 所示。明确写作需求，确定论文主题、字数要求、写作风格等。提供关键词或关键句子，引导写作方向。在豆包 AI 的输入框中输入具体指令，例如“请帮我写一篇关于人工智能在医疗中的应用的论文大纲，字数约 3 000 字，使用学术风格”。豆包 AI

会根据输入的要求生成论文大纲，用户可以根据需要提出修改意见，如“优化语言表达”“增强文章逻辑性”等。用户也可以利用豆包 AI 的语法纠正和智能推荐功能，对文本内容进行优化。

图 12 - 12　豆包 AI 网站首页

还可以利用豆包 AI 进行文献检索与整理，使用“学术搜索”功能，输入相关主题或关键词，获取学术资料。上传本地文献或提供文献链接，让豆包 AI 帮助整理和分析。

豆包 AI 可以实现团队写作，用户可以邀请团队成员共同参与论文撰写和修改，提高工作效率。豆包 AI 可以自动生成论文摘要，帮助读者快速了解主要内容。使用抄袭检测功能，确保论文内容的原创性。

总之，豆包 AI 凭借其强大的写作功能和灵活的使用方法，能够显著提升论文写作的效率和质量，是学术写作的得力助手。豆包 AI 还有许多非常有价值的功能，读者可以自行学习。

4. ChatGPT

ChatGPT 是由 OpenAI 开发的一种基于 Transformer 架构的生成式预训练语言模型。它通过大规模语料库的训练，学习语言知识和上下文理解能力，能够根据用户输入生成连贯、自然的文本。

ChatGPT 具有强大的文本生成能力，生成的文本语法正确、词汇丰富、句式多样，且语言风格高度自然。支持多轮对话，可根据用户反馈进行修正和补充。此外，它还具备广泛的应用场景，如聊天机器人、智能客服、文本摘要等。

目前，ChatGPT 有多个版本，如 GPT - 3.5 适合基础写作任务，GPT - 4.0 则在分析能力和文本生成质量上表现更强，适用于复杂和高要求的学术写作。

（1）ChatGPT 在论文写作中的应用。

论文构思阶段，帮助确定研究主题、梳理思路、构建框架。输入研究领域、兴趣点等信息，可生成研究主题和思路。还能基于主题生成论文框架，包括各部分的内容安排。

论文撰写阶段，辅助撰写各个部分。例如，为引言部分生成开场白；帮助梳理文献综述，提炼核心观点；根据研究设计生成研究方法部分的详细步骤；依据数据和图表生成实验结果部分的描述性文字；总结研究成果并提出未来研究方向。

论文修改阶段，对已完成的论文进行润色和修改。识别语法、拼写、冗余等问题并给出建议。还可根据需求调整语言风格，使其符合学术规范或特定期刊要求。

（2）ChatGPT 的使用。

目前国内无法直接使用国外版本的 ChatGPT，可以访问 ChatGPT 中文版的镜像网站，这些网站经过本地化优化，支持 GPT－4、GPT－4o、GPT－o1 等多种模型。

主要国内镜像网站有：

1）一下 AI。支持 GPT－4、GPT－4o、GPT－o1 等，提供 AI 对话、AI PPT、AI 写作、AI 绘画等功能，网址为 https://www.yixiaai.com/。首页如图 12－13 所示。

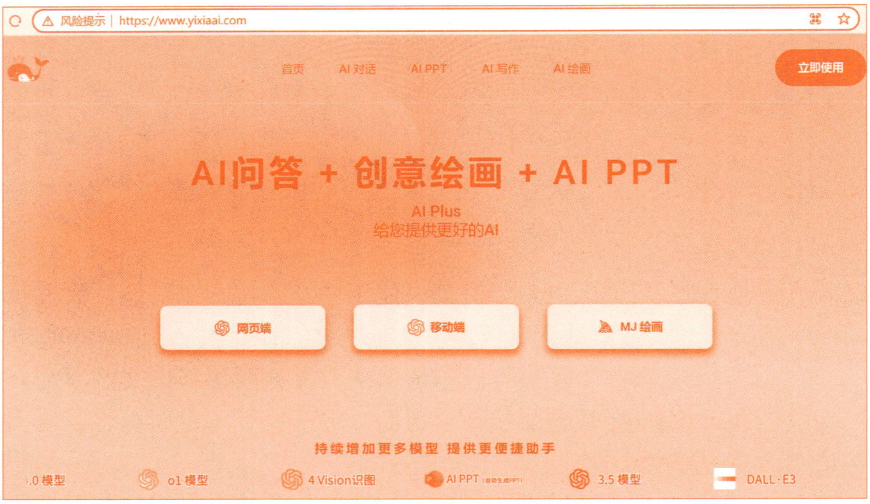

图 12－13 国内 ChatGPT 镜像网站（一下 AI）首页

2）AI 智慧岛。支持 GPT－4、GPT－4o、GPT－o1 等，提供 AI 文件、AI PPT、AI 助手等多种功能，网址为 https://chat.lify.vip/chat。

3）AI 指南。支持 GPT－4、GPT－4o 等，它是 AIChat 中文版链接，网址为 https://guide1.lanjing.ai/。

4）AI 工具站。提供多种 ChatGPT 镜像网站的集合，网址为 https://ai.lansejingyu.com/。

无论哪个镜像网站，其在论文写作方面的基本用法都相同。在对话框中给出明确的指令，向 ChatGPT 提供写作规则和结构指导，使它遵循学术写作标准。输入论文主题，要求生成初步提纲，还可进一步要求详细说明每段的核心论点。根据论文标题或研究方向，让 ChatGPT 生成部分内容，并检查其清晰度和相关性。还需要作者多次修改，融入作者写作思路，体现作者写作观点，加入作者实验数据、论点、论据，使撰写论文逐渐完善。再次强调务必遵守学术规范和学术道德。

5. 秘塔 AI

秘塔 AI 是由上海秘塔网络科技有限公司开发的一款基于自研大语言模型 MetaLLM 的智能搜索引擎和写作辅助工具，于 2024 年初推出。它致力于通过 AI 技术为用户提供高效、便捷的搜索和写作体验。秘塔 AI 的核心功能包括无广告的纯净搜索环境、多源信息整合、结构化信息展示（如思维导图、大纲、时间线等）、多语言支持以及自定义知识库管理。

（1）秘塔 AI 的文献检索功能。

1）多源整合与精准搜索。秘塔 AI 能够整合全网网页、学术文献、播客、文库等多渠道数据，提供全面的文献检索服务。

2）结构化展示。搜索结果以思维导图、大纲、时间线等形式展示，帮助用户快速梳理文献逻辑。

3）学术模式。聚焦中外论文库，覆盖数千万篇 Open Access 论文，能够快速找到相关参考文献，并提供论文摘要、引用和被引用数据。

4）专题管理。用户可以创建专题，将搜索结果、文献、划线解释等内容收藏到专题中，构建个人或团队的文献参考库。

（2）秘塔 AI 的写作功能。

秘塔写作猫（写作模块）可以根据输入的关键词或主题自动生成文章段落或文本提纲，提供论文框架生成、写作思路和语句参考。具备语法纠错、句子改写、润色提升等功能，帮助用户优化论文语言。提供文献引用和参考资料建议，支持中英翻译，方便跨语言写作。支持团队成员实时合作编辑、校对和审核文章，提高团队写作效率。

（3）秘塔 AI 的使用。

登录秘塔 AI 官方网站 https://metaso.cn/，直接进入秘塔 AI 搜索界面，如图 12 - 14 所示，可以进行文献检索。也可以直接登录秘塔写作猫，网址为 https://xiezuocat.com/，登录后的界面如图 12 - 15 所示。选择写作要求，如提纲框架、方案报告、思维导图、短视频文案等，按照提示逐步完成写作，可以经过多轮次修改，获得满意写作内容。

图 12 - 14 秘塔 AI 搜索界面

6. 其他辅助写作的 AI 工具

（1）Afforai。

它是集研究与写作于一体的 AI 助手平台。具备强大的参考文献管理功能，支持用户

图 12-15 秘塔写作猫界面

上传、管理和检索研究论文。其文档编写器支持 AI 辅助写作，包括翻译、改变语气、修正语法等。其 AI 研究助手功能可以连接多篇论文，进行总结、比较和翻译，支持多种搜索模式，确保信息来源可验证。

（2） Typeset。

它是一个综合平台，不仅可以快速总结论文并生成摘要，解析论文中的公式、名词、定义等，还提供定制化的论文模板和自动修改格式的工具，帮助研究人员快速且有效地遵守目标期刊和出版商的特定格式要求。

（3） 千笔 · AIPassPaper。

它是一站式 AI 论文写作平台，能一键生成论文大纲，提供论文写作辅助、研究建议与指导、文献内容综述、论文修订等功能。

（4） WPS AI。

它是集成在 WPS 文档中的人工智能助手，支持快速起草功能，能帮助用户快速搞定公文、信函、工作报告等内容写作。此外，还支持 PPT 美化功能，一键生成 PPT 大纲和完整 PPT，还能自动美化。在论文写作方面，可以提供文字润色、文本翻译以及文章排版等辅助功能。

（5） Wordvice AI。

它是一款功能齐全的英文论文写作助手，适用于学生和写作人员，能高效地整理思路和资料，智能地校验文稿中的语法与拼写错误，提供专业的写作建议和文献引用支持，确保英文表达的准确性和流畅性。

（6） Grammarly。

这是一款广受欢迎的语言润色工具，能够帮助研究者检查语法错误、优化句子结构和提高语言表达的流畅性。它不仅支持多种语言，还提供了实时反馈和改进建议。

例如，研究者可以通过 Grammarly 检查并优化论文的语言表达，提高论文的质量。

这些工具各有优势，可以根据个人的研究需求和写作习惯选择合适的软件来提高学术研究和论文写作的效率。

三、人工智能在论文写作中的优势

1. 提高写作效率

人工智能工具能够快速完成文献检索、内容大纲生成和语言润色等任务，显著提高论文写作的效率。例如，DeepSeek 能够在五分钟内完成一次详尽的学术调研，帮助用户快速获取相关学术资源。

2. 优化论文质量

通过智能算法和机器学习技术，人工智能工具可以更精准地筛选出与研究主题相关的文献，并提供高质量的内容生成和语言润色功能。例如，Grammarly 能够帮助研究者检查语法错误、优化句子结构和提高语言表达的流畅性。

3. 提供个性化推荐

人工智能工具可以根据用户的写作需求和兴趣，推荐相关的文献和研究方向。例如，Research Rabbit 能够根据用户的研究兴趣提供个性化的文献推荐。这些工具不仅能够帮助研究者发现新的研究方向，还优化了文献的利用效率。

综上所述，人工智能技术在论文写作中的应用为学术研究带来了新的机遇。通过文献检索、写作辅助、语言润色、内容生成等功能，人工智能工具能够显著提高论文写作的效率和质量。同时，人工智能在论文写作中也面临着数据质量、隐私安全和技术门槛等挑战。随着人工智能技术的不断发展，论文写作将变得更加智能化和高效化，为科学研究提供更强大的助力。当然，本书作者的观点是明确的、一贯的，一定要把人工智能当成为人类服务的工具，而不能完全依靠人工智能，论文核心思想、论点、论据、支撑数据务必真实，务必是论文作者本人的劳动成果、作者本人的智慧结晶，在使用人工智能辅助论文写作中，一定要遵守学术规范和学术道德。

习题

1. 请介绍一款你最常用、最熟悉的可以检索文献的 AI 工具，包括基本功能、使用方法等。
2. 人工智能在论文写作中的作用有哪些？

学习资源

参考文献

［1］邓富民，梁学栋，唐建明．文献检索与论文写作［M］．3版．北京：经济管理出版社，2023.

［2］王细荣，张佳，叶芳婷．文献信息检索与论文写作［M］．8版．上海：上海交通大学出版社，2022.

［3］张言彩．文献检索与毕业论文写作［M］．3版．西安：西安电子科技大学出版社，2022.

［4］郭继军．医学文献检索与论文写作［M］．5版．北京：人民卫生出版社，2018.

［5］王红军．文献检索与科技论文写作入门［M］．北京：机械工业出版社，2018.

［6］张四方，阎元红．科技文献检索与科教论文写作［M］．北京：中国石化出版社，2017.

［7］李振华．文献检索与论文写作［M］．2版．北京：清华大学出版社，2022.

［8］刘昀，邓利．生物学文献检索与论文写作［M］．北京：清华大学出版社，2022.

［9］刘泰洪．文献检索与综述实训教程［M］．2版．北京：中国人民大学出版社，2023.

［10］郝丹．学术期刊论文写作技巧与实战［M］．北京：人民邮电出版社，2022.

［11］刘雪峰．科技论文写作指南［M］．北京：人民邮电出版社，2024.

［12］王中华．科技论文写作与文献检索指引［M］．北京：中国石化出版社，2021.

［13］康德英，许能锋．循证医学［M］．4版．北京：人民卫生出版社，2023年.

［14］童国伦，程丽华，王朕．EndNote & Word文献管理与论文写作［M］．3版．北京：化学工业出版社，2022.

［15］李达，李玉成，李春艳．SCI论文写作解析：EndNote/RefViz/SPSS/Origin/Illustrator综合教程［M］．北京：清华大学出版社，2012.

［16］李达，吴军．医学文献分析管理软件的应用：EndNote/RefViz/Quosa/NoteExpress综合教程［M］．北京：人民军医出版社，2009.

［17］黄建琼，陈章斌．文献检索实用教程［M］．2版．北京：清华大学出版社，2023.

图书在版编目（CIP）数据

文献检索与论文写作 / 武祥龙主编；邓旭东等副主编. -- 北京：中国人民大学出版社，2025. 9. --（21 世纪通识教育系列教材）. -- ISBN 978-7-300-34014-2

Ⅰ. G254. 9；H152. 3

中国国家版本馆 CIP 数据核字第 2025UC8200 号

21 世纪通识教育系列教材

文献检索与论文写作

主　编　武祥龙

副主编　邓旭东　田　野　陈　强　卢婷利

Wenxian Jiansuo yu Lunwen Xiezuo

出版发行	中国人民大学出版社		
社　　址	北京中关村大街 31 号	**邮政编码**	100080
电　　话	010－62511242（总编室）		010－62511770（质管部）
	010－82501766（邮购部）		010－62514148（门市部）
	010－62511173（发行公司）		010－62515275（盗版举报）
网　　址	http://www. crup. com. cn		
经　　销	新华书店		
印　　刷	北京市鑫霸印务有限公司		
开　　本	787 mm×1092 mm　1/16	**版　　次**	2025 年 9 月第 1 版
印　　张	22. 5 插页 1	**印　　次**	2025 年 9 月第 1 次印刷
字　　数	516 000	**定　　价**	59. 00 元

中国人民大学出版社　管理分社

教师教学服务说明

中国人民大学出版社管理分社以出版工商管理和公共管理类精品图书为宗旨。为更好地服务一线教师，我们着力建设了一批数字化、立体化的网络教学资源。教师可以通过以下方式获得免费下载教学资源的权限：

★ 在中国人民大学出版社网站 www.crup.com.cn 进行注册，注册后进入“会员中心”，在左侧点击“我的教师认证”，填写相关信息，提交后等待审核。我们将在一个工作日内为您开通相关资源的下载权限。

★ 如您急需教学资源或需要其他帮助，请加入教师 QQ 群或在工作时间与我们联络。

中国人民大学出版社　管理分社

教师 QQ 群： 648333426（工商管理）　114970332（财会）　648117133（公共管理）
教师群仅限教师加入，入群请备注（学校+姓名）

联系电话： 010-62515782，82501868，82501048，62514760

电子邮箱： glcbfs@crup.com.cn

通讯地址： 北京市海淀区中关村大街甲 59 号文化大厦 1501 室（100872）

管理书社　　人大社财会　　公共管理与政治学悦读坊